New Directions

지그문트 바우만

현대성과
홀로코스트

정일준 옮김

NEW DIRECTIONS
ZYGMUNT
BAUMAN
Modernity and the Holocaust

Modernity and the Holocaust by Zygmunt Bauman
Copyright ⓒ Zygmunt Bauman 1989
New material copyright ⓒ Zygmunt Bauman 1991
Additional new material copyright ⓒ Zygmunt Bauman 2000

All right reserved.

Korean translation copyright ⓒ Saemulgyul Publishing House, 2013.
This Korean edition is published by arrangement with Polity Press, Cambridge, UK through Bestun Korea Agency, Korea.

옮긴이 정일준

서울대학교 사회학과 및 동대학원을 졸업했다. 하버드대학교 엔칭연구소 방문연구원, 위싱턴대학교 방문교수, 현재 고려대학교 문과대학 사회학과 조교수이다. 역사사회학, 사회사상, 문화사회학을 전공했다. 저서로는 『1960년대 한국의 근대화 지식인』(공저), 『아메리카나이제이션: 해방 이후 한국에서의 미국화』(공저)가 있으며, 번역서로는 『미셸 푸코의 권력이론』(편역), 『성찰적 근대화』(공역), 『자유를 향한 참을 수 없는 열망: 푸코-하버마스 논쟁 재론』(편역), 『적이 사라진 민주주의』, 『자본가 없는 자본주의』(공역)가 있다.
본 역서를 평생 선하고 성실하게 살아가신 고故 강동일 학형께 바칩니다.

현대성과 홀로코스트

지은이 | 지그문트 바우만
옮긴이 | 정일준
펴낸이 | 조형준
펴낸곳 | (주)새물결
1판 1쇄 2013년 7월 20일 | 1판 5쇄 2024년 11월 15일
등록 | 서울 제15-52호(1989.11.9)
주소 | 서울시 은평구 연서로 37가길 6, 2층
전화 | (편집부) 3141-8696
이메일 | saemulgyul@gmail.com efa_korea@daum.net
ISBN 978-89-5559-362-4(94330)

이 책의 한국어판 저작권은 베스툰 코리아 에이전시를 통해 Polity Press Ltd.와 독점 계약한 새물결 출판사에 있습니다. 신저작권법에 의해 보호를 받는 저작물이므로 무단 전재와 복제를 금합니다.

일러두기

1. 이 책은 지그문트 바우만의 *Modernity and the Holocaust*를 우리말로 옮긴 것이다.
2. 원서의 주는 각주로 처리했다. 본문 안에서 옮긴이의 첨언은 〔 〕안에 넣었다.
3. 원서에서 이탤릭체로 강조한 부분은 본서에서는 굵은 글씨로 강조했다.
4. 단행본이나 학술지, 잡지는『 』로, 논문과 시, 단편 소설은「 」로 표시했다.

자니나에게, 그리고 살아남아
진실을 증언한 다른 모든 이들에게

이 글을 적는 순간에도 고도로 문명화된 인간들이 내 머리 위를 날아다니며 나를 죽이려 하고 있다. 그들이나 나나 상대방에게 개인적 적대감은 없다. 그들은 흔히 말하듯이 단지 '자기 본분을 다하고 있을' 뿐이다. 그들은 대부분 상냥하고 법을 준수하는 사람들로 사생활에서는 감히 사람을 죽인다는 것은 꿈도 꾸지 못할 것이라는 데 의문의 여지가 없다. 하지만 그들 가운데 어떤 이가 정확히 겨눈 폭탄으로 나를 산산조각 내는 데 성공하더라도 그것 때문에 잠을 설치지는 않을 것이다. 그는 조국에 봉사하고 있을 뿐이며, 그러한 봉사의 권능은 그의 악행을 사면한다.
— 조지 오웰, 『영국, 당신의 영국』(1941년)

침묵만큼 슬픈 것은 없다.
— 레오 베크, 독일 유대인협회 회장(1933~1943년)

어떻게 이런 일이 벌어질 수 있었을까? …… 이 거대한 역사적·사회적 질문이 온전한 무게와 온전한 적나라함과 온전한 공포를 상실하지 않아야 한다.
— 게르숌 숄렘, 아이히만 처형에 반대하며

| 차 례 |

| 서문 | 13

1 **서론: 홀로코스트 이후의 사회학** · 25

현대성의 시금석으로서 홀로코스트 · 35 | 문명화 과정의 의미 · 43
도덕적 무관심의 사회적 생산 · 53 | 도덕적 불가시성의 사회적 생산 · 61
문명화 과정의 도덕적 결과들 · 66

2 **현대(성), 인종주의, 인종절멸 1** · 71

유대인 소외의 몇 가지 특수성 · 76 | 기독교 시대에서 현대까지 유대인의
부조화 · 81 | 바리케이드에 걸터앉아 · 87 | 프리즘적 집단 · 89
부조화의 현대적 차원 · 95 | 비민족적 민족 · 103 | 인종주의의 현대성 · 110

3 **현대(성), 인종주의, 인종절멸 2** · 117

이종공포증에서 인종주의로 · 120 | 사회공학의 한 형태로서의
인종주의 · 126 | 배척에서 절멸로 · 136 | 전망 · 144

4 홀로코스트의 고유성과 정상성 · 151

문제 · 156 | 비정상성으로서의 제노사이드 · 160
현대적 제노사이드의 특이성 · 168 | 위계적·기능적 분업의 효과들 · 175
관료적 대상들의 비인간화 · 180 | 홀로코스트에서 관료제의 역할 · 184
현대적 안전장치의 파산 · 187 | 결론 · 193

5 피해자들의 협력 끌어내기 · 203

피해자들의 격리 · 212 | '지킬 수 있는 것은 지켜라' 게임 · 222
집단적 파괴에 봉사한 개별적 합리성 · 231 | 자기보존의 합리성 · 242
결론 · 251

6 복종의 윤리학(밀그램 읽기) · 255

사회적 거리의 함수로서의 비인간성 · 262 | 자기 자신의 행위에 대한
공모 · 265 | 도덕화된 기술 · 269 | 부동하는 책임 · 272
권력의 다원성과 양심의 힘 · 275 | 악의 사회성 · 278

7   **도덕(성)에 관한 사회학 이론을 향하여** · 283

    도덕(성)의 공장으로서의 사회 · 287 | 홀로코스트의 도전 · 294
    도덕(성)의 전사회적 원천들 · 300 | 사회적 근접성과 도덕적 책임성 · 307
    도덕적 책임성의 사회적 억압 · 313 | 거리의 사회적 생산 · 319
    마지막 논평 · 327

8   **후기: 합리성과 수치** · 331

| 아말피 상 수상 강연 | 도덕의 사회적 조작: 도덕적 행위자, 무관심한 행동   343

| 2000년 판 후기 | 기억해야 할 의무 — 하지만 무엇을?   365

| 옮긴이 후기 | 411
| New Directions 총서를 발간하며 | 416

서문

자니나는 게토와 이후의 도피 생활에 관한 개인적 이야기의 집필을 마친 뒤, '그이는 모르는' 세계를 방문하고 있던 2년이라는 오랜 집필 기간 남편인 내가 그녀의 부재를 감내한 것에 감사를 표했다. 공포와 비인간성으로 점철된 그러한 세계가 유럽의 가장 외진 구석까지 덮쳐왔을 때 나는 아내 말처럼 이미 그곳을 빠져나온 상태였다. 그리고 다른 수많은 동시대인과 마찬가지로 그러한 세계가 지상에서 사라지고 가까운 사람을 잃거나 상처받은 이들의 잊혀지지 않는 기억과 결코 치유될 수 없는 상흔 속에서만 떠돌 뿐이게 된 후에는 결코 그에 대해 살펴보려고 하지 않았다.

물론 나는 홀로코스트에 대해 알고 있었다. 나는 내 연배와 나보다 어린 연배의 수많은 사람이 품고 있는 홀로코스트 이미지를 공유했다. 사악한 자들이 죄 없는 사람들에게 가한 끔찍한 범죄라는 이미지가 그것이었다. 그러한 이미지에서 세계는 광기에 찬 살인자들과 무력한 희생자들로 나뉘었으며, 여러 사람이 기회 있을 때면 희생자들을 도왔지만 당시의 대부분의 사람들은 그렇게 하는 것이 불가능했다. 그러한 세계에서 살인자들이 살인한 이유는 미쳤기 때문이며, 사악했기 때문이며, 사악하고 미친 생각에 사로잡혀 있었기 때문이다. 희생자들은 강력하고 중무장한 적의 상대가 되지 않았기 때문에 학살당했다. 나머지 세계는 당황과 번민 속에서 지켜볼 수밖에 없었고, 반나치 동맹의 연합군이 거두는 최종 승리만이 이 고난에 종지부를 찍을 수 있다는 것을 알고 있었다. 이러한 지식으로 구성된 홀로코스트에 대한 내 이미지는 벽에 걸린 그림과도 같았다. 이 그림이 담긴 깔끔한 액자는 그림을 벽지와 구분했고 나머지 가구와 그림의 차이를 강조했다.

자니나의 책을 읽고 나는 내가 얼마나 무지했는지를 — 아니 제대로 생각하지 않았는지를 깨닫기 시작했다. '내가 속하지 않은' 세계에서 벌어진 일에 대해 사실은 이해하지 못했다는 사실이 점점 분명해졌다. 실제로 벌어진 일들은 너무 복잡해 내가 순진하게 충분하다고 생각한 단순하고 지적 위안을 주는 방식으로는 설명할 수 없었다. 홀로코스트는 재앙과 공포였을 뿐만 아니라 '통상의' 관습적인 용어로는 이해하기 어려운 사건이었음을 깨달았다. 이 사건은 자체에 고유한 암호로 기록되었기 때문에 이해가 가능하려면 먼저 그것을 해독해야만 했다.

나는 역사가와 사회과학자와 심리학자들이 그것을 이해한 다음 내게 설명해주기를 바랐다. 나는 예전에는 절대 찾지 않던 도서관 서가들을 뒤지다가 꼼꼼한 역사 연구서와 심오한 신학 논문들로 넘칠 듯이 꽉 채워진 서가들을 발견했다. 그곳에는 능숙한 조사에 바탕을 두고 신랄하게 기술된 약간의 사회학 연구서도 있었다. 역사가들이 모아놓은 증거는 양으로나 내용으로나 차고 넘쳤다. 그들의 분석은 설득력과 깊이가 있었다. 그들은 홀로코스트가 벽에 걸린 그림이라기보다는 하나의 창문이라는 사실을 합리적 의심을 할 여지가 없을 정도로 입증했다. 그리하여 다른 수단으로는 볼 수 없었던 많은 것을 그러한 창문 너머로 엿보는 진귀한 경험을 할 수 있었다. 그렇게 해서 보게 되는 것들은 그러한 범죄의 가해자, 희생자, 증인뿐만 아니라 오늘을 살며 내일의 삶을 희망하는 모든 이들에게도 극히 중요한 것이었다. 그러한 창문 너머로 내가 목격한 것은 결코 즐거운 장면이 아니었다. 하지만 내가 목격한 장면이 우울한 것일수록 창문 너머를 보지 않는 것은 손해라는 확신이 그만큼 더 강하게 들었다.

하지만 나도 이전에는 창문 너머를 보지 않았고, 그러한 점에서 동료 사회학자들과 다르지 않았다. 대부분의 동료들처럼 나는 홀로코스트가 기껏해야 우리 사회과학자들이 조명할 대상이라고 가정했지 분명히 홀로코스트를 통해 현재의 관심사를 조명할 수 있다고는 생각하지 않았다. 홀로코스트는 역사의 정상적 흐름을 방해한 단절이며, 문명사회라는 신체에 자란 암종癌腫이며, 제정신 상태에서 일어난 일시적 광기라고 (숙고가 아닌 나태함의 결과로) 생각했다. 따라서 나는 학생들에게는 사회가 정상적이고 건강하고 건전하다고 가르칠 수 있었으며, 홀로코스트 이야기는 전문 병리학자들 몫으로 남겨두었다.

나와 동료 사회학자들의 자기만족은 홀로코스트의 기억이 전유되고 이용되는 특정한 방식에 의해 조장된 바가 컸다(그것으로 변명이 되지는 않겠지만 말이다). 홀로코스트는 대중의 마음에서 유대인, 그리고 오로지 유대인에게 벌어진 비극으로 간주되는 경향이 지나치게 강했으며, 따라서 유대인 이외의 다른 모든 사람에게는 유감과 동정과 아마도 사죄를 요구했지만 그것 이상은 아니었다. 유대인과 비유대인 공히 되풀이해서 홀로코스트를 유대인의 집단적(그리고 고유한) 소유물로 서술했으며, 총살형과 가스실행을 면한 사람들과 총살형과 가스실행에 희생된 사람들의 후손의 처분에 맡길 일 또는 그들이 배타적으로 지켜야 할 일로 서술했다. 결국 이 두 견해 — '내부'와 '외부' — 는 상호 보완적이었다.

죽은 자들의 대변인을 자임한 일부 인사들은 홀로코스트를 유대인들로부터 훔쳐내거나 '기독교화'했으며, 불분명한 '인류'의 고난 속으로 홀로코스트 특유의 유대인적 성격을 용해시키려고 공모한 도둑들에 대한 경고를 발하기까지 했다. 그리고 유대 국가는 비극적 기억을 자국의 정치적 정당성, 과거와 미래의 정책의 무사통과를 보장하는 증표, 그리고 무엇보다도 자국이 저지를지도 모르는 부당한 행위에 대한 선지급금으로 삼았다. 각각 나름대로의 이유가 있는 이러한 견해들로 인해 홀로코스트는 대중의 의식 속에 오로지 유대인만의 문제로 각인되었으며, 현대 사회의 일원으로 현대에 살아야 하는 그 밖의 사람들(인류의 일원으로 유대인 자신을 포함한다)에게는 별 의미가 없는 일이 되었다. 홀로코스트의 중요성이 얼마나 위험할 정도로 심각하게 축소되어 사적인 트라우마이자 한 민족의 애사哀史에 불과한 것이 되었는지를 최근 박식하고 사려 깊은 내 친우가 환기시켜 주었다. 나는 그에게 사회학에서는 홀로코스트 경험에서 도출된 보편적 중요성이 있는 결론을 뒷받침할 증거를 별로 찾을 수 없다고 불평했다. 내 친구는 "유대인 사회학자가 그렇게 많은 걸 고려해보면 참 놀라운 일이지 않은가?"라고 말했다.

우리는 기념일이 되면 홀로코스트를 접하게 되는데, 대다수가 유대인인 참석자들 앞에서 거행되는 기념식에 관한 실황 중계에서 리포터가 유대인 공동체의 삶에서 일어난 사건으로 그것을 보도하는 것을 들을 수 있다. 대학들은 홀로코스트의 역사를 다루는 특별 강좌를 개설했지만 일반사 강좌와는 별개로 가르친다. 홀로코스트는 많은 사람에 의해 유대인 역사의 전문 분야로 규정되어 왔다. 이 주제에 관한 전문가가 양산되었으며, 이들은 전문가 회의와 심포지엄에서 자기들끼리 모여 상대방에게 강연하는 일을 계속해왔다. 그러나 인상적인 생산성과 결정적 중요성을 지닌 이들의 작업은 주류 학계와 문화생활 일반에는 거의 진입하지 못했다. — 전문가와 전문화를 특징으로 하는 우리 세계에서 대부분의 특수화된 다른 전문 분야가 보이는 모습과 유사하게 말이다.

설혹 그러한 진입의 길을 찾더라도 위생 처리된, 그리하여 궁극적으로는 무기력하고 편안한 형태로 공개 무대에 오르는 것이 허용되는 경우가 더 많았다. 그러한 작업은 대중의 신화와 편리하게 맞물려 대중을 인간적 비극에 대한 무관심 상태에서 깨어나게 할 수는 있지만 자기만족에서 벗어나게 하기는 어렵다. — 미국 TV에서 더빙해서 방영한 연속극 <홀로코스트>처럼 말이다. 이 드라마는 반듯하게 자란 행실이 좋은 의사와 가족들(당신의 브루클린 이웃들과 똑 닮았다)이 꼿꼿하고 품위 있고 도덕적으로 거리낌 없는 상태로 가스실로 행진하는 모습을 보여주는데, 상스럽고 잔인한 슬라브족 농민을 하수인으로 둔 혐오스러운 나치 악당들이 이들을 몰아댄다. 이 종말론적 사건에 대한 유대인의 반응을 연구하는 통찰력과 열정이 넘치는 학자 로스키스는 조용하지만 단호한 자기 검열 — 게토에 관한 시에서 '땅을 향해 머리를 숙이고'가 후기 판본에서는 '믿음 속에 머리를 꼿꼿이 세우고'로 대체되는 것 — 작업에 주목해왔다. 로스키스의 결론에 따르면 "회색이 제거될수록 원형으로서의 홀로코스트는 특유의 윤곽을 더욱 명확히 띨 수 있다. 유대인 사망자는 절대적으로 선하고 나치와 나치 부역자는 절대적으로 악하다."[1] 그리고 아렌트는 비인간적 체제의 희생자들이 고난의 길에서 인간성의 일부를 잃어버렸을 수도 있다고 시사한 뒤 일제히 터져 나온 분노의 함성으로 인해 침묵해야 했다.

홀로코스트는 실제로 유대인의 비극이었다. 비록 유대인이 나치 정권의 '**특별처리**Sonderbehandlung' 대상이 된 유일한 집단은 아니었지만(600만 명의 유대인은 히틀러의 명령으로 학살된 2,000만 명이 넘는 사람 중 일부이다) 유대인만이 전적인 절멸 대상으로 표시되고, 히틀러가 수립하려고

---

[1] David G. Roskies, *Against the Apocalypse, Response to Catastrophe in Modern Jewish Culture*(Cambridge, Mass.: Harvard University Press, 1984), p. 252.

한 신질서에 들어설 자리가 없었다. 그렇더라도 홀로코스트는 단순히 유대인 문제가 아니었으며 유대인 역사에만 고유한 사건도 아니었다. 홀로코스트는 우리의 합리적인 현대 사회에서, 우리 문명이 고도로 발전한 단계에서, 그리고 인류의 문화적 성취가 최고조에 달했을 때 태동해 실행되었으며, 바로 이 때문에 홀로코스트는 그러한 사회와 문명과 문화의 문제이다. 현대 사회의 의식 속에서 일어나는 역사적 기억의 자기치유는 이러한 이유에서 인종학살의 희생자에 대한 무관심보다 더 나쁜 것이다. 그것은 또한 위험하고 잠재적으로 자멸적인 맹목성의 징후이다.

이러한 자기치유 과정은 반드시 홀로코스트가 기억에서 완전히 사라지는 것을 의미하지는 않는다. 정반대 징후도 많이 존재한다. 홀로코스트라는 사건이 실제로 발생했다는 것을 부정하는 일부 수정주의적 주장(이것은 그것이 촉발하는 떠들썩한 머리기사 덕분에 본의 아니게 홀로코스트에 대한 대중의 인식을 높이는 데 기여하는 듯하다)을 논외로 하면 홀로코스트의 잔학성과 그것이 희생자들(특히 생존자들)에게 미친 영향은 갈수록 대중의 관심을 끌고 있는 듯하다. 이러한 유의 주제는 영화, 텔레비전 드라마 또는 소설들에서 거의 필수적인 — 전체적으로 볼 때 부수적일지라도 — 서브플롯이 되었다. 그럼에도 — 서로 뒤얽힌 두 과정을 통해 — 자기치유가 실제로 일어나고 있다는 데는 의심의 여지가 없다.

첫 번째 과정은 홀로코스트의 역사를 전문 산업의 지위로 억지로 끌어올려 자체의 학문 기관, 재단, 정례 회의가 전담케 한 것이다. 학문 분과의 분화에서 종종 발생하는 잘 알려진 효과 중의 하나는 새로운 전문 분야가 주류를 이루는 연구 영역과 맺는 연계가 미약해지는 것이다. 주류 학계는 새로운 전문가들의 관심사와 발견으로부터, 또한 곧 그들이 발전시키는 특유의 언어와 이미지로부터도 영향을 받지 않는다. 대개 분화라고 하는 것은, 전문 연구기관에 넘겨진 학문적 관심은 그렇게 해서 해당 학문 분과의 핵심 영역으로부터 제거된다는 것을 의미한다. 그러한 관심은 말하자면 특수화되고 주변화되어, 보다 일반적인 중요성을 — 이론적인 차원에서는 아닐 수도 있지만 — 실천적 차원에서 박탈당한다. 그 결과 주류 학계는 그러한 관심사에 더 이상 몰두하지 않아도 된다. 그리하여 홀로코스트 역사에 관한 전문 연구의 양과 깊이와 학문적 질은 인상적인 속도로 증대하지만 현대사의 일반적 서술에서 그것에 할당된 공간과 주목도는 그렇지 않게 된다. 이제는 비교적 긴 참고문헌 목록을 첨부함으로써 홀로코스트에 대한 실질적 분석을 대신해도 무방할 정도가 되었다.

또 다른 과정은 앞서 기술한 바 있는 대중의 의식 속에 침전되어 있는 홀로코스트 이미지에 대한 위생처리를 말한다. 홀로코스트에 관한 공적 정보는 기념행사 및 그러한 행사에 등장해 정통성을 부여하는 엄숙한 설교와 결부되는 경우가 지나치게 잦았다. 그러한 유의 행사는 다른 측면에서는 아무리 중요하더라도 홀로코스트 경험, 특히 보다 추하고 불편한 측면들에 대한 심도 있는 분석에는 거의 기여하지 못한다. 이미 제한된 그러한 분석이 비전문가와 일반적인 정보 매체를 경유해 공적 의식에 들어갈 수 있는 가능성은 더더욱 적다.

대중이 가장 무시무시한 질문들, 즉 어떻게 '그러한 참사가 벌어질 수 있었을까? 세계에서 가장 문명화된 지역의 심장부에서 어떻게 그러한 사건이 벌어질 수 있었을까?'에 대해 생각해야 할 때 마음의 평정과 균형이 흐트러지는 경우는 별로 없다. 죄과罪過에 대한 논의는 원인에 대한 분석이라는 탈을 쓴다. 참사의 뿌리는 히틀러의 집착, 그의 심복들의 비굴함, 그의 추종자들의 잔혹함, 그리고 그의 이념이 퍼뜨린 도덕적 타락에서 찾아야 하고 찾을 수 있다고들 한다. 조금 더 깊이 찾아보면 아마도 독일 역사의 몇몇 특수한 곡절이나 평범한 독일인의 특수한 도덕적 무관심 — 그들의 공공연한 또는 잠재적인 반유대주의에 비추어 볼 때 당연히 예견되는 태도 — 에서 기원을 찾을 수 있을지도 모른다. 대개

'어떻게 그러한 일이 가능했을까를 이해하려는 시도'에 뒤따르는 것은 제3제국이라는 이름의 가증스러운 국가, 나치의 야만성 또는 '독일이라는 질병' — 우리의 믿음에 따르면 그리고 계속 믿도록 장려되는 바로는 "우리 지구와 어울리지 않는" 어떤 것2) — 의 여타 측면들에 대한 장황한 폭로이다. 또한 나치즘과 그들의 주장의 야만성을 완벽히 인식해야만 "나치즘이 서양 문명에 가한 상처를 치유하지는 못하더라도 최소한 봉합할 수는 있을 것"3)이라고 한다. 이러한 유의 견해에 대한 그럴 싸한 해석 가운데 하나(저자가 반드시 의도하지는 않은)는 일단 독일과 독일인과 나치의 도덕적·물질적 책임이 확정되면 원인에 대한 탐색은 완결되리라는 것이다. 홀로코스트 자체와 마찬가지로 그러한 원인은 한정된 공간과 제한된(지금은 다행스럽게도 끝난) 시간에 봉인되었다.

그러나 이 범죄에 대한 해명이 의거해야 하는 양상으로 범죄의 독일적 성격Germanness에 초점을 맞추는 것은 동시에 다른 모든 사람, 그리고 특히 다른 모든 것의 혐의를 벗겨주는 것이다. 홀로코스트의 가해자들이 우리 문명의 끔찍하지만 적법한 산물이 아니라 상처 또는 질병이었다는 해석이 내포하는 바는 자기변호의 도덕적 위안으로 귀결될 뿐만 아니라 도덕적·정치적 무장해제라는 무서운 위협을 초래한다. 그러한 일은 전부 '저 바깥 — 또 다른 시간, 또 다른 나라 — 에서 일어난 것이다. '그들'에게 돌리는 책임이 커질수록 나머지 '우리'는 더 안전하며 그러한 안전을 변명할 필요가 더 적어진다. 일단 그러한 죄과에 대한 귀책과 원인의 귀속이 동등하다는 것이 성립하면 우리의 자랑스러운 생활방식의 순수함과 건전함을 의심할 필요가 없게 된다.

그것의 궁극적 효과는 역설적이게도 홀로코스트의 기억에서 고통스러

---

2) Cynthia Ozick, *Art and Ardour*(New York: Dutton, 1984), p. 236.
3) Steven Beller, "Shading Light on the Nazi Darkness", *Jewish Quarterly*, Winter 1988~1989, p. 36과 대조해보라.

운 가시를 뽑아내는 것이다. 우리가 오늘날 살아가는 방식에 대해 — 우리의 안전을 보장해주는 제도의 특성에 대해 그리고 우리 자신의 행동의 적절성과 우리가 수용하고 정상적인 것으로 간주하는 상호작용 유형의 적절성을 판단하는 기준의 타당성에 대해 — 홀로코스트가 담고 있는 메시지는 침묵당하고, 경청되지 않으며, 전달되지 않는다. 그러한 메시지는 전문가들이 밝혀내 학술회의에서 토의될지라도 다른 곳에서는 거의 들을 수 없고 외부인들에게는 불가사의로 남을 뿐이다. 그것은 아직 (적어도 진지한 방식으로는) 우리 시대의 의식에 편입되지 않았다. 더욱 불행스러운 것은 이러한 메시지가 아직 우리 시대의 실천 관행에 영향을 미치지 않았다는 점이다.

본 연구의 의도는 현 상황에서 문화적·정치적으로 가공할 만한 중요성을 지녔지만 장기 미제로 남아 있는 것처럼 보이는 과제에 대해 약간의 소박한 기여를 해보려는 것이다. 즉 홀로코스트라는 사건의 사회학적·심리적·정치적 교훈이 현대 사회의 제도와 구성원의 자기 인식과 실천에 어떤 의미를 갖는지를 살펴보는 과제가 그것이다. 본 연구는 홀로코스트 역사에 대한 어떠한 새로운 해명도 제시하지 않는다. 이러한 측면에서 본 연구는 최근에 수행된 전문적 연구의 탁월한 성과에 전적으로 의존하고 있다. 그러한 성과들을 빠짐없이 찾아내기 위해 최선을 다했으며, 이들에게 얼마나 큰 빚을 지고 있는지는 이루 말할 수 없을 정도이다. 대신 본 연구는 홀로코스트가 벌어지는 와중에 드러난 여러 과정과 추세와 숨은 가능성에 비추어 볼 때 사회과학(또한 아마도 사회적 실천)의 다양한 중심 영역에서 수정할 필요가 제기된 것에 초점을 맞추고 있다. 본 연구에서 수행하는 다양한 탐구의 목적은 전문 지식을 추가하거나 사회과학자들의 특정한 주변적 관심사를 풍부화하는 것이 아니라 전문가들이 발견한 내용을 사회과학의 보편적 용도에 맞게 공개하고, 사회학 연구의 주요 주제에 유관한 방식으로 해석하고, 우리 학문 분과의 주류에 되먹임해 이 문제를 현재의 주변적 지위로부터 사회이론과 사회학적 실천의 중심 영역으로 격상시키는 데 있다.

1장은 홀로코스트 연구에서 제기된 이론적·실천적으로 중요한 몇몇 쟁점에 대한 사회학의 응답(또는 차라리 그러한 응답의 심각한 결핍)을 전반적으로 검토한다. 이러한 쟁점 중 일부는 이어지는 장에서 별도로 보다 철저하게 분석된다. 따라서 2장과 3장에서는 현대화의 새로운 상황에서 발생한 경계 긋기의 경향에서 초래된 긴장, 전통적 질서의 붕괴, 현대의 국민국가의 정립, 현대 문명의 일정한 속성들(그중 가장 두드러진 것은 사회공학적 야심의 정당화에 사용되는 과학적 수사修辭의 역할이다) 사이의 연관성, 인종주의적 형식을 띠는 집단적 적대 관계의 출현, 그리고 인종주의와 인종학살 프로젝트 사이의 연관성을 탐구한다. 그리하여 홀로코스트는 전형적인 현대적 현상으로 현대(성)의 문화적 경향 및 기술적 성취와 떼어놓고 이해할 수 없다는 제안을 한 다음 4장에서는 다른 현대적 현상 중에서도 홀로코스트가 차지하는 지위에서 드러나는 고유성과 정상성의 진정 변증법적 조합이라는 문제와 대결하려고 한다. 그리고 4장의 결론에서는 홀로코스트는 자체로서는 아주 평범하고 통상적인 요인들 사이의 독특한 조우가 초래한 산물이었으며, 그러한 조우의 가능성은 정치적 국가가 폭력 수단을 독점하고 대담한 공학적 야심을 보유한 상태로 사회적 통제로부터 해방된 것 — 모든 비정치적 권력 자원 및 사회적 자기 관리 제도의 단계적 해체에 뒤이어 — 에 큰 원인이 있다는 주장을 제시한다.

5장은 우리가 특히 열의를 갖고 "말하지 않은 채로 두고 싶어 하는"[4] 것 중 하나를 분석하는 보답 없고 고통스러운 과제에 착수한다. 희생자가 자신을 희생자로 만드는 데 협력하도록 하는 현대의 메커니즘, 그리

---

[4] Janina Bauman, *Winter in the Morning*(London: Virago Press, 1986), p. 1.

고 문명화 과정의 자랑스러운 존엄성과 도덕 고양 효과와 반대되는 강제적 권위의 점층적인 비인간화 효과에 필요한 조건이 되는 현대의 메커니즘이 그것이다. 홀로코스트의 '현대적 연관성' 중 하나, 즉 홀로코스트가 현대 관료제에서 완벽하게 발전한 권위 유형과 밀접하게 연결되는 고리가 6장의 주제이다. 6장은 밀그램과 짐바도가 수행한 중요한 사회심리학적 실험에 대한 상세한 주석이다. 이론적 종합이자 결론인 7장은 현재의 지배적인 사회이론에서 도덕(성)의 지위를 검토하고 그것을 근본적으로 수정할 것을 주장한다. 그러한 수정은 사회적(물리적 그리고 정신적) 거리를 사회적으로 조작하는 것과 관련해 지금까지 밝혀진 역량에 초점을 맞출 것이다.

장별 주제는 다양하지만 모든 장이 동일한 방향을 가리키면서 하나의 핵심적 메시지를 강화하기를 바란다. 이 책의 각 장은 모두 홀로코스트의 교훈을 현대(성)와 문명화 과정 및 그 효과에 관한 주류 이론에 흡수시키는 것을 옹호하는 주장을 담고 있다. 각 장은 모두 홀로코스트 경험이 우리가 속한 사회에 관한 중요한 정보를 담고 있다는 확신에 바탕을 두고 전개된다.

홀로코스트는 현대(성)가 간과하거나 경시하거나 해소하는 데 실패한 오래된 긴장들 — 그리고 현대의 발전 자체가 만들어낸 합리적이고 효과적으로 작동하는 강력한 수단들 — 사이의 독특한 조우였다. 설사 그러한 조우가 독특했으며 여러 상황의 드문 조합을 필요로 했다 할지라도 그러한 조우에서 한데 모인 요인들은 당시에도 그리고 지금도 여전히 편재遍在하며 '정상적'이다. 홀로코스트 이후 그러한 요인들의 가공할 잠재력을 가늠하는 작업은 충분히 이루어지지 않았고, 그러한 요인들의 잠재적으로 소름 끼치는 영향을 무력화하는 작업은 더더욱 적게 이루어졌다. 나는 두 측면 모두에서 많은 진척을 이룰 수 있다고, 그리고 확실히 이루어야 한다고 믿는다.

이 책을 쓰는 동안 브라이언 차이엇, 슈무엘 아이젠슈타트, 페렌츠 페헤르, 애그니스 헬러, 루카시 히르쇼비치, 빅토르 자슬라프스키의 비평과 조언에서 큰 도움을 받았다. 이 책에서 그들의 발상과 영감이 적지 않게 적용된 것을 발견하기 바란다. 이 책의 연이은 수정본을 주의 깊게 읽고 사려 깊은 비평과 값진 조언을 해준 앤서니 기든스에게 특별한 신세를 졌다. 인내심을 갖고 제반 편집 작업을 수행한 데이비드 로버츠에게 감사한다.

1

서론
홀로코스트 이후의 사회학

문명은 이제 죽음의 수용소와 무젤만Muselmann*을 물질적·정신적 산물의 목록 안에 포함하게 되었다.
— 리처드 루빈스틴·존 로스, 『아우슈비츠 연구』

* 강제 수용소에서 굶주림에 지쳐서 희망을 잃고 죽음이 닥치기만을 무력하게 기다리는 수용자들을 이르던 말. 본래 이슬람교도를 가리키는 독일어 단어.

문명, 현대성, 현대 문명에 관한 이론인 사회학에 대해 홀로코스트가 가진 의미를 축소, 오판 또는 무시하는 데는 두 가지 방식이 있다.

하나는 홀로코스트를 유대인에게 벌어진 일, 유대인의 역사에서 일어난 사건으로 제시하는 것이다. 그렇게 하면 홀로코스트는 유대인에게 고유한 것, 심적 부담을 주지 않는 특색 없는 것, 그리고 사회학적으로 중요하지 않은 것이 된다. 이런 방식의 가장 통상적인 예는 홀로코스트를 유럽 기독교의 반유대주의 — 그 자체가 인종적 또는 종교적 편견과 공격 행위의 수많은 사례 가운데 어느 것과도 비교할 수 없는 독특한 현상 — 가 정점頂點에 도달한 것으로 제시하는 것이다. 각종 집단적 적대의 사례들 가운데 반유대주의는 유례없는 체계성, 이데올로기적 강도, 민족과 영토를 초월한 확산, 지역적 원천 및 지류支流와 보편적 원천 및 지류의 독특한 혼합으로 인해 특히 눈에 띈다. 홀로코스트가 일종의 다른 수단에 의한 반유대주의의 연장으로 정의되는 한 홀로코스트는 '원소가 하나인 집합, 일회적 삽화인 것처럼 보인다. 이렇게 일회적 삽화로 파악하는 것은 아마도 그것이 일어난 사회에 관한 병리학에 약간의 빛을 비출지는 몰라도 그러한 사회의 정상 상태를 이해하는 데는 거의 아무런 보탬이 되지 않는다. 하물며 그것은 현대성의 역사적 경향과 문명화 과정과 사회학적 탐구의 구성 주제들에 대한 정통적인 이해 방식에 대해 어떤 의미 있는 수정도 요구하지 않는다.

또 다른 방식 — 언뜻 보기에 정반대 방향을 가리키지만 실제로는 똑같은 종착지에 도달한다 — 은 홀로코스트를 광범위하고 낯익은 사회 현상들로 구성된 범주 — 분명히 불쾌하고 역겹기는 하지만 우리 삶에서 감내할 수 있는(그리고 감내해야 하는) 범주 — 에 속하는 극단적인 사례로 제시하는 것이다. 우리 삶에서 그것을 감내해야 하는 이유는 그러한 범주의 복원력과 편재성遍在性 때문이지만 무엇보다도 현대 사회가 내내 그러한 범주를 격퇴하도록 고안된 조직이자 아마도 그러한 범주를 완전히 근절하도록 고안된 조직이었고 지금도 그러하며 앞으로도 그러할 것이기 때문이다. 그리하여 홀로코스트는 갈등이나 편견이나 공격성의 많은 '유사' 사례들로 구성된 방대한 집합에 속한 (아무리 두드러진 것이라고 해도) 일개 항목으로 분류된다. 최악의 경우 홀로코스트는 원초적이고 문화적으로 억누를 수 없으며 '타고난 인류의 성향 — 로렌츠가 말하는 본능적 공격성이나 쾨스틀러가 말하는 신피질新皮質의 원시적인 감정 중추에 대한 제어의 실패1) — 탓에 일어난 일로 간주된다. 홀

---

1) Konrad Lorenz, *On Aggression*(New York: Harcourt, Brace and World, 1977); Arthur Koestler, *Janus: a Summing Up*(London: Hutchinson, 1978)을 참조. 홀로코스트에 대한 설명으로 인간 본성의 내재적 결함 이론을 전개하는 많은 저작 중 Israel W. Charny, *How Can we Commit the Unthinkable?*(Boulder: Westview Press, 1982)은 독보적 위치를 차지한다. 이 책은 인간 본성에 대한 이론들을 포괄적으로 개관하며 '인간은 천성적으로 악하다', '권력에 취하는 경향', '우리 스스로 가장 참기 힘든 것을 희생양에게 투사하기', '자신의 인간성을 지키기 위해 타인의 인간성을 말살하기'와 같은 가설을 고찰한다. Wendy Stellar Flory, "The Psychology of Antisemitism", in *Antisemitism in the Contemporary World*, ed. Michael Curtis(Boulder: Westview Press, 1986)는 홀로코스트라는 사건을 반유대주의의 집요함을 들어, 반유대주의는 어디에나 존재하는 편견을 들어, 편견은 "인간의 모든 충동 중 가장 근본적이고 직관적인 것 — 이기심"을 들어 설명한다. 그리고 이기심은 "또 다른 인간적 특성 — 우리가 틀렸다는 것을 자인하지 않기 위해서라면 거의 무슨 짓이든 하게 만드는 자부심 — 의 결과"로 설명한다(p. 240). 플로리는 편견의 파괴적 효과들을 방지하기 위해서는 "사회가(다른 종류의 이기심에 대해 하듯이) 편견을 엄격하게 감시하고 제어해야 한

로코스트의 원인이 되는 요인들은 전前사회적이고 문화적 조작에 대한 면역성이 있는 것들로서 사회학의 관심 영역에서 사실상 배제된다. 홀로코스트는 기껏해야 인종학살 가운데 가장 두렵고 불길한 사례 — 그러나 여전히 이론적으로 포섭될 수 있는 범주 — 로 간주된다. 또는 단순히 종족적, 문화적 또는 인종적 억압과 박해라는 방대하고 너무도 낯익은 범주 속으로 용해된다.2)

두 방식 중 어느 쪽을 택하든 결과는 거의 똑같다. 우선 홀로코스트를 익숙한 역사의 흐름 속으로 밀어 넣는다.

> 이런 방식으로 바라볼 때, 그리고 다른 역사적 참사들(종교적 십자군, 알비주아파 이교도 학살, 터키인의 아르메니아인 학살, 그리고 심지어 보어 전쟁 당시 영국인이 창안한 강제수용소)을 적절히 인용할 때 홀로코스트를 '특유한 것 — 그러나 결국 정상적인 것 — 으로 보는 일이 너무도 수월해진다.3)

또는 홀로코스트의 기원을 기독교 유럽에서 수백 년에 걸쳐 자행된 유대인의 게토 수용, 합법적 차별, 학살과 박해에 관한 낯익은 기록으로 거슬러 올라가 추적한다. 그리하여 홀로코스트는 민족적·종교적 증오가 초래한 특유하게 소름 끼치지만 완전히 논리적인 결과로 제시된다. 어느 쪽 방식을 사용하든 폭탄의 뇌관은 제거된다. 우리 사회이론을 크게

다"고 주장한다(p. 249).
2) 예를 들어 '앤젤라 데이비스는 다하우로 가는 길에 유대인 주부로 변신한다'/'식량 배급 프로그램의 감축은 인종학살을 자행하는 것이다'/'베트남 보트피플이 1930년대의 불운한 유대인 난민이 되다.' Henry L. Feingold, "How Unique is the Holocaust?", in *Genocide: Critical Issues of the Holocaust*, ed. Alex Grobman & Daniel Landes(Los Angeles: The Simon Wiesenthal Centre, 1983), p. 398.
3) George M. Kren & Leon Lappoport, *The Holocaust and the Crisis of Human Behavior*(New York: Holmes & Meier, 1980), p. 2.

수정할 필요는 사실상 존재하지 않는다. 그리하여 현대성, 드러나지 않았지만 너무도 분명하게 현존하는 현대성의 잠재력, 현대성의 역사적 경향을 다시 자세하게 검토할 필요는 없다. 왜냐하면 사회학이 축적한 방법과 개념들은 이러한 도전을 처리하기에 ― 그것을 '설명'하고 '뜻이 통하게' 하고 이해하기에 ― 충분히 적절하기 때문이다. 전반적인 결과는 이론적 자기만족이다. 사회학적 실천의 이론적 틀이자 실용주의적 정당화 메커니즘으로서 지금까지 잘 기능한 현대 사회 모델에 대한 또 다른 비판을 해야 할 만한 일은 전혀 일어나지 않았다.

이제까지 이런 자기만족과 자축에 도취된 태도에 대한 주목할 만한 불만의 목소리는 주로 역사가와 신학자들에게서 나왔다. 사회학자들은 그런 목소리에 거의 주의를 기울이지 않았다. 역사가들이 수행한 엄청난 양의 작업이나 기독교와 유대교 신학자들이 수행한 영혼 탐구의 분량과 비교했을 때 홀로코스트 연구에 대한 전문 사회학자들의 기여는 사소하고 무시할 만한 것처럼 보인다. 이제까지 완수된 그러한 사회학적 연구들을 살펴보면 **현재 상태의 사회학이 홀로코스트에 대한 우리의 지식을 늘리는 데 기여할 수 있는 것보다는 홀로코스트가 사회학의 현 상황에 대해 해줄 말이 더 많다는** 데 의문의 여지가 없다. 사회학자들은 이처럼 걱정스러운 사실을 지금까지 직시하지 않았고, 하물며 그에 대해 응답하지 않은 것은 말할 필요도 없다.

사회학자 집단이 '홀로코스트'라고 불리는 사건과 관련된 자신의 과제를 파악하는 방식은 아마도 가장 저명한 사회학자 가운데 한 명인 휴스가 가장 적절히 표현했을 것이다.

독일의 나치 정부는 유대인에게 역사상 가장 어마어마하게 '더러운 짓'을 저질렀다. 그런 사건의 발생과 관련해 가장 중요한 질문들은 (1) 그런 작업을 실제로 수행하는 사람들은 누구인가, (2) 그들이 그런 일을 벌이는 것을 다른 '선량한' 사람들이 용인하게 되는 상황은 어떤 것인가이다. 우리에게 필요한 것은 그들이 권력을 장악하는 징후에 대한 더 나은 지식과 그들이 권력에 접근하지 못하게 하는 더 나은 방식이다.4)

사회학적 실천의 확고부동한 원칙들에 충실하게 휴스는 당면 문제를 '더러운 짓'의 가해자들이 보이는 독특한 행태적 경향들과 적절히 결부될 수 있는 (그러한 경향들의 결정 인자로서의) 사회심리적 요인들의 독특한 조합을 밝히는 문제, 그러한 경향에 대한 다른 사람들의 (당장은 아닐지라도 언젠가 드러날 것으로 기대되는) 저항을 감쇄시키는 요인들의 집합을 목록화하는 문제, 그리고 그 결과 일정한 양의 설명적·예견적 지식 — 합리적으로 조직되고 인과 법칙과 통계적 확률이 지배하는 우리 세계에서 그러한 지식의 보유자로 하여금 '더러운' 경향들이 발생하는 것, 그것들이 실제 행동으로 표출되어 해로운, '더러운' 효과를 낳는 것을 방지할 수 있는 지식 — 을 확보하는 문제로 정의한다. 후자의 과제는 아마도 우리 세계를 합리적으로 조직되고 조작 가능하고 '통제 가능한 세계로 만들었던 바로 그 행위 모델을 적용함으로써 달성될 것이다. 우리에게 필요한 것은 이전부터 있었던 — 그리고 결코 신용을 잃지 않은 — 사회공학에 쓰일 보다 나은 기술이다.

홀로코스트에 관한 사회학적 연구 가운데 가장 주목할 만한 훼인의 연구5)는 휴스의 조언을 충실히 따르고 있다. 훼인은 나치 치하 유럽에서 여러 국가민족 단위 안의 유대인 희생자 또는 생존자 비율과 가장 강한 상관관계가 있는 일련의 심리학적·이데올로기적·구조적 변수들을 밝히는 것을 과제로 삼았다. 어떤 기준에서 평가하더라도 훼인은 아주

---

4) Everett C. Hughes, "Good People and Dirty Work", *Social Problems*, Summer 1962, pp. 3~10.
5) Helen Fein, *Accounting for Genocide: National Response and Jewish Victimization during the Holocaust*(New York: Free Press, 1979)를 참조.

인상적인 연구를 해냈다. 민족 공동체들의 속성, 지역별 반유대주의의 강도, 유대인의 문화 접변과 동화 정도, 그 결과로 나타난 공동체간 연대를 모두 주의 깊고 정확하게 지수화했고, 이를 통해 상관관계를 계산하고 적실성을 검증할 수 있게 하였다. 그 결과 몇몇 가설적 관련성은 존재하지 않거나 최소한 통계적으로 타당하지 않은 것으로 밝혀졌고, 다른 몇몇 규칙성은 통계적으로 확증되었다(예를 들어 연대감의 부재와 '사람들이 도덕적 제약에서 벗어나게 될' 개연성 간의 상관관계). 훼인의 책은 흠잡을 데 없는 사회학적 기법을 탁월하게 사용한 덕분에 뜻하지 않게 정통 사회학의 약점을 드러냈다. 하지만 사회학 담론의 핵심적이지만 암묵적인 일부 가정을 수정하지 않고서는 누구도 훼인의 작업을 넘어설 수 없다. 즉, 홀로코스트는 사회적·심리적 요인들의 특정한 연쇄가 만들어낸 특유하지만 완벽히 결정된 산물로, 통상 인간의 행동을 제어하는 문명의 장악력이 일시 중지된 것으로 보는 것이 그것이다. 그런 관점을(명시적으로는 아니더라도 암묵적으로) 취할 때 홀로코스트의 경험에도 불구하고 변하지 않는 것은 전사회적 또는 반사회적인 개인의 행동을 지배하는 비인간적 충동에 대해 사회 조직이 가하는 인간화 그리고/또는 합리화 효과이다. 인간 행동에서 발견할 수 있는 도덕적 본능은 모두 사회적으로 생산된다. 일단 사회가 오작동하면 그것은 해체된다. "사회적 규제가 없는 아노미 상황에서 사람들은 타인에게 해를 입힐 가능성을 무시하고 행동할지도 모른다."[6] 이것이 함축하는 바는, 효과적인 사회적 규제가 존재하면 그처럼 타인의 피해를 무시하기는 쉽지 않다는 것이다. 사회적 규제 — 따라서 유례없는 정도로 규제의 야심을 극한까지 몰아붙이는 현대 문명 — 는 인간의 광포한 이기심과 천성적인 동물적 야만성에 도덕적 제약을 부과한다. 홀로코스트에 관한 사실들을 전

---

[6] Fein, *Accounting for Genocide*, p. 34.

통적인 학문적 방법론을 써서 분석한 정통 사회학은 '사례의 사실들'에서 도출되는 메시지보다는 자신의 선입견에서 도출되는 메시지를 내놓을 수밖에 없다. 홀로코스트는 현대성의 실패작이었을 뿐 현대성의 산물은 아니었다는 것이 그것이다.

홀로코스트에 관한 또 다른 탁월한 사회학적 연구에서 테크는 사회적 스펙트럼의 정반대에 놓인 존재인 구조자들에 관해 탐구했다. 구조자들은 '더러운 짓'이 자행되는 것을 용인하지 않은 사람들, 이기심이 만연한 세계에서 타인을 고난에서 구하는 데 목숨을 건 사람들, 요컨대 부도덕한 상황에서 도덕(성)을 견지한 사람들이었다. 사회학의 가르침을 충실히 따른 테크는 당시의 어떤 기준에 비추어 보더라도 일탈적이었던 행위를 초래한 사회적 결정인자들을 찾아내려고 열심히 노력했다. 테크는 훌륭하고 식견 있는 사회학자라면 당연히 연구 프로젝트에 포함시킬 만한 가설들을 하나하나 빠짐없이 검증했다. 테크는 도움을 주려는 태도와 계급적·교육적·종파적·정치적 소속감 같은 여러 요인 간의 상관관계를 계산했지만 아무런 상관관계도 발견할 수 없었다. 테크는 자신 ─ 그리고 사회학적으로 훈련된 독자들 ─ 이 예측한 것과는 상이한 결론을 내릴 수밖에 없었다. 즉 "이 구조자들은 본성에 따라 행동했고, 자연스럽게 시대의 공포에 맞설 수 있었다."[7] 다시 말해 구조자들이 기꺼이 구조에 나선 것은 그것이 천성이었기 때문이다. 그들이 '사회 구조'에서 차지한 위치와 부문은 천차만별이었고, 따라서 도덕적 행위의 '사회적 결정인자들'이 있다는 가정은 기각되었다. 그런 결정인자들이 기여한 바를 굳이 들자면, 그것들은 구조자들 자신이 어려움에 처한 상황에서도 타인을 도우려는 구조자들의 의지를 꺾을 수 없었다는 점이다. 테크는 '우리 사회학자들이 홀로코스트에 관해서 무엇을 말할 수 있는가?'가

---

7) Nechama Tec, *When Light Pierced the Darkness*(Oxford: Oxford University Press, 1986) p. 193.

아니라 '홀로코스트가 우리 사회학자들과 우리의 학문적 실천에 관해서 무엇을 말해주는가?'가 진정한 쟁점이라는 발견에 대다수 사회학자보다 훨씬 더 가까이 다가갔다.

이것은 홀로코스트 분야에서 매우 시급한 질문인 동시에 지금까지 간과된 질문인 성싶지만 그 결과는 조심스럽게 바라보아야 한다. 기성의 사회학적 전망의 명백한 파산에 대해 과잉 반응하는 것은 너무도 쉬운 일이다. 일단 홀로코스트의 경험을 오작동(본질적으로 외생적인 비합리적 요인들을 억제하지 못한 현대성, 감정적·폭력적 충동들을 순치하지 못한 문명화의 압력, 필요한 만큼의 도덕적 동기 부여를 이끌어내지 못한 실패한 사회화)이라는 이론적 틀 안에서 해명하려는 희망이 좌절되면, 우리는 이론적 난관으로부터 '뻔한' 탈출을 시도하려는 유혹을 쉽게 받게 된다. 홀로코스트를 현대 문명의 한 '패러다임', '자연스럽고' '정상적인'(누가 알겠는가 — 아마도 또한 흔해 빠진) 산물, '역사적 경향'으로 선언하고 싶은 유혹이 그것이다. 그러한 해석에 따르면 홀로코스트는 (현대성에 내재된 하나의 가능성으로 인식되기보다는) 현대성의 진실 — '거대한 거짓말로부터 이익을 얻는 자들이 내세운 이데올로기적 관용구에 의해 단지 피상적으로만 은폐된 진실 — 이라는 지위로 격상될 것이다. 홀로코스트의 역사적·이론적 의의를 고양시켰다고 주장하는 이런 견해(이에 대해서는 4장에서 보다 상세하게 다룰 것이다)를 고집하면 오히려 홀로코스트의 중요성이 훼손될 수밖에 없다. 왜냐하면 인종학살의 공포를 현대 사회가 의문의 여지 없이 일상적으로 — 그리고 아주 풍부하게 — 자아내는 다른 고통과 사실상 구별할 수 없게 되기 때문이다.

현대성의 시금석으로서의 홀로코스트

몇 년 전 『르 몽드』지 기자가 항공기 납치 피해자들을 인터뷰한 적이 있다. 그가 발견한 매우 흥미로운 사실은 인질 경험의 고통을 함께 겪은 부부들의 이혼율이 비정상적으로 높다는 것이었다. 호기심이 발동한 그는 이혼한 사람들에게 이혼을 결정한 이유를 물어보았다. 대다수 응답자는 납치 사건 이전에는 이혼에 대해 전혀 생각해본 적이 없다고 말했다. 그러나 끔찍한 사건이 벌어지는 와중에 "눈이 뜨였고", "배우자에 대해 다시 생각하게 되었다." 보통의 선량한 남편들은 단지 자기 안위에만 신경을 쓰는 이기적인 인간들이라는 게 '입증되었'고, 과감한 사업가는 혐오스러운 겁쟁이임이 드러났으며, 능력 있는 '상류 사회 인사들'은 주저앉아 곧 닥칠 죽음에 대해 비통해할 뿐이었다. 기자는 의문을 품었다. 이런 야누스의 두 화신 가운데 어느 것이 진짜 얼굴이고 어느 것이 가면이었는가? 그는 질문이 잘못되었다는 결론을 내렸다. 어느 쪽도 '더 참된' 모습이 아니었다. 둘 다 피해자들의 성격에 늘 내재해 있던 가능태였다. 그것들은 단지 상이한 시간과 상이한 상황에서 표면에 드러났을 뿐이다. '선량한' 얼굴이 통상적인 것으로 보였던 것은 단지 통상적인 상황이 다른 얼굴보다 그것을 더 선호했기 때문이다. 하지만 다른 얼굴도 항상 존재하고 있었다. 다만 통상적으로는 눈에 띄지 않았을 뿐이다. 그러나 이 발견에서 가장 흥미로운 점은 만약 납치범들의 행각이 없었더라면 '다른 얼굴'은 아마도 영원히 감추어져 있었을 것이라는 사실이다. 그들은 혼인 생활을 계속 즐기면서, 잘 안다고 생각했던 사람이 예기치 못한 비상 상황에서 드러낼지도 모르는 불쾌한 속성을 깨닫지 못한 채, 자신이 알고 있는 상대방의 면모에 만족했을 것이다.

우리가 앞서 테크의 연구에서 인용했던 문단은 다음과 같은 견해로 끝을 맺는다. "홀로코스트가 없었더라면 이 구원자들은 대부분 각자 제갈 길로 갔을 것이다. 어떤 이는 자선 활동을 하고 어떤 이는 단순하고 눈에 띄지 않는 삶을 살았을 것이다. 그들은 잠자고 있던 영웅들로 종종 주변의 다른 사람들과 구별할 수 없었다." 이 연구가 강력하게 (그리고 가장 설득력 있게) 주장하는 결론 가운데 하나는 개개인의 희생정신이나 비겁함을 나타내는 기미나 징후나 조짐을 '미리 탐지하는 것'은 불가능하다는 것이다. 즉, 그런 성향을 드러내거나 '일깨우는' 맥락을 떠나서 그것이 나중에 발현할 확률을 결정하는 것이 불가능하다는 것이다.

로스는 잠재성 대 현실성(전자는 후자의 아직 발현되지 않은 양상이고, 후자는 전자의 이미 실현된 — 따라서 경험적으로 접근 가능한 — 양상이다)이라는 동일한 쟁점을 우리 문제와 직접 맞닿게 한다.

나치 권력이 승리했더라면 당위를 결정하는 권위는 홀로코스트에서 어떤 자연법도 위반되지 않았으며, 신과 인류에 대한 어떤 범죄도 저질러지지 않았다는 결론을 내렸을 것이다. 대신 노예 노동 운영을 계속할 것인가, 확대할 것인가, 아니면 폐지할 것인가가 문제 되었을 것이다. 그 결정은 합리적 근거에 따라 이루어졌을 것이다.[8]

홀로코스트에 대한 우리의 집합적 기억에 배어든 암묵적 공포(그것은 그러한 기억을 직시하지 않으려는 강력한 욕망과 밀접히 관련되어 있다)의 정체는 홀로코스트가 단순한 탈선을 넘어서는 어떤 것, 곧바른 진보의 길로부터의 일탈을 넘어서는 어떤 것, 문명사회의 건강한 몸에 자란 암종을 넘어서는 어떤 것일지도 모른다는 부단한 의구심이다. 요컨대 홀로코스트는 현대 문명 및 현대 문명이 대변하는 (또는 우리가 모든 것으로 생각하고 싶어 하는) 모든 것의 안티테제가 아니었을지도 모른다는 의

---

8) John K. Roth, "Holocaust Business", *Annals of AAPSS*, no. 450(July 1980), p. 70.

구심이다. 우리는 홀로코스트가 단지 현대 사회의 또 다른 얼굴 — 우리가 찬탄해 마지않는 보다 낯익은 다른 얼굴이 아니라 — 을 드러낸 것일지도 모른다고 의심한다(설령 인정하지는 않을지라도 말이다). 그리고 이 두 얼굴이 하나의 몸뚱이에 완벽히 편안하게 달려 있을지도 모른다고 의심한다. 아마 우리가 가장 두려워하는 것은 이 두 얼굴의 한쪽이 마치 동전의 양면처럼 다른 쪽 없이는 더 이상 존재할 수 없다는 것이다.

종종 우리는 섬뜩한 진실로 통하는 문턱에서 멈추어선다. 그리하여 헨리 페인골드는 홀로코스트라는 사건이 사실 긴, 그리고 전반적으로 비난의 여지가 없는 현대 사회의 역사에서 새로운 전개였다고 주장한다. 그것은 마치 무력화되었다고 생각했던 바이러스의 새로운 악성 변종이 출현한 것처럼 우리가 결코 예상하거나 예측할 수 없었던 전개였다는 것이다.

'최종해결책*Endlösung*'〔홀로코스트의 최종 단계에서의 유대인 절멸 계획과 실행〕은 유럽 산업 체계가 실패를 드러낸 사건이었다. 즉, 유럽 산업 체계는 계몽주의가 애초에 품었던 희망대로 삶을 고양시키는 것이 아니라 자신을 소비하기 시작했던 것이다. 유럽이 세계를 지배할 수 있었던 것은 이 산업 체계와 그것에 결부된 에토스 덕분이었다.

세계 지배에 요구되고 사용된 기술들이 '최종해결책'의 효과적 시행을 보장한 기술들과 마치 질적으로 다른 것인 듯한 진술이다. 그럼에도 페인골드는 진실을 직시한다.

〔아우슈비츠는〕 현대 공장 체제의 평범한 확장이기도 했다. 상품을 생산하는 대신 원료는 사람이고 최종 제품은 죽음이었으며, 엄청난 양의 일일 실

적이 관리자의 생산 실적표에 주의 깊게 기록되었다. 굴뚝 — 현대 공장 체제의 상징 — 은 인간의 살점을 태우며 나오는 역한 연기를 뿜어냈다. 훌륭하게 짜인 현대 유럽의 철도망은 새로운 종류의 원료를 공장으로 실어 날랐다. 그것은 다른 화물이 수송되는 방식과 다르지 않았다. 가스실에서 희생자들은 독일의 선진적인 화학 산업에 의해 생산된 시안화수소산 정제에서 발생한 유독 가스를 들이마셨다. 엔지니어들은 화장장을 설계했고, 관리자들은 후진국들이 부러워할 만한 열정과 효율을 지닌 관료 체계를 고안했다. 심지어 전체적인 계획 자체도 빗나간 현대 과학 정신의 반영이었다. 우리가 목격한 것은 다름 아닌 거대한 사회공학의 구상이었다.9)

사실 홀로코스트를 구성하는 모든 '성분' — 홀로코스트를 가능하게 했던 모든 많은 것들 — 은 정상적인 것이었다. 여기서 '정상적'이란 낯익다는 의미, 즉 오래전에 충분히 묘사되고 설명되고 수용된 많은 현상의 범주에 추가되는 또 하나의 사례라는 의미가 아니라(반대로 홀로코스트의 경험은 새롭고 낯선 것이었다) 우리가 우리 문명에 대해 알고 있는 모든 것, 즉 그것을 인도하는 정신, 그것의 우선순위, 그것에 내재한 세계관과 완전히 부합한다는 의미, 그리고 완벽한 사회에서 인간의 행복을 추구하는 올바른 방식이라는 의미이다. 스틸먼과 파프의 말을 빌리면

보편적인 물질적 풍요를 목표로 하는 대량생산 라인에 적용된 기술과 막대한 죽음을 목표로 하는 강제수용소에 적용된 기술 사이의 연관은 전적으로 우연한 것이 아니다. 혹자는 그러한 연관성을 부인하고 싶어 할지도 모르지만 부헨발트Buchenwald〔나치의 강제수용소 중의 하나〕는 디트로이트의 리버루지River Rouge〔포드 자동차 공장 등이 있는 대규모 공업 지구〕만

---

9) Henry Feingold, "How Unique is the Holocaust", pp. 399~400.

큼이나 우리 서양의 산물이다. 우리는 부헨발트를 본질적으로 제정신인 서양 세계가 뜻밖에 일으킨 일시적 정신 이상으로 치부할 수 없다.10)

또한 힐버그가 홀로코스트의 성과에 대한 탁월하고 권위 있는 연구의 말미에 내린 결론을 상기하자. "당시 학살 기구는 구조적으로 독일의 사회 조직 전체와 다르지 않았다. 학살 기구는 공동체 조직이 특별한 역할 가운데 하나를 담당한 것이었다."11)

루빈스틴은 내 생각에 홀로코스트의 궁극적 교훈이라고 할 수 있는 것을 끌어냈다. 그는 "그것은 문명의 진보를 입증한다"고 말했다. 부언하자면 그것은 이중적 의미에서 진보였다. '최종해결책'에서 우리 문명이 자랑하는 산업적 잠재력과 기술적 노하우는 유례없는 규모의 과제에 비할 데 없이 성공적으로 대처했다. 그리고 바로 그러한 '최종해결책'에서 우리 사회는 여태까지 생각지도 못했던 능력을 드러냈다. 기술적 효율성과 훌륭한 디자인을 존경하고 숭배하도록 교육받은 우리는 우리 문명이 가져온 물질적 발전을 찬양하기에 급급한 나머지 우리 문명의 진정한 잠재력을 몹시 과소평가했다는 것을 인정할 수밖에 없다.

죽음의 수용소와 그것이 낳는 사회는 갈수록 강화되는 유대-기독교 문명의 어두운 측면을 드러낸다. 문명은 노예제, 전쟁, 착취, 그리고 죽음의 수용소를 의미한다. 그것은 또한 의학적 위생, 고양된 종교 이념, 아름다운 예술, 그리고 우아한 음악을 의미한다. 문명과 야만적 잔인성이 안티테제라고 생각하는 것은 오류이다. …… 우리 시대의 잔인성은 우리 세계의 다른 측면들 대부분과 마찬가지로 어느 때보다도 더 효율적으로 관리되고

---

10) Edmund Stillman & William Pfaff, *The Politics of Hysteria*(New York: Harper & Row, 1964), pp. 30~31.
11) Raul Hilberg, *The Destruction of European Jews*(New York: Holmes & Meier, 1983), vol. III, p. 994.

있다. 잔인성은 소멸되지 않았고 소멸될 수도 없다. 창조와 파괴는 우리가 문명이라고 부르는 것을 구성하는 불가분의 두 측면이다.12)

힐버그는 역사가이고 루빈스틴은 신학자이다. 나는 홀로코스트가 제기한 과제를 그들만큼 절박하게 인식하고 있는 사회학자의 저술이 있는지 열심히 찾아보았다. 무엇보다도 홀로코스트가 직업으로서의 사회학과 학문적 지식 체계로서의 사회학이 대결해야 할 도전 과제를 제시한다는 증거를 찾아보았다. 역사가나 신학자의 작업과 비교했을 때 강단 사회학의 대부분은 망각과 외면을 집단적으로 행하는 것처럼 보인다. 대체로 홀로코스트의 교훈은 사회학적 상식에 거의 흔적을 남기지 않았다. 사회학의 상식에는 무엇보다도 감정에 대한 이성의 지배가 주는 이득, 비합리적 행위에 대한 합리성(다른 무엇이 있겠는가?)의 우위 또는 효율성의 요구와 '인적 관계'에 단단히 주입된 도덕적 경향 사이의 고유한 충돌 같은 신조들이 포함된다. 이런 신념에 대한 항의의 목소리는, 그것이 아무리 크고 신랄하다고 해도, 아직 기성 사회학의 벽을 뚫고 들어오지 못하고 있다.

나는 사회학자들이 사회학자로서 홀로코스트의 증거를 공공연하게 다룬 예를 별로 알지 못한다. 하나의 예는 (비록 소규모이지만) 1978년에 현대 사회문제연구소Institute for the Study of Contemporary Social Problems가 개최한 '홀로코스트 이후의 서양 사회'라는 심포지엄이었다.13) 이 심포지엄에서 루빈스틴은 현대 사회의 경향에 대한 베버의 유명한 진단을 홀로코스트의 경험에 비추어 다시 읽으려는, 아마도 지나치게 감정적이긴 하지만 상상력이 풍부한 시도를 했다. 루빈스틴은 우리가 알고 있는 (그

---

12) Richard L. Rubenstein, *The Cunning of History*(New York: Harper, 1978), pp. 91, 195.
13) Lyman H. Legters(ed.), *Western Society after the Holocaust*(Boulder: Westview Press, 1983)을 참조.

러나 베버는 당연히 몰랐던) 사실들이 베버가 알고 인식하고 이론화했던 것으로부터 (베버 자신과 그의 독자들에 의해서) 예견될 수 있는지(적어도 가능성은 있는지)의 여부를 알고 싶어 했다. 그는 이 질문에 대해 긍정적인 답을 찾았다고 생각하면서 다음과 같이 주장했다. 즉, 그는 현대 관료제, 합리적 정신, 효율성의 원리, 과학적 심성, 가치의 주관성 등에 대한 베버의 설명에서 나치가 벌인 만행의 발생 가능성을 배제할 수 있는 어떤 메커니즘도 찾을 수 없다고 주장했다. 더욱이 베버의 이념형에서 나치 국가의 행동을 만행excesses으로 묘사하는 것을 필연화할 수 있는 것은 전혀 없다고 주장했다. 예를 들어 "독일의 의사나 기술 관료들이 저지른 잔혹 행위 중 어느 것도 가치는 본래 주관적이며 과학은 본성상 가치 중립적이라는 견해와 모순되지 않는다"는 것이다. 탁월한 베버주의 학자이자 명성 높은 사회학자인 로스Guenther Roth는 불편한 심기를 감추지 않았다. "나는 루빈스틴 교수와 전적으로 의견을 달리한다. 그의 발표에서 내가 받아들일 수 있는 문장은 하나도 없다." 아마도 베버의 기억에 대해 해악(말하자면 '예측'이라는 발상 자체에 숨어있는 해악)을 미칠 가능성에 분노한 로스는 좌중에 베버는 자유주의자였으며 헌법을 사랑했고 노동자 계급의 선거권을 지지했다(따라서 아마도 홀로코스트처럼 혐오스러운 것과 연관 지어서 기억될 수 없다)는 점을 상기시켰다. 그러나 그는 루빈스틴의 주장에 담긴 내용을 직접 공박하지는 않았다. 마찬가지로 그는 베버가 현대성의 핵심 속성이라고 파악하고 그러한 분석에 지대한 공헌을 한 명제인 이성의 지배가 증대하는 데 따른 '예기치 못한 결과들'을 진지하게 고찰하지 않았다. 그는 그러한 상황을 고전 사회학의 전통이 물려준 통찰력 있는 전망의 '다른 측면'을 정면으로 마주 대하는 계기로 활용하지 않았다. 또한 고전 사회학의 대가들은 알 수 없었던 우리의 슬픈 지식을 그들의 통찰력에 비추어 보면 새로운 사실들 — 그것들이 초래하는 결과에 대해 그들 자신도 희미하게밖에 깨닫지 못했던 사실들 — 을 찾아낼 수 있지 않을까 하는 것을 숙고하는 기회로 삼지도 않았다.

불리한 증거를 무릅쓰고 전통적으로 신성시되는 진실들을 방어하는 데 나선 사회학자가 아마도 로스만은 아닐 것이다. 단지 대부분의 다른 사회학자들은 그렇게 노골적으로 나서야 하는 상황에 처하지 않았을 뿐이다. 대개 우리는 사회학자로서의 일상적인 직업 활동에서 홀로코스트의 도전에 대해 고민할 필요가 없다. 하나의 직업 집단으로서 우리는 그것에 대해 거의 잊어버리거나 '전문적 관심'의 영역으로 넘겨버렸고, 그곳으로부터 사회학의 주류에 다다를 기회는 전혀 없다. 어쩌다 사회학 문헌에서 다루어지면 홀로코스트는 기껏해야 인간의 길들지 않은 내재적 공격성이 저지를 수 있는 일의 슬픈 사례로 제시될 뿐이며, 그리하여 문명화 압력의 증대 및 전문가적 문제 해결이라는 소동을 통해 그러한 공격성을 길들여야 한다고 훈계하는 구실로 이용된다. 최악에는 그것은 유대인의 사적 경험, 유대인과 그들을 증오하는 자들 사이의 일로 기억된다(이러한 '사유화'에는 이스라엘의 여러 대변인이 적지 않게 기여했는데, 물론 그들의 동기는 종말론적 관심과는 관계가 없었다).[14]

이런 상황이 아무리 사회학의 인지 능력과 사회적 적실성에 해가 된다고 할지라도 그런 사회학계의 직업적 이유가 이런 상황을 우려스럽게 만드는 유일하거나 일차적인 이유는 아니다. 이러한 상황을 훨씬 더 곤혹스러운 것으로 만드는 것은 "홀로코스트와 같은 대형 참사는 어디에

---

[14] 이스라엘의 전직 외무장관 에반Abba Eban의 말을 빌리면 "베긴(Begin[이스라엘의 전직 총리]) 씨와 그의 동료들이 보기에 그들의 적은 모두 '나치 당원'이고, 자신들에 대한 모든 공세는 '아우슈비츠'가 된다." 에반은 계속해서 이렇게 말한다. "이제 죽은 600만 명의 동포가 아니라 우리 자신의 발로 설 때가 되었다." Michael R. Marrus, "Is there a New Antisemitism?', in Curtis, *Antisemitism in the Contemporary World*, pp. 177~178에서 인용. 베긴 스타일의 언명은 비슷한 유형의 반응을 유발한다. 그리하여 『로스앤젤레스 타임스』는 베긴이 '히틀러의 언어'를 사용한다고 평가한다. 한편 또 다른 미국 언론인은 가스실로 행진하는 유대인 어린이들의 사진 아래 서 있는 베긴을 쳐다보는 팔레스타인 아랍인들의 눈에 대해 적고 있다. Edward Alexander, *Antisemitism in the Modern World* 참조.

서든 다시 발생할 수 있다. 그것은 인간에 내재된 가능성이며, 싫든 좋든 아우슈비츠는 달 착륙만큼이나 우리 의식의 지평을 확장한다"15)는 깨달음이다. 아우슈비츠를 가능하게 했던 사회조건들 중 어느 것도 진정으로 사라지지 않았다는 사실, 그리고 그런 가능성과 원리들에 의해 아우슈비츠 같은 재앙이 초래되는 것을 예방할 아무런 효과적 조치들도 취해지지 않았다는 사실을 고려할 때 그러한 우려는 해소될 수 없다. 쿠퍼가 최근에 발견했듯이 "주권 국가는 자신이 통치하고 있는 인민에 대해 집단학살을 저지르거나 관여할 권리를 주권의 핵심 요소로서 주장한다. 그리고 유엔은 사실상 이 권리를 옹호한다."16)

홀로코스트가 물려준 유산 가운데 하나는 현대사에서 신성시되는 원리들의 '다른 측면들' — 홀로코스트가 없었더라면 알아차리지 못했을 — 에 대해 통찰할 수 있도록 해준 것이다. 나는 역사가들이 이제까지 철저히 연구한 홀로코스트의 경험을 이른바 사회학적 '실험실'로 간주할 것을 제안한다. 홀로코스트는 우리 사회의 드러나지 않은, 따라서 '실험실이 아닌' 조건에서는 경험적으로 접근 불가능한 속성들을 폭로하고 짚어냈다. 다시 말해 나는 홀로코스트를 현대 사회의 숨은 가능성들을 검사하는 드문, 그러나 의미 있고 신뢰할 만한 시금석으로 간주할 것을 제안한다.

문명화 과정의 의미

인류가 전前사회적 야만 상태에서 벗어나 인간성을 획득했다는 이야기

---

15) Kren & Rappoport, *The Holocaust and the Crisis*, pp. 126, 143.
16) Leo Kuper, *Genocide: Its Political Use in the Twentieth Century*(New Haven: Yale University Press), 1981, p. 161.

는 우리 서구 사회의 자의식에 깊이 각인된 원인론적etiological 신화이며, 이것은 우리에게 도덕적 만족감을 준다. 이 신화는 꽤 많은 사회학 이론과 역사적 서사를 자극하고 대중화했으며, 또한 거꾸로 그러한 이론과 서사는 이 신화를 풍요롭고 정교하게 만들었다. 이러한 관계를 보여준 가장 최근의 사례는 순식간에 성공적으로 부각된 엘리아스Nobert Elias의 '문명화 과정' 논의이다. 오늘날 사회이론가의 각이한 의견들(예를 들어 다종다양한 문명화 과정에 대한 철저한 분석들을 보라. 맨Michael Mann의 역사적·비교적 분석, 그리고 기든스Anthony Giddens의 종합적·이론적 분석 등)은 대문명의 출현과 정착에서 가장 핵심적인 속성으로 군사적 폭력의 증가와 강제력의 구속받지 않는 사용을 강조하고 있는데, 이러한 견해가 대중의 의식에 ― 그리고 심지어 전문가들 사이에 만연한 관습적 인식에 ― 뿌리박힌 원인론적 신화를 대체하려면 아직도 갈 길이 멀다. 대체로 보통 사람의 의견은 신화에 대한 모든 도전을 괘씸하게 생각하는 쪽이다. 더욱이 그러한 저항은 명성 높은 학구적 의견들의 광범위한 동맹에 의해 뒷받침된다. 이러한 동맹에 포함되는 강력한 권위자들로는 역사를 이성이 미신에 승리하는 투쟁이라고 보는 '휘그 사관', 더 적은 노력을 들여 더 많은 것을 성취하는 것을 지향한 운동으로서 합리화를 바라보는 베버의 시각, 인간 내부의 동물성을 드러내고 캐내어 길들일 것을 약속하는 정신분석의 약속, 현재 인류를 제약하고 있는 편협성으로부터 일단 해방되기만 하면 삶과 역사를 인류의 완전한 통제하에 두게 될 것이라는 마르크스의 거대한 예언, 최근의 역사를 일상생활로부터 폭력을 제거하는 역사로 보는 엘리아스의 서술, 그리고 무엇보다도 인간 문제는 잘못된 정책 문제이며 올바른 정책이란 문제를 제거하는 것을 의미한다고 확신시키는 전문가들의 합창 등이 있다. 그러한 동맹 뒤에는 설계하고 경작하고 제초제를 뿌려주어야 할 대상으로서 자신이 통치하는 사회를 바라보는 현대의 '원예gardening' 국가가 딱 버티고 서 있다.

오래전에 우리 시대의 상식으로 굳어진 이런 신화에 비추어 볼 때 홀로코스트는 문명(즉, 인간의 목적의식적이고 이성에 의해 인도되는 활동)이 인간의 속성에 남아 있는 병적인 선천적 편견을 제어하지 못한 결과라고 생각할 수밖에 없다. 분명히 홉스적 세계는 완전히 제어되지 않았고, 홉스의 문제는 완전히 해결되지 않았다. 다시 말해 우리는 아직 충분히 문명화되지 못했다. 미완의 문명화 과정은 아직 결론에 도달하지 않았다. 대량 살상의 교훈이 우리에게 무엇인가 가르쳐주는 게 있다면, 그것은 유사한 야만성의 발작을 예방하기 위해서 분명히 아직도 좀 더 문명화 노력이 필요하다는 것이다. 이 교훈에 따르면 그런 노력이 장차 초래할 효과와 궁극적 결과를 의심할 여지는 전혀 없다. 우리는 분명히 올바른 방향으로 가고 있으며, 단지 충분히 빨리 나아가지 않고 있는 것인지도 모른다.

역사 연구에 의해 홀로코스트의 전모가 드러남에 따라 홀로코스트에 대한 대안적인, 그리고 아마도 더 신뢰할 만한 해석도 등장하고 있다. 그러한 해석에 따르면 홀로코스트는 가장 소중한 문명의 산물들 — 기술, 선택의 합리적 기준, 사유와 행동을 경제와 효율성의 실용주의에 종속시키는 경향 — 이 보이는 적나라한 효율성에 직면했을 때 인간 본성(살인에 대한 혐오, 폭력을 싫어함, 양심의 가책에 대한 두려움, 그리고 부도덕한 행위에 대한 책임감)의 허약함과 취약함을 드러낸 사건이다. 홀로코스트의 홉스적 세계는 비합리적인 감정들의 격랑에 의해 부활해 너무도 얕은 무덤을 헤치고 지상에 등장한 것이 아니다. 그것은 오직 가장 발전한 과학만이 공급할 수 있는 무기를 휘두르며, 과학적으로 관리된 조직이 고안한 일정을 따라 공장에서 생산된 차량을 타고 (홉스도 부정할 만한 가공할 모습으로) 도착했다. 현대 문명은 홀로코스트의 충분조건이 아니었지만 필요조건임은 분명했다. 현대 문명 없는 홀로코스트는 상상할 수도 없었을 것이다. 홀로코스트를 상상할 수 있게 만든 것은 현대 문명의 합리적 세계였다. "유럽 유대인들에 대한 나치의 집단학살은 산업사회의 기술적 성취였을 뿐만 아니라 관료제 사회의 조직적 업적이기도 했다."17) 인류사에 있었던 많은 집단학살 가운데 홀로코스트를 유일무이한 것으로 만드는 데 필요했던 것이 무엇이었던가를 생각해보라.

공무원 조직은 다른 위계 조직들에 확고한 계획성과 관료주의적인 철저함을 주입했다. 군대는 학살 조직에 군사적 정확성, 규율, 무감각성을 조달했다. 산업의 영향은 학살 장소의 공장 같은 효율성은 물론 회계, 절약, 그리고 폐품 재활용에 대한 강조에서 느낄 수 있었다. 마지막으로 〔나치〕 당은 전체 조직에 어떤 '이상주의', '사명감', 그리고 '역사를 만들고 있다'는 관념을 공급했다. ……
 그것은 실로 하나의 특별한 역할을 부여받은 조직 사회였다. 엄청난 대량학살을 저지르고 있었음에도 이 거대한 관료 조직은 올바른 관료적 절차, 정확한 규정의 미세한 차이, 관료제적 규제의 소소한 사항, 그리고 법의 준수에 관심을 기울였다.18)

친위대SS 사령부에서 유럽의 유대인의 말살을 담당한 부서의 공식 명칭은 행정 및 경제부다. 이것은 오직 부분적으로만 거짓말이었다. 그것은 저 악명 높은 '독음 규칙speech rules' ― 이것을 우연한 관찰자들과 가해자들 중 그리 단호하지 못한 자들을 오도하기 위해 고안된 것이다 ― 에 의해 오직 부분적으로만 설명될 수 있을 뿐이다. 너무 답답할 정도로 그러한 명칭은 그러한 활동의 조직적 의미를 충실하게 반영했다. 목적의 도덕적 혐오성(또는, 더 정확히 말하면, 도덕적 악평의 거대한 규모)을

---

17) Christopher R. Browning, "The German Bureaucracy and the Holocaust", in Grobman & Landes, *Genocide*, p. 148.
18) Kuper, *Genocide*, p. 121.

제외하면 그러한 활동은 어떤 형식적 의미(관료주의의 언어로 표현될 수 있는 유일한 의미)에서도 '보통의' 행정 및 경제 부서들이 고안하고 감시하고 감독하는 다른 모든 조직적 활동과 다르지 않았다. 관료주의적 합리화에 따르는 다른 모든 활동과 마찬가지로 그것은 막스 베버가 제시한 현대 행정에 대한 있는 그대로의 묘사에 잘 부합된다.

정확성, 속도, 명확성, 서류에 대한 지식, 연속성, 신중함, 통일성, 엄격한 복종, 마찰의 감소, 물질적 비용 및 인건비 절약 — 이런 것들은 엄격하게 관료적인 행정에서 최적의 지점까지 끌어올려 진다. …… 관료제화는 무엇보다도 순전히 객관적 고려에 따라 행정 기능을 전문화한다는 원칙을 관철할 최적의 가능성을 제공한다. …… 업무의 '객관적' 이행이란 계산 가능한 규칙에 따라 '개인을 고려하지 않고' 업무를 수행함을 의미한다.[19]

이러한 묘사에는 홀로코스트에 대한 관료제적 규정이 진실의 단순한 희화화라거나 특히 터무니없는 형태의 냉소주의가 발현된 것이라고 의문시하는 것을 정당화할 만한 요소가 전혀 없다.

그렇지만 현대 관료주의적 합리화 양식을 이해하는 데 있어 홀로코스트는 너무나 중요한데, 홀로코스트가 우리에게 효율성에 대한 관료적 추구가 얼마나 형식적이며 윤리적으로 맹목적인가 하는 것을 상기시켜

---

19) H. H. Gerth & C. Wright Mills(eds.), *From Max Weber*(London: Routeledge & Kegan Paul, 1970), pp. 214, 215. 다비도비치Lucy S. Dawidowicz는 역사가들이 어떻게 홀로코스트를 다루는가에 대한 종합적이고 당파적인 평가(*The Holocaust and the Historians*(Cambridge, Mass.: Havard University Press, 1981)에서 홀로코스트를 다른 집단학살 사례들 — 예를 들어 히로시마나 나가사키의 싹쓸이 — 과 동일시하는 것에 반대한다. "〔원자〕폭탄 투하의 목적은 미국의 우월한 군사력을 과시하려는 것이었다." 폭탄 투하는 "일본인들을 쓸어버리려는 희망이 동기는 아니었다"(pp. 17~18). 이런 관찰은 분명히 진실이지만 다비도비치는 그럼에도 불구하고 중요한 점을 놓치고 있다. 즉, 20만 명의 일본인을 죽인 것은 설정된 목표를 이행하는 효과적인 수단으로 인식되었다(또 그렇게 집행되었다)는 것이 그것이다. 그것은 실로 합리적인 문제 해결 정신의 산물이었다.

준다(마치 우리에게 그런 상기자가 필요한 양)는 것이 유일하거나 일차적인 이유는 아니다. 유례없는 규모의 집단학살이 꼼꼼하고 정확한 분업, 명령과 정보의 원활한 흐름 또는 자율적이지만 상호 보완적인 행동들의 비인격적이고 잘 동기화된 조정 등의 잘 발달되고 확고히 정착한 기술과 습관들 — 요컨대, 사무실의 환경에서 가장 잘 자라나고 번성하는 기술과 습관들 — 에 얼마나 의존하는가를 깨닫는다고 하더라도 홀로코스트의 중요성이 완전히 드러나지는 않는다. 관료제적 합리성에 대한 우리의 지식에 홀로코스트가 비추어준 빛은 일단 우리가 '최종해결책'이라는 생각 그 자체가 얼마나 관료제적 문화의 결과인가 하는 것을 깨닫는 순간 가장 휘황찬란하게 된다.

슐로이너는 유럽의 유대인의 물리적 절멸로 가는 굽은 길twisted road이라는 개념을 제공한 바 있다.20) 그것은 어떤 미친 괴물 같은 사람의 환상 속에 형성된 길도 또 이데올로기적 동기를 지닌 지도자들이 '문제 해결 과정'의 출발점에서 심사숙고해 선택한 길도 아니다. 오히려 그것은 각각의 단계마다 다른 행선지를 가리키며, 계속 새롭게 등장하는 위기들에 대응해 방향을 바꾸고, '부닥치면 그때 가서 해결한다'는 철학으로 밀어붙이면서 차근차근 모습을 드러냈다. 슐로이너의 개념은 홀로코스트에 대한 역사 서술 가운데 '기능주의' 학파(이들은 최근 '의도론자'들을 누르고 급속히 세력을 확장하고 있다. 한편 의도론자들은 한때 지배적이었던 생각, 즉 홀로코스트를 단일한 원인으로 설명하는 관점 — 즉, 집단학살에 그것이 전혀 갖지 않았던 동기 부여의 논리와 일관성을 부여하는 관점 — 을 옹호하기가 갈수록 어려워진다는 것을 깨닫고 있다)의 발견에 대한 훌륭한 요약이다.

기능주의자들의 발견에 따르면 "히틀러는 나치즘의 목표를 설정했다.

---

20) Karl A. Schleuner, *The Twisted Road to Auschwitz*(University of Illinois Press, 1970).

즉, '유대인들을 몰아내자. 그리고 무엇보다도 제국의 영토를 "유대인 없는judenfrei" 곳으로 만들자'는 것이다. 그러나 어떻게 그것을 달성할 것인지에 대한 구체적 언급은 없었다."21) 일단 목표가 정해지고 나자 모든 것은 베버가 늘 그렇듯이 명료하게 말한 그대로 진행되었다. "그 '정치의 달인'은 자신이 '전문가'의 반대편에 서 있는 '아마추어'로서 행정을 관리하는 훈련된 관리와 마주 보고 있음을 발견한다."22) 목표는 달성되어야만 했다. 그것을 어떻게 이룰 수 있는가는 상황에 달려 있었다. 상황은 항상 실현 가능성 그리고 대안적 행동의 기회비용이라는 관점에서 '전문가들'에 의해 판단되었다. 따라서 처음에는 독일 유대인들의 이민이 히틀러의 목표를 달성하는 실제적 해법으로써 선택되었다. 다른 나라들이 유대인 피난민들을 호의적으로 맞아준다면 '유대인 없는' 독일을 건설할 수 있을 것이다. 오스트리아가 병합되었을 때 아이히만Eichmann은 오스트리아 유대인들의 대규모 이민을 신속하고 능률적으로 처리한 공로로 첫 훈장을 받았다. 그러나 나치가 지배하는 영토는 팽창하기 시작했다. 처음에 나치 관료 집단은 준식민지 영토의 정복과 전유가 총통의 명령을 완전히 이행할 수 있는 꿈에도 그리던 기회라고 생각했다. 총독부〔제2차세계대전 당시 나치 독일이 군사적으로 점령한 폴란드 영토의 통치 기구〕는 인종청소가 예정되어 있던 독일 본토에 아직도 사는 유대인들을 처리하기 위해 찾고 있던 쓰레기장을 제공하는 것처럼 보였다. 점령 전 폴란드 중부에 있던 니스코Nisko 부근에 미래의 '유대인 특별구'가 지정되었다. 그러나 구舊 폴란드 영토에 관한 관리 책임을 맡고 있던 독일 관료 조직은 이를 반대했다. 그들은 이미 해당 지역의 유대인들을 관리하는 것만으로도 충분히 골머리를 앓고 있었던 것이다. 그리

---

21) Michael R. Marrus, *The Holocaust in History*(London: University Press of New England, 1987), p. 41.
22) Gerth & Mills, *From Max Weber*, p. 232.

하여 아이히만은 마다가스카르 프로젝트를 수행하는 데 꼬박 1년을 보냈다. 프랑스의 패배에 따라 멀리 떨어진 프랑스 식민지가 유럽에서 실현되지 못한 유대인 정착지가 될 수 있을 것으로 생각했다. 그러나 마다가스카르 프로젝트도 비슷하게 실패할 수밖에 없었다. 거리가 너무 멀었고, 방대한 수송 선박이 필요했으며, 대양에는 영국 해군이 버티고 있었던 것이다. 그러는 사이 점령지는 늘었고, 따라서 독일 관할권하에 있는 유대인 수도 계속 증가했다. (단순히 '재통합된 제국'이 아니라) 나치가 지배하는 유럽은 점점 더 실현 가능한 프로젝트인 것처럼 보였다. 서서히, 그러나 가차 없이 천 년 제국은 더욱더 뚜렷하게 독일이 지배하는 유럽이라는 형상을 띠어갔다. 그런 상황에서 '유대인 없는 독일'이라는 목표는 이 과정을 따라갈 수밖에 없었다. 거의 알아챌 수 없을 정도로 한 걸음 한 걸음 그것은 '유대인 없는 유럽'이라는 목표로 확대되었다. 그런 규모의 야망은 접근성 여부를 불문하고 마다가스카르 정도로 충족될 수 있는 것이 아니었다(하지만 애켈Eberhard Jäckel에 따르면, 히틀러가 소련을 수주 안에 굴복시킬 것이라고 예상하고 있던 1941년 7월까지도 아르한겔스크-아스트라한 선線 너머의 광대한 러시아가 독일 지배하에 통일된 유럽의 모든 유대인을 처리할 궁극적인 쓰레기장으로 간주되고 있었다는 일부 증거가 있다). 러시아 함락이 실현되지 않고, 대안적 해결책들이 급속히 커지는 문제를 따라가지 못하자 히믈러는 1941년 10월 1일 더 이상의 유대인 이민을 중단할 것을 명령했다. '유대인 제거'라는 과제를 실현할 보다 효율적인 다른 수단을 발견했다. 물리적 절멸 방법이 원래의 목표 및 새로이 확대된 목표를 달성하기 위한 가장 현실성 있고 효과적인 수단으로 선택되었다. 남은 것은 국가 관료체제의 다양한 부문들 사이의 협조 문제, 주의 깊게 계획하고, 적절한 기술과 장비를 설계하고, 필요한 자원을 계산하고 동원하는 문제였다. 실로 따분한 관료제적 일상의 문제가 되었던 것이다.

'아우슈비츠로 가는 굽은 길'에 대한 분석으로부터 도출되는 교훈 중 가장 충격적인 것은 궁극적으로 물리적 절멸을 제거*Entfernung* 과제의 적당한 수단으로 선택한 것은 일상적인 관료제적 절차의 산물이었다는 것이다. 수단-목적에 대한 계산, 예산의 수지 타산, 보편적 규칙의 적용 등이 그것이다. 이 점을 더욱 첨예하게 보여주는 것은, 그러한 선택은 변화하는 상황에서 연속해서 발생하는 '문제들'에 대해 합리적 해결책을 찾으려는 진지한 노력의 결과였다는 것이다. 그것은 또한 관료 조직의 목표 대체 경향이라고 묘사되는 것 — 모든 관료 조직에서 일상만큼이나 정상적인 병폐 — 에 의해 영향을 받았다. 특정한 과제를 부여받은 공무원들의 존재 그 자체가 더욱더 주도권을 발휘하고 원래의 목적을 지속해서 확대하게 하는 결과를 가져왔다. 다시 한번 전문 지식은 자가-추진적인 능력과 함께 자신의 존재 이유를 제공하는 목표를 확대하고 풍부하게 하는 습성을 보여주었다.

유대인 문제 전문가 집단의 존재 그 자체가 나치의 유대인 정책을 추동하는 관료제적 추동력을 만들어냈다. 심지어 추방과 집단학살이 이미 이루어지고 있던 시기인 1942년에 독일 유대인들이 애완동물을 기르는 것, 아리안 이발사에게서 이발하는 것, 제국의 스포츠 배지를 받는 것을 금지하는 법령이 공포되었다! 유대인 문제 전문가들이 차별적 조치들을 계속 내려보내는 데는 위로부터의 명령을 필요로 하지 않았다. 단지 직무의 존재만으로 충분했다.[23]

홀로코스트가 실행된 길고도 고통스러운 과정의 어느 시점에서도 홀로코스트는 합리성의 원칙들과 마찰을 일으키지 않았다. '최종해결책'은

---

23) Browning, "The German Bureaucracy', p. 147.

어느 단계에서도 효율적인 최적의 목표 수행에 대한 합리적 추구와 충돌하지 않았다. 반대로 그것은 **진정 합리적인 고려에서 생겨났고, 자신의 형식과 목표에 충실한 관료 조직에 의해 생성되었다.** 우리는 현대적 관료 조직, 그들이 구사하는 기예와 기술들, 그것의 내부 관리에 적용되는 과학적 원칙들 없이 저질러진 많은 집단학살, 소수민족 학살, 대량학살, 실로 대규모 인종학살과 그리 다르지 않은 많은 사례를 알고 있다. 그러나 홀로코스트는 그런 관료 조직 없이는 상상할 수 없는 것이었다. 홀로코스트는 아직 완전히 뿌리 뽑히지 않은 현대 이전의 야만성의 잔재들이 비합리적으로 유출된 것이 아니었다. 그것은 현대성이라는 집의 합법적 거주자였다. 실로 다른 어떤 집에서도 그만큼 편안함을 느끼지 못할 그런 거주자였다.

그렇다고 해서 홀로코스트의 범위가 현대 관료제 또는 그것이 전형적으로 구현하는 도구적 합리성의 문화에 의해서 **결정되었다**고 말하려는 것은 아니다. 또한 현대적 관료제는 반드시 홀로코스트와 같은 현상으로 귀결될 수밖에 없다고 말하려는 것은 더더욱 아니다. 도구적 합리성의 규칙들은 단독으로 그런 현상들을 예방할 수 없다는 말을 하려는 것이다. 그러한 규칙들 안에는 홀로코스트 유형의 '사회공학' 방법을 부적절한 것으로 기각할 또는 그러한 방법에 따른 행동들을 비합리적인 것으로 기각할 어떤 것도 존재하지 않는다는 말이다. 나아가 나는 우리에게 사회를 관리 대상으로, 해결해야 할 수많은 '문제들'의 집합으로, '통제'되고 '정복'되고 '개선'되거나 '재구성'되어야 할 '자연'으로, '사회공학'의 합법적인 대상으로, 그리고 일반적으로 말해서 설계되고 강제력에 의해 계획된 모습으로 유지되어야 할 하나의 정원(정원사는 식물들을 돌보아야 할 '재배 작물과 제거해야 할 잡초로 나눈다)으로 보도록 촉구하는 관료제 문화야말로 홀로코스트라는 아이디어가 잉태되고, 천천히 그러나 꾸준히 발전하고, 그리고 결말에 이를 수 있었던 환경이라는 말을 하려고 한다. 또한 나는 홀로코스트 같은 해결책을 가능하게 했을 뿐만 아니라 특히 '합리적인' 것으로 만든 — 그리고 그것이 선택될 개연성을 높인 — 것은 바로 도구적 합리성의 정신, 그리고 그것의 현대적이고 관료적인 형태의 제도화였음을 말하고 싶다. 개연성의 이러한 증가는 현대적 관료 조직이 일정한 — 심지어 부도덕한 — 목적을 위해 수많은 도덕적 개인들의 행동을 조정할 수 있는 능력과 깊은 연관이 있다.

도덕적 무관심의 사회적 생산

예루살렘 재판에서 아이히만의 변호를 맡았던 제르바티우스Servatius박사는 변론의 요지를 꼭 집어 이렇게 요약했다 — 아이히만은 승리하면 훈장을 받고 패배하면 단두대로 향할 그런 행동을 저질렀다. 이 선언 — 충격적인 생각들이 결코 부족하지 않은 이 세기에서 가장 신랄한 선언 중의 하나 — 이 전하는 명백한 메시지는 대단한 것이 아니다. 즉, 힘이 정의를 만든다는 것이다. 그러나 여전히 냉소적이지만 훨씬 더 경각심을 일깨우는, 그다지 분명하지 않은 또 다른 메시지도 있다. 아이히만은 승자들이 행한 것과 본질적으로 다른 어떤 일도 하지 않았다는 것이다. 행동에는 내재적인 도덕적 가치가 없다. 또한 그것들은 내재적으로 부도덕하지도 않다. 도덕적 평가는 행위 그 자체의 바깥에 존재하는 것이며, 행위 그 자체를 이끌고 형성하는 기준 이외의 기준들에 의해 결정된다.

제르바티우스 박사의 메시지가 놀라운 것은 그것이 — 일단 그것이 진술된 상황으로부터 분리되고, 비개인적인 보편적 조건에서 고찰될 때 — 사회학이 항상 말해온 것과 크게 다르지 않으며, 거의 의문시되거나 공박당하지 않았던 현대의 합리적 사회의 상식과 크게 다르지 않다는 것이다. 제르바티우스 박사의 진술은 바로 이 때문에 충격적이다. 그것은 우리가 대체로 언급하지 않으려는 진리, 즉 그러한 상식적 진리가 자명한 것으로 받아들여지는 한 아이히만의 사례에 그것을 적용하지 않을 사회학적으로 정당한 방법은 없다는 진리를 뼈저리게 느끼게 한다.

홀로코스트를 타고난 범죄자들, 사디스트들, 광인들, 사회적 악당들 또는 도덕적 결함을 지닌 개인들이 저지른 무도한 행위로 해석하려는 초기의 시도가 구체적 사실들에 의해 전혀 뒷받침되지 않았다는 것은 이제 상식이다. 역사학적 연구에 의해 그러한 시도는 거의 완전히 논박되었다. 역사학적 사고의 최근의 경향은 크렌과 라포포트가 잘 요약하고 있다.

> 종래의 의학적 기준에 의하면, '비정상'이라고 간주될 수 있는 친위대원은 10%가 되지 않았다. 이런 관찰은 대부분의 수용소에서 가학적 잔인성을 표출한 친위대원이 보통 하나 또는 많아야 두세 명 있었다는 생존자들의 증언의 일반적 경향과 부합한다. 다른 대원들의 행동은 항상 점잖은 것은 아니었지만 적어도 수용자들이 이해할 수 있는 것으로 생각되었다. ……
> 친위대원의 압도적 다수는, 지도부와 일반 대원을 막론하고, 미국 육군 신병이나 캔자스시티 경찰관들에게 통상적으로 행해지는 모든 심리 검사를 쉽게 통과했으리라는 게 우리의 판단이다.[24]

집단학살의 하수인들이 대부분 정상적인 사람들이었으며 어떤 심리 검사 — 아무리 치밀하더라도 — 도 수월하게 통과할 것이라는 말은 도덕적으로 혼란스러운 것이다. 그것은 또한 이론적으로도 당황스러운데, 특히 그런 정상적 개인들의 행동을 집단학살이라는 기획으로 통합

---

24) Kren & Rappoport, *The Holocaust and the Crisis*, p. 70.

해낸 조직적 구조들의 '정상성'과 함께 놓고 바라봤을 때 그렇다. 우리는 홀로코스트를 담당한 제도들이, 설혹 범죄를 저지른 것으로 판명되더라도 어떤 정당한 사회학적 의미에서도 결코 병리적이거나 비정상적이 아니었음을 이미 알고 있다. 이제 우리는 그러한 조직이 제도화한 행동을 한 사람들도 기존의 정상성의 기준들에서 벗어나지 않았음을 알게 되었다. 따라서 이제 새로운 지식으로 날카로워진 눈으로 이미 완전히 이해했다고 주장했던 현대의 합리적 행위의 정상적 유형들을 다시 들여다보는 것 이외에 남은 선택의 여지는 거의 없다. 이 유형들로부터 홀로코스트 시절에 극적으로 드러났던 가능성을 발견해낼 수 있을 것이라는 희망을 품을 수 있을 것이다.

아렌트의 유명한 말을 빌리면, 최종해결책의 발의자들이 직면했던 가장 어려운 (그리고 놀랍도록 성공적으로 해결했던) 문제는 "눈앞의 육체적 고통을 보면서 모든 정상적 인간이 가질 수밖에 없는 동물적 연민을 어떻게 극복할 것인가?"하는 것이었다.25) 우리는 가장 직접 집단학살에 관련된 조직들에 투입된 사람들이 비정상적으로 가학적이거나 광신적인 사람들이 아니었음을 알고 있다. 우리는 그들이 육체적 고통을 가하는 데 대한 인간으로서의 거의 본능적인 혐오감, 그리고 사람을 죽이는 것에 대한 훨씬 더 보편적인 금제를 공유하고 있었다고 가정할 수 있다. 우리는 심지어 이동학살분대*Einsatzgruppen* 대원들이나 실제 살인 현장에서 가까운 다른 부대의 대원들을 모집할 때 특히 예민하거나 감정적으로 민감하거나 이념적으로 과열된 개인들을 솎아내도록 — 입대를 금지하거나 방출시키도록 — 특별한 주의를 기울였다는 것도 알고 있다. 우리는 개인의 창의성이 억제되었고 전체 과업을 사업처럼 그리고 엄격히 비인격적인 틀 안에 유지하려는 특별한 노력이 기울여졌다는 것도 안다.

---

25) Hannah Arendt, *Eichmann in Jerusalem: a Report on the Banality of Evil*(New York: Viking Press, 1964), p. 106.

개인적 이익과 일반적인 개인적 동기는 질책받았고 처벌되었다. 욕망이나 즐거움에 의해 야기된 살인은, 명령에 따르거나 조직적으로 행해진 것과는 달리, (최소한 원칙적으로는) 통상적 살인과 마찬가지로 재판에 회부되어 처벌받을 수도 있었다. 히믈러는 매일같이 비인간적 행위를 수행하는 많은 부하의 정신적 온전함을 유지하고 도덕적 기준을 높이는 데 대해 여러 번 깊은 — 그리고 필경 진정한 — 관심을 표명했다. 그는 또한 정신적 온전함과 도덕(성)은 — 그의 믿음에 따르면 — 시험으로부터 상처받지 않고 출현한다는 자부심을 표명했다. 다시 아렌트를 인용하면, "친위대는 객관성Sachlichkeit에 의해 슈트라이허Julius Streicher와 같은 '감정적' 유형들, 그런 '비현실적 바보'와 구별되었고, 또한 몇몇 '마치 뿔과 가죽으로 치장한 듯이 행동하는 튜턴적·게르만적 당 고위인사들과도 구별되었다.'"26) 친위대 지도부는 (겉보기에 합당하게도) 개인적 열정이 아니라 조직에서 정해진 바 그대로 따라 하는 것에 의존했으며, 이념적 헌신이 아니라 규율에 의존했다. 유혈적 과제에 대한 충성은 조직에 대한 충성으로부터 파생된 것이어야만 했고 실제로 그러했다.

'동물적 연민의 극복'은 다른, 야비한 동물적 본능을 표출함으로써 달성될 수 있는 것이 아니었다. 그러한 본능은 조직의 행동 역량에는 아마도 역기능적일 것이다. 복수심에 불타는 일단의 살인마들은 소규모이지만 규율 잡히고 엄격하게 통합된 관료 조직의 효율성과는 상대가 되지 못할 것이다. 한편 거대한 사업 규모로 인해 작전의 여러 단계에서 관여하게 될 수밖에 없었던 수많은 평범한 사무직·전문직 종사자들 모두가 살인 본능을 드러낼 것이라고 믿을 수 있는지는 분명하지 않았다. 힐버그의 말을 빌리면

---

26) Arendt, *Eichmann in Jerusalem*, p. 69.

독일인 학살자는 별종의 독일인이 아니었다. …… 우리는 행정 계획, 사법 구조, 그리고 예산 체계의 속성 그 자체로 인해 인력의 특별 선발이나 특별 훈련이 이루어질 수 없었음을 알고 있다. 치안경찰*Ordnungspolizeilice*의 어떤 대원이든 게토나 수송 열차의 경비병이 될 수 있었다. 제국보안본부 *Reichssicherheithauptamt*의 모든 법률가는 이동학살분대의 지휘자로 적합하다고 간주되었다. 경제관리본부*Wirtschafts-Verwaltungshauptamt*의 모든 재정 전문가는 죽음의 수용소에서 당연히 복무할 수 있다고 간주되었다. 다시 말해서 필요한 모든 작전은 동원할 수 있는 아무 요원이나 수행했던 것이다.27)

그러면 이 보통의 독일인들이 어떻게 대량 범죄의 하수인으로 변하게 되었을까? 켈먼의 견해에 따르면28) 폭력적인 잔학 행위들에 대한 도덕적 저항은 일단 다음의 세 가지 조건이 각각 또는 함께 충족되면 무너지는 경향이 있다. 즉, (합법적 권한이 있는 부서들에서 하달되는 공식 명령에 의해) 폭력이 **승인될** 때, (규칙을 따르는 관행들 및 역할의 정확한 구체화에 의해) 행동이 **일상화될** 때, 그리고 (이데올로기적 규정과 교의에 의해) 폭력의 피해자들이 **비인간화될** 때. 세 번째 조건에 대해서는 별도로 다룰 것이다. 그러나 처음 두 가지는 매우 친숙하게 들린다. 현대 사회의 가장 대표적인 제도들이 보편적으로 적용한 합리적 행위의 원칙들에서 반복적으로 드러나고 있기 때문이다.

우리의 의문과 가장 분명하게 관련이 있는 첫 번째 원칙은 조직적 규율의 원칙이다. 더 정확히 말하면, 행동을 유발하는 다른 모든 자극을 배제하고 상관의 명령에 복종할 것, 그리고 다른 어떤 헌신과 충성보다 ─ 상관의 명령에 의해 규정된 ─ 조직의 안녕에 대한 헌신을 우선시

---

27) Hilberg, *The Destruction of the European Jews*, p. 1011.
28) Herbert C. Kelman, "Violence without Moral Restraint", *Journal of Social Issues*, vol. 29(1973), pp. 29~61 참조.

할 것이 요구되는 것이다. 이러한 '외부의' 다른 영향력 — 헌신의 정신을 해치는 것, 따라서 억압과 소멸 대상으로 지목된 것 — 중 가장 두드러진 것은 개인적 견해와 선호들이다. 규율이라는 이상은 조직에 대한 완전한 동일시를 지향한다. 그리고 그러한 동일시는 자신의 독자적 정체성을 망각하고 자신의 이익(정의상 조직의 과제와 부합하지 않는 이익)을 희생할 준비가 되어있음을 의미한다. 조직 이데올로기에서 그처럼 극단적인 종류의 자기희생을 할 준비가 되어있음은 도덕적 미덕으로 표현된다. 이것은 실로 다른 모든 도덕적 요구들에 우선하는 도덕적 미덕이다. 그런 도덕적 미덕의 사심 없는 준수는 이제, 베버의 유명한 말을 빌리면, 공무원의 명예로 표현된다. "공무원의 명예는 상급 기관의 명령을 마치 자신의 신념과 일치하는 것처럼 성실히 수행할 수 있는 능력에 있다. 이것은 명령이 그릇된 것처럼 보이거나 상급 기관이 공무원의 항의에도 불구하고 명령을 고집할 때도 마찬가지이다." 이런 종류의 행동은 공무원에게 "가장 고귀한 의미의 도덕적 규율이자 자기부정否定"을 의미한다.29) 명예를 통해 규율이 도덕적 책임을 대체한다. 타당성의 원천 및 보증으로서 조직 내부의 규칙들을 제외한 모든 것을 비정당화하고, 그럼으로써 개인적 양심의 권위를 부정하는 것이 이제 가장 높은 도덕적 미덕이 된다. 그러한 미덕의 실행이 때때로 야기할 수도 있는 불안은 부하들의 행동에 관한 모든 책임을 자신이 그리고 자신만이 진다는 상관의 주장(물론 부하들이 자기 명령에 복종하는 한)에 의해 상쇄된다. 베버는 지도자의 "배타적인 개인적 책임", "거부하거나 전가할 수 없으며 그래서도 안 되는 책임"을 강하게 강조하는 것으로써 공무원의 명예에

---

29) Gerth & Mills, *From Max Weber*, p. 95. 재판에서 아이히만은 자신은 단지 명령을 수행했을 뿐만 아니라 법을 준수했다고 말했다. 아렌트는 그가 — 그리고 반드시 그뿐만이 아니다 — 칸트의 정언명령을 희화화했다고 말했다. 그리하여 정언명령은 개인의 자율성 대신에 관료주의적 순종을 지지하는 것이 되었다는 것이다. 즉 "그대의 행위의 준칙이 입법자 또는 조국의 법의 원칙과 똑같게 하라." Arendt, *Eichmann in Jerusalem*, p. 136.

관한 서술을 끝마쳤다. 뉘른베르크 재판에서 왜 개인적으로 동의하지 않는 행위를 하는 이동학살분대의 지휘부에서 사임하지 않았느냐는 질문을 받았을 때 올렌도르프Ohlendorf는 바로 이런 의미의 책임을 주장했다. 그는 만약 혐오스러운 임무에서 벗어나기 위해 자신의 부대가 한 행위를 폭로했다면 자신의 부하들이 '부당하게 기소'당하게 되었을 것이라고 말했다. 분명히 올렌도르프는 자신이 '부하들'에게 다했던 가부장적 책임과 똑같은 것을 상관들도 자신에게 다할 것을 기대했다. 이로 인해 그는 자신의 행위에 대한 도덕적 평가를 걱정하지 않을 수 있었고, 그러한 걱정을 자신에게 명령을 내린 상관들에게 안전하게 전가할 수 있었다. "나는 그의 조치들이 …… 도덕적이었는지 부도덕한 것이었는지 판단할 위치에 있지 않다고 생각한다. …… 나는 내가 군인이었으며, 따라서 거대한 기계의 비교적 낮은 위치에 있는 하나의 톱니에 지나지 않았다는 사실에 나의 도덕적 양심을 내맡긴다."[30]

미다스의 손이 모든 것을 황금으로 바꾸었다면 친위대는 자신이 관할하는 모든 것 — 희생자들을 포함해 — 을 명령의 사슬의 한 부분, 엄격한 규율을 강요하는 규칙에 종속되고 도덕적 판단을 면제받은 영역으로 바꾸어놓았다. 집단학살은 복합적인 과정이었다. 힐버그가 지적하는 대로 그것은 독일인들이 한 일과 — 독일인들의 명령에 따라, 그러나 종종 자포자기에 가까운 헌신으로 — 유대인 희생자들이 한 일로 이루어졌다. 이것은 목적의식적으로 고안되고 합리적으로 조직된 대량학살이 폭도들에 의한 폭발적 살인보다 기술적으로 우월함을 보여준다. 희생자들이 소수민족 학살에서 학살자들과 협력한다는 것은 상상할 수도 없다. 하지만 친위대 관료들에 대한 희생자들의 협력은 그러한 계획의 일부였다. 이는 실로 성공의 핵심 조건이었다. "전체 과정의 많은 부분

---

30) Robert Wolfe, "Putative Threat to National Security at a Nurenberg Defense for Genocide", *Annals of AAPSS*, no. 450(July 1980), p. 64에서 인용.

은 유대인들의 협력 — 위원회로 조직화된 활동들은 물론 개인들의 단순한 행동들까지 — 에 의존했다. …… 독일인 감시자들은 유대인 위원회에 정보, 돈, 노동, 심지어 치안까지 의존했으며, 위원회는 매일 이런 수단을 제공했다." 관료 조직의 희생자가 지닌 대안적 충성심과 도덕적 동기 일반의 정당성을 부정하고, 그럼으로써 그들의 기예와 노동을 자신을 파괴하는 데 제공해 관료제적 행위 규칙들을 성공적으로 확장한 것의 놀라운 효과는 (다른 모든 — 사악한 것이든 온화한 것이든 — 관료제의 평범한 활동들에서와 마찬가지로) 두 가지 방식으로 성취되었다. 첫째, 게토 생활의 외부 환경은 지도자와 거주자들의 모든 행동이 독일의 목표에 대해 객관적으로 '기능적'이지 않을 수 없게 설계되었다. "게토의 활력을 유지하도록 고안된 모든 것은 동시에 독일의 목표를 촉진하는 것이었다. …… 공간 배분이나 배급품 할당에서 유대인들의 효율성은 독일의 효율성의 연장이었다. 과세나 노동의 활용에 대한 유대인들의 엄격함은 독일인의 엄중함을 강화한 것이었으며, 심지어 유대인의 청렴성도 독일인들의 행정 도구가 될 수 있었다." 둘째, 주어진 길의 모든 단계에서 희생자들이 선택의 상황에 놓이도록 특별한 주의가 기울여졌다. 그리고 그러한 선택적 상황에는 기준이나 합리적 행위가 적용되고, 거기에서 합리적 결정이 반드시 '관리를 위한 구상'에 부합하도록 했다. "독일인들은 유대인들을 단계적으로 추방함으로써 놀라운 성공을 거두었다. 단계적 추방마다 남은 사람들은 다수를 위해서 소수를 희생하는 것이 필요하다며 그것을 합리화하곤 했다."31) 사실 이미 추방된 사람들조차도 마지막까지 합리화를 시도할 기회가 주어졌다. '목욕탕'이라는 매혹적인 이름이 붙은 가스실은 여러 날 동안 불결한 가축 수송용 트럭에 빼곡히 실려온 희생자들에게 반가운 풍경이었다. 이미 진실을 알고

---

31) Hilberg, *The Destruction of the European Jews*, pp. 1036~1038, 1042.

있고 아무런 환상도 갖지 않았던 사람들도 '신속하고 고통 없는' 죽음과 복종하지 않는 자들을 위해 마련된 추가의 고통을 겪고 난 후의 죽음 사이에서 여전히 선택할 수 있었다. 따라서 희생자들이 어찌할 수 없는 게토의 외부적 환경은 게토 전체를 살인 기계의 연장으로 변환하도록 조작되었을 뿐만 아니라 그처럼 연장된 기구의 '직원들'로 이루어진 합리적 인력도 관료적으로 규정된 목적들에 충실히 협조하는 행동을 유도하는 방향으로 배치되었다.

도덕적 불가시성의 사회적 생산

이제까지 우리는 '동물적 연민을 극복'하는 사회 메커니즘을 재구성해보려고 했다. 그것은 타고난 도덕적 저항감에 반하는 행동의 사회적 생산 — 어떤 '정상적' 의미에서도 '도덕적으로 타락한 사람'이 아닌 사람들을 살인자 또는 살인 과정에 대한 의식적 협력자로 바꾸어놓을 수 있는 — 에 관한 것이었다. 그러나 홀로코스트의 경험은 또 다른 사회 메커니즘을 부각시킨다. 집단학살 범죄에 훨씬 더 많은 수의 사람들을 연루시킬 수 있으며, 그러한 과정에서 사람들은 어려운 도덕적 선택이나 내면의 양심의 저항과 싸울 필요성을 의식하지 않게 되는, 훨씬 더 불길한 잠재성을 지니고 있는 메커니즘이 그것이다. 도덕적 쟁점에 대한 싸움은 결코 벌어지지 않는다. 왜냐하면 행동들의 도덕적 측면은 바로 분명하게 드러나지 않거나 그러한 발견이나 토론이 의도적으로 방해받기 때문이다. 다시 말해 행동의 도덕적 성격은 보이지 않거나 의도적으로 감추어진다.

다시 힐버그를 인용하면 "[집단학살의] 가담자들 대부분은 유대인 아이들에게 총을 쏘거나 가스실에 가스를 쏟아 넣지 않았음을 명심해야 한다. …… 대부분의 관료는 비망록을 작성하고 청사진을 그리고 전화를 하고 회의에 참석했다. 그들은 단지 책상에 앉아서 한 민족 전체를 파괴할 수 있었다."32) 만약 겉으로 보기에 무해한 자신들의 분주함의 궁극적인 결과를 인식하더라도 그것은 기껏해야 마음의 가장 구석진 곳에 머물러 있을 것이다. 그들의 행동과 대량학살 간의 인과관계는 발견하기 힘들었다. 필요 이상으로 걱정하는 것을 기피하려는 — 따라서 인과관계의 사슬을 가장 먼 끝까지 검토하는 것을 기피하려는 — 인간의 자연스러운 경향에 대해서 도덕적 비난은 거의 가해지지 않았다. 그런 놀라운 도덕적 맹목성이 어떻게 가능했는지를 이해하려면 무기 공장에서 일하는 노동자들을 생각해보는 것이 도움이 될 것이다. 그들은 새로운 대량 주문들 덕분에 공장이 '문을 닫지 않게 된 것'을 기뻐한다. 그러면서 동시에 에티오피아인들과 에리트레아인들이 서로에게 행한 학살에 대해 진심으로 애통해한다. 또는 '상품 가격의 하락'을 좋은 소식으로 누구나 환영하면서 동시에 '아프리카 아이들의 기아'에 대해 누구나 똑같이 그리고 진지하게 한탄하는 것이 어떻게 가능한가를 생각해보는 것이 도움이 될 것이다.

몇 년 전 락스는 **행동의 매개** — 어떤 사람의 행동이 그를 위해 다른 누군가, 즉 매개자에 의해 수행되는 현상. 매개자는 "나와 나의 행동 사이에 서서 내가 그것을 직접적으로 경험하는 것을 불가능하게" 한다 — 를 현대 사회의 가장 두드러지고 생산적인 특징 중의 하나로 지목했다. 의도와 실제 수행 사이에는 엄청난 거리가 있다. 둘 사이에는 수많은 사소한 행동들과 중요하지 않은 행위자들로 채워진 공간이 있다. '중개인'은 행위자의 시야로부터 행위의 결과를 가린다.

---

32) Hilberg, *The Destruction of the European Jews*, p. 1024.

그 결과 누구도 의식적으로 자신의 것으로 하지 않는 많은 행위가 존재하게 된다. 자신을 위해 행위들이 행해진 사람들에게 행위들은 단지 언어로서만 또는 상상 속에서만 존재한다. 그는 그것들이 자신의 소행이라고 주장하지 않을 것이다. 왜냐하면 그는 결코 그것들을 겪지 않았기 때문이다. 반면에 그것들을 실제로 행한 사람들은 항상 그것들이 누군가 다른 사람의 행위이며 자신은 단지 외적 의지의 무고한 도구일 뿐이라고 생각할 것이다. ……

자신의 행위를 직접 경험하지 못하면 심지어 가장 선량한 사람들조차도 도덕적 진공 상태에서 움직인다. 악에 대한 추상적 인식은 신뢰할 만한 지침도 적절한 동기도 되지 못한다. …… 선의를 가진 사람들의 엄청난 그리고 대체로 의도하지 않은 잔인성은 놀라운 일이 아니다. ……

주목할 만한 일은 우리가 잘못된 행동이나 심각한 불의를 보면서도 알아차리지 못한다는 것이다. 우리를 놀라게 하는 것은, 우리 각자는 오직 무해한 행위만을 했는데도 어떻게 그런 일들이 일어날 수 있었는가 하는 것이다. ……. 종종 전부를 계획하거나 일으킨 개인이나 집단이 전혀 존재하지 않는다는 것은 받아들이기가 어렵다. 우리 자신의 행동이 원격 효과를 통해서 어떻게 비극을 초래하는가를 아는 일은 훨씬 더 어렵다.[33]

행위와 그 결과들 사이의 물리적 그리고/또는 심리적 거리의 증가는 도덕적 억제의 유예 이상의 효과를 낳는다. 그것은 행위의 도덕적 의미를 파기하며, 그럼으로써 도덕적 품위에 관한 개인적 기준과 행위가 초래한 사회적 결과들의 부도덕(성) 사이의 모든 갈등을 미리 없애버린다. 사회적으로 의미 있는 대부분의 행위가 복합적인 인과적·기능적 의존관계의 기나긴 사슬에 의해 매개 되면서 도덕적 딜레마는 시야에서 물

---

[33] John Lachs, *Responsibility of the Individual in Modern Society*(Brighton: Harvester, 1981), pp. 12~13, 58.

러나며, 보다 정밀한 성찰과 의식적이고 도덕적인 선택을 할 기회들은 점점 더 드물게 된다.

이와 비슷한 (그러나 훨씬 더 인상적인 규모의) 효과는 희생자들 자신을 심리적으로 보이지 않게 함으로써 얻어진다. 이것은 분명히 현대전에서 인간의 희생이 급증하게 만든 가장 결정적인 요인들 가운데 하나였다. 카푸토가 지적하듯이 전쟁의 에토스는 "거리와 기술 문제인 것처럼 보인다. 만약 먼 거리에서 정교한 무기로 사람들을 죽인다면 당신은 결코 잘못을 범할 수 없다."[34] '원격' 살인에서 살육과 완전히 무구한 행위들 — 방아쇠 당기기, 전류의 스위치 켜기 또는 컴퓨터 자판의 글쇠 누르기 같은 — 사이의 고리는 순전히 이론적 관념(결과와 그것의 직접적 원인 사이의 규모의 불일치가 크게 기여하는 경향 — 상식적 경험에 근거한 이해를 불가능하게 만드는 통약 불가능성incommensurability)으로 남아 있을 가능성이 많다. 따라서 히로시마나 드레스덴에 폭탄을 투하하는 비행기의 조종사가 되는 것, 유도 미사일 기지에서 주어진 임무를 탁월하게 수행하는 것, 갈수록 더 파괴적인 핵탄두를 개발하는 것 — 그리고 이 모든 것을 자신의 도덕적 고결성을 훼손하거나 도덕적 붕괴에 가까운 상태에 가지 않고서 행하는 것도 가능하다(희생자들의 불가시성은 아마 밀그램의 악명 높은 실험에서도 중요한 요인이었을 것이다). 희생자의 불가시성이 낳는 이러한 효과를 염두에 두면 아마 홀로코스트의 기술이 계속 개선되었던 것을 이해하기가 더 쉬울 것이다. 이동학살분대 단계에서는 희생자들을 기관총 앞에 모아놓고 표적 거리에서 쏘아 죽였다. 살해된 사람들이 넘어질 구덩이로부터 무기를 가능한 한 멀리 떨어지도록 했지만 사수들이 사격과 살인 사이의 관련을 무시하기는 극히 어려웠다. 바로 이 때문에 집단학살의 관리자들은 그러한 방법이 원시적이고 비효율적

---

34) Philip Caputo, *A Rumor of War*(New York: Holt, Rinehart & Winston, 1977), p. 229.

일 뿐만 아니라 집행자들의 사기에 위험한 것으로 생각했다. 그리하여 다른 살인 기술 — 살인자와 희생자들을 시각적으로 분리할 기술을 모색했다. 그러한 노력은 성공했다. 그리하여 처음에는 이동식, 그리고 나중에는 고정식 가스실의 발명으로 이어졌다. 나치가 발명한 것으로는 가장 완벽한 후자는 내부를 들여다본 적이 없는 건물의 지붕에 뚫린 구멍을 통해 한 자루의 '살충제'를 비워버리는 '위생 관리官吏'의 역할로 살인자 역할을 축소시켰다.

홀로코스트의 기술적·행정적 성공은 부분적으로는 현대적 관료제와 현대적 기술이 제공한 '도덕적 수면제'를 능숙하게 활용한 데서 기인한다. 복잡한 상호작용의 체계 속에서 인과관계의 자연스러운 불가시성, 그리고 행위들의 보기 흉한 또는 도덕적으로 혐오스러운 결과들을 행위자에게 보이지 않는 지점까지 '거리두기'는 그러한 수면제 중 가장 탁월한 것이었다. 그러나 나치는 또 다른 세 번째 방법에서 탁월했다. 그것도 그들이 발명한 것은 아니었으나 유례없이 완벽하게 만들었다. 그것은 희생자들의 인간성 자체를 보이지 않게 하는 방법이었다. 훼인의 의무의 세계라는 개념("서로 보호해야 할 상호 의무를 지닌 사람들의 동아리. 이들 간의 연대는 어떤 신격 또는 권위의 신성한 원천으로부터 발생한다"[35])은 이 방법의 가공할 효율성의 배후에 있는 사회심리적 요인들을 밝혀준다. '의무의 세계'는 안에서는 어떤 도덕적 질문이든 던질 수 있는 사회적 영역의 외적 한계를 지정한다. 그러한 경계의 바깥쪽에서는 도덕적 계율은 구속력이 없으며 도덕적 평가는 무의미하다. 희생자들의 인간성을 보이지 않게 하려면 단지 그들을 의무의 세계로부터 축출하기만 하면 된다.

독일인Germanhood으로서의 권리라는 하나의 우월하고 논쟁의 여지가

---

35) Fein, *Accounting for Genocide*, p. 4.

없는 가치에 의해 측정되는 나치의 세계관 안에서 유대인들을 의무의 세계에서 축출하기 위해서는 단지 그들로부터 독일 민족 및 국가 공동체의 성원이라는 자격을 박탈하는 것이 필요했을 뿐이다. 힐버그의 다른 신랄한 구절에서 인용하면 "1933년 초 한 공무원이 행정 법규에 '비아리아인'에 대한 최초의 규정을 써넣었을 때 유럽 유대인의 운명은 봉인되었다."36) 비독일 유럽인들의 협조(또는 단지 무행동 또는 무관심)을 이끌어내기 위해서는 좀 더 다른 것이 필요했다. 유대인들로부터 독일인 자격을 박탈하는 것이 친위대에게는 충분했을지 몰라도 다른 국민들에게는 충분하지 않았음이 분명하다. 설혹 이들이 유럽의 새로운 지배자가 선전한 생각들을 좋아했다고 할지라도 독일인이 인간적 미덕을 독점한다는 주장을 두려워하고 분개할 충분한 이유가 있었다. 일단 '유대인 없는' 독일이라는 목표가 '유대인 없는' 유럽이라는 목표로 바뀌고 나자 독일 민족으로부터 유대인을 추방하는 것은 유대인의 완전한 비인간화로 대체되어야 했다. 그리하여 프랑크Frank가 애용한 표현인 '유대인과 이蝨'라는 표현 사이의 결합, '유대인 문제'를 인종적 자기방어의 맥락으로부터 '자기 청결'과 '정치적 위생'이라는 언어 세계로 이식하는 데서 표출된 수사修辭의 변화, 게토의 담벼락에 붙여진 발진티푸스를 경고하는 포스터들, 그리고 마지막 종막을 위해 '독일 훈증제 회사*Deutsche Gesellschaft für Schädlingsbekämpung*'로부터 화학 약품의 주문이 이루어지게 되는 것이다.

문명화 과정의 도덕적 결과들

문명화 과정에 대한 다른 사회학적 이미지들도 있지만 가장 흔한 (그리

---

36) Hilberg, *The Destruction of the European Jews*, p. 1044.

고 널리 공유되는) 이미지는 비합리적이고 본질적으로 반사회적인 충동들을 억제하는 것과 사회적 삶으로부터 폭력을 점진적으로 그러나 가차 없이 제거하는 것(좀 더 정확히 말하면, 폭력을 국가의 통제하에 집중시키는 것이며, 여기에서 폭력은 국민 공동체의 경계선과 사회 질서의 조건들을 지키기 위해 사용된다)이 문명화 과정의 두 중심점이라는 것이다. 이 두 중심점을 하나로 만드는 것은 — 적어도 우리 자신의 서구적·현대적 형태의 — 문명사회를 무엇보다도 도덕적인 힘으로 보는 관점이다. 문명사회는 규범적 질서와 법의 지배를 부과하는 데서 서로 협력하고 보완하는 제도들의 체계이며, 이 체계는 — 문명화 이전에는 불충분하게 보호되었던 — 사회의 평화와 개인의 안전을 보장하는 조건들을 보호한다.

이런 관점은 반드시 잘못된 것은 아니다. 그러나 홀로코스트의 경험에 비추어보면 이런 관점은 분명히 일면적인 것처럼 보인다. 이런 관점은 확실히 최근의 역사의 중요한 경향들에 대한 성찰의 가능성을 열어놓지만 또한 그에 못지않게 중요한 경향들에 대한 논의를 사전에 봉쇄한다. 이런 관점은 역사 과정의 한 측면에만 초점을 맞춤으로써 정상과 비정상 사이에 자의적인 구분선을 긋는다. 이런 관점은 문명의 일부 활력 있는 측면들의 정당성을 부정함으로써 그러한 측면들이 우연하고 일시적인 것처럼 오도하며, 동시에 그러한 측면의 속성 중 가장 두드러진 것들과 현대성의 규범적 가정들 사이의 놀라운 공명을 은폐한다. 다시 말해 이런 관점은 문명화 과정의 또 다른 파괴적 잠재력의 지속성에 대해 주목하지 못하게 하며, 현대의 사회 장치들의 양면성을 주장하는 비판자들을 효과적으로 침묵시키고 주변화한다.

나는 홀로코스트의 주된 교훈은 그런 비판을 진지하게 다루고 그럼으로써 문명화 과정에 대한 이론적 모델을 확장해 사회적 행위의 윤리적 동기를 강등시키고 비난하며 그러한 정당성을 부정하는 문명화 과정의 경향까지도 모델 안에 포함시켜야 할 필요성을 깨닫게 했다는 것이라고 제안한다. 우리는 문명화 과정이 무엇보다도 폭력의 사용과 전개를 도덕적 고려에서 분리하는 과정이며 합리성이라고 하는 절실한 요구를 윤리적 규범이나 도덕적 금기의 간섭으로부터 해방시키는 과정임을 입증하는 증거를 자세히 살펴볼 필요가 있다. 대안적 행위 기준들을 배제하도록 합리성을 장려하는 것과 특히 폭력의 사용을 합리적 계산에 종속시키는 경향이 오래전부터 현대 문명의 구성적 특징으로 인정되어 왔기 때문에 홀로코스트 같은 현상들은 문명화 경향의 정당한 결과로 그리고 그것에 상존하는 잠재성으로 인식되어야 한다.

합리화의 조건과 메커니즘에 대한 베버의 설명을 사후적 지식을 갖고 다시 읽어보면, 이러한 중요하지만 이제까지는 과소평가된 연관들을 알게 된다. 우리는 사업의 합리적 수행을 위한 조건들 — 가계와 기업 또는 사적 수입과 공적 기금의 악명 높은 분리와 같은 — 이 동시에 목표 지향적인 합리적 행위를 다른 (정의상 비합리적인) 규범들이 지배하는 과정들과의 상호작용으로부터 분리시키는 — 그리고 그럼으로써 그러한 합리적 행위가 상호 원조, 연대, 상호 존중 등 비사업적 구성체들의 관행에서 유지되는 공리들의 제약을 받지 않게 하는 — 강력한 요인으로 작용한다는 것을 더욱 분명히 알게 된다. 이런 합리화 경향의 일반적 성과는 예상할 수 있는 일이지만 현대 관료제 안에 성문화되고 제도화되었다. 똑같은 소급적 재독에 의하면, 합리화 경향의 주된 관심은 도덕을 침묵시키는 것임이 드러난다. 그것은 실로 합리화 경향의 성공을 보장하는 근본 조건이며 행위를 합리적으로 조정하는 도구이다. 또한 합리화 경향은, 한편으로 나무랄 데 없이 합리적인 방식으로 일상적인 문제 해결 활동을 해나가면서, 다른 한편으로 홀로코스트와 같은 해법을 등장시킬 능력이 있음을 드러낸다.

내가 제안한 취지에 따라 문명화 과정에 대한 이론을 다시 쓰는 것은 필연적으로 사회학 그 자체의 변화를 수반할 것이다. 사회학의 성격과 스타일은 그것이 이론화하고 탐구한 바로 그 현대 사회에 맞추어 조율되어 왔다. 사회학은 탄생 이래 대상 — 더 정확히 말하면, 사회학이 구성하고 자신의 담론의 틀로서 받아들인 대상의 형상 — 과 의태mimetic 관계를 형성해왔다. 그리하여 사회학은 사회학의 대상을 구성하는 힘이라고 바라본 합리적 행위의 원칙들을 자신의 타당성의 기준으로 장려했다. 또한 사회학은 어떤 형태의 윤리적 문제 설정 — 공동체 내적으로 유지되는 이데올로기 형태로서 사회학적 (과학적, 합리적) 담론에는 이질적인 — 도 받아들일 수 없다는 생각도 자신의 담론을 구속하는 규칙으로서 장려했다. 사회학 세미나에서 '인간의 삶의 신성함'이나 '도덕적 의무'와 같은 구절은 '금연'이라고 쓰여 있는 청결한 관료 사무실에서와 마찬가지로 낯설게 들린다.

자신의 전문 직업적 실천에서 그런 원칙들을 준수함으로써 사회학은 과학적 문화에 참여해왔다. 합리화 과정의 핵심적 부분으로서 이러한 과학적 문화는 다시 살펴볼 필요가 있다. 과학이 자처한 도덕적 침묵은 아우슈비츠에서 시신들의 생산과 처리가 '의학적 문제'로 표현되었을 때 결국 그것의 덜 알려진 측면들을 일부 드러냈다. 그와 관련해 현대 대학들의 신뢰성 위기에 대한 리텔Franklin M. Littell의 경고를 무시하기가 쉽지 않다. "멩겔레 일당은 어떤 의대에서 훈련받았는가? 스트라스부르 대학의 '혈통 연구소' 연구진은 어떤 인류학과에서 교육받았는가?"[37] 이 특별한 종은 누구를 위해 울리나 하는 의문을 갖지 않으려면, 그리고 이런 질문들을 단지 역사적 의미만을 가진 것으로 회피하고 싶은 유혹을 떨쳐내려면 오늘날 핵무기 경쟁의 배후에 있는 추동력에 대한 그레이의 분석을 상기하는 것으로 충분하다. "필연적으로 각 진영의 과학자

---

37) Franklin M. Littell, "Fundamentals in Holocaust Studies", *Annals of AAPSS*, no. 450(July 1980), p. 213.

들과 기술자들은 자신의 무지를 줄이기 위해 '경주를 벌이고 있다'(적은 소련의 기술이 아니다. 과학적 시선을 끄는 것은 물리적 미지수들이다). …… 강력한 동기를 갖고 기술적 능력이 탁월하며 적절한 자금지원을 받는 연구자들은 불가피하게 끊임없이 새로운 (또는 정교한) 무기에 대한 아이디어들을 쏟아낼 것이다."38)

(이 장의 초기 버전이 『영국사회학회지The British Journal of Sociology』, 1988년 12월호에 실린 바 있다.)

---

38) Colin Gray, *The Soviet-American Arms Race*(Lexington: Saxon House), 1976, pp. 39, 40.

2

현대(성), 인종주의, 인종절멸 1

반유대주의와 홀로코스트 사이만큼 인과관계가 투명한 것은 거의 없어 보인다. 유럽의 유대인들이 살해당한 것은 그러한 짓을 한 독일인들과 그들의 현지 협조자들이 유대인을 증오했기 때문이다. 홀로코스트는 수세기 동안 계속된 종교적·경제적·문화적·민족적 원한의 역사에서 눈에 띄는 정점이다. 이것이 가장 먼저 떠오르는 홀로코스트에 대한 설명이다. 이것은 (만약 우리가 역설에 빠져드는 것이 허용된다면) "이치에 맞는다." 그러나 겉보기에 분명한 인과관계는 더 면밀한 검토를 견뎌내지 못한다.

지난 수십 년 동안 행해진 철저한 역사적 연구 덕분에 우리는 이제 나치 집권 이전에, 그리고 그들이 독일에 대한 지배를 공고히 한 한참 후에도 독일 대중의 반유대주의는 유럽의 다른 여러 나라에서의 유대인 증오에 훨씬 미치지 못했음을 알고 있다. 바이마르 공화국이 유대인 해방의 오랜 과정에 마지막 손질을 하기 훨씬 전부터 독일은 국제 유대인 집단에 종교적·민족적 평등과 관용의 피난처로 널리 인식되었다. 20세기에 들어설 무렵 독일에는 오늘날의 미국이나 영국보다 더 많은 유대인 학자와 전문 직업인들이 있었다. 유대인에 대한 대중의 원한은 깊지도 않았고 널리 퍼지지도 않았다. 그것은 유럽의 다른 나라들에서 흔히 등장했던 공공연한 폭력으로 나타나지도 않았다. 반유대주의 폭력의 공공연한 행사를 연출함으로써 대중의 반유대주의를 표면화하려던 나치의 시도들은 비생산적인 것으로 드러나 폐기되어야 했다. 가장 뛰어난 홀로코스트 역사가 중 한 사람인 페인골드는 '바이마르 시절에' 반유대주의 태도를 측정하는 여론조사를 했더라면 "아마도 유대인에 대한 독일인들의 혐오감은 프랑스인들에게서 보다 더 낮은 결과가 나왔을 것"이라고 결론지었다.1) 유대인 절멸 과정에서 대중의 반유대주의는 결코 능동적 힘이 되지 않았다. 기껏해야 그것은 대부분의 독일인이 유대인들의 운명을 알게 되었을 때 보인 무관심 또는 그들이 자신을 유폐시켰던 무지를 유발함으로써 대량학살에 간접적으로 기여했을 뿐이라고 할 수 있다. 콘의 말을 빌리면 "사람들은 유대인들을 위해서 분발할 의향이 없었다. 만연한 무관심 그 자체 — 사람들이 유대인의 운명과 자신을 그렇게 쉽게 분리할 수 있었던 것 — 는 분명히 부분적으로는 …… 유대인들이 어떻든 기분 나쁘고 위험하다는 모호한 감정의 결과였다."2) 루빈스틴은 한두 걸음 더 나아가 독일인의 무관심 — 다시 말해서 보통 독일인의 태만에 의한 협력 — 을 완전히 이해하려면 다음과 같은 질문을 하지 않으면 안 된다고 말한다. 즉, "대다수 독일인이 유대인의 제거가 이익이 된다고 간주했는가?"하는 질문이 그것이다.3) 그러나 '무저항에 의한 협력'을 유대인의 성격이나 본질에 관한 믿음과 무관한 요인들로써 설득력 있게 설명한 다른 역사가들도 있다. 예를 들어 라쾨르Walter Laqueur는 유대인의 운명에 관심이 있던 사람들은 거의 없었음을 강조한다. 대부분의 사람은 아주 많은 더 중요한 문제들에 직면하고 있었다.

---

1) Harry L. Feingold, *Menorah*, Judaic Studies Programme of Virginia Commonwealth University, no. 4(Summer 1985), p. 2.
2) Norman Cohn, *Warrant for Genocide*(London: Eyre & Spottiswoode, 1967), pp. 267~268.
3) Feingold, *Menorah*, p. 5.

그것은 즐겁지 않은 화제였고, 추측은 무익했으며, 유대인의 운명에 관한 토론은 회피되었다. 이 문제에 대한 고려는 미루어졌고 당분간 잊혀졌다.[4]

홀로코스트를 반유대주의로 설명하려는 시도가 제대로 해명하지 못하는 문제가 하나 더 있다. 반유대주의는 — 종교적이든 경제적이든, 문화적이든 인종적이든, 악성이든 온건하든 — 수천 년 동안 거의 보편적인 현상이었다. 그러나 홀로코스트는 전례가 없는 사건이었다. 거의 모든 측면에서 그것은 독보적이며, 외래의 적대적이고 위험한 집단으로 규정된 사람들에게 가해진 다른 어떤 잔혹한 학살과도 유의미한 비교가 되지 않는다. 분명히 반유대주의는 언제 어디에나 있는 것이어서 그것만으로는 홀로코스트의 고유성을 설명할 수 없다. 문제를 더욱 복잡하게 만드는 것은, 반유대주의의 존재 — 반유대주의 폭력의 필요조건으로 인정되는 — 가 홀로코스트의 충분조건이 된다고 볼 수 있는지 명백하지 않다는 점이다. 콘의 견해로는, '전문적 유대인 학살자들'의 조직된 집단(이것 자체는 반유대주의와 무관하지 않지만 결코 동일한 것은 아니다)이 폭력의 물질적·행동적 원인이다. 그러한 집단이 없었다면 유대인에 대한 분노가 아무리 강하다 해도 그것이 유대인 이웃에 대한 물리적 공격으로 폭발하지는 않았을 것이다.

대중의 분노가 자발적으로 폭발해서 학살이 이루어졌다는 애기는 신화인 것처럼 보인다. 그리고 사실 어느 도시나 마을의 주민이 단순히 유대인 이웃에게 달려들어 그들을 학살했다는 확증된 사례는 없다. 이것은 심지어 중세에서도 마찬가지였다. …… 현대에 들어와 대중의 자발성에 대한 증거는 훨씬 더 부족하다. 왜냐하면 학살을 조직하는 집단들 자신이 모종의

---

4) Walter Laqueur, *Terrible Secret*(Harmondsworth: Penguin Books, 1980).

정부 정책을 수행하고 있거나 정부의 후원을 받을 때에만 효과적으로 활동했기 때문이다.5)

다시 말해 반유대주의 폭력 일반, 그리고 특히 홀로코스트라고 하는 특유한 사건이 '반유대주의 감정의 정점', '가장 극렬한 반유대주의' 또는 '유대인들에 대한 대중의 분노의 폭발'이라는 주장의 근거는 약하고 역사적·당대적 증거가 희박하다. 반유대주의는 그것만으로는 홀로코스트에 대한 설명이 되지 못한다(보다 일반적으로 말해서 분노 그 자체만으로는 어떤 집단학살에 대해서도 만족스러운 설명이 되지 못한다는 게 우리의 주장이다). 반유대주의가 홀로코스트의 착상과 실행에 기능적이었고 아마도 불가결했다는 것이 진실이라고 한다면, 대량 살상의 입안자들과 관리자들의 반유대주의는 집행자들, 협력자들, 그리고 고분고분한 목격자들의 반유대주의 감정(만약 존재한다면)과는 일부 중요한 측면에서 달랐음이 분명하다는 것 또한 진실이다. 또한 홀로코스트가 가능하게 되려면 어떤 종류가 됐든 반유대주의는 전적으로 다른 성격의 어떤 요인들과 융합되어야만 했다는 것도 사실이다. 개인들의 심리의 신비를 들여다보기보다는 우리는 그런 추가 요인들을 만들어낼 수 있는 사회적·정치적 메커니즘들을 드러내고 그것들이 집단 간 적대의 전통들과 어떻게 잠재적으로 폭발적인 반응을 했는가를 검토할 필요가 있다.

유대인 소외의 몇 가지 특수성

19세기 말에 '반유대주의antisemitism'라는 말이 만들어지고 일반적으로

---

5) Cohen, *Warrant for Genocide*, pp. 266~267.

쓰이게 된 이후 이 신조어가 포착하려고 한 현상은 고대까지 거슬러 올라가는 오랜 과거를 갖고 있음이 인정되었다. 2천 년이 넘는 유대인에 대한 분노와 차별에 거의 중단 없는 연속성이 있음이 역사적 증거에 의해 인정되었다. 역사가들의 거의 일치된 견해로는, 반유대주의의 시작은 제2성전의 파괴(서기 70년) 및 대규모 이산diaspora의 시작과 결부된다. 한편 바빌론 유배까지 거슬러 올라가는 이른바 원형적인 반유대주의의 견해와 관행들에 대한 매우 흥미로운 연구도 행해졌다('이교적' 반유대주의에 대한 도발적이고 논쟁적인 연구가 1920년대 초에 소련의 역사가 루리아 Salomo Luria에 의해 출간되었다).

어원학적으로 볼 때 'antisemitism'〔'반유대주의'라고 옮기지만 문자 그대로는 '반셈족주의'〕이란 말은 알맞은 말이 아니다. 왜냐하면 그것은 지시하는 대상을 잘못(전체적으로 너무 넓게) 규정하고 있고, 그것이 수행하려고 하는 실천의 진짜 대상을 놓치고 있기 때문이다(역사상 가장 맹렬하게 반유대주의를 실천했던 나치는 갈수록, 특히 전쟁 중에 이 용어를 멀리했다. 왜냐하면 개념의 의미론적 명확성이 정치적으로 위험한 쟁점이 되었고, 이 용어가 외견상으로는 가장 충실한 독일의 동맹국들도 겨냥하고 있었기 때문이다). 그러나 실제 적용에서는 의미론적 논쟁은 대체로 회피되었으며, 개념은 틀림없이 의도한 표적에 초점이 맞추어졌다. '반유대주의'는 유대인들에 대한 분노를 상징한다. 그것은 유대인들을 낯선, 적대적인, 그리고 바람직하지 않은 집단으로 인식하는 것, 그리고 그러한 인식으로부터 파생되고 그러한 인식을 지지하는 실천들을 가리킨다.

반유대주의는 집단 간 적대의 다른 오래된 사례들과 한 가지 중요한 점에서 다르다. 반유대주의 사상과 실천이 내포된 사회적 관계는 동등한 기반 위에 대치하는 두 개의 영토적으로 확립된 집단 간의 관계가 결코 아니다. 그것은 다수자와 소수자 간의 관계, '주인'이 되는 주민과 그들 사이에서 살아가지만 별도의 정체성을 유지하는 소수 집단 간의 관계이다. 그리고 이들은 그런 이유 — 즉, 힘이 약한 동반자라는 이유 — 때문에 구성원 내부에서 적대의 표적이 되며 토착의 '우리'와 구분되는 '그들'이 된다. 일반적으로 반유대주의의 대상은 의미론적으로 혼란스럽고 심리적으로 불안한 내부 이방인의 지위를 차지한다. 그럼으로써 그들은 분명하게 그어져야 하고 훼손되지 않은 채 견고하게 유지되어야 하는 중요한 경계를 넘어선다. 그리하여 반유대주의의 강도는 경계선을 긋고 규정하려는 충동의 긴급성과 난폭성에 비례할 가능성이 매우 높다.6) 대체로 반유대주의는 경계를 유지하려는 욕구와 그러한 욕구가 촉진한 감정적 긴장 및 실천적 관심이 외적으로 표현된 것이었다.

반유대주의의 그런 독특한 특징들이 이산 현상과 불가분의 관련을 맺었다는 것은 분명하다. 그러나 유대인의 이산은 다른 대부분의 이주 또는 집단 재정착 사례들과 다르다. 유대인 이산의 가장 주목할 만한 특징은 이 특별한 '우리 가운데의 이방인들'이 — 통시적 연속성과 공시적 자기정체성 모두의 의미에서 — 독자적 집단으로 분리되어 존재한 역사적 기간의 길이 그 자체이다. 따라서 대부분의 다른 재정착 사례들과 달리 유대인의 존재에 대한 경계 확정 반응들은 내재적인 자기재생산 능력을 지닌 성문화된 의례로 정착하고 제도화하기에 충분한 시간을 가졌으며, 그러한 의례들은 다시 분리의 정도를 강화했다. 유대인 이산의 또 다른 독특한 특징은 그들의 '나라 없음homelessness' — 아마도 유대인들이 오직 집시들하고만 공유했던 특질 — 의 보편성이었다. 애초에 유대인과 이스라엘 땅을 연관시켰던 것은 세월이 지나면서 점차 희박해졌고 단지 정신적 차원만 남았다. 게다가 일단 주인이 되는 주민들이 그들의 정신적 선조의 이름으로 이스라엘 땅을 성지聖地로 선언하게 되자 정신적 차원마저도 주인이 되는 주민들에 의해 도전받았다. 자국 내 유대

---

6) 나는 "Exit Visas and Entry Tickets", *Telos*, Winter 1988에서 이 주제에 대해 보다 상세히 논한 바 있다.

인의 존재가 아무리 언짢더라도 주인이 되는 주민들은 성지를 그들이 보기에 부당한 권리 주장자인 민족이 재점유하는 것에는 훨씬 더 격렬하게 분개할 것이다.

유대인들의 영구적이고 치유할 수 없는 '나라 없음'은 이산의 역사의 거의 시초부터 그들의 정체성의 핵심 부분이었다. 그뿐만 아니라 이 사실은 유대인을 적대시하는 나치의 주장의 주요 논거로 사용되었으며, 히틀러에 의해 유대인에 대한 적대는 경쟁 민족이나 인종들 간의 통상적인 적대와는 근본적으로 다른 것이라는 주장을 뒷받침하기 위해 사용되었다.

애켈7)의 말대로 히틀러가 미워했고 노예로 삼거나 없애버리고 싶어 했던 다른 모든 민족과 유대인을 구분한 것은 무엇보다도 유대인이 언제 어디에서나 나라 없는 존재라는 점이었다. 히틀러는 유대인들이 영토 국가를 갖지 못했기 때문에 영토 정복을 목표로 하는 정상적인 형태의 보편적 권력 투쟁에 참여할 수 없으며, 따라서 대신 억지스럽고 은밀하고 음험한 방법들을 모색해야만 하기 때문에 특히 무섭고 사악한 적이 된다고 믿었다.8) 더욱이 그들은 결코 만족하거나 진정될 가능성이 없으므로 해악을 제거하려면 없애버려야 한다고 생각했다).

그러나 현대 이전의 유럽에서 유대인 특유의 타자성은 전반적으로 기존 사회질서에 편입되는 것을 방해하지 않았다. 그러한 편입이 가능했던 것은 경계선 긋기와 경계선 유지 과정에서 발생한 긴장과 갈등의 강도가 상대적으로 낮았기 때문이다. 그러나 그것은 또한 현대 이전 사회의 분절적 구조와 분절된 조각들 사이의 분리의 정상성 때문에 더욱 용이했다. 신분이나 배타적 계급으로 분할된 사회에서 유대인은 여러 신분이나 배타적 계급 가운데 하나일 뿐이었다. 각각의 유대인은 그가 속

---

7) Eberhard Jäckel, *Hitler in History*(Boston: University Press of New England, 1964).
8) *Hitler's Secret Book*(London: Grove Press, 1964)을 참조.

한 배타적 계급에 의해 그리고 그러한 배타적 계급이 누리는 특권이나 부담하는 의무에 의해 규정되었다. 그러나 이것은 같은 사회의 다른 모든 구성원에게도 똑같이 적용되었다. 유대인들은 분리되었지만 분리된 상태는 결코 그들을 독특한 존재로 만들지 않았다. 그들의 지위는, 다른 배타적 계급 집단들의 지위와 마찬가지로 순수성을 유지하고 오염을 방지하는 일반적 관행들에 의해 형성되고 효과적으로 유지되고 보호되었다. 이 관행들은 무척 다양했지만 하나의 공통된 기능을 지니고 있었다. 즉, 안전거리를 창출하고 그것을 가능한 한 건널 수 없는 것으로 만드는 기능이다. 집단들의 분리는 그들을 물리적으로 따로 떼어놓거나(엄격하게 통제되고 의례화된 만남을 제외하고는 만남을 최소한으로 축소했다), 집단의 개별 구성원을 이방인으로 보이도록 표시하거나, 집단 간의 문화적 삼투 및 그에 따른 문화적 대립의 소멸을 방지하기 위해 집단 간의 정신적 분리를 유도함으로써 달성되었다. 오랫동안 유대인들은 도시의 별도 구역에 살면서 눈에 띄게 구별되는 옷을 입었다(그것은 때때로 법률로 정해졌다 — 특히 공동체의 전통이 구별의 일관성을 보장하지 못했을 때). 그러나 거주지의 분리만으로는 충분하지 않았다. 왜냐하면 대부분의 경우 게토와 주인 공동체의 경제는 서로 얽혀있었으며, 따라서 정기적인 물리적 접촉이 불가피했기 때문이다. 따라서 지리적 거리는 그러한 관계들을 불가피하게 형식화하고 기능화할 목적에 따라 철저하게 성문화된 의례에 의해서 보완되어야만 했다. 형식화와 기능적 축소를 부정하는 관계들은 대체로 금지되거나 적어도 억압되었다. 배타적 계급을 유지하고 오염을 방지하는 가장 강력한 의례들 가운데 혼인과 친교의 금지가 (엄격하게 기능적인 것을 제외한 모든 상거래와 더불어) 가장 엄하게 강제되고 준수되었다.

기억해야 할 한 가지 중요한 점은 명백히 적대적인 그런 모든 조치가 동시에 사회통합 수단이었다는 것이다. 그러한 조치들은 '내부의 이방안'이 주인 집단의 자기정체성 및 자기생산에 대해 제기할 수밖에 없는 위험을 완화했다. 그러한 조치들은 마찰 없는 동거가 가능한 조건들을 설정했다. 그러한 조치들은, 엄격히 준수되면, 잠재적으로 갈등과 폭발성이 내재된 상황에서 평화 공존을 보증할 수 있는 행동 규칙들을 명시했다. 짐멜Simmel의 설명대로 의례적 제도화는 갈등을 사회화sociation 및 사회적 응집의 도구로 바꾸어놓았다. 분리의 관행들이 효과적으로 이루어지는 한 이를 태도의 적대성으로 뒷받침할 필요는 없다. 상거래를 엄격히 의례화된 교환으로 축소하는 것은 규칙들에 대한 헌신과 위반에 대한 훈련된 반감을 필요로 했다. 또한 분리 대상이 주인 공동체의 지위보다 열등한 지위를 받아들이며, 그러한 지위를 정의, 강화 또는 변경하는 주인의 자격에 동의하는 것을 필요로 했다. 그러나 유대인의 이산 역사의 대부분을 통해 법질서 일반은 특권과 강탈의 네트워크였으며, 법률적 평등 — 그리고 특히 사회적 평등 — 의 사상은 낯선 것 또는 실제로 적용할 수 없는 것이었다. 현대(성)가 출현할 때까지 유대인의 소외는 예정된 존재의 사슬을 구성하는 단위들의 보편적 분리 상태를 보여주는 한 예에 지나지 않았다.

기독교 시대에서 현대까지 유대인의 부조화

물론 이것은 유대인의 분리가 다른 분리 사례들과 구분되어 고유한 의미를 지닌 특별한 사례로서 이론화되지 않았음을 의미하지는 않는다. 모든 박식한 엘리트가 그렇듯이 삶의 경험의 무작위성에서 의미를 발굴하고 삶의 경험의 자연 발생성 속에서 논리를 찾아내는 데 열중했던 현대 이전 유럽의 박식한 엘리트 — 기독교 성직자, 신학자, 그리고 철학자들 — 가 보기에 유대인은 기이한 존재였고, 인지적 명확성과 우주의

도덕적 조화에 반하는 실체였다. 그들은 아직 개종하지 않은 이교도도 아니고 신의 은총을 잃은 이단자도 아니었다(이 둘은 열성적으로 방어되고 있으며 방어될 수 있는 기독교 세계의 두 변경이었다). 유대인은 말하자면 바리케이드 한가운데 어정쩡하게 걸터앉아 있었고, 그럼으로써 확고한 위치에 대한 의심을 초래하고 있었다. 그들은 기독교 세계의 존경스러운 아버지인 동시에 가증스럽고 저주스러운 비방자였다. 그들이 기독교의 가르침을 거부하는 것은 단순히 기독교의 진리에 심각한 해를 끼치지 않는 이교도의 무지의 소산으로 치부할 수 없었다. 또한 그것은 잃어버린 양의 — 원칙적으로 — 교정 가능한 오류로 치부할 수 있는 것도 아니었다. 유대인은 단순히 개종하기 이전의 또는 이후의 이교도가 아니었으며, 기회가 주어졌을 때 진리를 받아들이기를 의식적으로 거부한 사람들이었다. 그들의 존재는 기독교적 증험의 확실성에 대한 항구적 도전이었다. 오직 유대인의 완고함을 숙고한 악의, 사악한 의도, 그리고 도덕적 타락으로 설명함으로써만 그러한 도전을 퇴치하거나 최소한 덜 위험한 것으로 만들 수 있었다. 우리 주장에서 반유대주의의 가장 두드러진 측면 중 하나로 거듭하여 등장하게 될 한 가지 요인을 추가하자. 유대인은 말하자면 기독교와 시간적·공간적 외연과 경계를 공유하는 존재였다. 이 때문에 그들은 기독교 세계의 다른 어떤 불온하고 동화되지 않은 부분들과도 달랐다. 다른 이단과 달리 그들은 국지적인 골칫거리도 아니었고 명확하게 규정된 시작과 그에 따른 끝이 있으리라고 기대할 수 있는 일회적 사건도 아니었다. 오히려 그들은 어디에나 있고 항상 있는 기독교의 동반자이자 기독교 교회의 사실상의 분신alter ego이었다.

따라서 기독교와 유대인의 공존은 갈등과 적대의 사례가 아니었다. 그것은 분명했지만 동시에 그 이상의 의미도 있었다. 기독교는 유대인 소외의 기초 — 기독교 자체를 이스라엘의 상속자임과 동시에 극복이라고 보는 견해 — 를 보호하고 강화하지 않고서는 자신을 재생산할 수도 없고 기독교의 보편적 지배를 재생산할 수도 없었다. 기독교의 자기정체성은 사실 유대인의 소외였다. 그것은 유대인에 의한 거부에서 탄생했다. 그것은 유대인에 대한 부정에서 지속적인 생명력을 끌어냈다. 기독교는 자신의 존재를 오직 유대인에 대한 끊임없는 반대로서만 이론화할 수 있었다. 유대인의 계속되는 완고함은 기독교의 사명이 아직 완료되지 않았음을 보여주는 증거였다. 유대인이 오류를 인정하고 기독교의 진리에 굴복해 아마도 장차 대규모로 개종하는 것이 기독교의 궁극적인 승리의 모델이 되었다. 또 다시 순전한 분신의 형상으로 기독교는 유대인에게 종말론적 임무를 부여했다. 이는 유대인의 존재감과 중요성을 과장했다. 이는 유대인에게 — 그렇지 않았더라면 그들이 갖기 힘들었을 — **강력하고 불길한 매혹을 부여했다.**

따라서 기독교 세계에, 자신의 땅과 역사에 속한 유대인의 존재는 주변적인 것도 우연적인 것도 아니었다. 그들의 특성은 다른 어떤 소수자 집단의 특성과도 달랐다. 그것은 기독교의 자기정체성의 한 측면이었다. 그리하여 유대인에 관한 기독교 이론은 배제의 관행을 일반화하는 것을 넘어섰다. 그것은 배타적 계급 같은 분리 관행들로부터 도출되는 동시에 그러한 관행의 내용을 제공하는 모호하고 분산된 특이성의 경험을 체계화하려고 시도하는 것을 넘어섰다. 유대인에 관한 기독교 이론은 민중 사이의 교환이나 마찰을 반영하지 않고 다른 논리에 의해 지배되었다. 그것은 교회의 자기재생산과 교회의 보편적 지배에 관한 논리였다. 여기에서 대중의 사회적·경제적·문화적 경험에 관한 '유대인 문제'의 상대적 자율성이 생겨났다. 또한 이 때문에 상대적으로 쉽게 유대인 문제가 일상생활의 맥락으로부터 분리될 수 있었고, 일상적 경험의 시험을 견딜 수 있게 되었다. 기독교도 주인들에게 유대인은 일상적 교류의 구체적 대상이었으며, 동시에 그런 교류와는 무관하게 규정되는 범주의 표본이기도 했다. 유대인들의 후자의 특성은 전자의 특성의 관점에서 보았을 때 불가결한 것도 불가피한 것도 아니었다. 바로 이런 이유 때문에 그것은 상대적으로 쉽게 전자로부터 분리될 수 있었으며, 일상적 관행과 긴밀한 관련이 없는 행위들에 필요한 자원으로 배치될 수 있었다. 유대인에 대한 교회의 이론에서 반유대주의는 '사회에서 유대인의 실제 상황과 거의 무관하게 존재할 수 있는' 형태를 획득했다. "가장 놀라운 일은 반유대주의가 한 번도 유대인을 본 적이 없는 사람들 사이에서, 그리고 수 세기 동안 유대인이 존재하지도 않았던 나라에서 발견되는 것이다."9) 이러한 형태는 교회의 정신적 지배권이 쇠퇴하고 대중의 세계관에 대한 교회의 통제력이 사라진 뒤에도 오랫동안 지속될 수 있음이 입증되었다. **현대라는 시대는 도시와 촌락에 사는 구체적 유대인 남녀들로부터 이미 확실히 분리된 '유대인'이라는 개념을 상속받았다.** 교회의 분신 역할을 성공적으로 수행한 유대인은 사회통합의 새로운 세속적 행위자들과의 관계에서 장차 비슷한 역할을 맡게 되었다.

기독교 교회의 실천에 의해 구성된 '유대인' 개념의 가장 두드러지고 의미심장한 측면은 그것에 내재한 비논리성이었다. 그러한 개념은 서로 어울리지도 않고 조화를 이룰 수도 없는 요소들을 결합시켰다. 그러한 융합이 초래한 순전한 비일관성은 신화적 실체로 하여금 그러한 요소들을 하나의 악마적인 강력한 힘 — 매혹적인 동시에 혐오스러우며 무엇보다도 공포스러운 힘 — 으로 묶어내는 운명에 처하게 했다. 개념적 유대인은 교회의 자기정체성을 확립하기 위한 영구적인 투쟁, 교회의 시간적·공간적 경계를 명확히 하기 위한 영구적인 투쟁이 벌어지는 전장이었다. 개념적 유대인은 의미론적으로 과부하가 걸린 실체였다. 그것은 따로 떨어져 있어야 할 의미들을 한데 포함하고 혼합했으며, 바로 이 때문에 경계선을 긋고 그것을 물샐틈없이 유지하는 데 관심이 있는 어

---

9) Cohn, *Warrant for Genocide*, p. 252.

떤 세력에게도 당연한 적이 되었다. 개념적 유대인은 (사르트르의 용어로) 끈적끈적하고viqueux (더글러스Mary Douglas의 용어로) 미끈거렸다slimy. 이것은 사물의 질서를 훼손하고 그에 도전하는 것으로 해석된 이미지, 그런 도전의 전형이자 구현으로서 해석된 이미지였다(나는 『실천으로서의 문화』, 3장에서 경계선 긋기라는 보편적 문화 활동과 보편적인 끈적거림의 생산 사이의 상호관계에 대해 상세하게 쓴 바 있다). 그런 식으로 해석됨으로써 개념적 유대인은 아주 중요한 기능을 수행했다. 개념적 유대인은 경계선 침범, 양 떼 안에 온전히 남지 않기, 그리고 무조건적 충성과 모호하지 않은 선택이 결여된 행위의 무서운 결과를 가시적으로 보여주었다. 개념적 유대인은 모든 비순응, 이단, 변칙, 탈선의 원형이자 주된 유형이었다. 아주 놀랍고 무시무시한 일탈의 불합리를 증거하는 존재인 개념적 유대인은 교회가 규정하고 이야기하고 실천한 사물의 질서에 대한 대안을 사전에 격하시킨 존재였다. 이런 이유 때문에 개념적 유대인은 그러한 질서의 가장 신뢰할 만한 국경 수비대였다. 개념적 유대인은 다음과 같은 메시지를 전달했다. 즉, **지금 이곳에 있는 이 질서에 대한 대안은 또 다른 질서가 아니라 혼돈과 참화라는 것이다.**

나는 기독교 교회의 자기구성 및 자기재생산의 부산물로서 유대인의 부조화가 발생한 것이 **유럽 안의 악마들** — 콘이 유럽의 마녀 사냥에 관한 기념비적 연구에서 생생하게 묘사한 — 가운데 특히 두드러진 존재로 유대인이 부각된 주된 원인이라고 믿는다. 콘의 발견 가운데 가장 주목할 만한 것(그리고 이 문제에 관한 무수한 다른 연구들에서 풍부하게 확증된 것)은 한편으로 마녀의 위협 및 비합리적 공포 일반의 강도와 다른 한편으로 과학적 지식 및 일상적 합리성의 전반적 수준의 진보 사이에 상관관계가 전혀 없다는 사실이다. 사실 현대적인 과학적 방법의 팽창과 일상생활의 합리화를 향한 강력한 전진이 이루어진 근대 역사 초기는 역사상 가장 난폭하고 사악한 마녀 사냥이 일어났던 시기와 일치했다. 마녀 신화 및 마녀 박해의 비합리성은 이성의 지체와는 아주 느슨한 관련밖에 없었던 것 같다. 반면에 구체제의 붕괴와 근대적 질서의 도래로 인해 야기된 불안 및 긴장의 강도와는 아주 밀접하게 관련되어 있었다. 옛날의 안전장치는 사라진 반면 새로운 안전장치의 출현은 느린 데다가 옛날의 안전장치만큼 견고할 것 같지 않았다. 오래전부터 내려온 구분들은 무시되었고, 안전거리는 줄어들었으며, 낯선 자들이 보호구역을 벗어나 이웃집으로 옮겨왔고, 확고했던 정체성은 지속성과 확신을 상실했다. 옛 경계선의 잔여물을 지키려면 필사적인 방어가 필요했고, 새로운 정체성 주위에는 새로운 경계선을 그어야 했다(더욱이 이번에는 보편적 운동과 가속되는 변화라는 조건 아래에서 그래야만 했다). '끈적거리는 것' ─ 경계선 및 정체성의 명확성과 안전에 대한 전형적인 적 ─ 에 맞서 싸우는 것이 이러한 두 가지 과제의 이행에서 주요한 도구가 되어야 했다. 과제들 자체가 전례 없이 거대한 것이었기 때문에 그러한 투쟁은 전례 없이 사납게 이루어질 수밖에 없었다.

현대의 첨예한 관심사인 경계선 긋기와 경계선 유지에 능동적이든 수동적이든, 직접적이든 간접적이든 관여하는 것이 개념적 유대인의 가장 고유하고 규정적인 특징이었다는 점이 이 연구에서 내가 주장하는 바이다. 나는 개념적 유대인은 서방 세계의 보편적인 '접착제'로서 역사적으로 구성되어 왔다고 생각한다. 여러 단계에서 여러 차원에 걸쳐 서구 사회를 분열시켰던 연속적 갈등들에 의해 세워진 거의 모든 바리케이드에 개념적 유대인은 걸터앉아 있었다. 표면적으로 서로 무관한 전선들에 세워진 그렇게 많은 바리케이드에 개념적 유대인이 양다리를 걸치고 있었다는 바로 그 사실 때문에 개념적 유대인의 끈적거림은 달리 찾을 수 없이 엄청난 강도를 보이게 되었다. 개념적 유대인은 다차원적인 불명확성을 노정했으며, 바로 그러한 다차원성이야말로 추가적인 인지적 부조화 ─ 경계선 갈등이 낳은 다른 모든 (구속되고 고립되고 기능적으로 전문화되었기 때문에 단순한) '점착질의' 범주들에서는 찾아볼 수 없는 — 였다.

바리케이드에 걸터앉아

위에서 논의한 이유들에서 반유대주의 현상은 민족적, 종교적 또는 문화적 적대라는 보다 넓은 범주에 속하는 하나의 사례라고 생각할 수 없다. 또한 반유대주의는 경제적 이익이 상충하는 사례도 아니었다(하지만 제로섬 게임에 갇힌 이익 집단들의 관점에서 파악되는 우리 현대의 경쟁 시대에 반유대주의를 지지하는 주장들은 이러한 경제적 관점을 종종 전개하곤 한다). 반유대주의는 전적으로 반유대주의자들의 자기 규정적이고 자기 단언적인 이해관계에 의해 유지되었다. 반유대주의는 경계선 다툼이 아니라 경계선 긋기의 한 사례였다. 위의 이유들에서 반유대주의는 지역적이고 우연한 요인들의 집적에 의해 설명될 수 없다. 각종의 서로 무관한 수많은 관심사와 추구하는 바들에 기여하는 반유대주의의 놀라운 역량은 바로 반유대주의의 고유한 보편성, 초시간성, 초공간성에 뿌리를 두고 있다. **반유대주의는 많은 지역적 쟁점들에 아주 잘 들어맞는다. 왜냐하면 그것은 어떤 지역적 쟁점과도 인과관계가 없기 때문이다.** 상이하고 종종 상호 모순되지만 항상 뜨거운 논란이 되는 쟁점들에 개념적 유대인을 끼워 맞추면서 지속적으로 개념적 유대인의 내재적 불일치가 악화되었다. 그러나 그렇게 함으로써 개념적 유대인은 더욱더 하나의 설명으로서 적합하고 설득력 있게 되었으며, 말하자면 악마적 능력을 증대했다. 1882년 핀스커Leo Pinsker가 유대인들에 관해 썼던 내용은 서구 세계의 다른 어떤 사회적 범주에도 적용될 수 없다. "살아있는 사람들에게 유대인은 죽은 사람이다. 토착민들에게 유대인은 이방인이며 부랑자다. 가난하고 착취당하는 사람들에게는 백만장자이고, 애국자들에게는 나라 없는 자이다."10) 또는 1946년에 거의 변하지 않은 형태로 개고한 내용도 마찬가지다. "유대인은 분노하거나 두려워하거나 경멸해야 할 모든 것의 구현이라고 할 수 있다. 유대인은 볼셰비즘의 전파자였으며 동시에 흥미롭게도 타락한 서구 민주주의의 자유주의 정신에 찬동했다. 경제적으로 유대인은 자본가인 동시에 사회주의자였다. 유대인은 나태한 평화주의자로 비난받았지만 이상한 우연으로 항상 전쟁 선동가이기도 했다."11) 또는 루빈스틴이 최근에 유대인의 끈적거림의 무수한 차원 중 하나에 대해 쓴 것조차도 별로 다르지 않다. 유대인 대중을 겨냥한 반유대주의가 "유대인 엘리트를 겨냥한 반유대주의 유형들과 결합함으로써 유럽의 반유대주의는 특유의 유독성을 띠게 되었는지도 모른다. 다른 집단들은 엘리트로서 아니면 대중으로서 분노를 샀다. 아마도 유대인만이 동시에 양자 모두로서 분노를 샀을 것이다."12)

10) Walter Laqueur, *A History of Zionism*(New York, 1972), p. 188에서 인용함.
11) Max Weinreich, *Hitler's Professors: The Part of Scholarship in Germany's Crimes against the Jewish People*(New York Yiddish Scientific Institute, 1946), p. 28.
12) W. D. Rubinstein, *The Left, the Right, and the Jews*(London: Croom Helm, 1982), pp. 78~79. 나는 이런 관찰을 다른 말로 표현해보고자 한다 — 즉 상이한 반유대주의들이 융합하면서 특별한 폭력이 발생한 것이 아니라 바로 전망들의 융합에서 반유대주의라는 현상이 발생했다.
제2차세계대전 때까지 지속된 유대인의 모순된 사회적 위치는 이제 서방의 풍요로운 국가들의 사실상 전부에서 신속하게 사라지고 있다는 점이 강조되어야 한다. 그 결과는 아직까지는 가늠하거나 계산하기 어렵지만 말이다. 루빈스틴은 유대인이 사회적 사다리의 중상층으로 대거 이동했다는 설득력 있는 통계적 증거를 제시한다. 정치적 제약의 제거와 더불어 이룬 경제적 성공은 유대인의 정치적 견해에도 다음과 같이 반영된다. "유대인은 이제 전체적으로 보수적이다"(p. 118), "신보수주의자들이 모두 유대인은 아니지만 지도자들은 대부분 유대인이다"(p. 124), 한때 자유주의-진보주의 성향을 띠었던 『코멘타리*Commentary*』지가 미국 우익의 전투적 기관지로 바뀌고, 유대인 주류와 근본주의 우익의 로맨스가 점점 더 뜨거워지고 있다. 유대인과 사회주의 간의 '아름다운 우정의 종말'을 주제로 한 최근의 한 심포지엄(*The Jewish Quarterly*, no. 2〔1988〕을 참조하라)에서 필립스Melanie Phillips는 다음과 같이 털어놓았다. "나는 사회주의자 친구들과 지인들에게 '나는 인종적 소수자'라고 말하고 그들이 히스테리를 일으켜 데굴데굴 구르는 것을 보는 것을 즐긴다. 내가 어떻게 인종적 소수자일 수 있는가? 나는 힘이 있다. 그리고 사회주의자들 사이에는 유대인이 권좌에 있다는 인식이 퍼져 있다. 그들은 정부 안에 있지 않은가? 그들은 이런저런 영향력을

프리즘적 집단

루블린 대학교의 주크는 최근 유대인을 '유동적 계급mobile class'으로 생각할 수 있으리라고 제안했다. 왜냐하면 "그들은 통상 상층의 사회 집단이 하층 계급에 대해 보이는 감정을 보유하는 주체인 동시에 역으로 하층이 상층 집단에 대해 보이는 감정을 보유하는 주체이기 때문이다."13) 주크는 18세기 폴란드에서 나타난 이런 인지적 전망들의 충돌을 아주 상세히 검토한다. 그녀는 그것을 반유대주의를 설명하는 데 매우 중요한 보다 일반적인 사회학적 현상의 한 예로 취급한다. 19세기에 분할되기 이전에 폴란드 유대인들은 대부분 귀족과 향신gentry의 하인이었다. 그들은 소작료 징수나 농민들의 생산물 처분을 관리하는 등 토지 귀족들의 정치적·경제적 지배에 요구되는 모든 종류의 대단히 인기 없는 공

행사하고 있으며, 산업을 운영하고 있으며, 지주 노릇을 하고 있다." 한편 프리드먼George Friedman은 아래와 같은 수사학적인 질문을 던지고 있다. "정부 안의 유대인들은 다소 인기 없는 정책들과 관련되어 있다. 지금의 거품이 마침내 꺼질 때 …… 그때 어떤 일이 일어나겠는가? 그때가 되면 유대인 공동체는 어떤 입장을 취할 것이며 우리는 그러한 붕괴와 관련해 그리고 이 나라의 노동자계급의 좌절과 관련해 어떤 입장을 취할 것인가?"
"흥미롭게도 나치 집권 직전의 독일 유대인의 사회적 위치는 오늘날 서유럽, 특히 미국에서 전형적으로 나타나는 현대의 유형과 매우 흡사했다. 당시 독일 유대인의 3/4은 무역, 상업, 금융 그리고 전문직(특히 의사와 법률가)에 종사하고 있었다(이에 비해 비유대인의 경우 1/4에 불과했다). 유대인을 특히 눈에 띄게 한 것은 출판업, 문화계 및 언론을 지배하고 있던 것이다"유대인 언론인들은 자유주의 및 좌익 언론의 거의 전 스펙트럼에 걸쳐 가장 두드러졌다" — Donald L. Niewyk, *The Jews in Weimar Germany*([Manchester: Manchester University Press, 1980], p. 15). 계급적 소속 때문에 독일 유대인들은 나머지 중간 계급을 따라 정치적 스펙트럼의 보수적 부분을 지지하는 경향이 있었다. 이런 경향에도 불구하고 유대인이 자유주의적 강령과 정당에 대해 평균 이상의 애착을 유지했다면 그것은 주로 독일 우익이 노골적으로 반유대주의적이고, 따라서 유대인들의 거듭되는 진출을 단호하게 거부했기 때문이다.
13) Anna Żuk, "A mobile class. The subjective element in the social perception of Jews: the example of eighteenth century Poland", in *Polin*, vol. 2(Oxford: Basil Blackwell, 1987), pp. 163~178.

무를 수행했고, 그럼으로써 지주들을 위한 '마름'으로서 사회심리적 방패 역할을 했다. 유대인은 다른 어떤 범주보다 그러한 역할에 적합했다. 왜냐하면 유대인들은 자신들의 중요한 역할이 제공할 수도 있는 사회적 출세를 바라지 않았고 바랄 수도 없었기 때문이다. 주인들과 사회적·정치적으로 경쟁할 수 없었기 때문에 대신 순전히 금전적 보상에만 만족했다. 그리하여 그들은 주인들보다 사회적·정치적으로 열등한 위치에 놓였을 뿐만 아니라 그렇게 남아 있지 않을 수 없었다. 귀족들은 그들을 하층 계급에 속한 다른 모든 하인 대하듯이 대할 수 있었고 또 그렇게 했다. 즉, 사회적 경멸과 문화적 혐오를 갖고 대했다. 귀족들이 지니고 있던 유대인에 대한 이미지는 사회적 열등자들에 대한 일반적인 전형적 이미지와 다르지 않았다. 향신들은 농민이나 도시 소시민들과 마찬가지로 유대인도 교양 없고 더럽고 무지하고 탐욕스러운 부류로 보았다. 다른 평민들과 마찬가지로 그들과도 거리를 두었다. 그들의 경제적 역할 때문에 어느 정도 접촉은 불가피했지만 사회적 분리의 규칙은 더욱더 엄밀하게 준수되었고 더욱더 명시적이고 정밀하게 표현되었다. 그리고 모호함이 없어서 아무 문제 없이 영속화될 수 있는 다른 계급 관계들보다 전체적으로 더 많은 주의가 기울여졌다.

그러나 농민과 도시민들에게 유대인은 전혀 다른 이미지였다. 유대인은 토지 지배자들과 일차 생산자의 착취자들에게 경제적 서비스를 제공했을 뿐만 아니라 그들을 보호하는 역할도 했다. 즉 귀족과 향신을 대중의 분노로부터 격리시켰다. 대중의 불만은 진짜 표적에 닿는 대신 마름에게 멈추어서 그들에게 방출되었다. 하층 계급에게는 유대인이 적이었다. 유대인은 그들이 직접 대면한 유일한 착취자였다. 하층 계급이 직접 경험한 것은 오직 유대인의 냉혹함뿐이었다. 그들이 아는 한 유대인은 지배 계급이었다. 당연히 "그들을 공격한 사람들과 똑같이 사회 하층의 특권 없는 지위에 있었던 유대인이 상층 계급을 향한 공격 대상이 되었다." 유대인은 "하층의 피억압 계급의 공격의 초점이 된 아주 잘 보이는 고리 역할을 하는 매개자의 위치"에 던져졌다.

유대인은 양쪽에서 계급투쟁에 휘말린 것처럼 보인다. 이것은 결코 유대인의 특수성과 관련된 것이 아니며, 그것만으로는 유대인 혐오증의 독특한 양상들을 설명하기에 불충분하다. 계급 전쟁에서 유대인의 위치가 진짜 특별하게 된 것은 그들이 **두 개의 상호 대립되고 모순되는 계급 적대의 대상이 되었기 때문**이다. 상호 계급 전쟁에 휘말린 적대 세력들 각각은 유대인 마름들이 바리케이드 반대편에 앉아있는 것으로 생각했다. 프리즘의 은유, 그리고 그에 따른 프리즘적 범주라는 개념이 '유동적 계급'이라는 개념보다 이 상황을 더 잘 묘사하는 듯하다. 어느 쪽에서 유대인을 바라보는가에 따라서 그들은 ― 모든 프리즘이 그렇듯이 ― 뜻하지 않게 전혀 다른 광경을 굴절해서 보여주었다. 하나는 조야하고 세련되지 않고 잔인한 하층 계급의 모습이었고, 다른 하나는 무자비하고 거만한 사회적 우월 자의 모습이었다.

주크의 연구는 폴란드가 현대화의 문턱에 서 있는 시기에 한정되어 있다. 따라서 그녀가 탁월하게 포착한 시각의 이중성이 초래한 결과의 전모는 드러나지 않았다. 현대 이전의 시기에 신분 간 교류는 거의 없었다. 따라서 두 가지 관점 및 그것들이 만들어낸 두 가지 전형이 수렴해 궁극적으로 현대의 반유대주의에 전형적으로 보이는 부조화한 혼합물로 융합될 기회는 거의 없었다. 계급 간 교류의 부족 때문에 각각의 적대 세력은 유대인에 맞서서 이른바 자기 나름의 '사적인 전쟁'을 벌였으며, 이는 ― 특히 하층 계급의 경우에 ― 교회에 의해 갈등의 진짜 원인과 큰 관련이 없는 정교한 이데올로기에 결부될 수 있었다(은자 피에르Peter the Hermet가 라인란트의 소읍들에서 학살을 일으킨 기간에도 그러했을 뿐만 아니라 지방의 대공과 백작과 주교들은 유대인에게 향해져 해소되어야 했을 불만들과는 전혀 무관한 혐의들에 맞서 '그들의 유대인'을 옹호하려고 했다).

　현대(성)가 도래하면서 비로소 확연히 이질적인 (즉, 체계적인 분리 관행에 의해 이미 소외된) 유대인 '카스트'의 논리적으로 일관되지 않은 각종 면모가 한데 모여 부딪혀 마침내 섞여들게 되었다. 현대(성)는 무엇보다도 이념이 새로운 역할을 하게 되었음을 의미했다. 왜냐하면 국가는 기능적 효율성을 이데올로기적 동원에 의존하게 되었고, 현대(성)는 (문화 십자군 활동에서 가장 극적으로 표출된) 획일성을 향한 뚜렷한 경향을 띠고 있었고, 현대(성)의 '문명화' 사명과 날 선 개종 요구14)가 존재했다. 그리고 이전에는 주변적이었던 계급 및 지역들을 정치 체제의 사상 생산의 중심과 정신적으로 밀접하게 접촉하게 하려는 시도가 등장했기 때문이다. 이런 새로운 변화의 전반적인 결과는 계급 간 소통의 범위와 강도의 급격한 증가였다. 계급 지배는 그것의 전통적 면모를 넘어서 정치적 충성을 위한 문화적 이상과 신조들의 공급과 보급이라는 형태뿐만 아니라 정신적 지도 형태를 띠었다. 그 결과 이전에는 분리되어 있던 유대인의 이미지들이 서로 만나서 대결하게 되었다. 이전에는 주목되지 않았던 불일치가 이제는 하나의 문제, 하나의 도전이 되었다. 빠르게 현대화되어가는 사회의 다른 모든 것이 그렇듯이 이 문제는 '합리화되어야만' 했다. 전승된 이미지를 전혀 부조화한 것으로 전적으로 거부하든가 아니면 바로 그러한 부조화에 대해 납득할 만한 새로운 근거를 제공하는 합리적 주장을 제기함으로써 모순을 해결해야만 했다.

　사실 두 전략은 모두 근대 초기 유럽에서 시도되었다. 한편으로, 유대인 지위의 노골적인 비합리성은 봉건 질서의 전반적인 부조리의 또 다른 사례이자 이성의 전진을 가로막는 미신들 가운데 하나로 제시되었다. 유대인들의 현저한 개성과 특이성은 앙시앵 레짐이 관용했던, 그리고

---

14) Zygmunt Bauman, *Legislators and Interpreters*(Cambridge: Polity Press, 1987)를 참조.

새로운 질서가 분쇄하려고 했던 수많은 지방주의와 전혀 다르지 않은 것으로 간주되었다. 다른 많은 지역적 특성과 마찬가지로 이것은 주로 문화적 문제로 파악되었다. 즉, 공들인 교육적 노력으로 뿌리 뽑을 수 있고 또 그럴 수밖에 없는 특성으로 파악되었다. 일단 새로이 형성된 법적 평등이 유대인에게까지 확장되면 그들의 특이성은 빠르게 소멸할 것이고, 그렇게 되면 유대인들 — 즉, 자유로운 개인으로서 그리고 시민권의 담지자로서의 유대인 — 은 이제 문화적·법적으로 균질화된 사회 속으로 재빨리 용해될 것이라는 예언들이 넘쳐났다.

그러나 다른 한편으로, 현대(성)의 발흥은 정확히 정반대 방향의 과정들을 수반했다. 이미 깊숙이 자리 잡은 부조화 — 그것의 담지자를 투명하고 질서정연한 현실 속에서 '끈적끈적한viscous' 요소, 의미론적으로 불안하고 전복적인 요소로서 낙인찍었던 — 는 새로운 상황에 적응하고 있었고, 새로운 부조화들을 공격함으로써 자신을 확대하는 경향을 보였다. 그것은 새로운 현대적 차원을 획득했으며, 이러한 신구 부조화 사이의 상호 연관의 결여는 그 자체가 부조화, 일종의 메타 부조화가 되었다. 종교적·계급적 차원에서 이미 '끈적끈적한 존재로 파악된 유대인은 현대화 혁명의 사회적 격변이 야기할 수밖에 없는 새로운 긴장과 모순의 충격에 다른 어떤 집단보다도 더 취약했다. 대부분의 사회 구성원들에게 현대(성)의 등장은 질서와 안정의 파괴를 의미했다. 그리고 다시 한번 유대인은 그러한 파괴 과정의 중심에 가까이 서 있는 것으로 인식되었다. 유대인 자신의 급속하고 이해하기 어려운 사회적 진출과 변모는 친숙하고 관습적이며 안전한 모든 것에 대해 현대(성)의 진전이 초래한 대대적인 파괴의 전형으로 보였다.

여러 세기에 걸쳐 유대인은 자의 반 타의 반으로 형성된 울타리 안에 안전하게 고립되어 있었다. 그러나 이제 그들은 고립에서 벗어났고, 재산을 사들이고 과거에는 기독교도들만 살던 구역에서 집을 빌리게 되었으며, 일상생활의 일부가 되었고 의례화된 대화에만 한정되지 않은 각종 담론의 참여자가 되었다. 과거에는 유대인을 한눈에 구별할 수 있었다. 그들은 소매에 분리의 징표 — 상징적으로 그리고 말 그대로 — 를 착용하고 있었다. 이제 그들은 다른 사람들과 똑같은 옷 — 신분이 아니라 사회적 위치에 따른 — 을 입게 되었다. 과거에 유대인은 천민 계급이었고, 기독교도 중에서 최하층이라도 그들을 하대하는 것은 마땅한 일이었다. 이제 그러한 천민 계급의 일부는 — 지적 능력이나 경제력을 통해 — 사회적 영향력과 위세를 누리는 지위로 이동했다. 지적 능력이나 경제력은 이제 전적으로 지위를 결정하는 힘이 되었고, 표면상으로는 신분이나 혈통상의 고려에 의해 제약되거나 제한되지 않게 되었다. 실로 유대인의 운명은 엄청난 규모의 사회적 변화를 집약적으로 보여주었고, 과거의 확실성의 침식을 지나칠 정도로 생생하게 확인해주었다. 다시 말해서 한때 견고하고 영속적인 것이라 생각되었던 모든 것이 용해되고 증발되는 것을 확인해주었다. 균형을 잃거나 위협을 당하거나 자기 자리를 잃었다고 느낀 사람은 누구든지 자신이 경험한 고난을 유대인의 전복적인 부조화의 흔적이라고 말함으로써 손쉽게 — 그리고 합리적으로 — 자신의 불안을 이해할 수 있었다.

그래서 유대인은 역사상 가장 사나운 갈등 — 현대 이전의 세계와 다가오는 현대(성) 사이의 갈등 — 에 휩싸였다. 그러한 갈등이 처음 표출된 것은 그들로서는 혼돈이라고 생각할 수밖에 없는 새로운 사회질서에 의해 곧 뿌리 뽑히고 기득권을 빼앗기고 안정된 사회적 지위에서 쫓겨날 처지에 놓인 앙시앵 레짐의 계급과 계층들의 공공연한 저항에서였다. 현대(성)에 반대하는 최초의 반란이 패배하고 현대(성)의 승리에 더 이상 의문의 여지가 없게 되자 그러한 갈등은 지하로 숨어들었다. 그리고 그러한 잠복 상태에 놓인 갈등은 공허함에 대한 극심한 공포, 확실성에 대한 결코 충족되지 않는 열망, 편집증적인 음모 신화, 그리고 영구히 종잡을 수 없는 정체성에 대한 필사적 추구를 통해서 자신의 존재를 알리게 되었다. 결국 현대(성)는 적에게 정교한 무기를 공급했으나 그것은 오직 적의 패배로 인해 등장한 것이었다. 현대(성)에 반대하는 공포증이 오직 현대(성)에 의해서만 개발될 수 있는 경로 및 형태들을 통해서 해소될 수 있게 되었다는 점은 역사의 아이러니이다. 유럽 내부의 악마들은 기술의 정교한 산물들, 과학적 경영, 그리고 중앙집권화된 국가 권력 — 이 모든 것은 현대(성)의 최상의 성취물들이다 — 을 통해서 정화될 수 있었다.

유대인의 부조화는 이러한 민감한 부조화가 역사에서 행하는 일을 측정하는 역할을 맡게 되었다. 유대인은 엑소시즘exorcism이 공식적으로 불허되고 강제로 지하로 들어간 때 눈에 보이는 내부의 악마들의 화신으로 남았다. 현대사 내내 유대인은 현대(성)가 소멸을 선언한 긴장과 불안들의 주된 담지자였으며, 그러한 긴장과 불안을 유례없는 수준으로 끌어올리고 그것에 가공할 표현의 도구를 제공했다.

부조화의 현대적 차원

부유하지만 경멸스러운 유대인은 초기의 현대(성)에 반대하는 에너지의 분출 방향을 전환시킬 수 있는 자연스러운 피뢰침이 되어주었다. 그들은 돈의 가공할 힘이 사회적 경멸, 도덕적 비난, 그리고 미학적 혐오와 만나는 지점을 제공했다. 이것이야말로 현대(성) — 특히 그것의 자본주의적 형태 — 에 대한 적대감이 필요로 했던 닻이었다. 자본주의가 유대인과 연관될 수만 있다면 그것은 낯설고 부자연스럽고 해롭고 위험스러우며 윤리적으로 불쾌한 것으로서 경멸 대상이 될 수 있었다. 그러한 연관성은 손쉽게 설정되었다. 금권은 최소한으로 한정되었고, 유대인이 게토에 남아 있는 한 (고리대금이라는 경멸스러운 이름으로) 공식적인 비난을 겪어야 했다. 이제 금권은 삶의 중심으로 들어왔고, 유대인들이 도심의 거리에 나타나면서 (자본이라는 고귀한 이름으로) 권위와 사회적 존경을 요구했다.

현대(성)가 유럽 유대인의 상황에 미친 최초의 영향은 그들이 **현대(성)에 반대하는 저항의 으뜸가는 표적**으로 선정되었다는 것이다. 최초의 현대적 반유대주의자는 푸리에, 프루동, 투스넬Toussenel 같은 반현대(성)의 대변인들이었다. 이들에게 공통된 것은 금권, 자본주의, 기술 그리고 산업 체계에 대한 사무친 적대감이었다. 초기 산업사회의 가장 독살스러운 반유대주의는 전前자본주의적 판본의 반反자본주의와 연관되어 있었다. 그것은 자본주의적 질서의 진전에 대한 저항으로서 그러한 흐름을 저지하고 발전을 멈추게 하며 실재의 또는 상상의 '자연' 질서 — 새로운 금권 호족들이 해체하려고 하는 — 를 회복하기를 희망하는 것이었다. 위에서 간략히 서술한 이유들로 인해 금권과 유대인은 뒤섞였다. 양자 사이의 인과관계가 양자 사이의 은유적 상응 — 양자의 이른바 '정신적 근친성' 또는 베버의 유명한 용어를 사용하면 양자의 **선택적 친화성** — 에 의해 암시되고 각종의 실질적 목적을 위해 확증되었다. 장인들의 노동 윤리와 소중한 독립성에 암운을 드리운 자본주의는 만약 그것이 낯설고 평판이 좋지 않은 힘과 동일시된다면 그에 대해 저항하기가 훨씬 더 쉬워질 수 있었다. 푸리에와 투스넬에게 유대인은 그들이 자본주의의 전진과 거대 도시의 팽창에서 증오하는 모든 것을 상징했다. 유대인에게 뿌려진 독액은 새롭게 출현한 두렵고 혐오스러운 사회질서를 향해 흘러가도록 의도된 것이었다. 프루동에 따르면 유대인은 "기질적으로 반反생산자이다. 그들은 농부도 아니고 심지어 진정한 상인도 아니다."15)

정의상 반현대주의 판본의 반유대주의는 신질서의 진전을 멈추고 그것을 실낙원의 가면을 쓴 소부르주아적 유토피아로 대체할 수 있다는 희망이 실현 가능하고 현실적인 것처럼 보이는 한 합리성과 대중적 호소력의 외양을 유지할 수 있었다. 사실 그런 형태의 반유대주의는 역사의 궤적을 바꿔보려는 최후의 집단적 시도가 실패한 19세기 중반경에는 거의 소멸했고, 신질서의 승리는 아무리 내키지 않더라도 확정적이고 돌이킬 수 없는 것으로 받아들여져야 했다. 초기의 반현대적이고 소부르주아적 형태의 반자본주의적 저항에서 수립된 금권과 유대인의 기질 또는 정신 간의 연관은 후기 형태들 속으로 흡수되고 창조적으로 개조되어야 할 운명에 처했다. 때로는 숨겨지고 가끔 돌출하기도 한 그러한 연관성은 결코 반자본주의 저항의 주류에게서 멀리 떨어져 나가지 않았다. 그것은 유럽 사회주의의 역사에서 두드러진 역할을 수행했다.

반자본주의적 반유대주의를 퇴영적인 것에서 전향적인 것으로 바꾼 것은 과학적 사회주의 — 즉, 자본주의적 발전을 저지하기보다는 그것을 극복하고 넘어설 것을 목표로 삼았고, 자본주의적 전환의 불가피성을 인정하고 그것의 진보성을 받아들였으며, 자본주의적 진보가 보편적 인류의 진보를 가져온 바로 그 지점에서 보다 나은 새로운 사회의 건설을 시작할 것을 약속한 사회주의 — 의 아버지인 마르크스였다. 그렇게 함으로써 그는 자본주의가 치유되거나 정화될 수 있는 일시적 질병이라는 마지막 환상이 부서지고 거부되는 시기에 그러한 반유대주의를 반자본주의 저항을 위해 잠재적으로 사용 가능한 것으로 만들었다. 마르크스는 '유대주의 정신'과 자본주의 정신 사이의 선택적 친화성을 받아들였다. 양자는 모두 사익 추구, 끈질긴 흥정, 돈벌이를 장려하는 것을 특징으로 했다. 만약 인류가 더 안전하고 온전한 기초 위에서 공존하려면 양자는 없어져야만 한다. 자본주의와 유대주의는 공동 운명체였다. 그것

---

15) George L. Mosse, *Toward the Final Solution: A History of European Racism*(London: J. M. Dent & Son, 1978), p. 154에서 인용.

들은 함께 승리했고, 따라서 함께 멸망할 것이다. 하나가 다른 하나보다 더 오래 남아 있을 수는 없다. 하나가 사라지기 위해서는 다른 하나가 파괴되어야 한다. 자본주의로부터의 해방은 유대주의로부터의 해방을 의미할 것이며, 그 역도 마찬가지다.

유대주의를 돈과 권력, 그리고 특히 사람들이 분개하고 비난하는 자본주의의 죄악들과 혼동하는 것은 종종 수면 바로 아래에 숨은 채 유럽 사회주의 운동의 풍토병으로 남아 있게 된다. 반유대주의적 풍자는 대륙 최대의 사회민주주의들 — 독일과 오스트리아-헝가리 — 에서 자주 등장했다. 1874년 독일 사회민주주의 지도자 베벨August Bebel은 악의에 찬 뒤러Karl Eugen Dührer의 반유대주의적 설교에 대해 칭찬을 아끼지 않았다. 그러한 행위는 엥겔스로 하여금 2년 후에 자칭 독일 사회주의의 예언자에 관한 책 한 권 분량의 응답을 써내게 했다. 그러나 그가 그렇게 한 것은 유대인을 옹호하기 위해서가 아니라 성장하는 노동운동의 이념적 권위자로서의 마르크스의 위치를 보전하기 위해서였다. 그러나 여러 경우에 반유대주의 감정들을 그것들의 의도된 역할 — 반자본주의적 입장으로부터 도출되는 불가피하지만 중요하지 않은 부수물의 역할 — 에 묶어두려는 노력은 도움이 되지 않았으며, 우선순위는 역전되었다. 즉, 자본주의는 유대인의 위협의 한 파생물로 격하되었다. 그리하여 반자본주의 전쟁의 불굴의 프랑스인 순교자인 블랑키August Blanqui의 추종자들은 대부분 가장 가까운 친구인 그랑제Ernest Granger의 인도에 따라 파리 코뮌의 바리케이드로부터 곧장 이제 막 싹트기 시작한 민족주의적 사회주의 운동의 대열에 참가했다. 나치 운동이 출현하고 나서야 비로소 자본주의에 대한 대중적 저항이 갈라지고 양극화되었으며, 사회주의 분파는 파시즘의 고조에 맞서는 노력에서 필수적인 요소로서 반유대주의에 맞서는 비타협적 투쟁을 채택했다.

서구에서 새로운 산업 질서에 대한 가장 완고한 저항이 대부분 도시와 농촌의 소규모 소유자들에게서 나왔다면 동구에서는 광범위한 반자본주의적·반도시적·반자유주의적 전선이 표준적인 반응이었다. 토지 귀족의 사회적 영향력과 정치적 지배가 여전히 온존하고 있어 도시의 직업들은 위세의 척도에서 가장 낮은 쪽에 머물러 있었으며 혐오와 경멸 섞인 대접을 받았다. 혼인이나 영농을 제외한 모든 치부 수단은 진정한 귀족에게 적합하지 않은 것으로 간주되었다. 심지어 농업조차도 다른 경제 활동과 더불어 전통적으로 고용된 하인들에게 맡겨지거나 열등한 지위와 개인적 자질을 지녔다고 생각되는 사람들에게 위탁되었다. 토착 엘리트가 현대화의 도전에 무관심하거나 적대적인 상황에서 유대인 — 문화적으로 이질적이라고 인정된 — 은 고상한 가치들의 강력한 장악력으로부터 자유로운 소수 집단 중 하나였으며, 따라서 서구의 산업·금융·기술 혁명으로 열린 기회들을 잡을 준비가 되어 있었다. 그러나 그들의 시도는 귀족 주도의 무조건적인 적대감으로 점철된 여론에 부닥쳤다. 19세기 폴란드의 공업화 — 나머지 동유럽 지역에서도 유사하게 등장한 과정 — 에 대한 철저한 연구를 통해 마커스는 공업의 도래가 귀족 중심의 토착 엘리트에게 민족적 재난으로 받아들여졌다는 결론을 내렸다.

유대인 기업가들이 철도를 건설하는 시기에 저명한 폴란드 경제학자 수핀스키J. Supiński는 "철도는 엄청난 자원이 침몰하는 심연이다. 그것은 단지 제방과 그 위의 철로만 남겨놓을 뿐"이라고 불평했다. 유대인들이 공장을 세우자 지주들은 그들이 노동력이 부족한 농업을 파괴한다고 비난했다. 공장이 움직이기 시작하자 주인들은 폴란드 문단이나 사회 엘리트들로부터 미움을 받았을 뿐만 아니라 시골 생활의 기쁨과 보헤미안의 자유와 즐거움을 떠나 인간을 노예화하고 파괴하는 공장 주변의 음울한 환경을 택했다고 동정을 받기도 했다.

대체로 그런 태도를 공유한 사회, 물질적 복지를 중요하지 않은 것으로 보고 돈벌이를 경멸하는 사회는 자본주의적 산업화 시대에 필요한 기업가적 자질들을 산출할 수 없었음이 분명하다. 또한 폴란드에서 공업의 진보를 촉진한 유일한 집단이 토착 유대인과 외국인 정착자들이었던 것도 놀라운 일이 아니다.

유대인 부르주아지는 또한 서구 자유주의 사상의 주된 전파자였다. 귀족 정치적이고 가톨릭-보수주의적인 폴란드 여론은 그러한 사상을, 그리고 '서구 유물론' 일반을 폴란드 전통과 '민족정신'에 대한 위협으로 간주했다.16)

깜짝 놀란 귀족들이 보기에 유대인 부르주아지로 변모하고 있던 토착 유대인들은 여러 측면에서 기존의 엘리트를 위협했다. 그들은 금융과 공업에 기반한 ─ 토지 소유와 세습적 토지 귀족 제도에 기초한 전통적 권력에 맞서는 ─ 새로운 사회 권력이 수행하는 경쟁의 상징이 되었다. 또한 그들은 위신의 크기와 영향력의 크기 사이의 한때 밀접했던 공조가 해체되는 상황을 전형적으로 보여주었다. 그리하여 가장 존경받지 못하던 하인 집단이 버려진 가치들의 고물 더미에서 주워온 사다리를 기어오르면서 권력자의 지위에 도달했다. 국민적 지도력을 유지하기를 열망한 귀족들에게 공업화는 ─ 이루어지고 있는 일 때문에 그리고 그것을 이루고 있는 주체 때문에 ─ 이중의 위협이었다. 유대인의 경제적 주도권은 기존의 사회 지배에 대한 위험일 뿐만 아니라 전체 사회질서에 대한 타격 ─ 그러한 지배가 유지했고 또 그것에 의해 유지되었던 ─ 이었다. 따라서 유대인 자신을 새로운 혼란 및 불안정과 동일시하는 것은 용이한 일이었다. 유대인은 불길하고 파괴적인 힘으로, 혼돈과 무

---

16) Joseph Marcus, *Social and Political History of the Jews in Poland 1919~1939*(Berlin: Mouton, 1983), pp. 97~98.

질서의 원인으로 인식되었다. 따로 떨어져 있어야 할 것들 사이의 경계를 흐리고, 모든 위계적 사다리를 미끄럽게 만들고, 모든 단단한 것들을 녹이고, 신성한 모든 것을 더럽히는 끈적끈적한 물질로 인식되는 것이 상례였다.

사실 유대인의 동화 노력이 소속 사회들의 흡수력 한계에 접근하자 유대인 교육 엘리트들은 훨씬 더 강하게 사회비판 쪽으로 기울었고, 그리하여 많은 토착 보수주의자들로부터 천성적으로 안정을 해치는 세력으로 간주되었다. 바이얼의 통찰력 있는 요약에 따르면, 20세기에 가까워지면서 "유대인 자유주의자, 민족주의자, 혁명가들은 다른 모든 것에 대해 의견을 달리하면서도 당대의 유럽 사회들이 유대인에게 호의적이지 않다는 데는 모두 동의했다. 오직 어떻게든 사회를 변화시키거나 사회에 대한 유대인의 관계를 변화시키는 것에 의해서만 유럽의 유대인 문제는 해결될 수 있었다. …… '정상성'은 이제 사회적 실험들, 결코 존재한 적이 없던 유토피아적 이상들을 의미하게 되었다."17)

계몽주의와 자유주의적 유산의 결합은 유대인의 '끈적거림'에 또 다른 차원을 추가했다. 다른 어떤 집단들과도 달리 유대인은 자유주의가 촉진한 시민권에 대해 깊은 이해관계를 맺고 있었다. 아렌트의 유명한 구절에 따르면 "다른 모든 집단과 달리 유대인은 정치체body politic에 의해 규정되었고 유대인의 지위도 정치체에 의해 결정되었다. 그러나 이 정치체는 다른 사회적 실재를 지니고 있지 않았기 때문에 유대인은 사회적으로 말하면 허공 속에 있었다."18) 이 말은 유럽의 현대 이전 역사를 통해 유대인들에게 진실이었다. 유대인은 '왕의 유대인Königjuden', 즉 봉건질서의 단계 또는 종류에 따라 왕이나 대공이나 군벌의 재산이자

---

17) David Biale, *Power and Powerlessness in Jewish History*(New York: Schocken), 1986, p. 132.
18) Hannah Arendt, *Origins of Totalitarianism*(London: Allen & Unwin), 1962, p. 14.

피보호자였다. 그들의 지위는 정치적으로 결정되었고 정치적으로 유지되었다. 같은 이유로 그들은 집단적으로 사회적 책임으로부터 면제되었다. 그들은 사회구조 바깥에 남아 있었으며, 현실적으로 이것은 유대인의 존재를 규정하는 데 계급 친화성이나 계급 갈등이 무관하거나 거의 무관함을 의미했다. 유대인은 국가가 사회 속으로 연장된 존재였으며, 따라서 유대인은 사회적 의미에서 본래부터 치외법권이었다. 그 때문에 그들은 사회와 그 정치적 지배자들 간의 종종 팽팽하고 갈등을 초래하는 상호 교류에서 양자 모두를 위한 완충물 역할을 할 수밖에 없었다. 그리하여 일단 갈등이 비등점에 접근하면 항상 최초의 그리고 가장 호된 타격을 받았다. 유대인들이 의지할 수 있는 보호막은 무엇이 되었든 국가에 의해 주어질 수밖에 없었지만 바로 그러한 사실 때문에 그들은 오로지 정치 지도자들의 자비심에 전적으로 의존하게 되었고 왕의 악의나 탐욕에 직면했을 때 무력함을 보이게 되었다. 그들의 위치 — 국가와 사회 사이의 빈 공간에 있는 — 가 노정한 부조화는 현대(성)의 도래와 더불어 초래된 사회적·정치적 탈구dislocations에 대한 똑같이 부조화스러운 반응에 충실히 반영되었다. 정치 지도자들에 대한 오랜 종속을 깨기 위해서는 비정치적인 사회적 기반의 획득, 따라서 정치적 자율성의 획득이 필요했다. 자유주의는 자유로운 개인들의 자기구성 및 자기주장을 강조함으로써 바로 그것을 약속했다. 그러나 자유주의적 계율을 실천할 권리는 과거에 유대인이 누렸던 다른 모든 특권과 마찬가지로 정치적 결정에 달린 듯했다. 국가로부터의 해방은 오직 국가에 의해서만 가능한 것처럼 보였다. 다른 집단들은 국가의 과도한 간섭으로부터 사회적 권력을 지키는 것에 만족한 데 반해 유대인들은 옛 신분 체계가 보유한 독점과 치밀한 울타리들을 완전히 해체할 준비가 되어있는 국가의 간섭 없이는 그런 권리를 획득할 수 없었다. 따라서 기존 엘리트에게 유대인은 갑작스러운 지위 상승 때문만이 아니라 그러한 지위 상승이

상징하는 안정성의 붕괴 때문에 파괴의 씨앗으로 보였다. 풀저는 전형적인 경고의 목소리를 인용한다. "유대주의의 가장 강력한 무기는 비유대인들의 민주주의이다." "유대인은 독일의 사회체제를 안에서부터 잠식하기 위해서 단지 계몽주의와 개인주의를 표방하는 정당을 장악하기만 하면 된다. 따라서 그들은 아첨하면서 사회의 꼭대기까지 기어 올라갈 필요가 없다. 대신 유대인은 유대인이 꼭대기에 올라가는 데 도움이 되는 사회이론을 독일인에게 강요했다."19) 다른 한편 새로운 종류의 정치적 보호막에 대한 유대인의 강한 집착은 토착의 자립적이고 자수성가한 부르주아지로 하여금 사회적 자기주장 및 정치적 자유에 대한 적대 세력에 맞서서 유대인을 보호할 수 있게 했다. 그리하여 그와 동시에 "유대인과 귀족을 뭉뚱그려서 그들이 마치 신흥 부르주아지에 맞선 모종의 금융 동맹인 것처럼 가장하는 일종의 자유주의적 반유대주의"가 출현할 수 있었다.20)

비민족적 민족

그러나 유대인 고유의 부조화의 여러 차원 중에서 현대 반유대주의의 형성에 가장 강하게 그리고 가장 지속적으로 영향을 미친 것은, 다시 아렌트를 인용하자면, 그들이 "점증하는 민족들 또는 기존의 민족들의 세계에서 비민족적 요소"21)였던 사실이다. 그들이 영토적으로 흩어져 있고 어디에나 있었다는 바로 그 사실 때문에 유대인은 국제적international 민족, 비민족적non-national 민족이었다. 어디에서나 그들은 ― 소속된 민

---

19) P. G. J. Pulzer, *The Rise of Political Antisemitism in Germany and Austria*(New York, John Wiley & Sons), 1964, p. 311.
20) Arendt, *Origins of Totalitarianism*, p. 20.
21) Arendt, *Origins of Totalitarianism*, p. 22.

족이라는 기준이 절대적이고 최종적인 권위를 갖고 결정하게 되어 있었던 — 개인적 자기정체성과 공동체적 이해의 상대성과 한계를 끊임없이 상기시켜주는 역할을 했다. 모든 민족 안에서 그들은 '내부의 적'이었다. 그들을 정의하기에는 민족의 경계가 너무 좁았다. 민족적 전통의 지평은 그들의 정체성을 파악하기에는 너무 좁았다. **유대인은 다른 어떤 민족과도 달랐을 뿐만 아니라 다른 어떤 이방인과도 달랐다.** 요컨대 그들은 주인과 손님, 토착민과 이방인 간의 차이 그 자체를 잠식했다. 그리고 민족적 귀속이 집단의 자기구성의 최고 근거가 되면서 그들은 가장 기본적인 차이 — '우리'와 '그들' 간의 차이 — 를 잠식하게 되었다. 유대인은 유연했고 적응력이 뛰어났다. 그들은 말하자면 아무리 비루한 짐이라도 '그들'에게 운송해야 할 의무가 지워진다면 적재할 준비가 되어 있는 빈 수레와 같았다. 그리하여 투스넬은 유대인들을 반프랑스적인 프로테스탄트적 독약을 지닌 자들로 본 반면 『젊은 독일Das junge Deutschland』의 유명한 비판자인 리쉥Liesching은 유대인이 독일 속으로 치명적인 프랑스 정신을 몰래 들여온다고 비난했다.

    유대인의 초민족적 성질은 민족 형성의 초기 단계에 특히 부각되었다. 이 시기에 다양한 민족 집단의 이름으로 제기된 전례 없는 새로운 주장들에 의해 촉진되거나 적어도 까다로워진 왕국 간 국경 분쟁들로 인해 지방의 이해관계에 대한 유대인의 불개입, 그리고 분쟁국들의 수장들을 제치고 전선을 가로질러 소통할 수 있는 유대인의 능력이 높은 평가를 받게 되었다. 종종 자신들의 의지에 반해 이해도 안 되고 빨리 끝내고 싶은 마음밖에 없는 분쟁에 휘말린 통치자들은 유대인의 중재 능력을 적극 이용했고, 이 통치자들은 타협을, 아니면 최소한 자국의 극렬한 민족주의적 성향의 백성도 그들의 적대자들도 받아들일 만한 공존 상태를 원했다. 주된 목표 또는 유일한 목표가 좀 더 바람직한 '공존 방식modus coexistendi'이었던 전쟁들에서 유대인들 — 말하자면 타고난 국제주의자들

— 에게는 평화의 선구자이자 전쟁 상태의 종결자라는 역할이 주어졌다. 원래 높은 찬사를 받았던 이러한 성취는 일단 왕조가 참된 민족국가 또는 민족주의적인 국가로 바뀌고 나자 그들에게 앙갚음으로 되돌아왔다. 전쟁의 목적은 적의 섬멸이 되었으며 애국심이 왕에 대한 충성을 대체했다. 또한 패권에 대한 꿈이 평화에 대한 갈망을 잠재웠다. 각 민족의 영토로 완전히, 그리고 남김없이 나뉜 세상에서는 국제주의를 위해 남겨진 여지가 없었으며 한 조각의 임자 없는 땅이라도 항상 분쟁의 씨앗이 되었다. 민족 및 민족국가들로 꽉 채워진 세계는 비민족적 공백을 혐오했다. 유대인은 그런 공백 속에 있었다. 아니 그들은 그런 공백 그 자체였다. 유일하게 허용 가능한 의사소통이 총부리를 통해서만 가능했던 곳에서 그들은 협상할 능력이 있다는 바로 그 이유 때문에 의심을 받았다(자국의 유대인은 애국심, 즉 민족의 적을 사살하려는 열정이 없다는 의심은 제1차세계대전 교전국들 사이의 거의 유일한 일치점이었다). 그러한 속성은 이미 반역의 냄새를 풍겼지만 유대인의 타고난 불변의 세계주의에 비하면 사소한 문제였다.

유대인이 '인간적 가치', '인간 그 자체', 보편주의, 그리고 사기를 떨어뜨리는 비애국적인 다른 유사한 슬로건들을 옹호하는 분개할 만한 편향에 대해 자신의 치외법권적 지위를 반영하는 현저한 경향에 의해 최악의 혐의들은 즉각 확증되었다. 민족주의 시대가 시작되는 바로 그때 레오Heinrich Leo는 이렇게 경고했다.

유대 민족은 진정 부식과 부패를 초래하는 심성을 지니고 있다는 점에서 다른 모든 민족과 뚜렷이 구분된다. 안에 던져진 모든 것을 돌로 바꾸어버리는 샘이 존재하는 것처럼, 유대인도 태초부터 오늘까지 정신적 활동의 궤도 속으로 들어오는 모든 것을 추상적 일반성으로 바꾸어버렸다.

유대인은 실로 짐멜의 **이방인**의 전형 그 자체였다. 즉, 언제나 그들은 내부에 있을 때도 외부자로 남아 있고, 익숙한 것을 낯선 연구 대상인 양 들여다보고, 아무도 묻지 않는 것을 묻고, 의문시할 수 없는 것을 의문시하고, 도전할 수 없는 것에 도전했다. 하이네의 동료 뵈르네Ludwig Börne로부터 합스부르크 왕가 몰락 직전의 크라우스Karl Krauss를 거쳐 나치 집권 직전의 투홀스키Kurt Tucholsky에 이르기까지 그들은 지방적 편협성 및 편견이라고 생각되는 것들을 무시했고, 지방에서 후진성이 자만 및 허세와 혼합된 것을 경멸했으며, 지방의 정신적 나태함 및 취향의 속물성과 맞서 싸웠다. 그런 외부자적 전망을 가진 자는 누구도 민족 — 자기 존재의 당연성과 평화적 수용 태세에 의해서 현 상태가 정의되는 — 의 내부에 진정으로 받아들여질 수 없었다. 특수성이 모든 추상적 일반성에 맞서서 초래할 수밖에 없는 수많은 일련의 불만 중에서 최초인 뤼스Friedrich Rühs의 평결은 놀라운 것이 아니었다.

> 유대인은 그들이 사는 나라에 진정으로 속하지 않는다. 폴란드의 유대인이 폴란드인이 아니듯이 영국의 유대인도 영국인이 아니다. 스웨덴의 유대인은 스웨덴인이 아니듯이 독일의 유대인은 독일인이 될 수 없고 프러시아의 유대인은 프러시아인이 될 수 없다.[22]

민족들 사이에서 유대인의 부조화의 운명은 민족주의적 주장들 자체가 종종 부조화를 보이고 서로 양립 불가능하다는 사실에 의해 조금도 더 나아지지 않았다. 일반적으로 어느 민족에게나 두려워하는 압제자들이 있고 경멸하는 피억압자들이 있다. 자신에 대해 주장하는 것과 똑같은 대우를 다른 민족이 받을 권리가 있다는 것을 열정적으로 승인한 민

---

[22] Jacob Katz, *From Prejudice to Destruction: Anti-Semitism 1700~1933*(Cambridge, Mass.: Harvard University Press, 1980), pp. 161, 87.

족은 거의 없었다. 격동적이고 아직 끝나지 않은 민족의 자기 생산이 이루어진 전 기간에 걸쳐 민족 간 게임은 제로섬 게임이었다. 다른 민족의 주권은 자기 주권에 대한 공격이었다. 한 민족의 권리는 다른 민족에게는 공격, 비타협 또는 오만함이었다.

이것의 결과는 19세기에 민족주의가 끓어오른 진정한 가마솥인 유럽의 중동부 오랜 그러나 아직 만족하지 못한 민족주의 또는 신흥의 굶주린 민족주의에서 가장 강력하게 드러났다. 어느 한 민족의 주장을 편드는 것은 다른 여러 기성 민족이나 신흥 민족을 적으로 만들지 않고서는 불가능했다. 이 때문에 유대인은 특히 곤란한 처지에 놓였다. 풀저의 의견으로는

> 직업 구조, 일반적으로 높은 문자 해득률, 그리고 정치 안정에 대한 요구로 인해 유대인은 빈궁한 농민으로 이루어진 '비역사적' 민족들(예를 들어 체코인, 슬로바키아인, 우크라이나인, 리투아니아인)보다는 지배적인 '역사적' 민족들(폴란드인, 마자르인, 러시아인)과 더 쉽게 연합했다. 따라서 갈리시아와 헝가리에서 그들은 독일인이라고 낙인찍혀 버렸지만 그것이 폴란드인이나 마자르인이 억압하던 종족들과 어울리는 데 큰 도움이 되지는 않았다.[23]

---

[23] Pulzer, *Rise of Political Antisemitism*, pp. 138~139. 그런 경우에 놓인 유대인의 곤경을 다음 사례에서 살짝 엿볼 수 있다. "동부 갈리시아와 리투아니아–벨라루스 경계 지역에서 상황은 훨씬 더 복잡하고 위험했다. 왜냐하면 거기에서는 유대인이 트란실바니아, 보헤미아, 모라비아, 슬로바키아와 같은 동유럽의 인종적으로 혼합된 지역들에서와 마찬가지로 경쟁하는 민족적 요구 사이에 끼어있었기 때문이다. 동부 갈리시아에서 유대인은 폴란드 문화에 깊이 동화되었고 전쟁 이전 시기에 폴란드인에게 정치적 우위를 허용하는 데 동의했다. 대부분은 우크라이나어를 몰랐고 또한 아마도 그것을 경멸했으며, 우크라이나의 민족적 열망에 대해 무관심했다. 다른 한편 단명했던 — 1918년 가을 르보프에서 수립된 — 서우크라이나 공화국은 유대인에게 시민적 평등과 민족적 자율을 약속했던 반면 그곳의 폴란드인은 반유대주의적 경향을 애써 숨기려 하지 않았다. 궁극적 승리자가 누가 될지 불확실했고 또 폴란드인과도 우크라이나인과도 소원해지기를 원하지 않았기 때문에 그곳의 유대민족평의회는 중립을 선언했다. …… 일부 폴란드인은 그것을 친우크라이나 감정의 징후

많은 경우 기성 민족이나 신생 민족의 엘리트는 유대인의 열정과 재능을 동원해 발전을 촉진하는 데 활용했다. 그러나 그런 발전은 민족적 개종과 경제적 현대화의 대상으로 (종종 그들의 의사에 반해) 지목된 대중이 유대인에 대한 호감을 느낄 수 없게 했다. 합스부르크 치하의 헝가리에서는 즐겁게 스스로 문화적 적응을 행하는 유대인이 토지 귀족에게 환영을 받았다. 이 유대인들은 귀족들이 장래의 독립 헝가리에서 자신의 지배하에 두기를 희망한 주변부의 주로 슬라브인으로 구성된 지역을 마자르화하는 데 가장 헌신적이고 효과적인 행위자로 그리고 정체되고 후진적인 소농 경제를 가차 없이 현대화하는 작업의 수행자로 환영받았다. 취약한 리투아니아 엘리트는 정부에 관한 주장 — 그들이 부활시키기를 꿈꾼 과거의 대* 리투아니아 지역에 사는 복합적인 인종적·언어적·종교적 공동체들에 관한 — 을 관철하기 위해 열심히 유대인의 열정을 활용했다. 전반적으로 정치 엘리트는 필요하다고 생각하지만 스스로 하고 싶지는 않은 각종 불쾌하고 위험한 일에 유대인을 즐겨 배치했다. 이것은 여러 가지 점에서 편리했다. 일단 유대인의 업무가 더 이상 다급하게 필요하지 않게 되면 유대인을 처리하는 것은 용이한 일이었다. '유대인을 제자리에 놓는 것'은 유대인이 엘리트를 대신해서 지배했던 대중의 환영을 받을 것이며, 이제 확고하게 권력을 잡은 엘리트가 대중에게 강요하는 씁쓸한 음료에 대한 감미료가 될 것이다.

로 받아들였으며, 그리하여 1918년 11월 르보프 시를 점령한 후 도시의 유대인에게 보복을 가했다. 우크라이나인도 유대인의 중립을 비난했으며, 그것을 유대인의 전통적인 친폴란드적 태도의 연속으로 보았다"(Ezra Mendelsohn, *The Jews of East-Central Europe Between the World Wars*(Bloomington: Indiana University Press), 1983, pp. 51~52).
이런 이야기는 제2차세계대전 기간 동안 거의 글자 하나 다르지 않게 반복되었다. 동부 폴란드의 유대인은 1939년 적군(赤軍)의 진입을, 노골적이고 격렬한 반유대주의 성향을 보인 나치에 대한 보호막으로 환영했다. 또다시 나치 점령하에서 살아남은 폴란드 유대인은 진격해 오는 소련 군대를 의문의 여지 없는 해방군으로 보았다. 그러나 많은 폴란드인에게는 독일인과 러시아인 양자는 무엇보다도 외국인 점령자였다.

그러나 엘리트들조차 일시적으로라도 유대인의 충성심을 완전히 믿을 수 없었다. 민족 공동체 '안에서 태어난 사람들의 구성원 자격과는 달리 유대인의 구성원 자격은 선택의 문제였고, 따라서 원칙상 '추후 통지가 있을 때까지' 철회될 수 있는 것이었다. 민족 공동체들의 경계는 아직 불분명했고 분쟁 중이었기 때문에 — 영토적 소유권의 경계는 더욱 그러했다 — 안심은 금물이었고 부단히 경계해야 했다. 분리하기 위해 바리케이드들이 세워졌고 그것들을 통로로 이용하는 자들에게는 고난이 닥쳤다. 한 민족의 성채에서 다른 민족의 성채로 자유로이 오갈 수 있는 대규모 집단이 존재한다는 것은 큰 걱정거리였음이 분명하다. 그것은 신구의 모든 민족이 주장의 토대로 삼은 진실 그 자체 — 민족의 귀속적 속성, 민족 집단의 유산 및 자연성 — 에 공격을 가했다. 동화라는 단명한 자유주의적 희망은 (그리고 좀 더 일반적으로 '유대인 문제'를 대체로 문화적인 것으로 보는 인식, 따라서 자발적이고 능동적으로 수용되는 문화변용acculturation을 통해 해결될 수밖에 없다는 인식은) **민족주의와 자유로운 선택이라는 사상 사이의 본질적인 양립 불가능성으로 인해** 좌절되었다. 역설적으로 들릴지는 모르지만 일관된 민족주의자라면 결국은 자기 민족의 흡수력을 원망하게 될 것이 틀림없다. 민족주의자들은 자기 민족의 장점에 대해 숭배자들이 쏟아내는 찬양들을 기쁘게 받아들일 수 있다. 그런 찬양을 조건으로 해서 민족주의자들은 숭배자들 — 더 열광적이고 더 목청이 클수록 좋은 — 에게 피후견인 지위에 수반되는 후견인의 자비를 제공할 것이다. 그러나 민족주의자들은 그러한 숭배 — 심지어 훈련된 숭배, 자기 소멸과 다르지 않은 모방 — 를 민족 구성원의 자격으로 삼는 것은 용서하지 않을 것이다. 모든 피후견 민족에 대한 덴치의 간결한 충고처럼 "반드시 장래의 정의와 평등에 대한 신념을 선언하라. 이것이 역할의 일부분이다. 그러나 그것이 현실화할 것을 기대하지는 말라."[24]

유대인의 부조화의 긴 목록에 대한 이처럼 짧은 검토가 보여주듯이 현대(성)로 가는 길에 있는 문들 가운데 유대인의 손가락을 찧지 않은 문은 거의 없다. 게토로부터 해방되는 과정에서 그들은 심하게 상처를 입지 않을 수 없었다. 그들은 투명함을 위해 싸우고 있는 세계 안의 불투명함이었고, 확실성을 갈망하는 세계 속의 모호성이었다. 그들은 모든 바리케이드 위에 걸터앉아 모든 방향으로부터 총탄 세례를 자초했다. 개념적 유대인은 실로 질서와 명확성이라는 현대적 꿈에서 원형적인 '끈적끈적함'으로, 모든 질서 ― 오랜 질서, 새로운 질서, 특히 소망하던 질서 ― 에 대한 적으로 해석되었다.

인종주의의 현대(성)

현대(성)로 가는 길에서 유대인에게 한 가지 중요한 일이 일어났다. 그러한 길에서 그들은 유대인 구역*Judengasse*의 석벽 또는 상상의 벽 뒤에 격리되고 둘러싸여 안전하게 옆으로 치워졌다. 그들의 소외는 공기나 죽음처럼 피할 수 없는 기정사실이었다. 그것은 대중적 감정의 동원, 정교한 주장들 또는 자경단원을 자임한 자들의 경계심을 필요로 하지 않았다. 곳곳에 만연한 채 성문화되어 있지는 않았지만 전체적으로 잘 조율된 습관들은 분리의 항구성을 수호하는 상호 배척성을 재생산하는 데 충분했다. 이 모든 것이 현대(성)의 등장과 함께 바뀌었다. 현대(성)는 법으로 정한 차이들을 소멸시켰고, 법적 평등이라는 구호를 등장시켰으며, 현대(성)의 새로운 고안품들 중 가장 낯선 것인 시민권이라는 개념을 들고 나왔던 것이다. 카츠가 말했듯이

---

24) Geoff Dench, *Minorities in the Open Society: Prisoners of Ambivalence*(London: RKP, 1986), p. 259.

유대인이 게토에 살 때는, 그리고 거기를 떠난 직후에 그들에 대한 비난은 유대인에게 거부된 법적 지위를 누리고 있던 시민에게서 나왔다. 그런 비난들은 단지 현재 상태를 정당화하고 재확인하기 위한 것, 유대인을 열등한 법적·사회적 지위에 묶어두는 것을 정당화하기 위해 고안된 것일 뿐이었다. 그러나 이제 그러한 비난들은 법 앞에 평등한 일부 시민이 다른 시민에게 퍼붓는 것이 되었다. 그리고 그러한 고발의 목적은 유대인이 그들에게 부여된 법적·사회적 지위를 누릴 자격이 없다는 것을 입증하는 것이었다.[25]

말하자면, 문제가 된 것은 단지 도덕적 또는 사회적 가치만이 아니었다. 문제는 한없이 더 복잡했다. 이전에는 실행되지 않았던 메커니즘들을 고안하는 것, 그리고 이제까지는 생각지도 못했던 기술들을 획득하는 것 — 둘 다 과거에는 **자연적으로** 주어졌던 것을 이제 **인위적으로** 생산해내는 데 필요한 것이었다 — 이 이 상황에 관련되었다. 현대 이전에 유대인은 여러 신분, 계급, 계층 중 하나였다. 그들의 차별성은 쟁점이 아니었으며, 관습적이고 거의 무성찰적인 분리의 관행은 그들의 차별성이 쟁점이 되는 것을 효과적으로 방지했다. 현대(성)의 등장과 함께 유대인의 분리가 쟁점이 되었다. 현대 사회의 다른 모든 것과 마찬가지로 그것은 이제 제조되고 구축되고 합리적으로 논증되고 기술적으로 설계되고 관리되고 감시되고 운영되어야만 했다. 현대 이전의 사회들을 책임진 사람들은 사냥터 지기와 같은 느긋하고 자신만만한 태도를 취할 수 있었다. 사회는 자체의 자원만을 갖고 한 해 한 해 그리고 세대를 이어가면서 눈에 띄는 변화가 거의 없이 스스로를 재생산할 수 있었다. 그

---

[25] Jacob Katz, *From Prejudice to Destruction*, p. 3.

러나 현대의 계승자는 그럴 수 없었다. 여기에서는 어떤 것도 당연하게 주어진 것으로 받아들여질 수 없었다. 심지 않으면 아무것도 자랄 수 없었다. 그리고 무엇이든 스스로 자라난 것은 잘못된 것이며, 따라서 전체 계획을 위태롭게 하거나 망치는 위험한 것임이 틀림없었다. 사냥터 지기가 누렸던 것과 같은 안심은 엄두도 못 낼 사치일 것이다. 대신 필요한 것은 정원사의 자세와 기술들이었다. 정원사는 잔디밭과 울타리, 그리고 잔디밭과 울타리를 분리시키는 고랑에 대한 상세한 설계를 갖추고 있고, 조화로운 색깔들에 대한 비전, 그리고 즐겁게 하는 화음과 불쾌감을 불러일으키는 불협화음의 차이에 대한 비전을 지니고 있으며, 질서와 조화에 대한 자신의 계획과 비전을 간섭하는 모든 제멋대로 자란 식물들을 잡초로 취급하려는 결의에 차 있고, 그러한 잡초들을 제거하는 일에 적합한 기계와 제초제를 갖고 있으며, 전체적 계획에 의해 요구되고 규정되는 구획들을 온전히 유지했다.

과거에는 영토적 분할에 의해 제시되고 수많은 노골적인 경고 표지판들에 의해 강화되었던 유대인의 분리는 이제 자연스러움을 잃었다. 대신 그것은 지독하게 인위적이고 취약한 것이 된 듯했다. 전에는 공리 — 암묵적으로 받아들여진 가정 — 였던 것이 이제는 증명하고 입증해야만 하는 진리 — 표면적으로는 그것과 모순되는 현상들 뒤에 숨은 '사물의 본질' — 가 되었다. 이제 새로운 **자연스러움**이 힘들게 **구축되어야** 했으며, 그것은 감각적 인상의 증거가 아닌 다른 권위에 기반을 두어야 했다. 지라드가 말했듯이

유대인이 주변 사회로 동화되고 사회적·종교적 구분이 사라짐으로써 유대인과 기독교인이 구별될 수 없는 상황이 도래했다. 다른 사람들처럼 시민이 되고 결혼을 통해 기독교인과 섞이면서 유대인을 더 이상 구분할 수 없게 되었다. 이 사실은 반유대주의 이론가들에게 상당히 중요한 의미가

있었다. 『유대적 프랑스』라는 팸플릿의 필자인 드뤼몽Edouard Drumont은 이렇게 썼다. "유대교 회당에 나가고 유대 율법에 따라 요리된 정결한 음식을 고집하는 코헨 씨라는 사람은 존경할 만한 사람이다. 나는 그에게 아무런 반감도 없다. 내가 반감을 갖는 것은 정체가 분명하지 않은 유대인이다."

그와 비슷한 생각을 독일에서도 발견할 수 있다. 전통적인 주름진 소매 긴 옷을 입은 유대인은 그들과 같은 유대교도로서 기독교도를 흉내 내는 유대계 독일인 애국자들에 비해 경멸의 시선을 덜 받았다. …… 현대의 반유대주의는 집단들 간의 커다란 차이들로부터 탄생한 것이 아니라 차이의 부재라는 위협, 서구 사회의 동질화, 유대인과 기독교도 간에 예로부터 내려오던 사회적·법적 장벽의 폐지로부터 생겨났다.26)

현대(성)는 차이들 — 최소한 차이들의 겉모습, 분리된 집단들 간의 상징적 거리를 만들어내던 재료 그 자체 — 의 소멸을 가져왔다. 그런 차이들이 없어지자 현실 그 자체가 주는 지혜에 대해 철학적으로 숙고하는 것 — 유대인의 분리라는 사실을 이해하기 위해 과거에 기독교 교리가 했던 것 — 으로는 충분하지 않게 되었다. 이제 차이는 만들어지거나 사회적·법적 평등과 문화 간 교류라는 가공할 부식력에 대항해 유지되어야 했다.

---

26) Patrick Girarad, "Historical Foundations of Antisemitism', in *Survivors, Victims, and Perpetrators: Essays on the Nazi Holocaust*, ed. Joel E. Dinsdale(Washington: Hemisphere Publishing Company, 1980), pp. 70~71. 타기에프Pierre-André Taguieff는 최근 인종주의 및 그와 관련된 현상들 — 그중에서 혼혈métissage에 대한 분노가 핵심 역할을 한다 — 의 사회심리적 기초에 관한 포괄적 연구서를 출간했다. 혼혈인들은 '경계 흐리기'의 다른 유사 사례들과 상당히 다르다. 만약 사회적 추방자들, 신분상 몰락한 개인들이 말하자면 비범주화되었고, 이민자들이 무범주화되었다고 한다면(그들은 말하자면 지배적인 분류 바깥에 존재한다. 따라서 전체적으로 그러한 분류의 권위를 약화하지 않는다) 혼혈들은 과잉범주화되었다고 할 수 있다. 그들은 만약 기존의 지배적 분류가 권위를 유지하려면 세밀하게 경계 짓고 분리된 채 유지되어야 할 의미론적 영역의 중첩을 강제한다(*La force du préjugé: essai sur le racisme et ses doubles*(Paris: Éditions la Découverte, 1988), p. 343을 참조).

경계에 대한 전승된 종교적 설명 — 유대인에 의한 그리스도의 거부 — 은 그것만으로는 새로운 과제에 적합하지 않았다. 그런 설명은 분리된 영역으로부터의 탈출 가능성을 내포할 수밖에 없었다. 경계가 분명히 그어져 있고 잘 표시된 한 그런 설명이 잘 먹혀들었다. 그것은 구원을 얻거나 죄악을 저지를 자유, 신의 은총을 받아들이거나 거부할 자유라는 것에 인간의 운명을 결박한 유연성이라는 필수 요소를 제공했다. 그리고 그것은 경계 그 자체의 견고함을 조금도 훼손하지 않고 이 모두를 성취했다. 그러나 일단 분리 관행이 경계의 '자연스러움'을 유지하기에는 너무 활기나 열기가 없는 상태가 되면 바로 그러한 유연성의 요소는 파멸적인 것이 될 것이다. 즉, 그것은 대신 인간의 자기결정권의 볼모가 될 것이다. 결국 현대적 세계관은 교육과 자기완성의 무한한 잠재력을 선언했다. 적절한 노력과 선의만 가지면 모든 것이 가능했다. 인간은 태어날 때 백지상태*tabula rasa*, 빈 상자이며 나중에 문명화 과정에서 공유하는 문화적 관념의 상향 평준화 압력이 제공하는 내용물에 의해 채워진다. 역설적이게도 유대인과 그들의 기독교도 주인 간의 차이를 오로지 신조 및 그것과 관련된 의례들의 차이만으로 간주하는 것은 인간의 본성에 대한 현대적 관점에 잘 들어맞는 것처럼 보였다. 다른 편견들의 폐기, 유대주의 미신들의 타파, 그리고 좀 더 우월한 신앙으로의 개종이 자기개선의 적절하고 충분한 수단 — 무지에 대한 이성의 최종 승리로 가는 길에서 예상할 수 있는 대규모 추진력 — 인 것처럼 보였다.

옛 경계의 견고함을 진정으로 위협한 것은 물론 현대(성)의 이념적 공식이 아니었고(비록 그것이 그러한 경계의 견고함을 더 강화하지는 않았지만), 세속화된 현대 국가가 차별화된 사회적 관행들을 입법화하기를 거절한 것이었다. 유대인(드루몽의 코헨 씨) 자신이 획일성을 향한 추진력을 보유한 국가, 고유의 차별적 관행들 속에 고착된 국가를 따르기를 거부하는 한 이것은 아무 문제가 없었다. 진짜 혼란은 개종 — 전래의 종교적 형태든 현대적인 문화적 동화의 형태든 — 제안을 받아들여 그것을 단행하는 유대인 수가 점점 더 많아지는 것에 의해 야기되었다. 프랑스와 독일, 그리고 오스트리아-헝가리의 독일계 지역에서 모든 유대인이 조만간 비유대인으로 '사회화될' 또는 '스스로 사회화할, 따라서 문화적으로 구분이 불가능하고 사회적으로 눈에 띄지 않게 될 가능성은 아주 현실적이었다. 오래되고 법적으로 뒷받침된 분리의 관행이 없는 마당에 그런 가시적 표지의 소멸은 오직 경계 그 자체의 소멸과 마찬가지일 수밖에 없었다.

현대의 조건에서 분리는 현대적인 경계 만들기 방법을 필요로 했다. 그것은 교육 및 문명화 과정이 보유한 무한하다고들 말하는 힘의 평준화 압력을 견뎌내고 중화시킬 방법, 교육과 자기개선에 쓰일 '출입 금지' 구역을 지정할 방법, 교화의 잠재력에 침범할 수 없는 한계를 설정할 수 있는 방법(노동자계급이나 여성처럼 영구히 종속적 지위에 묶어 두기를 원하는 모든 집단에 적극 적용되었지만 늘 성공하지는 않았던 방법)이다. 만약 현대적 평등의 공격으로부터 구원받으려면 **유대인을 구별하는 특성은 다시 표현되어 새로운 기초** — 문화나 자기결정과 같은 인간적 힘들보다 더 강한 — **위에 놓여야만 했다.** 아렌트의 간결한 문구를 빌리면 유대주의Judaism는 유대인다움Jewishness으로 대체되어야 했다. "유대인은 유대주의로부터 개종으로 도피할 수 있었다. 그러나 유대인다움로부터의 탈출구는 없었다."27)

유대주의와 달리 유대인다움은 인간의 의지, 인간의 창조적 잠재력보다 단연코 더 강해야 했다. 그것은 자연법(발견되어야 하고 그런 다음에는 인간을 위해 설명되고 이용되어야 하지만 소멸시키거나 변경되거나 무시될 수 없는 — 최소한 끔찍한 결과를 수반하지 않고서는 — 종류의 법) 수준에

---

27) Arendt, *Origins of Totalitarianism*, p. 87.

위치해야 했다. 다음의 드루몽의 일화가 독자들에게 일깨우려고 했던 것은 그런 법이었다. "'피가 어떻게 말을 하는지 보고 싶은가?' 언젠가 한 프랑스 공작이 친구들에게 물었다. 그는 어머니가 눈물을 흘리며 극구 만류하는데도 불구하고 프랑크푸르트의 로스차일드 가문 출신 여성과 결혼한 사람이었다. 그는 어린 아들을 불러 주머니에서 금화를 꺼내 보여주었다. 아이의 눈이 반짝였다. 공작은 말했다. '이것 보게. 유대인의 본능이 곧바로 드러나고 있지 않은가.'" 얼마 후 모라스Charles Maurras 는 다음과 같이 주장했다. "사람의 처지가 처음부터 그의 태도를 결정한다. 선택에 대한, 이성에 대한 환상은 단지 개인적인 뿌리 뽑힘*déracinement* 과 정치적 재앙으로 귀결될 수 있을 뿐이다." 그런 법을 무시하는 것은 자신의, 그리고 공공의 위난을 가져올 뿐이라는 것이 바레스Maurice Barrès 의 가르침이다. "단지 말들에 사로잡힌 아이는 모든 현실로부터 단절된다. 칸트적 교의는 그를 조상의 땅으로부터 뿌리 뽑는다. 학위 과잉은 비스마르크의 표현을 따르자면 '대졸 프롤레타리아트'라고 부를 수 있는 것을 만들어낸다. 이것이 우리가 대학을 비난하는 이유이다. 대학의 생산물, 즉 '지식인'에게 일어나는 일은 그들이 사회의 적이 된다는 것이다."28) 개종 — 종교적인 것이든 문화적인 것이든 — 의 산물은 특성의 변화가 아니라 특성의 **상실**이다. 개종의 이면에는 다른 정체성이 아니라 공허가 숨어있다. 개종자는 정체성을 잃어버리며, 대신 얻는 것은 아무것도 없다. 인간은 **행동하기** 이전에 **존재한다**. 그가 행하는 어떤 것도 그를 변화시키지 못할 것이다. 이것이 대체적으로 인종주의의 철학적 정수이다.

---

28) J. S. McClelland(ed.), *The French Right*(London: Jonathan Cape, 1970), pp. 88, 32, 178.

3

현대(성), 인종주의, 인종절멸 2

인종주의의 역사, 특히 나치 인종주의의 역사에는 명백한 역설이 존재한다.

역사상 이제껏 가장 두드러지고 잘 알려진 이 사례에서 인종주의는 반현대주의적 정서와 불안을 동원하는 도구로 활용되었으며, 무엇보다도 이런 연관 때문에 확실히 효과적이었다. 스퇴커Adolf Stöcker, 에카르트 Dietrich Eckart, 로젠베르크Alfred Rosenberg, 슈트라서Gregor Strasser, 괴벨스 Joseph Goebbels, 그리고 국가사회주의의 다른 거의 모든 예언자, 이론가들 그리고 이데올로그들은 유대 인종이라는 유령을 (그들이 정교하게 제시한) 현대화의 과거 및 장래 피해자들의 두려움과 (현대(성)의 더 이상의 전진을 막기 위해 그들이 창조하자고 제안한) 미래의 이상적인 민족적*völ-kisch* 사회를 결합하는 거멀못으로 이용했다. 현대(성)가 예고한 사회적 격변에 대한 뿌리 깊은 공포에 대한 호소에서 그들은 현대(성)를 경제적·금전적 가치들의 지배와 동일시했으며, 민족적 생활양식 및 인간적 가치의 기준들에 대한 그런 무자비한 공격을 유대인의 인종적 특성 탓으로 돌렸다. 따라서 유대인 제거는 현대 질서에 대한 거부와 동의어로 제시되었다. 이 사실은 인종주의가 본질적으로 전前현대적 성격을 지녔다는 것, 말하자면 반(反)현대적 감성과 자연적 친화성을 지녔다는 것, 그리고 그런 감성들의 전달 수단으로서의 선택적 적합성을 지녔음을 시사한다.

그러나 다른 한편으로 하나의 세계관으로서, 그리고 훨씬 더 중요한 것으로서, 정치적 실천의 효과적 도구로서 인종주의는 현대 과학, 현대 기술, 현대적 국가권력 형태의 발전 없이는 생각할 수 없다. 인종주의 그 자체는 엄격히 현대의 산물이다. 현대(성)가 인종주의를 가능하게 했다. 그것은 또한 인종주의에 대한 수요를 만들어냈다. 성취가 인간적 가치의 유일한 척도가 된 시대는 경계선 가로지르기가 어느 때보다도 훨씬 더 쉽게 된 새로운 조건 아래 경계선 긋기와 경계선 지키기에 대한 관심을 회복하기 위한 귀속 이론을 필요로 했다. 요컨대 인종주의는 현대 이전 또는 최소한 오로지 현대적이지만은 않은 투쟁들의 수행에 사용된 철저하게 현대적인 무기다.

이종異種공포증에서 인종주의로

흔히 (비록 잘못된 것이지만) 인종주의는 집단 간 증오 또는 편견의 일종으로 이해된다. 때때로 인종주의는 감정적 강렬함에 의해 좀 더 넓은 범주의 다른 감정 또는 신념들로부터 구분된다. 다른 경우에 인종주의는 그것이 — 비인종주의적 종류의 집단적 증오와는 달리 — 통상적으로 보유하고 있는 유전적·생물학적·문화외적 속성들에 의해 구분되기도 한다. 몇몇 경우 인종주의에 대한 논객들은 낯선 집단에 대한 그와는 다른, 즉 비인종주의적이지만 그와 비슷하게 부정적인 상투적 인식들이 보통은 보유하고 있지 않은 자칭 과학적인 주장을 지적한다. 그러나 어떤 특징이 선택되든 인종주의를 편견이라는 더 큰 틀 안에서 분석하고 해석하는 습관은 거의 깨지지 않는다.

　인종주의가 오늘날 집단 간 증오 형태 중 가장 두드러진 것이 되고 또 그것만이 시대의 과학적 정신과 두드러진 친화성을 보임으로써 오히려 반대로 인종주의 관념을 확장해 모든 종류의 집단 간 증오를 포괄하는 해석 경향이 더욱더 부각된다. 그리하여 모든 종류의 집단적 편견은 내재적이고 자연적인 인종주의적 성향의 표현으로 해석된다. 아마도 우리는 그런 자리바꿈에 대해 너무 흥분하지 않고 그것을 철학적인 정의 문제, 결국 우리 뜻대로 선택하거나 거부할 수 있는 단순한 정의 문제로 간주할 수도 있다. 그러나 좀 더 면밀히 고찰해보면 그러한 자기만족은 경솔한 태도인 듯하다. 사실 만약 모든 집단 간 혐오와 분노가 인종주의의 한 형태라면, 그리고 만약 낯선 사람들에게 거리를 두고 가까이하지 않으려는 경향이 역사적·민속학적 연구에 의해 인간 집단들의 거의 보편적이고 항구적인 속성임이 풍부하게 기록되었다고 한다면 우리 시대에 그토록 두드러지게 된 인종주의에서 본질적이고 근본적으로 새로운 것은 아무것도 없다. 그것은 단지 과거의 시나리오를 몇몇 대사만 바꾸어서 재탕하는 것에 불과하다. 특히 인종주의와 현대적 삶의 다른 측면들과의 밀접한 관계는 철저히 부정되거나 관심 밖으로 밀려나게 된다.

　최근 수행한 편견에 대한 매우 깊이 있는 연구에서 타기에프는 인종주의와 이종공포증[다른 것에 대한 두려움]을 동의어로 사용하고 있다.[1] 그는 양자는 '세 가지 수준으로' 또는 정교함의 수준에 따라 구별되는 세 가지 형태로 나타난다고 단언한다. '일차적 인종주의'는 그가 보기에 보편적이다. 그것은 모르는 낯선 사람의 존재, 낯설고 이해할 수 없는 모든 형태의 인간 생활에 대한 자연스러운 반응이다. 항상 낯섦에 대한 첫 번째 반응은 반감이며, 이것은 대개 공격성으로 귀결된다. 이것은 보

---

[1] Pierre-André Taguieff, *La force du préjugé: essai sur le racism et ses doubles*(Paris: La Decouverte, 1988)을 참조.

편적으로 자발성을 동반한다. 일차적 인종주의는 촉진이나 조장을 필요로 하지 않으며, 원초적 증오를 정당화할 이론을 필요로 하지도 않는다. 물론 그것이 종종 정치적 동원 수단으로 의도적으로 강화되고 이용될 수는 있다.2) 그럴 경우 그것은 더 복합적인 수준으로 고양되어, '이차적' (또는 합리화된) 인종주의로 변할 수 있다. 이런 전환은 증오에 대한 논리적 근거를 제공하는 이론이 공급되있을 때 (그리고 내면화되있을 때) 일어난다. 혐오스러운 타자Other는 나쁜 의도를 지닌 또는 '객관적으로' 해로운 존재 ― 어느 경우든 증오의 주체가 되는 집단의 안녕을 위협하는 존재 ― 로 제시된다. 예를 들어 증오 대상이 되는 집단은 증오의 주체가 되는 집단의 종교에서 제시되는 형태의 악의 세력들과 공모하는 것으로 묘사될 수도 있고, 파렴치한 경제적 경쟁자로 묘사될 수도 있다. 증오 대상이 되는 타자의 '유해성'이 이론화되는 의미론적 영역의 선택은 아마도 현재 초점이 되는 사회적 적실성, 갈등, 분열에 의해 좌우될 것이다. 외국인혐오증xenophobia 또는 좀 더 구체적으로 민족중심주의ethnocentrism ― 양자는 모두 민족주의가 만연한 시대, 가장 강력하게 옹호되는 분리선 가운데 하나가 공통의 역사, 전통, 문화의 이름으로 주장되는 시대에 본연의 모습을 드러낸다 ― 는 '이차적 인종주의'의 가장 흔한 당대의 사례이다. 마지막으로, '삼차적' 또는 신비적mystificatory 인종주의 ― 앞의 두 '낮은' 수준의 인종주의를 전제로 하는 ― 는 의사擬似 생물학적 주장의 전개를 특징으로 한다.

2) Taguieff, *La force du préjugé*, p. 69~70. 메미Albert Memmi는 *Le racisme*(Paris: Gallimard, 1982)에서 "반인종주의가 아니라 인종주의가 진정 보편적"이라고 주장하며(p. 157), 이른바 그것의 보편성의 미스터리를 모든 차이가 어김없이 야기하는 본능적 두려움이라는 다른 미스터리를 갖고 설명한다. 우리는 다른 것을 이해하지 못한다. 다른 것은 동시에 미지의 것으로 바뀌고 미지의 것은 공포의 원천이 된다. 메미의 견해로는 미지의 것에 대한 공포는 "우리 종의 역사, 미지의 것이 위험의 원천이었던 역사 과정에 뿌리를 두고" 있다(p. 208). 따라서 이른바 인종주의의 보편성은 종의 차원에서 이루어진 학습의 산물이다. 이렇게 문화 이전의 기초를 획득한 인종주의는 본질적으로 개인적 차원에서 이루어진 학습의 영향을 받지 않는다.

타기에프가 구성하고 해석한 형태의 3단계 분류는 논리적으로 오류가 있는 듯하다. 만약 이차적 인종주의가 이미 일차적 증오의 이론화를 특징으로 한다면 그러한 목적을 위해 '더 높은 수준의' 인종주의의 특징으로 사용될 수 있는(그리고 사용되는) 많은 가능한 이데올로기 중 오직 하나만 골라낼 그럴듯한 이유가 없는 듯하다. 셋째 수준의 인종주의는 오히려 이차 수준의 집합 가운데 한 구성단위인 것처럼 보인다. 만약 생물학적 이론들을 이른바 '신비적' 성격 때문에 구별하는 대신(그 밖의 모든 이차적 수준의 인종주의 이론들에서도 신비화의 정도에 대해 끝없이 논쟁하는 것이 가능하다) 생물학적 주장이 타자의 유해한 '타자성'은 돌이킬 수도 또 치유할 수도 없음을 강조하는 경향이 있음을 지적했더라면 아마도 타기에프는 이런 비난으로부터 자신의 분류를 방어할 수 있었을 것이다. 우리는 실로 — 인위적인 사회질서의 시대, 교육의 전능성이 주장되는 시대, 그리고 좀 더 일반적으로 사회공학의 시대에 — 생물학 일반, 그리고 특히 유전학이 대중의 의식 속에서 아직 문화적 조작의 한계 밖에 있는 영역 — 우리가 아직 어떻게 우리 마음대로 수선하고 주조하고 변형할 수 있는지 모르는 무엇 — 을 대표한다고 지적할 수 있다. 그러나 타기에프는 현대의 생물학적·과학적 형태의 인종주의는 "부적격자는 배제한다는 전통적 담론들과 속성, 작동, 기능 면에서 다른"[3] 것 같지 않다고 주장하면서 대신 '삼차적 인종주의'의 특징으로서 '착란적 망상증' 또는 극단적인 '공리공론성'의 정도에 초점을 맞춘다.

이와 반대로 **나는 인종주의의 속성, 기능, 그리고 작동 양식은 이종공포증과 확연하게 다르다고 주장한다.** 이종공포증은 사람들이 자신이 처한 상황에서 완전히 이해하지 못하고, 쉽게 소통할 수 없으며, 일상적이고 친숙한 방식으로 행동하기를 기대할 수 없는 '인간적 구성요소들'에

---

3) Taguieff, *La force du préjugé*, p. 91.

직면할 때마다 통상 경험하는 만연한 (그리고 실천적이라기보다는 감성적인) 불안함, 불편함, 걱정이다. 이종공포증은 자신의 상황을 통제하지 못한다는 느낌, 그리고 그럼으로써 그것의 전개에 영향을 미칠 수도 없고 자신의 행동의 결과도 예측할 수 없다는 느낌에 의해 야기되는 훨씬 더 포괄적인 불안 현상의 집중된 발현인 것처럼 보인다. 이종공포증은 그런 불안의 현실적 객관화로도 또는 비현실적 객관화로도 등장할 수 있다. 그러나 이러한 불안은 항상 정박할 대상을 찾기 마련이며, 그 결과 이종공포증은 모든 시대에 상당히 흔한 현상으로 현대(성)의 시대 — '통제력 부재'의 경험이 더욱 빈번해지고, 이러한 경험을 이방의 인간 집단에 의한 공격적 개입으로 해석하는 것이 더욱 그럴듯해지는 — 에는 더욱 흔한 현상이 되기에 십상이다.

또한 나는 앞에서 묘사된 바의 이종공포증은 **경쟁자에 대한 적의와는 분석적으로 구분되어야 한다**고 생각한다. 후자는 정체성 추구와 경계선 긋기라는 인간 실천에 의해 생성되는 보다 구체적인 적대이다. 후자의 경우에 반감과 증오의 감정들은 분리 활동에 대한 감정적 부가물인 것 같다. 분리 그 자체는 활동, 노력, 지속적인 행동을 필요로 한다. 그러나 전자의 경우에 이방인은 단순히 너무 가까우면 불편한 존재가 아니라 손쉽게 분간해 필요한 거리를 유지할 수 있는 사람들의 명확하게 분리된 범주이지만 '집단성'이 명백하지 않거나 일반적으로 인식되지 않는 사람들의 집단이다. 그들의 집단성은 이방인 범주에 속한 구성원들에 의해 반론이 제기될 수도 있으며 종종 은폐되고 부정되기도 한다. 이 경우의 이방인은 만약 예방조치들이 취해지고 주의 깊게 지켜지지 않으면 토착 집단에 침투해 들어가서 그들과 융합될지도 모르는 위협을 제기한다. 따라서 그러한 이방인은 이방인 집단의 통일성과 정체성을 — 일정한 영토에 대한 통제력이나 익숙한 방식으로 행동할 자유를 파괴하는 것에 의해서라기보다는 영토의 경계 그 자체를 흐릿하게 하고 익숙한

(옳은) 삶의 방식과 낯선(그른) 삶의 방식 간의 차이를 지워버리는 것에 의해 — 위협한다. 이것은 '우리 내부의 적'에 해당하는 사례 — 격렬한 경계선 긋기 소동을 유발하며, 이로써 이중 충성을 하면서 바리케이드에 걸터앉아 있는 죄가 확인되거나 의심되는 자들에 대한 적대와 증오의 두터운 낙진을 발생시키는 사례 — 이다.

인종주의는 이종공포증과는 다르며, 경쟁자에 대한 적의와도 다르다. 차이는 감정의 강도에 있지 않고, 그것을 합리화하기 위해 사용되는 주장의 유형에 있지도 않다. 인종주의는 그것이 일부분을 이루며 또한 그것이 합리화하는 실천에 의해 다른 것과 구별된다. 그 실천은 건축과 원예의 전략들을 — 상상된 완벽한 현실에 들어맞지 않거나 들어맞게 되도록 바꿀 수 없는 요소들을 현재의 현실에서 삭제함으로써 인위적 사회질서의 구성에 기여하도록 — 의학의 전략과 결합한 것이다. 합리적 기초 위에서 인간사를 재조직함으로써 인간조건을 개선하는 전례 없는 능력을 자랑하는 세상에서 인종주의는 특정 범주의 인간들은 어떤 노력을 하더라도 합리적 질서 안으로 편입될 수 없다는 확신을 보여준다. 과학적, 기술적, 문화적 조작의 한계들이 끊임없이 무너지는 것이 주목할 만한 특징인 세상에서 인종주의는 특정 범주의 사람들의 특정한 결점들은 제거되거나 교정될 수 없다 — 그들은 개선을 위한 실천들의 경계 밖에 영원히 머물 것이다 — 고 선언한다. 훈련과 문화적 전환의 가공할 힘을 뽐내는 세상에서, 인종주의는 논증이나 다른 훈련 도구들에 의해 접근할 수 없으며(따라서 효과적으로 교화할 수 없으며), 따라서 영구히 이방인으로 남아 있어야 하는 특정 범주의 사람들을 따로 구별한다. 요컨대 자기통제와 자기지배의 야망으로 특징지어지는 현대 세계에서 인종주의는 통제에 대한 선천적/절대적 저항성과 모든 개선 노력에 면역성이 있는 특정 범주의 사람들이 존재한다고 선포한다. 의학적 은유를 사용하면, 몸의 '건강한' 부분은 훈련해 단련할 수 있지만 암세포의 성장은 그럴 수 없다는 것이다. 후자는 오직 제거함으로써만 '개선'될 수 있다.

그 결과 인종주의는 불가피하게 소외 전략과 결부된다. 조건이 허락되면 인종주의는 공격당하는 범주의 점령지로부터 공격하는 범주를 축출할 것을 요구한다. 만약 그런 조건이 부재하면 공격하는 범주가 물리적으로 절멸될 것을 요구한다. 축출과 파괴는 서로 대체 가능한 소외의 두 가지 방법이다.

유대인들에 관해 로젠베르그는 이렇게 쓰고 있다.

준즈Zunz는 유대주의를 [유대인들의] 영혼의 변덕이라고 부른다. 이제 유대인들은 열 번을 세례를 받더라도 그러한 '변덕'으로부터 벗어날 수 없다. 그리고 이 영향의 필연적 결과는 항상 똑같을 것이다. 바로 삶의 부재, 반기독교, 그리고 유물론이다.4)

종교적 영향력에 대해 진실인 것은 다른 모든 문화적 개입들에도 적용된다. 유대인들은 구제불능이다. 오직 물리적 거리 또는 의사소통의 단절 또는 그들의 격리 또는 절멸만이 그들을 무해하게 할 것이다.

사회공학의 한 형태로서의 인종주의

인종주의는 오직 완벽한 사회 설계, 그리고 그러한 설계를 계획되고 일관된 노력을 통해 이행하려는 의도라는 맥락 안에서만 제 모습을 드러낸다. 홀로코스트의 경우 그러한 설계는 천 년 제국 — 해방된 독일 정신

---

4) Alfred Rosenberg, *Selected Writings*, London: Jonathan Cape, 1970, p. 196.

의 왕국 — 이었다. 이 왕국에는 독일 정신을 제외한 어떤 것도 들어설 여지가 없었다. 거기에는 유대인을 위한 자리는 없었다. 왜냐하면 유대인들은 정신적으로 개종될 수 없으며 독일 민족*Volk*의 정신*Geist*을 받아들일 수 없기 때문이다. 이런 정신적 무능력은 유전 또는 혈통의 속성 — 당시에 최소한 반대편 문화에 체현된 내용, 문화가 교화하기를 꿈꿀 수 없는 영역, 원예의 대상으로 결코 전환될 수 없는 야성 — 으로 표현되었다(유전공학의 전망은 아직 진지하게 받아들여지지 않고 있었다).

나치 혁명은 거대한 규모의 사회공학 실험이었다. '인종 집단'은 공학적 조치들의 연쇄에서 핵심 고리였다. 국제적 선전의 목적으로 리벤트로프Ribbentrop가 주도해 영어로 출간된, 그리고 이 때문에 매우 완화되고 조심스러운 언어로 표현된 나치 정책의 공식 홍보물 전집에서 내무성 산하 국립보건국장 귀트Arthur Gütt 박사는 나치 통치의 주요 과제를 '인종적 건강을 보전할 일관된 목적을 지닌 능동적 정책'으로 묘사했으며, 그런 정책이 필연적으로 수반해야만 할 전략을 다음과 같이 설명했다. "만약 우리가 체계적 선발과 불건강한 요소들의 제거를 통해서 건강한 인종 집단의 확산을 촉진하면 우리는 아마도 현재 세대는 아니더라도 우리를 계승할 세대의 신체적 기준들을 개선할 수 있을 것이다." 귀트는 그런 정책이 상정한 선택과 배제가 "코흐Koch, 리스터Lister, 파스퇴르Pasteur, 그리고 다른 저명한 과학자들의 연구와 상응해 보편적으로 받아들여지는 노선과 일치하며"[5], 따라서 현대 과학의 진보의 논리적 연장 — 사실상 하나의 정점 — 이 된다고 믿어 의심치 않았다.

인구 정책 및 인종복지 계몽국 국장인 그로스Walter Gross 박사는 인종정책의 실제 문제들을 명확히 했다. 그것은 "우등 주민의 출생률 감소, 그리고 유전적 부적합자, 정신박약자, 저능아, 유전적 범죄자들의 무제

---

[5] Arthur Gütt, "Population Policy", in *Germany Speaks*, London: Thornton Butterworth, 1938, pp. 35, 52.

한적 확산'6)이라는 현재의 경향을 역전시키는 것이다. 현대 과학과 기술의 성취를 그들의 논리적 목표에 맞추기 위해 여론이라든가 정치적 다원주의와 같은 불합리한 것들에 의해 방해받지 않는 나치의 결정을 찬양할 것 같지 않은 국외 독자들을 대상으로 한 글에서 그로스는 유전적 부적격자들에 대한 불임 처지 이상을 주장하지는 않는다.

그러나 인종주의 정책의 실상은 훨씬 더 섬뜩한 것이었다. 귀트의 제안과는 반대로 나치 지도자들은 관심을 '우리 후손들'로 제한할 이유를 찾지 못했다. 자원이 허락되는 대로 그들은 현재 세대를 개선하는 데 착수했다. 이 목표로 가는 왕도王道는 '살 가치가 없는 삶lebenwertes Leben'의 강제적 제거로 향해 있었다. 모든 차량은 이 길을 따라 전진해야 했다. 상황에 따라 '제거', '축출', '소개疏開' 또는 '감축'('절멸'로 읽어야 한다) 등의 용어가 사용되었다. 1939년 9월 1일 히틀러의 명령에 따라 브란덴부르크, 하다마, 존넨스타인, 그리고 아이히베르크에 센터들이 세워졌으며, 이것들은 이중의 거짓말로 위장되었다. 그것들은 주도자들 사이의 목소리를 낮춘 대화 속에서는 '안락사 연구소'라고 불렸으나 좀 더 대중적인 용도로는 '기관 보호'나 '환자 이송'을 위한 자선 재단 — 또는 심지어 밋밋한 'T4' 코드(전체 살상 작전의 조정 사무소가 있던 베를린의 티어가르텐 슈트라세 4번지에서 따온 것이다) — 같은 훨씬 더 기만적이고 오도하는 이름들이 사용되었다.7) 교회의 여러 저명한 지도자들의 항의로 1941년 8월 28일 그러한 명령이 폐지되어야 했을 때도 '인구의 추세를 능동적으로 관리한다'는 원칙은 결코 포기되지 않았다. 안락사 캠페인 덕분에 개발된 독가스 처리 기술과 더불어 그것의 초점은 단지 다른 표적, 즉 유대인으로 옮겨졌을 뿐이다. 그리고 소비보르나 첼므노와 같은 다

---

6) Walter Gross, "National Socialist Racial Thought", in *Germany Speaks*, p. 68.
7) Gerald Flemming, *Hitler and the Final Solution*, Oxford: Oxford University Press, 1986, pp. 23~25.

른 장소로 옮겨졌다.

'무가치한 생명'은 항상 표적으로 남아 있었다. 나치의 완벽한 사회 디자이너들에게 그들이 추구한 그리고 그들이 사회공학을 통해 실행할 결의가 되어있던 프로젝트는 인간의 생명을 가치 있는 것과 무가치한 것으로 나누었다. 전자는 애정을 갖고 배양되고 생활권Lebensraum이 주어져야 했고 후자는 '거리를 두어야 했거나, 만약 거리두기가 가능하지 않은 것으로 판명되었을 때는 절멸되어야 했다. 단지 이방인인 자들은 엄격한 인종 정책의 대상은 아니었다. 그들에게는 경쟁자들의 적의와 전통적으로 결부되었던 오래되고 검증된 전략들을 적용할 수 있었다. 즉, 이방인들을 면밀히 지켜지는 경계선 너머에 두어야 했다. 육체적/정신적 장애인들은 좀 더 어려운 경우여서 새로운 창의적 정책을 필요로 했다. 그들은 어떤 '다른 인종'에도 정당하게 속하지 않았기 때문에 추방되거나 격리될 수 없었지만 천 년 제국에 들어올 가치도 없었다. 유대인들은 본질적으로 비슷한 경우였다. 그들은 다른 인종들과 달랐다. 그들은 반인종anti-race, 즉 다른 모든 인종을 훼손하고 해를 끼치는 인종, 특정 인종의 정체성을 해칠 뿐만 아니라 인종적 질서 그 자체를 위태롭게 하는 인종이었다('비민족적 민족'으로서의 유대인, 민족에 기초한 질서 그 자체에 대한 치유 불능의 적으로서의 유대인을 기억하라). 로젠베르크는 유대인들에 대한 바이닝거Weiniger의 자기비하적 평결에 동의하면서 훨씬 더 다채로운 표현으로 인용했다. 즉 "아주 오랜 옛날부터 존재해왔고 지구 전체에 퍼져있는, 끈적거리는 균사체(말라리아 원충)의 보이지 않는 결합의 그물"이라고.[8] 따라서 유대인의 분리는 단지 미봉책, 궁극적 목적지로 가는 중간역일 뿐이었다. 아마도 문제는 독일에서 유대인을 몰아내는

---

8) Alfred Rosenberg (ed.), *Dietrich Eckart: Ein Vermächtnis*, Munich, Frz. Eher, 1928. George L. Mosse, *Nazi Culture: A Documentary History*, New York: Schocken Books, 1981, p. 2에서 재인용.

것만으로 끝나지 않을 수 있었다. 독일 국경에서 멀리 떨어진 곳에 거주하더라도 유대인은 우주의 자연적 논리를 계속 훼손하고 붕괴시킬지 모른다. 자신의 군대에 독일 종족의 우수성을 위해 싸우라고 명령을 내린 히틀러는 그가 시작한 전쟁은 모든 종족의 이름으로 수행된 것이며, 그것은 인종적으로 조직된 인류에게 제공된 서비스라고 믿었다.

새롭고 좀 더 나은 실서의 설립을 목표로 하며 과학적으로 기초 지어진 작업 — 필연적으로 모든 파괴적 요인들에 대한 봉쇄 또는 제거를 수반하는 작업 — 으로서의 사회공학이라는 이런 구상에서 인종주의는 실로 현대(성)의 세계관 및 관행과 공명하는 것이었다. 최소한 두 가지 핵심적 측면에서 그러했다.

첫째, 계몽주의가 도래하면서 자연이라는 새로운 신성神性이 왕좌에 올랐으며, 그와 더불어 그것의 유일한 정통 의례로서 과학과 과학의 예언자 및 사제로서의 과학자들에 대한 정당성 부여가 있었다. 모든 것은 원칙적으로 객관적 연구 대상으로 개방되었다. 모든 것은 원칙적으로 — 신뢰성과 진실성을 갖고 — 지식의 대상이 될 수 있었다. 진·선·미, 존재와 당위는 모두 체계적이고 정밀한 관찰의 정당한 대상이 되었다. 한편 그것들은 오직 그런 관찰의 결과인 객관적 지식을 통해서만 스스로를 정당화할 수 있었다. 인종주의에 대해 가장 설득력 있게 기록한 역사서에서 모스가 요약하고 있듯이 "자연에 대한 계몽주의 철학의 탐구들을 도덕(성) 및 인간 본성에 대한 검토와 분리하는 것은 불가능하다. …… 처음부터 …… 자연과학은 고대의 도덕적·미학적 이상들과 손을 잡았다." 계몽주의에 의해 주조된 형태로서의 과학 활동은 "인간과 동물 집단들에 대한 관찰, 측정, 비교를 통해 자연 속에서 인간의 정확한 위치를 결정하려는 노력", 그리고 "육체와 정신의 통일에 대한 신념"을 특징으로 한다. 후자는 "유형의 물리적 방식으로 자신을 표출하며, 측정하고 관찰할 수 있다고 가정했다."9) 골상학(골격을 측정함으로써 성격을 읽어내는 기술)과 관상학(얼굴의 특징으로부터 성격을 읽어내는 기술)은 새로운 과학 시대의 신념, 전략, 그리고 야망을 가장 완전하게 포착했다. 인간의 기질, 성격, 지능, 미적 재능, 그리고 심지어 정치적 성향까지도 자연에 의해 결정되는 것으로 간주되었다. 정확히 어떻게 그러한지는 가장 드러나지 않고 감춰진 정신적 속성들조차도 눈에 보이는 물질적 '기층substratum'에 대한 면밀한 관찰과 비교를 통해 발견할 수 있을 것이다. 감각적 인상의 물질적 원천들은 자연의 비밀을 푸는 수많은 열쇠 — 읽어야 할 기호들, 과학이 풀어야 할 암호로 쓰인 기록들 — 였다.

인종주의에 남겨진 일은 인간 유기체의 그러한 물질적 속성들의 체계적이고 유전학적으로 재생산된 분포가 성격적, 도덕적, 미학적 또는 정치적 특질들을 책임지고 있다고 가정하는 것이었다. 그러나 이 일조차도 이미 그들 대신에 존경할 만하고 당연히 존경을 받는 과학의 선구자들에 의해 — 비록 인종주의의 권위자 명단에는 거의 올라있지 않지만 — 행해졌다. 발견한 바의 현실을 냉정하게 관찰하면서 그들은 서방이 세계의 다른 지역들에 대해 누렸던 유형적이고 물질적이고 의문의 여지 없이 '객관적' 우위를 놓칠 수 없었다. 그리하여 과학적 분류학의 아버지 린네Linnaeus는 유럽 거주자들과 아프리카 주민들 사이의 구분을 갑각류와 어류의 차이를 묘사할 때 적용했던 것과 똑같은 세심한 정확성으로 기록했다. 그는 백인종을 "창조적이고, 발명의 재주가 충만하며, 질서정연하고, 법의 지배를 받는다"고 묘사하지 않을 수 없었으며 또 실제로도 그렇게 했다. "반면에 검둥이들은 모든 부정적 자질들을 물려받았으며, 그로 인해 우월한 인종의 열등한 복사본이 되었다. 그들은 게으르고 정직하지 않으며 자신을 통제하지 못하는 것으로 간주되었."[10]

---

9) George L. Mosse, *Toward the Final Solution: A History of European Racism*, London: J. M. Dent & Son, 1978, p. 2.
10) Mosse, *Toward the Final Solution*, p. 20.

'과학적 인종주의'의 아버지 고비노Gobineau는 흑인종을 거의 지능이 없고 그러나 과잉 발달한 육욕을 지녔으며, 따라서 (고삐 풀린 폭도들처럼) 야만적이고 난폭한 힘을 지녔으며, 반면에 백인종은 자유와 명예, 그리고 정신적인 모든 것을 사랑하는 것으로 묘사했다.11)

1938년 프랑크는 유대인들의 처형을 '전 세계 유대인에 대한 투쟁에서 독일 학계'의 무용담으로 묘사했다. 나치가 집권한 첫날부터 "유대인 문제를 선진 과학의 국제적 기준에 따라 연구할" 생물학, 역사학, 그리고 정치학 분야의 저명한 대학교수들이 운영하는 과학 연구소들이 설립되었다. 신독일역사 연구제국연구소, 유대인문제연구원, 독일교회생활에 미친 유대인 영향 연구소, 그리고 악명 높은 로젠베르크의 유대인문제연구소 등은 학문적 방법론의 한 적용 분야로서 '유대인 정책'의 이론적·실천적 쟁점들을 다룬 수많은 과학 센터 중 단지 몇몇 예에 불과했으며, 이 연구소들은 학문적으로 인증된 자격증을 지닌 자질 있는 인원을 풍부히 갖추고 있었다. 그들의 활동에 대한 전형적인 이론적 설명에 따르면

> 수십 년 동안 전체 문화생활은 다소간 생물학적인 사고 — 특히 지난 세기 중반에 다윈, 멘델, 골턴의 가르침에 의해 시작된, 그리고 그 후에는 플뢰츠, 샬마이어, 코렌스, 드 브리스, 체르마크, 바우어, 뤼딘, 피셔, 렌츠 등의 연구에 의해 발전된 그것 — 의 영향 아래 있었다. …… 식물과 동물들에 대해 발견된 법칙들은 인간에게도 타당해야 한다는 것이 인정되었다. ……12)

---

11) Mosse, *Toward the Final Solution*, p. 53 참조.
12) Max Weinreich, *Hitler's Professors: The Part of Scholarship in Germany's Crimes against the Jewish People*, New York: Yiddish Scientific Institute, 1946, pp. 56, 33.

둘째, 계몽주의 시대 이래 현대 세계는 자연과 그 자신에 대한 행동주의적, 공학적 태도로 특징지어졌다. 과학은 그 자체를 위해 수행되어서는 안 되었다. 그것은 무엇보다도 가장 먼저 그것을 보유한 자가 현실을 개선하고, 그것을 인간의 계획과 디자인에 따라 변형하며, 자기완성을 향한 동력을 지원하는 가공할 힘을 가진 도구로 간주되었다. 원예와 의학은 구성적 자세의 원형을 제공했으며, 한편 정상성, 건강 또는 위생은 인간사의 관리에서의 인간의 과제와 전략들에 대한 원형적 은유를 제공했다. 인간의 존재와 공존은 계획과 관리 대상이 되었다. 정원의 식물이나 살아있는 유기체와 마찬가지로 그들은 ─ 만약 잡초가 창궐하거나 암세포가 만연하지 않도록 하기 위해서는 ─ 자체의 도구들에 맡겨질 수 없었다. 원예와 의학은 **살아서 번성하게 되어 있는 유용한 요소들을 박멸해야만 할 해롭고 병적인 요소들로부터 구분하고 분리하는 똑같은 활동의 기능적으로 구분되는 형태일 뿐이다.**

히틀러의 언어와 수사는 질병, 감염, 창궐, 부패, 흑사병의 이미지로 가득했다. 그는 기독교와 볼셰비즘을 매독이나 역병에 비유했다. 그는 유대인들을 박테리아, 부패시키는 세균 또는 해충 등으로 불렀다. 그는 1942년 히믈러에게 이렇게 말했다. "유대인 바이러스의 발견은 역사상 가장 위대한 혁명 중 하나다. 오늘날 우리가 임하고 있는 전투는 지난 세기 파스퇴르와 코흐가 치렀던 전투와 같은 종류의 것이다. 얼마나 많은 질병의 원인이 유대인 바이러스에 있는지 ……. 우리는 유대인들을 제거해야만 건강을 회복할 수 있을 것이다."13) 같은 해 10월 히틀러는 이렇게 선언했다. "페스트를 박멸함으로써 우리는 인류에게 봉사할 것이다."14) 히틀러의 의지를 실행한 자들은 유대인 절멸을 유럽의 '치유

---

13) H. R. Trevor-Roper, *Hitler's Table Talk*, London, 1953, p. 332.
14) Norman Cohn, *Warrant for Genocide*, London: Eyre & Spottiswoode, 1967, p. 87. 히틀러가 '유대인 문제'를 논의할 때마다 사용했던 언어는 단지 수사학적 또는 선전적 가치만을 위해 선택된 것이 아니라는 풍부한 증거가 있다. 유대인에 대한 히틀러의 태도는 이성적

Gesundung', 자기정화Selbsttreinigung, 유대인 청소Judensäuberung라고 말했다. 1941년 11월 5일 발행된 『제국Das Reich』에 실린 기사에서 괴벨스는 다윗의 별 배지의 도입을 '위생적 예방 조치라고 환호했다. 유대인들을 인종적으로 순수한 공동체로부터 격리시키는 것은 '인종적, 민족적, 사회적 위생의 초보적 규칙'이었다. 좋은 동물과 나쁜 동물이 있듯이 사람도 좋은 사람과 나쁜 사람이 있다고 괴벨스는 주장했다. "벼룩이 집안에 살고 있다고 해서 가축이 되는 것은 아니듯이 우리 틈에서 아직도 살고 있다는 것이 유대인들이 우리에게 속한다는 증거는 아니다."15) 외무성 대변인의 말에 따르면, 유대인 문제는 '정치적 위생[보건] 문제'eine Frage der politischen Hygiene'16)였다.

세계적 명성을 지닌 독일의 두 과학자로 생물학자인 바우어Erwin Baur와 인류학자인 슈테믈러Martin Stämmler는 나치 지도자들이 정치의 감정적이고 열정적인 어휘로 반복해 표현했던 것을 응용과학의 정확하고 사무적인 언어로 옮겨놓았다.

인 것이라기보다는 직감적인 것이었다. 그는 히틀러는 실로 위생 ─ 그가 강하게 느끼고 그가 사로잡혀 있던 행동의 코드 ─ 과 유사한 것으로서 '유대인 문제'를 경험했다. 유대인에 대한 히틀러의 혐오증이 얼마나 건강과 위생과 관련된 모든 문제에 대한 그의 진짜 청교도적 민감성으로부터 발생하며, 그것과 일치되어 있는지는 1922년에 그의 친구 헬Josef Hell이 던진 질문 ─ 만약 그에게 완전한 임의의 권력이 주어진다면 유대인을 어떻게 할 것인가? ─ 에 대한 그의 반응을 숙고해보면 분명하게 이해할 수 있다. 마리엔 광장Marienplatz에 특별히 가설된 교수대에 뮌헨의 모든 유대인을 목매달겠다고 약속하면서 히틀러는 "그들이 악취를 풍기기 시작할 때까지" 매달린 채로 두겠다는 것을 강조하는 것을 잊지 않았다. "그들은 위생의 원칙들이 허락하는 한 거기에 매달려 있을 것"이라는 것이다 (Fleming, Hitler and the Final Solution, p. 17에서 재인용). 히틀러는 이 말을 극도로 분노해 '발작 상태에서' 침을 튀기며 분명히 자신을 통제하지 못하는 상태에서 말했다는 것을 덧붙이자. 그때조차도, 그리고 아마 특히 그때 위생에 대한 숭배와 건강 편집증이 히틀러의 마음을 확고히 사로잡았음을 알 수 있다.

15) Marlis Steinert, *Hitler's War and the Germans: Public Mood and Attitude during the Second World War*, trans. Thomas E. J. de Witt, Athens, Ohio: Ohio University Press, 1977, p. 137.

16) Raoul Hilberg, *The Destruction of the European Jews*, New York: Holmes & Meiar, 1983, vol. III, p. 1023.

모든 농부는 가축 중 가장 우수한 견본을 번식시키지 않고 도살하고 대신 열등한 개체들을 계속 기르면 가축의 품종은 희망 없이 퇴화할 것임을 잘 안다. 어떤 농부도 자신의 가축이나 작물에 대해 저지르지 않을 이런 실수를 우리는 우리 사이에서 상당한 정도로 진행되도록 내버려두고 있다. 오늘날 우리의 인간됨에 대한 보답으로서 우리는 이런 열등한 인간들이 대를 잇지 못하도록 주의해야 한다. 더 이상 지체 없이 몇 분 만에 할 수 있는 간단한 수술로 그것이 가능할 것이다. …… 나는 누구보다도 더 새로운 단종법에 찬성한다. 하지만 그것은 오직 시작일 뿐이라는 것을 나는 거듭 반복해야만 하겠다. ……

멸종과 구원은 모든 인종의 배양이 회전하는 두 개의 중심축, 그것이 작동하는 두 가지 방식이다. …… 멸종은 단종을 통해 유전적으로 열등한 자들을 생물학적으로 파괴하는 것, 건강하지 않고 바람직하지 않은 자들을 양적으로 억압하는 것이다. …… 그러한 과제는 사람들을 잡초의 과잉 성장으로부터 보호하는 것이다.17)

요약하면 이렇다. 가스실을 건설하기 훨씬 이전에 이미 나치는 히틀러의 명령에 따라 정신적으로 비정상적인 또는 육체적으로 장애를 지닌 동포들을 ('안락사'라고 잘못 이름 붙여진) '자비로운 살인'을 통해 절멸하고, 우수한 여성들과 우수한 남성들에 의한 다산을 통해 우수한 인종

17) Weinreich, *Hitler's Professors*, pp. 31~33, 34. 목축업자와 다른 생물학적 조작자의 전통은 국가사회주의자들의 과학에 의해 단지 '유대인 문제'의 해결을 위해서만 전개된 것이 아니었다. 그들은 나치즘 치하의 사회정책 전체에 영감을 제공했다. 함부르크 출신의 지도적 도시사회학자 발터Andreas Walther 교수는 "우리는 교육이나 환경의 영향을 통해 인간의 본성을 바꿀 수 없다. …… 국가사회주의는 도시 개량 시도에서 주택건설이나 위생의 개선에 한정했던 과거의 오류를 되풀이하지 않을 것이다. 사회학적 연구는 누가 아직 목숨을 살릴 수 있는가를 결정할 것이다. …… 희망이 없는 경우는 제거될*ausmerzen* 것이다." *Neue Wege zur Grosstadtsanierung*, Stuttgart, 1936, p. 4. Stanisaw Tyrowicz, *Światio wiedzy zdeprawowanej*, Poznań: Instytut Zachodni, 1970, p. 53에서 재인용.

을 육성하려고 시도했다(우생학). 이런 시도들과 마찬가지로 유대인 살해는 사회의 합리적 관리의 실행이었다. 그리고 그것을 위해 응용과학의 태도, 철학 및 권고들을 전개하려는 체계적 시도가 이루어졌다.

배척에서 절멸로

"기독교 신학은 결코 유대인의 절멸을 옹호하지 않았다. 그보다는 신을 죽이는 것에 대한 살아있는 증인으로 사회로부터 그들의 배제를 선택했다. 유대인들을 게토에 격리시키는 것에 비해 학살은 부차적이었다"고 모스는 쓰고 있다.[18] 아렌트는 "범죄는 처벌을 받게 된다. 그러나 악은 오직 절멸될 수 있을 뿐"이라고 주장한다.[19]

오래된 유대인 배척은 드디어 현대의 '과학적인', 인종주의 형태에 이르러 위생의 실행으로 표현될 수 있게 되었다. 유대인 혐오의 현대적 재생과 함께 유대인들은 — 담지자와 분리될 수 없는 내재적 결함을 지닌 — 근절할 수 없는 악이라는 혐의가 씌워졌다. 이전에 유대인들은 죄인이었다. 다른 모든 죄인처럼 죄로 인해 — 세속의 그리고 피안의 정죄에서 회개하고, 아마도 구원을 얻기 위해 — 고통받게 되어 있었다. 죄의 결과와 참회의 필요성을 나타내기 위해 그들의 고통은 눈으로 볼 수 있어야 했다. 그런 은혜는 — 설혹 처벌이 완결되더라도 — 죄악을 지켜봄으로써 도출될 수 있는 것이 아니었다(의심이 든다면 화이트하우스 Mary Whitehouse를 참조하라). 암, 해충 또는 잡초는 참회할 수 없다. 그것들은 죄를 짓지 않았다. 단지 본성대로 살았을 뿐. 그것들을 처벌할 이유가 없다. 사악함의 본성에 따라 그것들은 박멸되어야 한다. 괴벨스는

---

18) Mosse, *Toward the Final Solution*, p. 134.
19) Hannah Arendt, *Origins of Totalitarianism*, London: Allen & Unwin, 1962, p. 87.

일기장에 이 점을, 우리가 앞서 로젠베르그의 추상적인 역사철학에서 주목했던 것과 똑같이 분명히 적어놓았다. "예외적인 특별한 처벌을 한다고 해서 유대인들을 문명화된 인류의 품 안으로 되돌릴 희망은 없다. 그들은 영원히 유대인으로 남아 있을 것이다. 우리가 영원히 아리안족의 성원으로 남아 있듯이."[20] 그러나 '철학자' 로젠베르그와 달리 괴벨스는 가공할, 도전받지 않는 권력을 휘두르는 정부 — 더욱이 현대 문명의 성취 덕분에 암, 해충 또는 잡초가 없는 삶의 가능성을 상상할 수 있는, 그리고 그런 가능성을 현실로 만들 수 있는 물질적 자원을 마음대로 사용할 수 있는 정부 — 의 각료였다.

인종에 대한 인상을 갖지 않고서는 — 다시 말해 원칙적으로 치유 불가능하고 거기에 덧붙여 통제되지 않으면 자기증식을 할 수 있는 고유하고 치명적인 결함이 있다는 이미지가 없으면 — 한 민족을 절멸한다는 생각에 도달하기는 어려우며, 아마 불가능할 것이다. 또한 고립된 영역의 의학적 실천(개별 인간의 신체를 겨냥한 의학 그 자체, 그리고 그것의 다양한 비유적 적용들) — 건강과 정상성의 모델, 분리 전략, 그리고 수술의 기술을 지닌 — 이 없다면 그런 생각에 도달하기는 어렵고 아마도 불가능할 것이다. 사회에 대한 공학적 접근, 전문 제도, 사회질서의 인위성에 대한 믿음, 인간조건과 상호작용에 대한 과학적 관리의 실천과 분리해서 그런 생각을 해내는 것은 특히 어렵고 거의 불가능하다. 이런 이유들에서 **반유대주의의 절멸주의 버전은 전적으로 현대적 현상으로 보아야만 한다**. 즉, 그것은 현대(성)가 상당히 진전된 상태에서만 일어날 수 있는 무엇이다.

그러나 이것들이 절멸 디자인과 현대 문명과 당연히 결부되었던 발전들 사이의 유일한 고리는 아니었다. 인종주의는 현대적 심성의 기술주

---

20) 괴벨스의 일기 중에서. Joel E. Dinsdale(ed.), *Survivors, Victims, and Perpetrators: Essays on the Nazi Holocaust*, Washington: Hemisphere Publishing Company, p. 311.

의적 성향과 결합했을 때조차도 결코 홀로코스트라는 업적을 성취하는 데 충분치 않았을 것이다. 홀로코스트를 위해서는 이론에서 실천으로의 이행 통로를 확보할 수 있어야만 했을 것이며, 그리하여 이것은 이념의 순전한 동원력에 의해 과제의 규모에 부응하기에 충분한 인간 행위자에게 동력을 주는 일, 그리고 그러한 과업이 요구하는 만큼 오랫동안 그러한 일에 대한 헌신을 유시하는 것을 의미했을 것이다. 이데올로기직 훈련, 선전 또는 세뇌를 통해 인종주의는 비유대인 대중에게 유대인에 대한 — 그들과 마주칠 때면 언제 어디서나 그들에 대한 폭력적 행동을 유발할 수 있을 만큼 강렬한 — 증오와 반감을 주입해야만 했을 것이다.

역사가들이 널리 공유하는 견해에 따르면 그런 일은 일어나지 않았다. 나치 정권이 인종주의적 선전, 나치 교육의 집중적 노력, 인종주의의 실천에 맞선 저항에 대한 실질적 테러 위협 등에 엄청난 자원을 쏟아 부었음에도 불구하고 인종주의적 프로그램(그리고 그것의 궁극적인 논리적 결과)에 대한 대중의 수용은 감정에 이끌린 절멸이 필요로 하는 만큼의 수준에 미치지 못했다. 추가 증거가 필요하기라도 한 듯 이러한 사실은 다시 한번 **이종공포증 또는 지속적 적의와 인종주의 사이에는 연속성 또는 자연적 연속성이 없음**을 보여준다. 절멸이라는 인종주의 정책에 대한 대중의 지지를 얻기 위해 유대인들에 대한 널리 퍼진 적의를 이용하려고 했던 나치 지도자들은 곧 실수를 깨닫지 않을 수 없었다.

그러나 설혹 인종주의의 신조가 좀 더 성공적이었고, 린치나 목 자르기 자원자들이 몇 배나 더 많았다고 하더라도(사실 있을 것 같지 않은 경우이지만) 폭도들의 폭력은 훨씬 더 비효율적이고 심히 전근대적인 형태의 사회공학 또는 철저히 현대적인 프로젝트 또는 인종적 위생학의 형태처럼 보인다. 사실 사비니와 실버가 설득력 있게 논했듯이 독일에서 반유대주의 대중 폭력의 가장 성공적인 — 널리 퍼진, 그리고 물리적으

로 효과적인 — 에피소드인 악명 높은 '부서진 수정의 밤'은

새로운 나치 질서나 유럽 유대인의 체계적 절멸이 아니라 오래된 유럽의 반유대주의 전통에 전형적인 …… 학살, 테러의 도구였다. 폭도들의 폭력은 원시적, 비효율적 절멸 기술이다. 그것은 집단을 위협하는, 사람들을 자리에 묶어두는, 아마도 심지어 일부 사람들로 하여금 종교적 또는 정치적 신념을 포기하도록 강제하는 효과적인 방법이었다. 하지만 이런 것들은 유대인과 관련한 히틀러의 목표가 아니었다. 그의 의도는 그들을 파괴하는 것이었다.21)

거기에는 폭력적으로 될 '군중'이 충분히 없었다. 살인과 파괴의 장면은 사람들을 고무하는 만큼이나 억제했다. 반면에 압도적 다수가 눈과 귀, 그러나 무엇보다도 입을 닫는 것을 선호했다. 대량파괴의 뒤를 따른 것은 감정의 소동이 아니라 죽은 듯한 무관심의 침묵이었다. "수백, 수천 명의 목덜미를 냉혹하게 조이는 교수대의 밧줄을 더욱 단단히 조인 것"22)은 대중의 환호가 아니라 대중의 무관심이었다. 인종주의는 정책이 먼저고 이데올로기는 다음이었다. 다른 모든 정치와 마찬가지로 그것은 조직과 관리자 그리고 전문가들을 필요로 했다. 모든 정책과 마찬가지로 그것이 시행되기 위해서는 분업, 그리고 즉흥성과 자발성의 해체 효과로부터 과업의 효과적인 분리를 필요로 했다. 그것은 전문가들이 방해받지 않고 자유로이 과제를 추진해나갈 것을 요구했다.

무관심 그 자체가 중요하지 않은 것은 아니었다. '최종해결책'의 성공에 관한 한 그것은 분명히 그렇지 않았다. 폭도로 변하지 못한 것은 대

---

21) John R. Sabini & Maury Silver, "Destroying the Innocent with a Clear Conscience: A Sociopsychology of the Holocaust", in *Survivors, Victims, and the Perpetrators*, p. 329.
22) Richard Grünberger, *A Social History of the Third Reich*, London: Weidenfeld & Nicholson, 1971, p. 460.

중의 무기력 때문이었다. 그러한 무기력은 권력의 과시에서 나오는 매혹과 두려움에 의해 성취된 무기력으로, 그것이 문제 해결의 치명적 논리가 방해받지 않고 전개될 수 있도록 해주었다. 스토크스의 말을 빌리면 "처음 불안정하게 권좌에 올랐을 때 정권의 비인간적 조치들에 항의하지 못한 것이 그러한 조치들이 논리적 정점에 도달하는 것 — 얼마나 의문의 여지 없이 사람들이 원치 않고 반대했는지 상관없이 — 을 방지하는 것을 불가능하게 만들었다."23) 이종공포증의 폭과 깊이는 독일 대중이 — 비록 대다수가 싫어했고 인종주의적 교의에 감염되지 않은 상태였음에도 불구하고 — 폭력에 맞서 항의하지 않을 만큼 충분했다. 이런 사실에 대해서는 나치 스스로 수많은 사례를 발견했다. 독일인들의 태도에 대한 나무랄 데 없이 균형 잡힌 설명에서 고든은 '부서진 수정의 밤에 대한 독일 대중의 반응에 대해 실망감을 생생하게 표현하고 있는 나치의 공식 보고서를 인용하고 있다.

오늘날 독일의 반유대주의는 기본적으로 당과 그 조직들에 한정되어 있다는 것, 그리고 국민 중 일정 집단은 반유대주의에 대해 조금도 이해하지 못하고 있다는 것, 그리고 그들 안에서는 반유대주의에 대한 공감의 가능성이 전혀 존재하지 않는다는 것을 우리는 알고 있다.
 '부서진 수정의 밤 이후에도 이 사람들은 즉각 유대인 상점으로 달려갔다. ……
 이것은 상당한 정도 우리가 분명히 반유대주의 국민, 반유대주의 국가이지만 그럼에도 불구하고 국가와 국민의 삶의 모든 표현에서 반유대주의가 표출되지 않은 것이나 마찬가지이기 때문이다. …… 독일 국민 중에는 아직도 속물Spiessern 집단들이 있는데, 이들은 불쌍한 유대인 운운하며 독일

---

23) Lawrence Stokes, "The German People and the Destruction of the European Jewry", *Central European History*, no. 2(1973), pp. 167~191.

국민의 반유대주의 태도를 이해하지 못하며 기회가 있을 때마다 유대인들에게 유리하게 중재에 나선다. 오직 지도부와 당만 반유대주의가 되어선 안 된다.24)

폭력 — 특히 눈에 보이는, 그리고 눈에 보이도록 의도된 폭력 — 을 싫어하는 태도는 유대인들에게 취해진 행정적 조치들에 대한 훨씬 더 동정적인 태도와 공존했다. 수많은 독일인이 유대인에 대한 인종차별, 분리, 그리고 무력화를 겨냥한 정열적이고 시끌벅적하게 광고된 행동들 — 이종공포증 또는 경쟁자에 대한 적의의 전통적 표현들 및 도구들 — 을 환영했다. 게다가 많은 독일인은 유대인에 대한 처벌이라고 묘사된 조치들을 — 배제와 불안정이라는 (설혹 무의식적인 것일지라도) 아주 현실적인 불안과 공포에 대한 상상의 해법으로 — 환영했다. 만족한 이유가 무엇이었든 그들은 상상의 경제적·성적 범죄들에 대해 보복하는 너무도 현실적인 방법으로서의 폭력에 대한 슈트라이허식의 장려가 함축하는 것들과는 근본적으로 다른 것 같이 보였다. 유대인에 대한 대량학살을 계획하고 명령한 자들의 관점에서 보면 유대인들이 죽어야 하는 이유는 미움을 받았기 때문이 아니다(또는 최소한 일차적으로 그 때문은 아니다). 그들은 이 불완전하고 긴장에 싸인 현실과 평온한 행복이 가득한 희망의 세계 사이에 서 있었기 때문에 죽어 마땅하다고 간주되었다(그리고 그 때문에 미움을 받았다). 다음 장에서 살펴보겠지만 유대인 소멸은 완벽한 세계를 실현하는 데 도움이 되는 것이었다. 유대인 없는 것, 바로 그것이 그러한 세계와 지금 여기의 불완전한 세계의 차이였다.

공식 보고서들과 더불어 중립적이고 비판적인 자료들을 검토한 고든은 '평범한 독일인들'이 점점 더 널리 유대인들을 권력과 부, 그리고 영

---

24) Sarah Gordon, *Hitler, Germans, and the 'Jewish Questio"*, Princeton: Princeton University Press, 1984, pp. 159~160에서 재인용.

향력 있는 지위로부터 추방하는 데 동의했음을 증명했다.25) 공공생활에서 점차 유대인들이 사라지는 것은 환영받거나 고의로 무시되었다. 유대인 처형에 개인적으로 참여하지 않으려는 대중의 희망은 요컨대 국가의 행동에 추종할 또는 최소한 그것에 간섭하지 않을 준비가 되어있음과 결합되어 있었다. "설혹 대부분의 독일인이 광신적 또는 '망상증적' 반유대주의자들은 아니었을지라도 그들은 '온건한', '잠재적인' 또는 수동적 반유대주의자들이었다. 이들에게 유대인들은 인간적 공감의 여지가 없는 '비인격화된', 추상적인, 낯선 실체였으며, 따라서 '유대인 문제'는 해결할 필요가 있는 국가 정책의 합당한 주제였다."26)

이런 고찰들은 다시 한번 반유대주의의 절멸주의적 형태와 현대(성) 사이의 이념적 고리보다는 다른, 조작적 고리가 훨씬 더 중요하다는 것을 입증한다. 절멸이라는 아이디어 — 전통적인 이종공포증과는 이어지지 않는, 그리고 그 때문에 인종주의 이론의 두 가지 화해할 수 없는 현대적 현상들 및 의학적·치료적 증후군에 의존하는 — 가 첫 번째 고리가 되었다. 그러나 그러한 현대적 아이디어는 또한 적당한 현대적인 이행 수단을 필요로 했다. 현대적 관료제가 해답이었다.

인종주의적 세계관에 의해 제기된 문제에 대한 유일하게 적절한 해답은 병들고 전염의 염려가 있는 인종(질병과 오염의 원인)을 — 그들을 완전히 공간적으로 분리하거나 물리적으로 파괴하는 것을 통해 — 완전히 무자비하게 격리하는 것이다. 성격상 이것은 엄청난 과제이며, 막대한 자원의 가용성, 그것의 동원과 계획적 배분, 전체 과제를 수많은 부분적이고 전문화된 기능들로 쪼개는 기술, 그리고 그것들의 수행을 조정할 기술 등과 관련짓지 않고서는 생각할 수 없는 것이었다. 요컨대, 그러한 과업은 현대적 관료제 없이는 생각할 수 없는 것이다. 효과적이

---

25) Gordon, *Hitler, Germans*, p. 171 참조.
26) Christopher R. Browning, *Fateful Months*, New York: Holmes & Meier, 1985, p. 106.

기 위해서 현대적 절멸주의적 인종주의는 현대적 관료제와 결합해야만 했다. 그리고 독일에서는 그렇게 되었다. 하이드리히Heydrich는 그의 유명한 반트제Wandsee 보고에서 제국보안본부의 유대인 정책에 대한 총통의 '동의' 또는 '재가'에 대해 언급했다.27) 그러한 아이디어에서 발생하는 문제들, 그리고 그러한 아이디어가 결정한 목적에 직면해(히틀러 자신은 목적 또는 과제보다는 '예언'이라고 말하기를 좋아했다) 제국보안본부라고 불린 관료조직이 적절한 실천적 **해법들**을 고안하는 데 착수했다. 그것은 이 문제를 모든 관료조직이 그렇게 하듯이 다루었다. 즉, 비용을 계산하고 그것과 가용한 자원들을 비교하며, 그리고 최적의 조합을 결정하기 위해 애썼던 것이다. 하이드리히는 실제 경험을 축적할 필요성을 강조했고, 그러한 과정의 점진성과 각 단계의 잠정적 성격 — 아직은 제한된 실천적 노하우에 의해 제약되어 있었다 — 을 강조했다. 제국보안본부는 적극적으로 최선의 해법을 찾아 나섰다. 총통은 말기의 질병을 지닌 인종이 청소된 낭만적 세계에 대한 전망을 드러내 보였다. 나머지는 결코 낭만적이지 않은, 냉정하게 합리적이고 관료적인 과정의 문제였다.

사람을 죽이기 위한 이 복합체는 사회 디자인 및 사회공학이라고 하는 — 전형적으로 현대적인 권력, 자원 및 관리기술들의 집중과 혼합된 — 전형적으로 현대적인 야망으로 구성되어 있었다. 고든의 간결하고 잊지 못할 구절을 빌리면 "수백만 명의 유대인들과 다른 희생자들이 임박한 죽음에 대해 숙고할 때, 그리고 '왜 내가 죽어야 하나? 나는 그럴 만한 일을 아무것도 하지 않았는데?' 하는 의문을 가질 때 아마도 가장 간단한 해답은 권력이 완전히 한 사람에게 집중되어 있었고, 우연히도 바로 그 사람이 그들 '인종'을 미워했기 때문이라는 것일 터이다."28) 그 사람

---

27) *Le dossier Eichmann et la solution finale de la question juive*, Paris: Centre de documentation juive contemporaine, 1960, pp. 52~53.

의 미움과 권력 집중이 만나지 말았어야 했다(사실 오늘날까지 반유대주의가 전체주의 체제에 기능적으로 불가결하다는 또는 거꾸로 현대적·인종주의적 형태의 반유대주의의 존재가 불가피하게 그런 체제로 귀결된다는 만족스러운 이론은 제시된 바 없다. 예를 들어 폰 바이메는 최근 연구에서 스페인의 팔랑헤 당원들은 리베라Antonio Primo de Rivera의 저술에 반유대주의적 언사가 단 한마디도 들어있지 않은 것을 특히 자랑스러워했으며, 한편 '고전적' 파시스트 프랑코의 처남인 수녜르Serrano Suñer조차도 훌륭한 기독교도에게는 인종주의 일반이 이단이라고 선언했음을 밝혀냈다. 프랑스의 네오파시스트인 바르데크Maurice Bardech는 유대인 처형은 히틀러의 가장 큰 실수였으며 '파시즘 정신에 어긋나는hors du contrat fasciste' 것이었다고 천명했다.29)) 하지만 그렇게 되었다. 그리고 그것들은 다시 만날 수도 있다.

전망

현대의 반유대주의의 역사는 이종공포증라는 형태 및 현대의 인종주의라는 형태 모두에서 현대(성)의 역사 일반 그리고 특히 현대 국가의 역사가 그렇듯이 아직 끝나지 않았다. 오늘날 현대화 과정은 유럽을 떠나는 것 같다. 현대적, '원예형' 문화로의 이행기에, 그리고 현대화의 변화

---

28) Gordon, *Hitler, Germans*, p. 316.
29) Klaus von Beyme, *Right-Wing Extremism in Western Europe*, London: Frank Cass, 1988, p. 5. 최근의 연구에서 발포어Michael Balfour는 독일의 바이마르 사회의 다양한 계층이 나치 집권을 열정적으로, 온건하게 또는 미온적으로 지지하게 한 또는 최소한 능동적 저항을 하지 않게 한 조건과 동기를 살펴보았다. 많은 이유 — 일반적인 것과 함께 인구의 각각의 부분에 특정적인 것들 — 가 열거되었다. 그러나 반유대주의에 대한 나치의 직접적 호소는 오직 한 경우에만 — 즉, 유대인들의 '불균형 경쟁'의 위협을 느꼈던 '중상층*obere Mittelstand*'의 교육받은 부분 — 두드러진다. 그리고 이 경우조차도 나치의 사회혁명 프로그램에서 매력적인 또는 최소한 시도해볼 만한 가치가 있는 많은 요인 중의 하나였을 뿐이다. 그의 *Withstanding Hitler in Germany 1933~1945*, London: Routeledge, 1988, pp. 10~28을 참조하라.

를 겪고 있는 사회들에서 가장 상처 깊은 해체의 기간에 모종의 경계 정의하기 장치가 필요한 것처럼 보이지만 유대인들이 그런 장치의 역할 담당자로 선정된 것은 아마 유럽 역사의 특수한 부침에 의해 규정된 것 같다. 유대인 혐오증과 유럽의 현대(성) 간의 연관은 역사적인 (그리고 역사적으로 독특한) 것이다. 다른 한편 우리는 문화적 자극들이 — 설혹 그것들이 발생한 장소에서 그것들과 밀접하게 관련되었던 구조적 조건 들이 수반되지 않기도 하지만 — 상대적으로 자유롭게 여행한다는 것 을 안다. 질서 교란 세력이라는, 모든 정체성을 해치고 자기결정을 위한 모든 노력을 위협하는 부조화적 반대 집단이라는 유대인의 스테레오타 입은 매우 권위적인 유럽 문화에 오래전부터 녹아 있었으며, 또한 우월 하고 믿을 수 있는 것으로 인정된 그 문화 속의 다른 모든 것과 마찬가 지로 수입·수출될 수도 있는 것이었다. 이 스테레오타입은 문화적으로 규정된 이전의 모든 개념 및 항목과 마찬가지로 지방의 문제들을 해결 하는 데 — 설혹 그것이 태어난 역사적 경험이 그 지방에는 없다고 할 지라도 그리고 설혹 그것을 채택한 사회들이 유대인에 대한 직접적 지 식이 없었다고 할지라도(또는 아마도 특히 그럴 경우에) — 수단으로 채 택될 수 있었다.

최근 반유대주의는 애당초 그것이 표면상 겨냥했던 사람들보다 더 오 래 살아남았다고 지적되었다. 유대인들이 거의 사라진 나라들에서 반유 대주의는 (물론 이제는 일차적으로 유대인이 아닌 다른 표적들과 관련된 관 행들과 결합된 정서로서) 약해지지 않고 지속되고 있다. 훨씬 더 주목할 만한 것은 반유대주의 감정을 받아들이는 것과 — 그것과 밀접하게 연 관되어 있다고 생각되었던 — 다른 모든 민족적, 종교적 또는 인종적 편견들 사이의 분리다. 오늘날 반유대주의 감정은 집단적 또는 개별적 특이성에, 그리고 특히 불안을 야기하는 미해결된 문제들, 첨예한 불확 실성 등과 관련되어 있지 않다. '유대인 없는 반유대주의'의 오스트리아 사례를 연구한 마틴은 — 특정한 (보통은 병적인, 그렇지 않으면 호감이 안 가는 또는 부끄러운) 인간적 특징들이나 행동 유형들이 '유대인적'이라고 정의되기 시작한 — 비교적 새로운 현상을 설명하기 위해 **문화 퇴적**이라는 용어를 만들어냈다. 그런 연관에 대한 실제적 검증이 없는 상태에서 부정적인 문화적 규정과 그것이 가리키는 특징들에 대한 반감은 서로 부양하고 강화한다.30)

그러나 오늘날의 다른 많은 반유대주의 사례들에서 '문화 퇴적'에 의한 설명은 잘 맞지 않는다. 우리의 지구촌에서 뉴스는 빨리 널리 전파되고 문화는 오래전부터 국경이 없는 게임이 되었다. **오늘날의 반유대주의는 문화 퇴적의 산물이기보다는 — 과거 어느 때보다 오늘날 훨씬 더 강한 — 문화 확산 과정과 관련되어 있는 것 같다.** 그런 확산의 다른 대상들과 마찬가지로 반유대주의는 원래 형태와 논리적 친화성은 유지하면서 새로운 정착지 문제들 및 요구들에 맞도록 변형 — 첨예화 또는 풍부화 — 된다. 그것에 수반되는 긴장과 트라우마를 지닌 현대(성)가 '불균등 발전'하는 시대에 그런 문제들 및 요구들은 아주 풍부하다. 유대인 혐오적인 스테레오타입은 그것이 없었더라면 당황스럽고 놀라웠을 해체, 그리고 이전에는 경험하지 못했던 형태의 고난에 대한 안성맞춤의 이해를 제공한다. 예를 들어 일본에서는 최근 그것이 경제 성장의 도정에서 예상하지 못했던 장애물들을 이해하는 데 대한 보편적 열쇠로 점점 더 인기가 높아지고 있다. 엔화의 평가절상이나 이른바 또 다른 체르노빌 같은 핵사고와 그에 뒤이은 또 다른 소련식의 은폐에 따르는 낙진의 위험과 같이 다양한 사건들에 대한 설명으로서 세계 유대인 집단이 제시되고 있다.31)

---

30) Bernd Martin, "Antisemitism before and after Holocaust", in *Jews, Antisemitism and Culture in Vienna*, ed. Ivor Oxaal, London: Michael Pollack and Gerhard Botz, 1987 참조.
31) *Jewish Chronicle*, 15 July 1988, p. 2.

모든 지방 권력들을 파괴하는 데 나선, 모든 지방 문화와 전통들을 해체하는 데 나선, 그리고 세계를 유대인 지배하에 통일시키는 데 착수한 국제적 음모로서의 유대인의 이미지로 쉽게 전파되는 반유대주의 스테레오타입의 한 변종은 콘이 상세히 묘사하고 있다. 이것은 분명히 가장 독설적이고 잠정적으로 치명적인 형태의 반유대주의이다. 바로 이런 스테레오타입의 후원하에 나치에 의한 유대인 절멸이 시도되었던 것이다. 오늘날의 세계에서 과거 '유대인의 부조화'의 다중적 차원들로부터 영감을 끌어냈던 다면적인 유대인 이미지는 이제 단 하나의 꽤 간단한 속성 — 즉, 초국민적 엘리트의, 모든 보이는 권력들 뒤에 있는 보이지 않는 권력의, 이른바 자발적이고 통제 불가능한 그러나 보통은 불행하고 당황스러운 운명의 전환의 숨겨진 관리자라는 속성 — 으로 줄어드는 경향이 있다.

현재 지배적인 형태의 반유대주의는 이론의 산물이지 일차적 경험의 산물이 아니다. 즉, 그것은 가르침과 배움의 과정을 통해 지지되는 것이지 일상적인 상호작용의 맥락에 대한 지적으로 가공되지 않은 반응에 의해 지지되는 것이 아니다. 20세기가 시작될 때 서유럽의 풍요한 나라들에서 가장 널리 퍼진 반유대주의의 변종은 유대인 이민자들이라는 가난하고 낯선 대중들을 겨냥한 것이었다. 그것은 토착의 하층 계급들 — 이들은 홀로 낯설고 기괴한 이방인들과 접촉했고, 당황스럽고 불안한 그들의 존재에 대해 불신과 의심을 갖고 반응했다 — 의 매개되지 않은 경험으로부터 발생했다. 그들의 감정을 엘리트들은 거의 공유하지 못했다. 왜냐하면 이들은 이디시어를 말하는 신참자들과 직접 상호작용한 경험이 없었고, 그들에게 이민자들은 다루기 힘들고 문화적으로 억눌리고 잠재적으로 위험한 다른 나머지 하층 계급과 본질적으로 다르지 않았기 때문이다. 중간계급이나 상층 계급 지식인들만이 제공할 수 있는 이론에 의해 가공되지 않은 채 남아 있는 한 대중의 일차적인 이종공포증은 (레닌의 유명한 경구를 빌리면) '노동조합 의식' 수준에 머물러 있었다. 오직 유대인 빈민들과의 상호작용이라는 낮은 수준의 경험만 참조하는 한 그것은 그 이상 고양되기 힘들었다. 그것은 단지 개인의 불안들과 개별적인 골칫거리들을 모아서 공통의 문제로 제시하는 것에 의해서 — 무엇보다도 런던의 이스트엔드를 겨냥했던 모슬리Mosley의 영국운동 British Movement 또는 라이스터나 노팅힐과 비슷한 지역들을 겨냥한 오늘날의 영국국민전선British National Front, 그리고 마르세유를 겨냥한 프랑스의 국민전선 등의 경우에 그러했듯이 — 대중 봉기를 위한 강령으로 일반화될 수 있었다. 그것은 "이방인들을 고향으로 돌려보내라"는 요구가 존재하는 한 전진할 수 있다. 그러나 대중의 그런 이종공포증 또는 심지어 경계선 긋기 불안 — 어떻게 보면 하층 계급의 '사사로운 일'인 — 으로부터 보편적 야망을 지닌 정교한 반유대주의 이론들 — 이런 치명적인 인종 또는 '세계적 음모'와 같은 — 로 나아가는 길은 없다. 대중의 상상력을 포착하기 위해 그런 이론들은 정상적으로 대중들이 접근할 수 없고 잘 모르는, 그리고 그들의 일상적인 직접 경험의 영역 안에 위치해 있지 않은 사실들에 기초해야만 한다.

하지만 앞에서의 우리의 분석은 정교한 이론적 형태의 반유대주의의 진정한 역할은 그것이 대중의 적대자적 실천들을 조장하는 데 있다기보다는 사회공학적 디자인 및 현대 국가의 야망들 — 또는 좀 더 정확히 말하자면 그런 야망의 극단적이고 급진적인 변종들 — 과 그것의 고유한 관련에 있다는 결론을 가져다주었다. 서구 국가들이 이전에는 통제되었던 사회적 삶의 많은 영역을 직접 관리하는 데서 물러나는 경향, 그리고 사회적 삶의 다원주의를 조장하고 시장 주도적인 구조를 향한 오늘날의 경향을 볼 때 인종주의 형태의 반유대주의가 서유럽 국가들에 의해 대규모 사회공학적 프로젝트의 도구로 다시 사용될 것 같지는 않다. 좀 더 정확히 말하면, **예측 가능한** 미래에 대부분의 서구 사회들의 탈현대적, 소비자 지향적, 그리고 시장 중심적 조건은 ── 당분간은 세계 자원의 지나치게 커다란 몫을 보장해주지만 영원히 지속되지는 않을 ── 예외적인 경제적 우월성이라는 취약한 토대에 기초하고 있는 것처럼 보인다. 우리는 국가가 직접 사회관리를 떠맡는 것을 필요로 하는 상황이 그다지 멀지 않은 장래에 도래할 수도 있으며, 그때에는 자리를 굳히고 잘 검증된 인종주의적 전망이 또다시 손쉽게 쓰일 수 있을 것이라고 가정할 수 있다. 그동안은 비인종주의적이고 덜 극적인 변종의 유대인혐오증이 수많은 좀 덜 급진적인 경우들에 정치적 선전 및 동원 수단으로 사용될 수 있을 것이다.

유대인들이 대규모로 중상층으로 이동하고, 따라서 대중의 직접 경험의 범위 밖으로 벗어나는 오늘날, 대부분의 서구 국가들에서 경계선 긋기와 경계선 유지하기와 관련해 새롭게 조성된 관심사들로부터 발생하는 집단적 적대감은 이주 노동자들에게 집중되는 경향이 있다. 그런 관심사들을 이용하기에 혈안이 된 정치 세력들이 있다. 분리와 물리적 격리를 지지하는 주장을 하기 위해 그들은 종종 현대적 인종주의에 의해 개발된 언어 ── 나치가 권좌에 이르는 길에서 그들 자신의 인종주의적 의도들에 대한 대중의 전투적 적의의 지지를 얻어내는 수단으로 성공적으로 이용했던 구호 ── 를 사용한다. 전후 경제 재건기에 많은 이주 노동자들을 끌어들였던 모든 나라에서 대중 언론과 포퓰리즘 성향을 지닌 정치가들은 인종주의적 언어가 오늘날 사용되는 새로운 용처의 무수한 사례를 제공한다. 조브와 마구디 그리고 푹스는 이런 용례들을 수집해 설득력 있게 분석했다.[32] 거기에서 우리는 1985년 10월 16일 자 『르 피가로』지에서 '30년 후에도 우리는 여전히 프랑스인일 것인가?'라는 질

---

[32] Gérard Fuchs, *Ils resteront: le defi de l'immigration*(Paris: Syros, 1987); Pierre Jouve & Ali Magoudi, *Les dits et les non-dits de Jean-Marie Le Pen: enquête et psychanalyse*, Paris: La Decouverte, 1988 참조.

문에 관한 기사를 읽을 수 있으며 또는 시라크Jacques Chirac 수상이 개인 안전의 강화와 더불어 프랑스 민족 공동체의 동일성 강화를 위해 확고하게 싸우겠다는 정부의 결의에 대해 단숨에 말하고 있는 것을 읽을 수 있다. 분명히 영국 독자들은 대중의 이종공포증과 경계에 대한 공포를 동원하는 데 봉사하는 의사-인종주의적·분리주의적 언어들을 찾기 위해서 프랑스 저자들을 찾을 필요는 없다.

이종공포증과 경계선 경쟁의 불안들은 — 아무리 혐오스럽고, 또 그것들이 가진 잠재적 폭력의 저수지가 아무리 넓더라도 — 직접 또는 간접적으로 집단학살로 귀결되지는 않는다. 이종공포증을 인종주의나 홀로코스트 같은 조직적 범죄와 혼동하는 것은 잘못된 것이며, 잠재적으로 해로운 것이다. 왜냐하면 그러한 재앙의 진정한 원인에 대한 성찰로부터 주의를 딴 데로 돌리게 하기 때문이다. 이것은 일정한 측면에서는 현대 심성 및 현대 사회조직에 뿌리를 두고 있는 것이며, 낯선 자들에 대한 시대를 초월한 또는 심지어 좀 덜 보편적인, 그러나 꽤 편재遍在하는 정체성 갈등에 뿌리를 두고 있는 것은 아니다. 홀로코스트의 시작과 영속화에서 전통적 이종공포증은 오직 부차적 역할을 했을 뿐이다. 진정 불가결했던 요인은 다른 데 있으며, 기껏해야 좀 더 친숙한 집단 원한의 형태들과 단지 역사적 관계를 갖고 있을 뿐이다. 홀로코스트의 가능성은 현대 문명의 일정한 보편적 특징들 속에 뿌리박고 있었다. 다른 한편 홀로코스트의 실행은 국가와 사회 간의 특정한, 결코 보편적이지 않은 관계와 연관되어 있었다. 우리는 다음 장에서 그러한 연관성을 좀 더 자세히 살펴볼 것이다.

4

홀로코스트의 고유성과 정상성

그때까지 ……. 그 악은 — 표면적으로만 예상할 수 없었던, 상황들의 이 놀라운 국면에 어떤 이름이 부여되어야만 하기 때문에 — 침묵 속에, 겉보기에 무해한 단계들을 거쳐, 차츰차츰 스며들었다. …… 그럼에도 불구하고, 돌아보면 그리고 돌이켜 분석해 보면, 신호들의 축적은 단지 우연한 일들의 결과가 아니라, 말하자면, 그것 나름의, 아직은 숨겨진 — 갑자기 그리고 맹렬히 표면으로 분출하기 전에 부풀고 넓어지는 땅속의 물줄기처럼 — 역동성을 갖고 있었다. 우리는 처음의 불길한 신호들이 나타났던 시간으로 되돌아가 그것의 불가항력적인 등장에 대한 그래프를 그리고 객관적인 그림을 그리기만 하면 된다.

— 후안 고이티솔로, 『전투 후의 풍경』

"모든 가해자가 미쳤다는 것을 내가 입증해 보일 수 있었다면 당신은 좀 더 행복해지지 않을까요?"라고 홀로코스트 역사가 힐버그는 묻는다. 하지만 이것은 그가 입증할 수 없는 바로 그것이다. 그가 입증하고 있는 진실은 아무런 위안도 되지 못한다. 그것은 아무도 행복하게 하지 못할 것 같다. "그들은 당시의 식자층이었다. 그것이 우리가 아우슈비츠 이후의 서구 문명의 의미를 생각할 때마다 되묻는 질문의 핵심이다. 우리의 진화는 우리의 오성을 앞서 갔다. 우리는 더 이상 우리가 우리의 사회제도, 관료기구 또는 기술의 작동을 완전히 장악하고 있다고 가정할 수 없게 되었다."[1]

분명히 이것은 철학자, 사회학자, 신학자, 그리고 직업상 이해와 설명과 관련된 다른 모든 식자층에게 나쁜 소식이다. 힐버그의 결론은 식자층이 자신들의 임무를 제대로 완수하지 못했음을 의미한다. 무슨 일이 왜 일어났는지 설명할 수 없었고, 우리가 그것을 이해하는 것을 도울 수

---

1) Raul Hilberg, "Significance of the Holocaust", in *The Holocaust: Ideology, Bureaucracy, and Genocide*, ed. Henry Friedlander & Sybil Milton(Millwood, NY: Kraus International Publications, 1980), pp. 101~102.

없었다. 이런 비난은 과학자들에 관한 한 충분히 나쁜 것이었지만(그것은 학자들을 불안하게 만들 수밖에 없었고, 심지어 그들을 처음부터 다시 시작하도록 할 수도 있는 것이었다) 그러나 그 자체로서는 공공의 불안의 원인은 아니다. 결국 과거에도 우리가 완전히 이해하지 못한다고 느꼈던 많은 중요한 사건들이 있었다. 때로는 이것이 우리를 화나게도 하지만 대부분은 우리는 특별히 불안하게 느끼지 않는다. 결국 이 과거의 사건들은 학문적 관심의 문제들인 것이다 — 그렇게 우리는 스스로 위안한다.

그러나 정말 그런가? 우리가 그 모든 끔찍함을 세세하게 파악하고 있지 못한 것은 홀로코스트가 아니다. 홀로코스트의 발생으로 전혀 이해할 수 없게 된 것은 바로 우리의 서구 문명이다. 그것도 우리가 그것과 화해하게 되었고, 그것의 가장 내밀한 추동력들, 그리고 심지어 그것의 전망까지도 간파했다고 생각한 때, 그리고 그것이 전세계적으로 전례가 없는 문화적 팽창의 시대에 그렇게 된 것이다. 만약 힐버그가 옳다면, 그리하여 우리의 가장 중요한 사회제도들을 우리가 정신적·실제적으로 파악할 수 없다면 걱정해야 하는 것은 단지 전문 학자들만이 아니다. 물론 홀로코스트는 반세기 전에 발생했다. 또한 홀로코스트의 직접적 결과들은 빠르게 과거 속으로 사라지고 있다. 홀로코스트를 직접 경험한 세대는 거의 다 죽었다. 그러나 — 그리고 이것은 두렵고 불길한 '그러나이다 — 이 한때는 친숙했던 것이었으나 홀로코스트가 또다시 신비로운 것으로 만든 우리 문명의 특징들은 아직도 우리 삶의 일부분이다. 그것들은 사라지지 않았다. 따라서 홀로코스트의 가능성도 사라지지 않았다.

우리는 그런 가능성을 무시해버린다. 우리는 우리의 마음의 균형에 의해 화가 난 소수의 강박적인 사람들을 멸시한다. 그리고 그들에게 조롱조의 별난 이름 — '최후의 심판의 예언자들' — 을 지어준다. 그들의 고뇌에 찬 경고들을 무시하기는 쉽다. 우리는 이미 주의하고 있지 않은가? 우리는 폭력, 부도덕(성), 잔인성을 비난하고 있지 않은가? 그것들에 맞서 싸우기 위해 우리의 독창력과 상당히 많은 그리고 꾸준히 증가하는 자원들을 동원하고 있지 않은가? 더욱이 또 우리 삶 속에 파국의 진짜 가능성을 가리키는 게 도대체 있기라도 하다는 말인가? 삶은 나아지고 있고 더 안락해지고 있다. 전체적으로 우리의 제도들은 잘 대처하고 있는 것 같다. 적에 맞서 우리는 잘 보호되고 있고 분명히 우리 친구들은 험악한 일은 결코 하지 않을 것이다. 그렇다고 치더라도 우리는 때때로 특별히 문명화되지 않은 — 그리고 이 때문에 정신적으로 먼 — 일부 사람들이 똑같이 야만적인 이웃들에게 행한 잔학한 행위들에 대한 소식을 듣는다. 에웨족은 수많은 이보족 — 처음에는 그들을 해충, 범죄자, 수전노, 문화를 갖지 않은 인간 이하의 족속들이라고 부르면서 — 을 학살했다.2) 이라크인들은 쿠르드족 시민을 이름조차 붙이지 않고 독가스로 공격했다. 타밀족은 싱할리족을 학살한다. 에티오피아인들은 에리트레아인들을 절멸한다. 우간다인들은 자기들끼리 절멸한다(또는 반대였을까?). 물론 이것은 모두 슬픈 일이다. 하지만 그것이 우리와 도대체 무슨 상관일까? 그것이 무엇인가를 입증하는 것이 있다면 그것은 우리와 같지 않은 것이 얼마나 나쁜 일인가 하는 것, 우리의 우월한 문명의 방패 뒤에 안전하고 무사하게 있는 것이 얼마나 좋은 일인가 하는 것뿐이다.

우리의 자기만족이 얼마나 부적당한 것인가가 결국 입증될 것임은 우리가 1941년까지만 해도 홀로코스트를 예상하지 못했다는 것 — '해당 사실들'에 대한 현존하는 지식이 주어진 상태에서 그것을 예상할 수 없었다는 것, 그리고 1년 후 그것이 마침내 발생했을 때 그것이 보편적으로 쉽사리 믿기지 않았다는 것 — 을 상기하기만 해도 분명해진다. 사

---

2) Colin Legum in *The Observer*, 12 October 1966을 참조하라

람들은 그들이 빤히 보고 있는 사실들을 믿기를 거부했다. 그들이 둔감했거나 악의를 갖고 있었기 때문이 아니다. 단지 그들이 이전에 알고 있던 어느 것도 그것을 믿도록 준비해주지 않았다는 것이다. 그들이 알고 있었고 믿어왔던 모든 것에 비추어 볼 때, 그들이 아직 미처 이름도 붙이지 못한 대량학살은 도저히 상상할 수 없었다. 1988년에 그것은 또다시 상상할 수 없는 것이 되었다. 그러니 1988년에 우리는 1941년에 우리가 몰랐던 것 — 즉, 상상할 수 없는 것도 상상해야만 한다는 것 — 을 알고 있다.

문제

홀로코스트가 다른 학문적 연구 주제들과 달리 순전히 학문적 관심의 대상으로만 볼 수 없는, 그리고 홀로코스트의 문제가 역사학적 연구나 철학적 사변의 대상으로 축소될 수 없는 두 가지 이유가 있다.

첫 번째 이유는 홀로코스트가 설혹 "그것이 — 프랑스 혁명, 아메리카 발견 또는 바퀴의 발견 등과 다르지 않게 — 하나의 중심적인 역사적 사건으로 이후 역사의 경로를 바꿔놓았다"[3]고 할지라도 우리의 집단의식 및 자기이해의 이후의 역사에서는 거의 아무런 변화도 가져오지 않은 것이다. 그것은 현대 문명의 의미와 역사적 경향에 대한 우리의 이미지에 대해서는 거의 아무런 가시적 영향도 끼치지 않았다. 그러한 일이 있었어도 사회과학 일반, 그리고 특히 사회학은 — 전문가적 연구의 훨씬 주변적인 영역, 현대(성)의 병적 성향에 대한 일부 어둡고 불길한

---

3) Henry L. Feingold, "How Unique is the Holocaust?", in *Genocide: Critical Issues of the Holocaust*, ed. Alex Grobman & David Landes(Los Angeles: Simon Wiesenthal Centre, 1983), p. 397.

경고들을 제외하고는 — 거의 꿈쩍도 하지 않았으며 아무런 상처도 입지 않았다. 이 두 가지 예외에 대해서는 늘 사회학적 실천의 규범으로부터 일정한 거리가 두어졌다. 이 때문에 한때 홀로코스트를 가능하게 했던 요인들과 메커니즘들에 대한 우리의 이해는 별로 전진하지 못했다. 그리고 반세기 전보다 그러한 이해가 그다지 개선되지 않음으로써 우리는 다시 한번 경고 신호들을 — 당시에 그랬듯이, 그것들이 지금 주위에 온통 노골적으로 드러난다고 해도 — 감지하고 해독할 준비가 되어 있지 못할 수 있다.

두 번째 이유는, '역사의 경로'에 어떤 일이 일어났다고 하더라도 십중팔구 홀로코스트의 잠재성을 포함한 역사의 산물들에는 별다른 일이 일어나지 않았다는 것 — 또는 최소한 우리가 그렇다고 확신할 수 없다는 것 — 이다. 우리가 아는 한(또는, 좀 더 정확하게는, 우리가 알지 못하는 한) 그것들은 아직도 기회를 기다리며 우리와 함께 있을지 모른다. 우리는 단지 과거에 홀로코스트를 야기했던 조건들이 근본적으로 달라지지 않았다고만 의심할 수 있을 뿐이다. 우리의 사회질서 속에 1941년에 홀로코스트를 가능하게 했던 무엇이 있었다면 그것이 이후 제거되었다고 확신할 수 없는 것이다. 더욱더 많은 수의 저명한 학자들이 우리가 안심하지 않는 게 좋을 것이라고 경고하고 있다.

〔아우슈비츠를〕 야기했던 이데올로기와 시스템은 그대로 남아 있다. 이것은 국민국가 그 자체가 통제권 밖에 있으며 꿈도 꾸지 못했던 규모의 사회적 살육을 촉발할 수 있음을 의미한다. 만약 제지하지 못한다면 그것은 전체 문명을 불길에 휩싸이게 할 수 있다. 그것은 인도주의적 사명을 띨 수 없다. 그것의 침해는 법적·도덕적 규범으로 제지할 수 없다. 그것은 양심을 지니고 있지 않다(Henry L. Feingold).[4)]

오늘날의 '문명화된' 사회의 많은 양상은 집단학살적 홀로코스트에 쉽게 의존하는 것을 촉진한다. ……

주권을 지닌 영토국가는 주권의 불가결한 부분으로 자신이 통치하는 주민에 대한 제노사이드를 저지르거나 집단적 학살에 참여할 권리를 주장하며 …… 유엔은 이러저러한 실제적 목적을 위해서 그러한 권리를 옹호한다(Leo Kuper)[5].

정치적·군사적 힘의 고려에 의해 설정된 특정 한계들 안에서 현대 국가는 통제권하에 있는 사람들에게 행하고자 하는 바는 무엇이든 할 수 있을 것이다. 원하기만 한다면 국가가 넘을 수 없는 도덕적·윤리적 한계는 없다. 왜냐하면 국가보다 더 높은 도덕적·윤리적 힘은 없기 때문이다. 윤리와 도덕의 문제들에서 현대 국가 안의 개인의 상황은 원칙적으로 아우슈비츠 수용소 안의 수감자들 상황과 대체로 마찬가지이다. 권력을 가진 자들이 강제한 행위의 기준들에 따라 행동하거나 아니면 그들이 부과하기를 원하는 어떤 결과도 감수하려는 위험을 무릅쓰거나 ……

존재는 이제 더욱더 뚜렷이 아우슈비츠 안의 삶과 죽음을 지배했던 원칙들에 따르게 되었다(George M. Kren and Leon Rapoport).[6]

인용한 저자 중 일부는 홀로코스트에 관한 기록을 피상적으로 읽어보아도 생겨날 수밖에 없는 감정들에 의해 압도되어 과장하는 경향이 있

---

4) Feingold, "How Unique is the Holocaust?", p. 401.
5) Leo Kuper, *Genocide: its Political Use in the Twentieth Century*(New Haven: Yale University Press, 1981), pp. 137, 161. 쿠퍼의 예감은 런던 주재 이라크 대사의 말 속에서 가장 불길하게 확증되었다. 쿠르드족에 대한 이라크의 지속적 집단학살에 대해 1988년 9월 2일 채널 4 방송과 가진 인터뷰에서 그는 쿠르드족과 그들의 안녕, 그들의 운명은 이라크 국내 문제이며 주권국가가 국경 내에서 한 행동에 대해 아무도 간섭할 권리를 갖고 있지 않다고 분개하며 대답했다.
6) George A. Kren & Leon Rapoport, *The Holocaust and the Crisis of Human Behavior*(New York: Holmes & Meier, 1980), pp. 130, 143.

다. 그들의 진술 중 일부는 믿을 수 없을 것 같고 또 분명히 과도하게 걱정하는 것 같다. 그것들은 심지어 반생산적이기조차 하다. 만약 우리가 알고 있는 모든 것이 아우슈비츠와 같다면 우리는 아우슈비츠와 함께 살 수 있고 많은 경우 상당히 잘 살 수 있다. 아우슈비츠 수감자들의 삶과 죽음을 지배했던 규칙들이 우리의 삶과 죽음을 지배하는 그것과 같다면 이 모든 항의와 비탄은 도대체 무엇에 관한 것인가? 분명히 우리는 좀 더 크거나 작은, 그러나 전체적으로 일상적인 인간적 갈등들을 향한 당파주의적 태도를 위해 홀로코스트의 비인간적인 이미지를 전개하려는 유혹을 피해야만 한다. 대량 파괴는 적대와 억압의 극단적인 형태였다. 하지만 억압, 집단적 증오와 부정의의 모든 사례가 홀로코스트와 '같은' 것은 아니다. 공공연한, 따라서 피상적인 유사성은 인과분석에 대해서는 형편없는 지침이다. 크렌과 라포포트가 시사하는 것과는 정반대로 순응과 불복종의 결과를 감수하는 것 사이에서 선택해야만 하는 것은 반드시 아우슈비츠 안에서 사는 것을 의미하지는 않는다. 그리고 오늘날 대부분의 국가가 설교하고 실행하는 원칙들은 시민을 홀로코스트 피해자로 만드는 데는 충분하지가 않다.

관심을 가질 — 쉽게 설파할 수도 없고 또 홀로코스트 이후의 트라우마의 자연스럽지만 잘못된 결과로 기각될 수 있는 것도 아닌 — 진짜 원인은 다른 데 있다. 그것은 두 개의 관련된 사실로부터 찾을 수 있다.

첫째, 내적 논리에 따라 대량학살 프로젝트로 귀결될 수 있는 표상화 과정들, 그리고 그런 프로젝트들을 실행할 수 있게 하는 기술적 자원들은 현대 문명과 완전히 양립 가능함이 입증되었을 뿐만 아니라 바로 그것에 의해 조건 지어지고 창출되고 공급되었다는 사실이다. 홀로코스트는 단지 현대(성)의 사회 규범들 및 사회 제도들을 신비롭게 회피한 것이 아니다. 홀로코스트를 가능하게 한 것이 바로 이 규범들과 제도들이었다. 현대 문명과 그것의 가장 핵심적인 성과들이 없었더라면 홀로코스트는 없었을 것이다.

둘째, 문명화 과정이 세운, 그리고 우리를 폭력으로부터 지켜주고 지나치게 야망을 갖고 비도덕적 권력들을 제어할 것으로 우리가 희망하고 믿었던 모든 견제와 균형의, 장애와 장벽의 복잡한 네트워크들은 아무 쓸모가 없음이 입증되었다. 대량학살 문제로 말하자면 피해자들은 외로웠다. 그들은 겉으로 보기에 평화롭고 인도수의적이며 합법적이고 질서정연한 사회에 속았다 — 안전하다는 느낌이 그들의 몰락의 최대 요인이었다.

솔직히 말해서 걱정할 이유가 있었다. 왜냐하면 우리는 이제 우리가 **홀로코스트를 가능하게 한**, 그리고 홀로코스트가 일어나는 것을 막을 수 있는 것을 아무것도 갖고 있지 않았던 그런 유형의 사회에 살고 있다는 것을 알고 있기 때문에. 이런 이유만으로도 홀로코스트의 교훈을 연구할 필요가 있다. 그러한 연구에는 살해된 수백만 명의 사람들에 대한 조의나 살인자들에 대한 처벌, 수동적으로 침묵했던 증인들의 지금도 피를 흘리고 있는 도덕적 상처들의 치유 외에도 훨씬 더 많은 것이 관련되어 있다.

분명히 연구 그 자체, 심지어 가장 공들인 연구조차도 대량학살이나 무감각한 구경꾼의 재발을 막을 충분한 보증이 되지 못한다. 그렇지만 그런 연구가 없이는 우리는 그런 사태의 재발이 얼마나 개연성이 있을지 또는 불가능할지조차 알 수 없다.

비정상성으로서의 제노사이드

대량학살은 현대에 발명된 것이 아니다. 역사는 공동체 간, 종파 간 적대로 가득하다. 그것들은 항상 서로 해를 입히고 잠재적으로 파괴적이며 종종 공공연한 폭력으로 폭발하며 때로는 학살로, 그리고 어떤 경우에는 전체 인구와 문화의 절멸로 이어진다. 액면 그대로 받아들이면 이 사실은 홀로코스트의 독특성을 부정한다. 특히 홀로코스트와 현대(성) 간의 긴밀한 연관성, 홀로코스트와 현대 문명 간의 '친화성'을 부정하는 것 같다. 대신 그것은 살인을 부르는 공동체 간의 증오는 항상 우리와 함께 있었으며 결코 사라지지 않을 것이라고, 그리고 이 점과 관련해 현대(성)의 유일한 의미는 — 그것의 약속 그리고 널리 퍼진 기대와는 반대로 — 그것이 인간 공존의 이른바 거친 조건들을 매끈하게 하지 않았으며, 따라서 인간에 대한 인간의 비인도적 행위를 확실하게 끝장내지 않았다는 것이다. 현대(성)는 자신의 약속을 지키지 않았다. 현대(성)는 실패했다. 그러나 현대(성)는 홀로코스트 사건에 아무 책임이 없다. 왜냐하면 제노사이드는 인류 역사에 처음부터 동반되었기 때문이다.

그러나 이것이 홀로코스트의 경험에 담겨있는 교훈은 아니다. 물론 홀로코스트는 의문의 여지 없이 시도된 대량학살의 수많은 사례, 그리고 완수된 대량학살의 별로 짧지 않은 역사 중의 한 사례이다. 그것은 또한 과거의 어떤 집단학살의 사례들에서도 찾아볼 수 없는 특징들을 지니고 있다. 우리가 특별한 주의를 기울여야 하는 것은 그러한 특징들이다. 그것들은 특별히 현대적인 냄새를 지니고 있다. 그것들이 존재한다는 것은 현대(성)가 그것 자체의 취약성이나 부적당함을 통해서라기보다는 홀로코스트에 좀 더 직접적으로 영향을 미쳤음을 시사한다. 그것은 홀로코스트의 발생과 자행에서 현대 문명의 역할이 능동적인 것이었지 수동적인 것이 아니었음을 시사한다. 그것은 홀로코스트가 현대 문명의 실패라기보다는 그것의 산물이었음을 시사한다. 현대적 — 합리적, 계획적, (정보에 기초한) 과학적, 전문가적, 효율적으로 관리된, 조정된 — 방식으로 홀로코스트는 이른바 전근대적 유사-사건들을 능가하고 부끄럽게 만들었고, 그것들이 상대적으로 원시적이고 낭비적이며 비효율적임을 폭로했다. 우리 현대 사회의 다른 모든 것과 마찬가지로 홀로코스트는 만약 이 사회가 설교하고 제도화시켜온 기준들로 측정해본다면 모든 면에서 우월한 성취였다. 그것은 현대의 공업적 공장들이 장인의 오두막 작업장을 능가하듯이, 트랙터, 콤바인 그리고 살충제들을 지닌 현대의 공업화된 농장이 말과 괭이 그리고 손으로 풀을 베는 농민의 농장을 압도하듯이 과거의 내랑학살 에피소드들을 입도한다.

1938년 9월 독일에서는 역사에 '부서진 수정의 밤'이라는 이름으로 전해지는 한 사건이 발생했다. 유대인 기업들, 회당들, 가정들이 무질서하지만 공식적으로 장려된 그리고 은밀하게 통제된 군중의 공격을 받았다. 그것들은 파괴되고 불태워졌다. 약 1백 명의 사람들이 목숨을 잃었다. '부서진 수정의 밤'은 홀로코스트 전체 기간 중 독일 도시의 거리에서 벌어진 유일한 대규모 학살이었다. 그것은 또한 반유대주의 군중 폭력이라고 하는 아주 오랜 전통을 따른 홀로코스트의 한 삽화였다. 그것은 과거의 학살들과 별로 다르지 않았다. 그것은 고대로부터 중세를 통해 대부분의 당대의 그러나 아직은 대체로 전근대적인 러시아나 폴란드 또는 루마니아에 이르는 군중 폭력의 긴 연쇄에서 벗어나 있지 않았다. 만약 유대인에 대한 나치의 처분이 '부서진 수정의 밤'이나 그와 유사한 사건들로만 구성되었다면 감정에 휩쓸려 날뛰며 린치를 가하는 폭도들, 점령한 마을들을 약탈하고 강간하고 지나가는 병사들에 대한 몇 권에 이르는 연대기에 한 문단을, 기껏해야 한 장을 추가했을 뿐이었을 것이다. 그러나 그것은 그렇지 않았다.

그렇지 않은 이유는 간단하다. 아무리 많은 '부서진 수정의 밤'들이 있었다고 할지라도 우리는 홀로코스트 같은 규모의 대량학살을 상상할 수도 저지를 수도 없을 것이다.

숫자를 생각해보라. 독일 국가는 약 600만 명의 유대인을 학살했다. 하루에 100명씩이라면 이것은 거의 200년이 소요되었을 것이다. 군중 폭력은 잘못된 심리적 기초, 폭력적 감정에 의거한다. 사람들을 조작해 광포하게 만들 수 있다. 하지만 광포함은 200년간 유지될 수 없다. 감정들, 그리고 그것의 생물적 기초는 자연적 시간 경로를 갖고 있다. 욕망, 심지어 피에 굶주림조차도 결국은 물리게 된다. 더군다나 감정은 변덕스럽기 짝이 없어 역전될 수 있다. 린치를 가하는 폭도는 믿을 수 없다. 그들은 동정심에 의해 움직일 수 있다. 예를 들어 어린아이의 고통에 의해. 한 '인종'을 절멸하기 위해서는 아이들을 죽이는 것이 필수적이다.

철저한, 포괄적인 살인이 가능하기 위해서는 폭도가 관료집단으로, 공유된 분노가 권위에 대한 복종으로 대체되어야만 했다. 필요한 관료집단은 극단적 반유대주의자들이건 미온적인 반유대주의자들에 의해 충원되건 상관없이 효율적일 것이며, 잠재적 충원의 원천을 상당히 넓힐 것이다. 그것은 성원들의 행동을 감정을 일으키는 것이 아니라 일상을 조직함으로써 통제할 것이다. 성원들의 기분에 따라서 하는 것이 아니라 오직 그것이 하도록 고안된 구분 — 예를 들어 아이들과 성인들, 학자와 도둑, 무죄와 유죄 — 만 할 것이다. 그것은 책임의 위계에 따라서 최고 권위자의 의지 — 그것이 무엇이든 — 에 반응할 것이다.[7)]

분노와 격분은 대량 절멸의 도구가 되기에는 너무 원시적이고 비효율적이다. 그것들은 보통 과업이 끝나기 전에 소멸한다. 그것들에 기초해서는 거대한 계획을 세울 수 없다. 테러의 물결과 같은 순간적인 효과들을 넘어서는 계획들, 낡은 질서의 붕괴, 새로운 지배를 위한 정지 작업 같은 것은 불가능하다. 칭기즈칸이나 은자 피에르에게는 현대적 기술,

---

7) John p. Sabini & Mary Silver, "Destroying the Innocent with a Clear Conscience: A Sociopsychology of the Holocaust", in *Survivors, Victims, and Perpetrators: Essays in the Nazi Holocaust*, ed. Joel E. Dinsdale(Washington: Hemisphere Publishing Corporation, 1980), pp. 329~330.

현대적 관리와 조정 방법들이 필요하지 않았다. 그러나 스탈린이나 히틀러는 그것들이 필요했다. 우리의 현대적, 합리적 사회가 기각하고 논란의 여지는 있지만 끝장낸 것은 칭기즈칸이나 은자 피에르 같은 모험가들과 아마추어들이었다. 현대의 합리적 사회는 스탈린과 히틀러 같은 냉철하고 철저한, 그리고 체계적인 제노사이드의 실행자들을 위해서 길을 닦아주었다.

현대의 제노사이드는 가장 뚜렷하게 규모 자체가 두드러진다. 히틀러와 스탈린 지배하의 기간을 제외한 어떤 경우에도 그만큼 많은 사람이 그렇게 짧은 시간에 살해당한 적이 없다. 그러나 이것만이 유일한 ― 아마도 일차적인 것도 아닌 ― 새로움이 아니다. 이것은 다른 좀 더 근본적인 양상들의 부산물일 뿐이다. 오늘날의 대량학살은 한편으로는 모든 자연발생성의 사실상의 부재에 의해, 다른 한편으로는 합리적이고 주의 깊게 계산된 계획에 의해 구별된다. 그것은 우연성의 거의 완전한 배제, 집단 감정이나 개인적 동기로부터의 독립성으로 특징지어진다. 그것은 이데올로기적 동원의 단지 허위의 또는 주변적인 ― 위장 또는 장식적 ― 역할로 구별된다. 그러나 무엇보다도 그것은 목적에 의해 두드러진다.

살인의 동기 일반, 특히 대량학살의 동기는 많고 다양하다. 그것들은 경쟁에서 이기기 위한 순수한, 냉정한 계산에서부터 똑같이 순수하고 사심 없는 증오 또는 이종공포증까지 걸쳐있다. 공동체 간의 대부분의 분쟁과 원주민에 대한 집단학살 캠페인은 이 범위에 속한다. 어떤 이데올로기를 수반하더라도 후자는 단순한 '우리 아니면 그들'이라는 세계관, 그리고 "우리 모두를 위한 자리는 없다"든가 "유일한 좋은 인디언은 죽은 인디언이다"는 격언을 벗어나지 않는다. 적대자는 ― 오직 그렇게 허락된다면 ― 거울상의 원칙을 따르도록 기대된다. 대부분의 집단학살 이데올로기들은 가정된 의도와 행동들의 꾸불꾸불한 대칭에 기초하고 있다.

진짜 현대적인 제노사이드는 다르다. 현대적 제노사이드는 목적을 지닌 학살이다. 적대자를 제거하는 것은 목적 그 자체가 아니다. 그것은 다른 어떤 목적을 위한 수단 — 궁극적 목적으로부터 도출되는 필요, 길의 끝에 도달하기를 원한다면 취해야만 할 조치 — 이다. 목적 그 자체는 더 나은, 그리고 근본적으로 다른 사회에 대한 거대한 전망이다. 현대의 제노사이드는 — 완벽한 사회의 계획에 적합한 사회질서를 이끌어 내기 위한 — 사회공학의 한 요소이다.

현대적 제노사이드의 발의자 및 관리자들에게서 사회는 계획과 의식적 디자인의 대상이다. 우리는 사회에 대해 — 그것의 많은 세부사항 중 하나 또는 여럿을 변화시킨다거나 여기저기를 개선한다거나 문제가 되는 일부 질병을 치유하는 것보다 — 그 이상을 할 수 있고 해야만 한다. 좀 더 야망이 있고 근본적인 목표를 세워야만 한다. 사회를 고칠 수 있고 또 해야만 한다. 사회가 전체적인, 과학적으로 인지된 계획에 맞도록 강제할 수 있고 또 그래야만 한다. '단지 존재할 뿐'인 — 즉, 의식적 개입 없이 존재하는 — 것보다 객관적으로 더 나은 사회를 창조할 수 있다. 그러한 계획에는 반드시 미학적 차원이 있다. 건설되어야 할 이상적인 세상은 우월한 미의 기준에 부합한다. 일단 건설되면 — 완벽한 예술작품처럼 — 풍부하게 만족스러운 것이 될 것이다. 그것은 — 알베르티Alberti의 불후의 명구를 인용하면, 어떤 가감 또는 변경도 더 좋게 할 수 없는 — 세상이 될 것이다.

이것은 원예사의 전망 — 즉, 세계만 한 스크린에 비추어진 — 이다. 완벽한 세계의 설계자들의 생각, 감정, 꿈, 욕망 등은 모든 제 이름에 값하는 원예사들에게 친숙한 것 — 다만 다소 작은 규모로 — 이다. 어떤 원예사들은 계획을 망치는 잡초들을 — 아름다움 가운데의 추함, 고요한 질서 속의 혼란으로 — 증오한다. 일부 다른 사람들은 그것들에 대해 아주 냉정하다. 단지 해결해야 할 문제, 해야 할 추가의 일로 생각한다. 하지만 잡초에게는 아무런 차이가 없다. 두 원예사 모두 잡초들을 박멸한다. 잠시 멈추어 생각해볼 것을 요구받거나 그럴 기회가 주어지면 그들은 모두 동의할 것이다. 잡초들은 그것들 자체 때문이 아니라 아름답고 질서정연한 정원이 그래야만 하는 것 때문에 죽어야만 하는 것이다.

현대 문화는 원예 문화이다. 그것은 이상적인 삶을 위한 디자인, 그리고 인간조건의 완벽한 배열로서 자신을 정의한다. 현대 문화는 자연에 대한 불신으로부터 자신의 정체성을 구성한다. 사실 현대 문화는 자연발생성에 대한 그것에 내재한 불신, 그리고 좀 더 나은, 그리고 필연적으로 인위적인 질서에 대한 열망을 통해 스스로와 자연, 그리고 둘 사이의 차이를 정의한다. 전체적인 계획 외에도 정원의 인위적 질서는 도구와 원료를 필요로 한다. 또한 그것은 ― 명백히 무질서인 것의 무자비한 위험에 맞선 ― 방어를 필요로 한다. 질서 ― 처음에 디자인으로 인식된 ― 는 무엇이 도구인가, 무엇이 원료인가, 무엇이 쓸모없는 것인가, 무엇이 무관한 것인가, 무엇이 해로운가, 무엇이 잡초 또는 해충인가를 결정한다. 그것은 세상의 모든 요소를 자신과의 관계에 따라 분류한다. 이 관계는 그것이 그것들에 부여하고 용인하는 유일한 의미 ― 그리고 그러한 관계들 자체만큼 분화된 원예사의 행동들에 대한 유일한 정당화 ― 이다. 디자인이라는 관점에서 보았을 때 모든 행동은 도구적이며 한편 모든 행동의 대상들은 편익이거나 장애물들이다.

현대적 제노사이드는 현대 문화 일반과 마찬가지로 원예사의 일이다. 그것은 사회를 정원으로 취급하는 사람들이 떠맡아야 할 많은 허드렛일 가운데 하나일 뿐이다. 만약 정원의 설계가 잡초를 정의한다면 정원이 있는 곳에는 어디에나 잡초가 있게 된다. 그리고 잡초는 박멸되어야 한다. 잡초를 제거하는 것은 창조적 활동이지 파괴적인 것이 아니다. 그것은 완벽한 정원을 만들고 유지하는 데 결합되는 다른 활동과 종류가 다르지 않다. 정원으로서의 사회라는 모든 전망은 사회적 거주지의 일부를 인간 잡초로 정의한다. 다른 모든 잡초처럼 그것들은 분리되어야 하고 억제되어야 하며 확산을 막아야 하고, 사회의 경계 밖으로 추방되어야만 한다. 만약 이 모든 수단이 불충분하다고 판단되면 죽여 버려야만 한다.

스탈린과 히틀러의 희생자들은 그들이 점령한 영토를 지배하고 식민지화하기 위해 살해된 것이 아니다. 종종 그들은 점령지를 활기 있게 만들기 위해 아무런 인간적 감정도 없이 ― 증오는 포함되었다 ― 둔하고 기계적인 방식으로 살해되었다. 그들은 완벽한 사회의 기획에 이러저러한 이유로 맞지 않았기 때문에 살해되었다. 그들을 살해하는 것은 파괴가 아니라 창조 행위였다. 그들은 객관적으로 좀 더 좋은, 좀 더 효율적이고 좀 더 도덕적이며 좀 더 아름다운 인간 세상 ― 공산주의 세상 또는 인종적으로 순수한 아리안족 세상 ― 이 수립될 수 있게 하려고 제거되었다. 두 경우 모두에서 조화로운 세상, 갈등이 없는, 지배자들 수중에 온순하고 질서정연하고 통제된 세상이 목표였다. 과거 또는 혈통에 근절할 수 없는 해충을 지닌 사람들은 그런 흠집 없는 건강하고 빛나는 세상에 어울릴 수 없다. 잡초와 마찬가지로 그들의 천성은 바뀔 수 없다. 그들은 개선되거나 재교육될 수 없다. 그들은 자연적 메커니즘의, 문화적 가공에 대해 반발하고 그것의 영향을 받지 않는 유전학적 또는 관념론적·유전적 이유에서 제거되어야 한다.

현대적 제노사이드의 가장 악명 높고 극단적인 두 사례는 현대(성)의 정신을 배반하지 않았다. 그것들은 문명화 과정의 주요 궤도에서 벗어나지 않았다. 현대(성) 정신의 가장 일관되고 억제되지 않은 표현이었다. 그것들은 대부분의 다른 과정들이 ― 반드시 선의가 결여된 때문은 아닌 ― 미치지 못한 문명화 과정의 가장 야심적인 목표에 도달하려고 시도했다. 그것들은 현대 문명의 합리화, 계획화, 통제화의 꿈과 노력들이, 만약 억제되거나 방해받지 않았을 때, 무엇을 달성할 수 있는가를 보여 주었다.

이런 꿈과 노력은 오래전부터 우리와 함께 있었다. 그것들은 기술과 경영 기법들의 거대하고 강력한 무기고를 탄생시켰다. 그것들은 ― 목표 추구자 쪽에서 어떤 이념적 헌신이나 도덕적 동의가 있긴 없긴 ― 어떤 목적도 효율적이고 정열적으로 추구할 수 있도록 인간 행동을 도구화한다는 유일한 목표에 봉사하는 제도들을 탄생시켰다. 그것들은 목적에 대한 지배자의 독점 그리고 피지배자에게 수단의 역할만을 한정하는 것을 정당화한다. 그것들은 대부분의 행동을 수단으로, 그리고 수단들을 ― 궁극적 목적에 대한, 목적을 설정하는 자들에 대한, 지고의 의지에 대한, 초개인적 지식에 대한 ― 종속으로 정의한다.

그러나 결코 이것은 우리가 모두 매일매일을 아우슈비츠 원칙에 따라 살아간다는 것을 의미하지는 않는다. 홀로코스트가 현대적인 것이라는 사실로부터 현대(성)가 홀로코스트라는 결론이 도출되는 것은 아니다. 홀로코스트는 완전히 계획된, 완전히 통제된 세상에 대한 현대적 충동이 일단 통제를 벗어나 제멋대로 달려갈 때의 부산물이다. 대부분의 경우에 현대(성)는 그렇게 되는 것을 저지당한다. 현대(성)의 야망들은 인간 세계의 다원성과 충돌한다. 그것들은 모든 자율적이고, 따라서 길항적인 힘들을 무시하고 회피하고 또는 압도할 만큼 충분히 절대적인 권력, 그리고 충분히 독점적인 기구의 부족으로 인해 충족되지 못하고 만다.

현대적 제노사이드의 특이성

모더니즘의 꿈이 합리적 행동의 현대적 수단들을 독점할 수 있는 절대적 권력에 의해 받아들여졌을 때, 그리고 그러한 권력이 효과적인 사회 통제를 벗어나게 되었을 때 제노사이드가 일어난다. 홀로코스트와 같은 현대적 제노사이드가 그것이다. 이념적으로 편집증적인 파워 엘리트와 현대 사회가 개발해낸 합리적·체계적 행동을 위한 막대한 시설 간의 단락短絡(또는 달리 말하면 우연한 조우)은 비교적 드물게 일어날 것이다. 그러나 일단 그런 일이 일어나면 다른 상황에서는 잘 눈에 띄지 않으며, 따라서 쉽게 '이론적으로 망각될' 수 있는 현대(성)의 특정 측면이 드러난다.

현대의 홀로코스트는 이중적인 의미에서 독특하다. 홀로코스트가 역사상 다른 제노사이드 사례 중에서 독특한 까닭은 그것이 현대적인 것이기 때문이다. 그리고 그것은 현대 사회의 진부성에 비해 독특하다. 왜냐하면 보통은 따로 떨어져 있는 현대 사회의 일상적 요인들을 한곳에 모으기 때문이다. 독특성의 이 두 번째 의미에서 결합되는 요인들이 아니라 오직 요인들의 결합만이 유별나고 드문 것이다. 따로 떨어진 각각의 요인은 흔하고 정상적인 것이다. 초석, 유황 또는 숯에 대한 지식은, 만약 그것들이 혼합되면 화약으로 변한다는 것을 알고 기억하지 못한다면 완전한 것이 아니다.

홀로코스트가 동시에 독특성과 평범성을 지니고 있다는 것은 고든의 요약에 훌륭하게 표현되어 있다.

산발적 학살과는 대조적으로 체계적 절멸은 오직 극도로 강력한 정부에 의해서만 수행될 수 있으며 아마도 전시戰時라는 조건의 평계 하에서만 성공할 수 있었을 것이다. 유럽 유대인의 절멸이 가능했던 것은 오직 히틀러와 그의 급진적 반유대주의 추종자들의 집권과 뒤이은 권력 집중에 의해서였다.

조직적 배제와 살인은 군부와 관료집단의 거대한 부분의 협력을 필요로

했다. 또한 독일 민중의 묵인이 — 그들이 나치의 처형과 절멸을 동의했든 안 했든 — 필요했다.8)

고든은 홀로코스트를 야기하기 위해 결합해야 했던 여러 요인을 열거하고 있다. 나치 유형의 급진적(그리고 앞 장에서 살펴본 대로 현대적인, 즉 인종주의적이고 절멸주의적) 반유대주의, 그런 반유대주의가 강력하고 중앙집권적인 국가의 실제 정책으로 전환되는 것, 그러한 국가가 거대하고 효율적인 관료집단을 지휘하는 것, '비상사태' — 그런 정부와 그것이 통제하는 관료집단으로 하여금 평화 시에라면 좀 더 심각한 장애에 직면했을 것들을 배제할 수 있게 했던 비정상적인 전시의 조건 — 그리고 그런 것들에 대한 주민 일반의 불개입, 수동적 수용 등이 그것들이다. 그런 요인 중 둘(이 둘은 하나로 환원될 수 있다고 주장할 수도 있다. 즉 나치가 정권을 잡음으로써 전쟁이 불가피하게 되었다는 것이 그것이다)은 우연적인 것으로 — 현대 사회의 필연적 속성은 아닌 것으로 (항상 가능성이긴 하지만) — 볼 수 있다. 그러나 나머지 요인들은 완전히 '정상적인' 것들이다. 그것들은 모든 현대 사회에 항상 존재한다. 그것들의 현존은 현대 문명의 등장 및 공고화와 적절히 결부되는 과정들에 의해 가능하고 동시에 불가피한 것이 되었다.

앞 장에서 나는 급진적, 절멸주의적 반유대주의와 보통 현대 사회의 발전이라고 언급되는 사회적·정치적·문화적 변환 간의 관련을 밝히려고 시도했다. 이 책의 마지막 장에서 나는 역시 당대의 조건하에서 작동하기 시작한, 도덕적 금지를 침묵시키거나 중립화시키는, 그리고 좀 더 일반적으로 사람들로 하여금 악에 대한 저항으로부터 물러서게 하는 그런 사회 메커니즘들에 대한 분석을 시도할 것이다. 여기에서 나는 홀로코

---

8) Sarah Gordon, *Hitler, Germans, and the 'Jewish Question'* (Princeton: Princeton University Press, 1984), pp. 48~49.

스트를 구성하는 요인 중에서 오직 하나, 그러나 거의 틀림없이 가장 중요한 것에 초점을 맞추려고 한다. 즉 전형적으로 현대적인 기술적·관료적 행위 유형들과 그것들이 제도화하고 발생시키며 지탱하고 재생산하는 심성이 그것이다.

우리는 두 가지 상반된 방식으로 홀로코스트에 대한 설명에 접근할 수 있다. 즉 대량학살의 공포를 문명의 취약성의 증거라고 생각할 수도 있고, 아니면 그것의 가공할 잠재력의 증거라고 볼 수도 있다. 우리는 범죄자들을 통제하더라도 행동에 대한 문명화된 규칙들은 정지될 수 있으며, 사회적으로 훈련된 존재 바로 밑에 항상 숨어있는 영원한 야수는 해방될 것이라고 주장할 수 있다. 또는 일단 현대 문명의 정교한 기술적·개념적 산물들로 무장하게 되면 인간은 본성에 반하는 일들을 할 수 있다고 주장할 수 있다. 다르게 표현하면 우리는 홉스의 전통을 따라 비인간적인 사회 이전 상태는 모든 문명화 노력에도 불구하고 완전히 제거되지 않았다고 결론지을 수 있다. 또는 그와 반대로 문명화 과정은 자연적 충동들을 인간의 인위적이고 유연한 행동 유형들로 대체하는 데 성공했으며, 따라서 자연적 성향들이 인간의 행동을 인도하는 한 알아차릴 수 없는 것으로 남아 있던 비인간성과 파괴의 전모를 드러냈다고 주장할 수도 있다. 나는 후자의 접근법을 선택할 것을 제안하며, 아래의 논의에서 그것을 구체화할 것이다.

(많은 사회이론가를 포함해) 대부분의 사람이 본능적으로 후자보다는 전자의 접근법을 택한다는 사실은 서구 문명이 공간적 헤게모니를 시간적 우월성으로 투사함으로써 그러한 헤게모니를 정당화하기 위해 오랫동안 펼쳐온 인과론적 신화 — 이것은 이런저런 변종이 있다 — 가 괄목할 만한 성공을 거두었음을 입증해준다. 서구 문명은 지배를 위한 자신의 투쟁을 야만에 대한 인간성의, 무지에 대한 이성의, 편견에 대한 객관성의, 주술에 대한 과학의, 열정에 대한 합리성의 신성한 전투로 묘

사했다. 자신의 등장의 역사를, 인간에 대한 자연의 지배를 자연에 대한 인간의 지배로 대체하는 점진적이지만 가차 없는 과정으로 해석해왔다. 자신의 성취를 무엇보다도 먼저 인간 행동의 자유, 창조적 잠재성과 안전의 결정적 진전으로 제시했다. 그리고 인간의 자유와 안전을 자신의 사회질서의 유형과 동일시했다. 서구의 현대 사회는 **문명화된** 사회로 정의되었으며, 역으로 문명화된 사회는 대부분의 야만과 폭력에 대한 인간에 내재하는 성향, 그리고 대부분의 자연적 추악함과 병적 상태가 제거된 또는 최소한 억압된 상태로 이해했다. 문명화된 사회의 대중적 이미지는 뭐니 뭐니 해도 폭력 부재의 이미지, 점잖고 예의 바르며 부드러운 사회라는 것이다.

문명에 대한 이런 거대 이미지의 가장 두드러진 상징적 표현은 인간의 몸의 신성함 — 그처럼 가장 사적인 공간들을 침범하지 않기 위해, 신체적 접촉을 피하려고, 문화적으로 처방된 신체적 거리를 유지하기 위해 기울이는 주의, 그리고 그처럼 성스런 공간이 침범당했다고 듣거나 볼 때 우리가 느끼는 훈련된 혐오감과 거부감 — 일 것이다. 현대 문명은 — 그것이 개발했고 개별 교육 과정 속에서 전체적으로 성공적으로 재생산해온 자기통제의 효율적 메커니즘 덕분에 — 인간 신체의 신성성과 자율성이라는 허구를 유지할 수 있다. 일단 효력을 발휘하면 그런 식으로 재생산된 자기통제 메커니즘들은 신체에 대한 차후의 외적 개입의 필요성을 배제한다. 한편 신체의 프라이버시는 행동에 관한 개인의 책임을 강조하며, 그리하여 신체의 엄격한 반복훈련에 대해 강력한 제재를 추가한다(최근에는 제재의 가혹함 — 소비자 시장에 의해 통렬하게 이용당해 — 이 마침내 반복 훈련에 대한 수요를 내부화하는 경향을 만들어냈다. 개인의 자기통제의 발전 그 자체가 자기통제되며 '스스로 하기DIY' 방식으로 추구된다). 다른 사람의 몸에 너무 가까이 다가가서는 안 된다는 문화적 금지는 따라서 — 허용되었을 경우 — 중앙집권적으로 관리되는 사회질서의 유형에 거스를 수도 있는 분산되고 우연적인 영향들에 대한 효과적인 보호수단으로 기능한다. 일상의 흩어진 사람들 사이의 상호작용의 비폭력은 강제의 중앙집중화의 불가결한 조건이자 항상적인 산물이다.

대체로 말하면, 현대 문명의 비폭력성은 하나의 환상이다. 좀 더 정확히 말하면, 그것은 현대 문명의 자기변명과 자기숭배의 — 요컨대 정당화 신화의 — 핵심 부분이다. 폭력의 비인간적이고 창피스러운 또는 부도덕한 성질 때문에 우리의 문명이 그것을 근절한다고 하는 것은 진실이 아니다. 설혹 현대(성)가

> 정말로 야만주의의 난폭한 열정과 대립된다고 할지라도 그것은 결코 효율적이고 냉정한 파괴, 학살, 그리고 고문과 상반되지 않는다. …… 사유의 질이 더 합리적이 될수록 파괴의 양은 늘어난다. 예를 들어 우리 시대에 테러리즘과 고문은 더 이상 열정의 도구들이 아니다. 그것들은 정치적 합리성의 도구들이 되었다.9)

사실 문명화 과정에서 일어난 것은 폭력의 재배치, 폭력에 대한 접근권의 재배분이었다. 우리가 혐오하도록 훈련받은 다른 많은 것들과 마찬가지로 폭력은 존재가 없어진 것이 아니라 단지 시야에서 사라졌을 뿐이다. 그것은 눈에 보이지 않게 되었다. 즉 협소하게 한정된, 그리고 사유화된 개인적 경험의 관점으로부터 보이지 않게 되었다. 대신 그것은 분리된 고립된 영역 속에 갇히게 되었고 전체적으로 사회의 보통 성원들에게는 접근할 수 없는 것이 되었다. 또는 사회의 대다수 성원들에게는 출입이 금지된 구역 또는 '중간 지대'로 추방되었다. 또는 전체적

---

9) Kren & Rappoport, *The Holocaust and the Crisis*, p. 140.

으로 문명화된 인간들의 일상적 삶과는 무관한 먼 곳으로 수출되었다(우리는 언제나 휴가 예약을 취소할 수 있다).

이 모든 것의 궁극적 결과는 폭력의 집적이다. 일단 집적되고 경쟁으로부터 자유로워진 강제 수단은 기술적으로 완결되지 않더라도 전례 없는 결과들에 도달할 수 있을 것이다. 그러나 그것들의 집적은 기술적 개량의 증폭을 촉발하고 북돋우며, 그리하여 개선 효과는 훨씬 더 커진다. 기든스가 반복해서 강조했듯이(그의 『역사유물론에 대한 현대적 비판 Contemporary Critique of Historical Materialism』[1981년]과 『사회 구성 The Constitution of Society』[1984년]을 보라) 문명화된 사회들의 일상생활로부터 폭력의 제거는 사회 간 상호작용과 사회 내 질서의 생산의 철저한 군사화와 항상 밀접하게 연관되었다. 상비군과 경찰은 기술적으로 우월한 무기와 관료제적 행정의 우월한 기술을 결합시켰다. 지난 2세기 동안에 그런 군사화의 결과로 폭력에 의한 죽임을 당한 사람 수는 꾸준히 증가해 전에는 들어보지 못한 규모에 도달했다.

홀로코스트는 엄청난 규모의 강제 수단을 흡수했다. 그것들을 한 가지 목적을 위해 장치함으로써 홀로코스트는 또한 그것들의 더 이상의 전문화와 기술적 완결에 대한 자극을 추가했다. 그러나 파괴 도구들의 단순한 양을 넘어서, 그리고 그것들의 기술적 질을 넘어서 중요한 것은 그것들의 배치 방식이었다. 그것들의 가공할 효율성은 대부분 그것들의 사용을 순전히 관료적·기술적 고려들에 종속시키는 데 의존했다(이것은 그것들의 사용을 결코 — 만약 폭력 수단들이 분산 고립된 행위자들에 의해 통제되고 분산된 방식으로 배치되었다면 그것들이 종속되었을 — 길항적 압력들로부터 완전히 자유롭게 하지 않았다). 폭력은 기술technique로 변했다. 모든 기술과 마찬가지로 그것은 감정으로부터 자유로우며 순전히 합리적이다. "사실 만약 '이성'이 도구적 이성을 의미한다면 '공산 치하의' 베트남(분명히 '바람직하지 않은 대상')에 그것을 '바람직한 대상'으로 바꿀

'수술자'로 미군, B-52 폭격기들, 네이팜탄, 그리고 그 밖의 것들을 사용하는 것은 완전히 합리적이다."10)

위계적·기능적 분업의 효과들

폭력의 사용은 수단들이 오로지 도구적 합리성의 기준들에 종속되고, 따라서 목적에 대한 도덕적 평가로부터 분리될 때 가장 효율적이고 비용 효과적이다. 내가 첫 장에서 지적했듯이 그런 분리는 모든 관료제가 잘하는 일이다. 심지어 그것이 관료적 구조와 과정의 본질이라고 말할 수도 있다. 그리고 그것과 함께 — 현대 문명이 관료 행정의 발전 덕분에 성취한 — 동원 및 조정 잠재력의 엄청난 성장의 비밀, 그리고 행동의 합리성과 효율성의 비밀이 거기에 있다고도 할 수 있다. 그러한 분리는 대체로 — 둘 다 관료제 행동 모델에서 핵심적인 — 두 개의 평행한 과정들의 결과이다. 첫 번째 것은 (권력과 복종의 선형적 점진성에 대한 부가물로서, 그리고 결과에서는 그것과 구분되는) **꼼꼼한 기능적 분업이고 둘째 것은 도덕적 책임성의 기술적 책임성으로의 대체**이다.

모든 분업은 (그리고 단지 지배권의 위계에 의해서 생기는 분리는) 집단 행동의 최종 결과에 대한 대부분의 기여자와 그 결과 자체 사이에 거리를 발생시킨다. 관료적 권력사슬의 마지막 고리(직접 집행자들)가 과제에 직면하기 전에 그것과의 대면을 가져온 대부분의 준비 작업들은 이미 문제의 과제에 대한 아무런 개인적 경험, 그리고 때로는 지식도 없는 사람들에 의해 완료된다. 위계의 모든 단계가 똑같은 직업적 숙련을 공유하는, 그리고 사다리 꼭대기로 갈수록 작업에 대한 실제적 지식이 실

---

10) Joseph Weizenbaum, *Computer Power and Human Reason: From Judgment to Calculation*(San Francisco: W. H. Freeman, 1976), p. 252.

제로 늘어나는 (장인은 도제나 직인과 똑같은 것을 안다. 다만 더 많이 더 잘 알 뿐이다) 근대 이전의 작업 단위에서와는 달리 현대 관료제의 연속적 단계를 점하고 있는 사람들은 직무가 요구하는 전문 지식이나 직업적 훈련의 종류가 아주 다르다. 그들은 상상 속에서 부하들의 지위에 자신을 놓을 수도 있다. 이것은 사무실 안에서 '좋은 인간관계'를 유지하는 데 도움이 될 수도 있다. 그러나 이것은 과제의 올바른 수행 조건은 아니며, 관료제 전체의 효율성의 조건도 아니다. 사실 대부분의 관료제는 모든 관료에게, 특히 상층관료들에게 '밑바닥에서부터 시작하기'를 요구하는 — 그리하여 꼭대기로 가는 과정에서 전체 사다리의 경험을 획득하고 기억하기를 요구하는 — 낭만적 처방을 심각하게 받아들이지 않는다. 여러 종류의 관리 직무들이 필요로 하는 기술들의 다중성에 유념해 대부분의 관료제는 대신 위계의 상이한 수준에 대해 별도의 충원 경로를 실행한다. 아마도 각각의 병사들은 배낭 속에 원수(元帥)의 지휘봉을 지니고 있는 게 사실일지 모른다. 하지만 서류가방 속에 사병들의 총검을 갖고 다니는 원수 — 그리고 이 점에서는 대령이나 대위도 마찬가지다 — 는 거의 없다.

최종 산물로부터의 그런 실제적·정신적 거리가 의미하는 것은 관료적 위계의 대부분의 직원은 효과에 대해 충분히 알지 못한 채 명령을 내릴 수 있다는 것이다. 많은 경우에 결과들을 예견하기가 어려울 것이다. 보통 그들은 결과에 대한 추상적이고 초연한 자각 — 통계로 가장 잘 표현되는 그런 종류의 지식과 판단, 특히 도덕적 판단을 하지 않고 결과들을 측정하는 그런 종류의 지식 — 만을 갖고 있을 뿐이다. 그들의 서류 더미와 마음속에는 결과들은 기껏해야 도표로, 곡선으로 또는 원의 일부분으로 표현된다. 관념적으로 그것은 숫자들로 나타날 것이다. 도표로 또는 숫자로 나타내어진 그들의 명령의 최종 결과들은 실체가 없다. 그래프들은 작업의 진척을 측정한다. 그것들은 작업의 본질이나 대상들에 대해서는 아무것도 말해주지 않는다. 그래프들은 아주 다른 성격의 과제들을 상호 교환 가능한 것으로 만든다. 오직 계량화할 수 있는 성공 또는 실패만이 문제가 된다. 그리고 그런 관점에서 바라보았을 때 과제들은 다르지 않다.

위계적 분업에 의해 만들어진 이 모든 거리의 결과들은 일단 분업이 기능적인 것이 되면 급격히 증폭된다. 이제 과제의 실제 수행의 직접적·개인적 경험의 부재뿐만 아니라 목하의 과제와 전체 사무실의 과제 간의 유사성의 부재(전자는 후자의 축소판 또는 아이콘이 아니다)가 기여자를 자신이 일부를 이루는 관료제가 수행하는 직무로부터 격리시키게 되며, 연속적 명령은 이 과정에서 큰 몫을 한다. 그런 거리감의 심리적 영향은 깊고 넓다. 비행기에 폭탄을 실으라고 명령하는 것과 폭탄공장에 대한 정기적 철강 공급을 관리하는 것은 전혀 다른 일이다. 전자의 경우 명령하는 자는 폭탄이 야기하게 될 참화에 대한 생생한 시각적 인상을 전혀 갖지 않을 수 있다. 그러나 후자의 경우 공급 관리자는 폭탄이 어떤 용도에 쓰일 것인가에 대해 만약 원한다면 전혀 생각할 필요가 없다. 관념 속에서조차 최종 결과에 대한 관념적 지식은 불필요하며 — 작업 중 자신이 맡은 부분의 성공에 관한 한 — 분명히 무관한 것이다. 기능적 분업에서는 우리가 하는 모든 일은 원칙적으로 **다중최종적**multifinal이다. 즉 하나 이상의 의미-결정하는meaning determining 총체성으로 결합되고 통합될 수 있다. 그것 자체만으로는 기능에 의미가 없으며, 궁극적으로 그것에 부여될 의미는 결코 집행자들의 행동에 의해 미리 선취 되지 않는다. 언젠가 어디선가 의미를 결정할 것은 (대부분의 경우 익명의, 그리고 손에 닿지 않는) '타자들'일 것이다. "네이팜탄을 만든 화학공장 노동자들이 불에 탄 어린아이들에 대한 책임을 받아들일까?"하고 크렌과 라포포트는 묻는다. "그들은 심지어 다른 사람들이 자신들에게 책임이 있다고 합리적으로 생각하리라는 것을 의식하기나 할까?'11) 물론 그렇지 않을 것이다. 그리고 그들이 그래야만 하는 관료적 이유도 없다. 어린아이를 불에 태우는 과정을 아주 작은 기능적 과제들로 나누는 것, 그리고 그러한 과제들을 각각의 노동자로부터 분리하는 것이 그런 자각을 상관없는 — 그리고 극도로 성취하기 어려운 — 것으로 만들었다. 또한 네이팜탄을 만드는 것은 화학공장이지 어떤 개별 노동자도 아니라는 것을 다시 기억하라 …….

거리두기에 책임이 있는 두 번째 과정은 첫 번째 것과 밀접히 연관되어 있다. 도덕적 책임을 기술적 책임으로 대체하는 것은 과제의 꼼꼼한 기능적 분할 및 분리 없이는 생각할 수 없을 것이다. 최소한 똑같은 정도로는 그렇지 못할 것이다. 그런 대체는 이미 통제의 순전히 선형적인 점진화 안에서 어느 정도는 이루어진다. 명령의 위계 속의 각각의 사람은 직속상관에게 책임을 지며, 따라서 당연히 일에 대한 그의 의견과 동의에 관심을 갖는다. 이 동의가 그에게 얼마나 중요하든 그는 여전히, 적어도 이론적으로는, 자신의 작업의 궁극적 결과가 어떻게 될 수밖에 없는가를 인지하고 있다. 따라서 최소한 하나의 인식을 다른 것과 비교할 수 있는 — 즉, 상관들의 호의를 결과들의 혐오스러움과 대비시켜 볼 수 있는 — 추상적 기회가 있다. 그리고 비교가 가능하다면 선택 또한 가능하다. 명령권의 선형적 분할 안에서 기술적 책임은, 적어도 이론적으로는, 취약성이 있는 채로 남아 있다. 그것은 여전히 도덕적으로 자신을 정당화하기 위해, 그리고 도덕적 양심과 경쟁하기 위해 호출될 수 있다. 예를 들어 한 공무원은 상관이 특정한 명령을 내림으로써 해당 권한을 넘어서서 순전히 기술적 관심의 영역에서 윤리적 의미를 띤 영역으로 넘어갔다고 결정할 수 있다(병사를 쏘는 것은 상관없다. 하지만 어린아이를 쏘는 것은 다른 문제다). 그리고 권위 있는 명령에 순종할 의무는

---

11) Kren & Rappoport, *The Holocaust and the Crisis*, p. 141.

해당 공무원이 도덕적으로 받아들일 수 없는 행동이라고 생각하는 것을 정당화하는 데까지 확장되지 않는다고 결정할 수 있다. 그러나 이 모든 이론적 가능성은, 일단 명령의 선형적 위계가 과제들의 기능적 분할 및 분리에 의해 보충되거나 또는 대체되면 사라지거나 또는 상당히 약화된다. 그렇게 되면 기술적 책임성의 승리는 완결되고 무조건적인 것이 되며, 그리고 모든 실제적 목적을 위해 논박의 여지가 없는 것이 된다.

기술적 책임성이 도덕적 책임성과 다른 점은 그것이 행동은 그 자체 이외의 무엇을 위한 수단이라는 것을 망각하는 데 있다. 행동의 외적 연관들이 시야에서 효과적으로 제거됨으로써 관료집단의 행동은 그 자체가 목적이 된다. 그것은 적절성과 성공이라는 내재적 기준들에 의해 판단될 수 있다. 관리의 기능적 전문화에 의해 조건 지어지는 그의 자랑스러운 상대적 자율성과 나란히 조직의 분할된 그러나 조정된 노동 전체의 전반적 효과들로부터 그의 원격성이 주어진다. 일단 멀리 떨어진 결과들로부터 격리되면 기능적으로 전문화된 대부분의 행위는 도덕적 검증을 쉽게 통과하거나 또는 도덕적으로 무관심하게 된다. 도덕적 걱정들에 의해 방해받지 않게 될 때 행동들은 합리적 기초 위에서 분명하게 판단될 수 있게 된다. 그때 문제가 되는 것은 행위가 가용한 것 중 최상의 기술적 노하우에 따라서 수행되었는지의 여부, 그리고 그것의 산물이 가장 비용 절약적인지 여부이다. 기준들은 분명하며 조작하기 쉽다.

우리 주제와 관련해 그런 관료적 행위의 맥락의 두 가지 효과가 가장 중요하다. 첫째는, 행위자들의 기술들, 전문가적 지식, 창의성, 그리고 헌신성 — 이런 자질들을 완전히 전개하도록 그들을 촉구했던 그들의 개인적 동기들에 의해 완전하게 되는 — 은 설혹 행위자들이 목적에 대해 상대적인 기능적 자율성을 가진다고 할지라도 그리고 목적이 행위자 자신의 도덕적 철학과 맞지 않는다고 할지라도(또는 아마도 그 때문에) 완전히 동원될 수 있고 전반적인 관료적 목적에 기여하도록 할 수 있다는 사실이다. 이것을 거칠게 표현해보면 **결과는 관료적 조작의 기술적 성공에 대한 도덕적 기준과 무관하다는 것이다.** 베블렌Thorstein Veblen에 의하면 모든 행위자에게 존재하는 장인 정신의 본능은 목하의 직무의 적절한 수행에 완전히 초점을 맞춘다. 과제에 대한 실제적 헌신은 행위자의 소심한 성격과 상관의 엄격함 때문에 또는 행위자의 승진에 대한 관심, 행위자의 야망 또는 사심 없는 호기심 또는 다른 많은 개인적 사정들, 동기들 또는 성격의 특징들에 의해 더욱 고양될 것이다. 하지만 그것들이 없다고 해도 전체적으로 장인 정신만으로도 충분할 것이다. 대체로 행위자들은 뛰어나기를 원한다. 무엇을 하던 그들은 잘하기를 원한다. 일단 관료 체제 내의 복합적인 기능 분화 덕분에 자신들이 기여하는 작업의 궁극적 결과들로부터 격리되었다면 그들의 도덕적 관심은 눈앞의 직무를 잘 수행하는 데 완전히 집중될 수 있다. 도덕(성)은 결국 좋은, 효율적인, 그리고 성실한 전문가와 노동자가 되어야 한다는 계명으로 대변된다.

관료적 대상들의 비인간화

행위의 관료적 맥락의 또 다른, 똑같이 중요한 효과는 **관료적 조작의 대상들의 비인간화**이다. 즉, 대상들을 순전히 기술적인, 윤리적으로 중립적인 용어로 표현할 가능성이 그것이다.

우리는 비인간화를 강제수용소 수감자들의 끔찍한 모습들 — 동작이 가장 원시적인 생존이라는 기초적 수준으로 축소되고, 인간 존엄성에 관한 문화적 (신체적·행태적) 상징들의 전개를 금지당하며, 심지어 인식 가능한 인간다움조차도 박탈당하는 모욕을 당하는 — 과 결부시킨다. 마쉬의 말처럼 "아우슈비츠 담장 옆에 서서 쪼그라든 피부와 움푹 파인 눈을 한 채 뼈와 가죽만 남은 앙상한 해골을 보면 누가 그들이 정말 사람이라고 믿을 수 있겠는가?"12) 그러나 이런 그림들은 단지 모든 관료체제 — 그들이 현재 종사하고 있는 과제들이 아무리 온화하고 무해한 것일지라도 — 에서 발견될 수 있는 경향의 한 극단적 표현만을 반영할 뿐이다. 나는 비인간화 경향에 대한 토론이 가장 선정적이고 비참한 그러나 운 좋게도 흔하지는 않은 표현들에 초점을 맞추기보다는 좀 더 보편적이고 — 그리고 이런 이유 때문에 — 좀 더 위험한 표현들에 집중해야 한다고 제안한다.

비인간화는 거리두기 덕분에 관료적 조작이 겨냥하는 대상들이 일련의 양적 척도들로 환원될 수 있고 또 그렇게 될 때 시작된다. 철도 관리자들에게는 자신들의 대상에 대한 유일하게 유의미한 진술은 거리당 (화물의) 중량에 관한 것이다. 그들은 사람, 양¥ 또는 철조망을 다루지 않는다. 그들은 오직 화차만을 다룬다. 그리고 이것은 전적으로 수량으로만 구성된 그리고 질質을 갖지 않은 실체를 의미한다. 대부분의 관료에게는 심지어 화차와 같은 범주조차도 너무 질에 구속된 제한을 의미할지 모른다. 그들은 오직 그들의 행위의 재정적 효과들만 다룬다. 그들의 대상은 돈이다. 돈은 투입과 산출 양쪽 끝에서 등장하는 유일한 대상이다. 그리고 고대인들이 예리하게 관찰했듯이 확실히 "돈에서는 악취가 나지 않는다*pecunia non olet*." 관료적 회사들은 성장하면서 자신을 질적으로 구분되는 하나의 활동 영역에 한정하는 것을 허용하는 법이 거의 없다. 그것들은 옆으로 확장되며, 그러한 운동에서 일종의 이윤 지향성 *lucrotropism* — 자본에 대해 최대의 수익을 내는 일종의 인력 — 에 의해 인도된다. 우리의 기억을 되살리면 홀로코스트는 제국보안본부의 경제관리본부에 의해 관리되었다. 우리는 그러한 배정이 유별나게 술책 또는

---

12) Peter Marsh, *Aggro: The Illusions of Violence*(London: J. M. Dent & Sons, 1978), p. 120.

위장의 의도를 지닌 것이 아니었음을 알고 있다.

다른 모든 관료적 관리 대상들처럼 순수한 양적 척도들로 환원된 인간 대상들은 개성을 잃어버린다. 그들은 이미 비인간화되었다 — 그들에게 일어나는 (또는 그들에게 행해지는) 일들이 말해지는 언어가 지시 대상들을 도덕적 평가로부터 보호한다는 의미에서. 사실 이 언어는 규범적·도덕적 언명에는 적합하지 않다. 윤리적 명제의 대상이 될 수 있는 것은 오직 인간뿐이다(물론 도덕적 진술들은 때로는 다른 인간이 아닌 생명체로 확장되기도 한다. 그러나 그것들의 원래의 의인화된 바탕으로부터 확장됨을 통해서이다). 인간들은 일단 기호로 환원되고 나면 이런 능력을 잃어버린다.

비인간화는 현대 관료제의 가장 본질적인 합리화 경향과 밀접하게 관련되어 있다. 모든 관료체제가 어떻게든 인간 대상들에 영향을 미치므로 비인간화의 나쁜 영향은 그것을 거의 전적으로 집단학살 효과들과 동일시하는 습관이 시사하는 것보다 훨씬 더 흔하다. 병사들은 **표적들을 쏘라고** 명령받는다. 그리고 그것들을 맞혔을 때 그것들은 **쓰러진다**. 거대 기업의 종업원들은 **경쟁자를 파괴**하도록 장려된다. 복지 담당 공무원들은 때로는 **임의의 시혜자로**, 다른 때는 **개인적 대부자**로 활동한다. 그들의 대상들은 **보충 수당 수령자들**이다. 이 모든 기술적 용어 뒤에 있는 인간들을 인식하고 기억하기는 어렵다. 요점은 관료제적 목표에 관한 한 그들은 인식되지 않고 기억되지 않는 것이 더 낫다는 것이다.

일단 효과적으로 비인간화되면, 따라서 도덕적 요구의 잠재적 주체로서 삭제되면 그들은 관료제적 과제 수행의 인간 대상들을 윤리적 무관심으로 바라보며, 이 무관심은 곧 — 그들의 저항 또는 협조의 부재가 관료적 일상의 부드러운 흐름을 저해할 때에는 — 부동의와 비난으로 바뀐다. 비인간화된 대상들은 아마도 '대의'를 가질 수 없으며, 하물며 '정의로운' 대의는 더욱 그렇다. 그들은 그렇게 고려되는 데 아무런 '관심'이 없으며, 실로 주장할 아무런 주체성도 갖고 있지 않다. 따라서 인간 대상은 '성가신 요인'이 된다. 그들의 소란스러움obstreperousness은 공무원들을 단결시키는 자존감과 동지적 유대를 더욱더 강화한다. 이들은 이제 자신을 용기, 자기희생, 그리고 대의에 대한 사심 없는 헌신을 요구하는 어려운 투쟁 속의 동료로 생각한다. 고통받고 있고 연민과 도덕적 상찬을 받을 자격이 있는 것은 관료제의 대상들이 아니라 주체들이다. 그들은 자부심과 그들 자신의 존엄성에 대한 확신을 ― 그들이 다른 장애물들을 극복하는 것을 자랑스럽게 생각하듯이 ― 그들의 희생자들의 고집을 분쇄하는 것으로부터 ― 정당하게 ― 도출할지도 모른다. 대상의 비인간화와 적극적인 도덕적 자기평가는 서로를 강화한다. 공무원들은 어떤 목표에 충실히 봉사하면서 동시에 도덕적 양심은 훼손당하지 않은 채로 남아 있을 수 있다.

전체적인 결론은 이렇다. 즉 근대화 과정에서 발전된 바의 관료제적 행동 양식은 집단학살 과제들을 수행하는 데 필요한 것으로 입증된 모든 기술적 요소들을 포함한다는 것이다. 이 양식은 ― 구조, 메커니즘, 행동 규범들에 대한 주요한 수정 없이 ― 집단학살 목적에 봉사하도록 만들 수 있다.

더욱이 통념과는 반대로 관료제는 ― 한순간에는 난폭하고 도덕적으로 경멸스러운 목적에, 그리고 다른 때에는 아주 인간적인 목적에 똑같이 쉽게 사용될 수 있는 ― 단순한 도구만이 아니다. 비록 떠밀리는 대로 어떤 방향으로든 움직이지만 관료제는 납을 박은 부정 주사위와 좀 더 닮았다. 그것은 그 나름의 논리와 관성을 지니고 있다. 그것은 어떤 해법들은 좀 더 개연성 있는 것으로, 그리고 다른 해법들은 그렇지 않은 것으로 되게 한다. 처음의 추동력이 주어지면(어떤 목적을 대면하면) 그것은 마법사의 도제의 빗자루처럼 ― 처음 추동한 많은 자가 만약 아직도 그들이 촉발한 과정을 통제하고 있다면 멈추어 설 ―모든 문턱을 쉽게 넘어간다. 관료제는 최적의 해법을 찾도록 프로그램되어 있다. 관료제는 그러한 최적을 측정할 때 하나의 인간 대상과 다른 인간 대상을 또는 인간적 대상과 비인간적 대상을 구분하지 않는다. 중요한 것은 그것들의 처리 과정의 효율성과 비용 절감이다.

홀로코스트에서 관료제의 역할

반세기 전 독일에서 관료제가 독일을 '유대인으로 오염되지 않은*judenrein*' 나라로 만드는 과제를 부여받는 일이 일어났다. 이 관료제는 관료제들이 시작하는 것에서 시작했다 — 즉 대상을 정확하게 정의하는 일, 그런 다음 그러한 정의에 맞는 자들을 등록하는 일, 그리고 그들 각자를 위한 파일을 만드는 일. 그들은 파일에 들어있는 자들을 나머지 주민 — 이들에게는 수령한 명령이 적용되지 않았다 — 과 분리하는 데로 나아갔다. 마지막으로 그처럼 분리된 범주를 깨끗이 청소되어야 할 아리안족의 나라로부터 추방 — 처음에는 국외로 이주하도록 촉구하는 것으로 시작해 일단 독일 밖의 영토를 지배하게 되면 독일 이외의 영토로 실어 나름으로써 — 하는 데로 나아갔다. 그때에 이르면 관료제는 — 낭비되어서도 안 되고 녹슨 채 방치되지도 않을 — 놀라운 청소 기술들을 개발한다. 독일을 청결하게 하는 과제를 잘 수행한 관료제는 좀 더 야심적인 과제를 가능하게 했으며 그들의 선택을 거의 자연스러운 것으로 만들었다. 그런 뛰어난 청소 능력을 지녔는데 왜 아리안족의 모국 *Heimat*에서 멈추는가? 왜 제국 전체를 청소하는 것을 마다하는가? 진실로 제국은 이제 편재遍在하므로 유대인 쓰레기를 처리할 수 있는 하치장이 될 '바깥'이 남아 있지 않다. 오직 추방할 수 있는 한 방향만 남아 있다. 연기로 만들어 위로 날려 보내는 것.

오랫동안 홀로코스트 역사가들은 두 진영 — 하나는 '의도주의' 진영, 다른 하나는 '기능주의' 진영 — 으로 나뉘어왔다. 첫 번째 진영은 유대인 학살은 처음부터 히틀러의 확고한 결심이었으며, 단지 적절한 조건이 나타나기만을 기다리고 있었다고 주장한다. 두 번째 진영은 단지 '유대인 문제'에 대한 '해법을 찾으려는' — '깨끗한 독일'이라는 전망에 관한 한 분명한, 그러나 그러한 전망을 좀 더 가깝게 실현하기 위해서 취해야 할 실제 조치에 관해서는 모호하고 혼란스러운 — 일반적인 생각만 히틀러의 것으로 돌린다. 역사학계는 더욱더 설득력 있게 기능주의적 견해를 뒷받침한다. 그러나 논쟁의 궁극적 결과가 무엇이든 생각과 그것의 실행 사이의 공간은 관료제적 행동으로 가득 채워져 있다는 데는 거의 의문의 여지가 없다. 또한 히틀러의 상상이 아무리 생생하다고 할지라도 그것이 거대하고 합리적인 관료 기구에 의해 일상적인 문제 해결 과정으로 인계되지 않으면, 그리고 그것으로 전환되지 않는다면 거의 아무것도 성취하지 못했을 것이라는 데도 의문이 없다. 마지막으로, 그리고 아마도 가장 중요하게, 관료제적 행동 양식은 홀로코스트 과정의 지울 수 없는 인상을 남겼다. 그들의 지문은 홀로코스트의 역사 전체에, 누구나가 다 볼 수 있게, 남아 있다. 실제로 관료제는 인종적 오염에 대한 두려움과 인종적 위생에 대한 강박증을 깨지 못했다. 그것을 위해서는 공상가들이 필요했다. 왜냐하면 관료집단은 공상가들이 멈추는 곳에서 공을 넘겨받기 때문이다. 그러나 관료제는 홀로코스트를 만들어냈다. 자기 자신의 형상대로.

힐버그는 최초의 독일 관리가 유대인을 배제할 것에 대한 최초의 규칙을 작성했던 순간 유럽 유대인들의 운명은 봉인되었다고 주장했다. 이 말에는 아주 심오하고 무서운 진실이 담겨있다. 관료집단이 필요로 한 것은 과제에 관한 규정이었다. 그들은 합리적이고 효율적이었기 때문에 과제를 끝까지 추구하도록 위임받을 수 있었다.

관료체제는 그에 고유한 능력과 기술을 통해서 뿐만 아니라 그에 내재한 고통을 통해서도 홀로코스트의 영구화에 기여했다. 모든 관료제가 원래의 목표를 잃어버리고 수단에 집중하는 경향 — 수단이 목적으로 바뀌는 것 — 은 널리 지적되었고 분석되었으며 서술되었다. 나치의 관료집단도 그러한 영향을 벗어나지 못했다. 일단 작동되기 시작하자 이 살인 기구는 그 나름의 기동력을 발전시켰다. 통제하게 된 영토들에서 유대인을 청소하는 데 성공하면 할수록 그들은 새로 획득한 기술을 행사할 수 있는 새로운 영토를 더욱 적극적으로 찾았다. 독일의 군사적 패배가 다가오자 **최종해결책**의 원래 목표는 점점 더 비현실적인 것이 되었다. 이때 이 살인 기구를 계속 움직이게 한 것은 오직 그것의 일상성과 관성이었다. 대량학살 기술이 사용된 이유는 단지 그것이 존재했기 때문이다. 전문가들은 그들 자신의 전문성을 위한 대상들을 만들어냈다. 우리는 베를린의 유대인 부서들의 전문가들이 이미 오래전에 독일 땅에서 사라진 독일 유대인들에게 새로운 사소한 제한들을 도입했던 것을 기억한다. 우리는 친위대 사령관들이 국방군*Wehrmacht* 장군들에게 군사 작전을 위해 절실히 필요로 했던 유대인 기능공을 살려두지 못하게 했던 것을 기억한다. 그러나 수단을 목적으로 바꾸는 음울한 경향이 무엇보다도 눈에 띄는 것은 루마니아와 헝가리의 유대인 학살의 소름 끼치는 얘기이다. 그것은 동부전선에서 불과 몇 마일 떨어지지 않은 곳에서 자행되었으며, 전쟁 노력에 엄청난 비용을 치르게 했다. 값비싼 철도 차량과 기관차, 군대와 행정 자원이 군사적 과업으로부터 전용되어 결코 실현되지 않은 독일인 거주 지역을 위해, 유럽의 오지를 청소하기 위해 사용되었다.

관료제는 내재적으로 집단학살 행위를 할 능력이 있다. 그런 행동에 **관여하기** 위해서는 현대(성)의 다른 발명품과 만날 필요가 있다. 좀 더 나은, 좀 더 온당하고 합리적인 사회질서 — 말하자면 인종적으로 균일한 또는 계급 없는 사회 — 에 대한 대담한 계획, 그리고 무엇보다도 그런 디자인을 할 능력과 그것을 실현하고자 하는 결의가 그것이다. 제노사이드는 이 현대의 흔하고 풍부한 두 가지 발명품의 만남의 귀결이다. 이제까지 드물었던 것은 이 둘의 만남이었다.

현대적 안전장치의 파산

물리적 폭력과 그것이 가하는 위협은

> 더 이상 개인의 삶 속으로 가져오는 항구적인 불안전이 아니라 특정한 형태의 안전이다. …… 일상생활의 광경 뒤에 숨겨진 물리적 폭력에 의해 지속적이고 균일한 압력이 개인들의 삶에 가해진다. 그러한 압력은 전적으로 친숙하고 거의 인지되지 않는다. 그것은 경제가 발생 초기부터 지금의 사회구조에 이르기까지 적응해온 행위와 동력이다.[13]

이런 말을 통해 엘리아스는 문명사회에 대한 친숙한 정의를 재천명하고 있다. 일상생활로부터 폭력의 제거는 이 정의의 축이 되는 핵심적인 주장이다. 앞에서 살펴본 대로 표면적인 제거는 사실은 단지 축출일 뿐이며, 그 결과 사회체계 안의 새로운 장소들에 폭력의 자원들을 재집합하고 폭력의 중심들을 재배열하게 된다. 엘리아스에 따르면 이 두 가지 변화는 밀접하게 상호 연관되어 있다. 일상생활의 영역은 폭력으로부터 비교적 자유로운데 그것은 바로 어딘가에 물리적 폭력이 — 그것을 효과적으로 사회의 보통 구성원들의 통제권 밖에 놓을 만큼, 그리고 폭력

---

13) Norbert Ellias, *The Civilising Process: State Formation and Civilization*, trans. Edmund Jephcott(Oxford: Basil Blackwell, 1982), pp. 238~239.

의 허락되지 않은 폭발을 억누를 수 있는 불가항력의 힘을 그것에 부여하는 만큼의 양으로 — 저장되어 있기 때문이다. 일상의 매너는 주로 이제 폭력적으로 될 경우 폭력 — 그들이 필적하거나 또는 물리치기를 희망할 수 없는 만큼의 폭력 — 에 의해 위협받기 때문에 부드러워진다. 따라서 일상생활의 지평에서 폭력이 사라진 것은 현대 권력의 집중화와 독점화의 또 다른 표현이다. 개인들 간의 상호작용에서 폭력은 부재한다. 왜냐하면 그것은 이제 개인들이 결코 접근할 수 없는 힘들에 의해 통제되기 때문이다. 그러나 그러한 힘들은 **모든 사람**의 접근거리밖에 있지는 않다. 그리하여 자랑할 만한 매너(엘리아스가 서구의 인과론적 신화를 따라 그렇게 재미있게 칭찬하는), 그리고 거기에서 귀결되는 일상생활의 포근한 안전은 대가가 있는 것이다. 그것은 우리 현대(성)의 거주자들이 언제라도 지불하도록 요구받을 수 있는 — 또는 지불하도록, 처음에 요청받지도 않고, 강요되기도 하는 — 대가인 것이다.

일상의 삶이 평화로워졌다는 것은 동시에 그것이 무방비 상태임을 의미한다. 현대 사회의 성원들은 그들 간의 상호관계 속에서 물리적 폭력의 사용을 포기하기로 동의함으로써 또는 그렇게 강요당함으로써 — 미지의 그리고 보통은 눈에 보이지 않는 그러나 잠재적으로 사악하고 항상 가공할 만한 — 강제력의 관리자들 앞에서 자신을 무장해제한다. 그들의 취약성이 걱정스러운 것은 강제력의 관리자들이 정말로 그런 이점을 활용해 서둘러 자신들이 통제하는 폭력 수단을 무장해제한 사회에 대항할 개연성이 높기 때문이라기보다는 그런 이점을 이용하든 말든 그것이 원칙적으로 선남선녀들이 하는 것에 의존하지 않는다는 단순한 사실 때문이다. 현대 사회의 성원들은 그들만으로는 강제력의 대대적 사용이 발생하는 것을 막을 수 없다. 매너를 부드럽게 하는 것은 폭력에 대한 통제의 근본적 변화와 함께 일어난다.

현대에 특징적인 권력의 불균형이 포함하고 있는 항상적 위협에 대한 자각이 삶을 — 현대의 문명사회의 피륙 안에 붙박여 있다고 믿는 안전장치들에 대한 신뢰가 없다면 — 참을 수 없는 것으로 만들 것이다. 대부분의 경우 우리는 그런 신뢰가 잘못된 것으로 생각할 이유가 없다. 오직 몇몇 극적인 경우에만 안전장치들의 현실성에 대한 의문이 던져진다. 아마도 홀로코스트의 주된 의미는 그것이 이제까지의 그런 경우 중 가장 무서운 것 중 하나였던 사실에 있다. **최종해결책에 이르는 시기 동안 안전장치 중에서 가장 신뢰받던 것들이 시험에 들었다 — 그것들은 하나하나 그리고 모두 실패했다.**

아마도 가장 놀라운 것은 관념들의 체계로서의, 그리고 계몽과 훈련 기관들의 네트워크로서의 과학의 실패일 것이다. 현대 과학의 가장 존경받던 원칙들과 성취들의 치명적 잠재력이 드러났다. 감정으로부터 이성의 해방, 규범적 압력으로부터 합리성의 해방, 윤리로부터 효율성의 해방은 시초부터 과학의 구호였다. 그러나 일단 권한이 주어지자 그것들은 과학을 그리고 그것이 낳은 가공할 기술적 응용들을 파렴치한 권력의 온순한 도구로 만들었다. 홀로코스트의 영구화에서 과학이 한 어둡고 수치스러운 역할은 직접적이기도 했고 간접적이기도 했다.

간접적으로 (일반적인 사회적 기능에 중심적이었지만) 과학은 모든 규범적 사고 — 특히 종교와 윤리 — 의 권위를 약화시킴으로써 그리고 그것의 구속력에 의문을 제기함으로써 집단학살로 가는 길을 열었다. 과학은 자신의 역사를 미신과 비합리성에 대한 이성의 길고도 승리한 투쟁으로 회상한다. 이제 종교와 윤리는 인간의 행동에 대해 요구하는 것을 합리적으로 정당화하지 못하는 한 비난의 대상이 되었고, 양자의 권위는 부정되었다. 가치와 규범은 내재적으로, 그리고 돌이킬 수 없이 주관적인 것으로 선언되면서 도구성만이 미덕의 추구가 가능한 유일한 영역으로 남았다. 과학은 가치중립이기를 원했고 그렇게 되는 것을 자랑스럽게 생각했다. 그것은 도덕(성)의 설교자들을 제도적 압력과 조롱으로 침묵시켰다. 이 과정에서 과학은 자신을 도덕적으로 눈감고 입 다물게 했다. 그것은 자신이 열정을 갖고, 흥에 겨워 가장 효율적이고 빠른 대량 살균 또는 대량 살상 방법들을 디자인하는 데 협력하는 것을 — 또는 집단수용소의 노예 상태를 학문의, 그리고 물론 인류의 발전을 위한 의학 연구를 수행하기 위한 유일무이하고 멋진 기회로 생각하는 것을 — 막을 수 있는 모든 장애물을 제거했다.

과학(또는 이 경우 좀 더 정확하게는 과학자들)은 또한 홀로코스트를 저지른 자들을 직접적으로 도왔다. 현대 과학은 거대하고 복합적인 기구이다. 연구에는 큰 비용이 든다. 대형 건물과 고가의 장비, 그리고 높은 보수를 받는 전문가들로 이루어진 대규모 팀들이 있어야 하기 때문이다. 이처럼 과학은 돈과 그 밖의 자원들의 끊이지 않는 흐름에 의존한다. 그리고 똑같이 거대한 기구들만이 그것을 제공하고 보장할 수 있다. 그러나 과학은 상업적이지 않고 과학자들도 탐욕스럽지 않다. 과학의 관심은 진리이고 과학자들의 관심도 그것을 추구하는 데 있다. 과학자들은 호기심으로 가득 차 있으며 미지의 것에 흥분한다. 만약 금전을 포함해 다른 모든 세속적 관심사로 측정하면 호기심은 사심 없는 것이다. 과학자들이 설교하고 추구하는 것은 오직 지식과 진리라는 가치뿐이다. 점점 불어나는 기금, 점점 더 큰 비용이 드는 연구실, 점점 늘어나는 보수 등이 없이는 호기심이 충족되지 못하고 진리를 발견할 수 없다는 것은 단지 우연일 뿐이며, 오히려 작으나마 하나의 자극제이다. 과학자들이 원하는 것은 단지 지식에 대한 갈망이 내모는 곳으로 가도록 허용되는 것뿐이다.

과학자들에게 도움의 손길을 내밀어 바로 그것을 제공하는 정부는 그들의 감사와 협력을 기대할 수 있다. 그에 대한 대가로 대부분의 과학자는 그다지 엄격하지 않은 행동 요령의 긴 목록을 내놓을 준비가 되어있을 것이다. 예를 들어 [유대인처럼] 코 모양이 이상하거나 신상 기재사항에 문제가 있는 동료 중 일부가 갑작스레 실종되어도 그냥저냥 넘어갈 준비가 되어 있을 것이다. 만약 그래도 그들이 반대한다면 그것은 아마 그런 식으로 동료를 한꺼번에 데려가 버리면 연구 계획이 곤란에 빠질 지도 모르기 때문일 것이다(이것은 중상도 풍자도 아니다. 독일 학자들, 의사들, 그리고 기술자들의 항의 — 기록된 것이 있다면 — 는 결국 이것으로 귀결된다. 대숙청 기간 소련 학자들의 경우에는 훨씬 덜 그러했다). 독일 과학자들은 멋진 신세계, 근본적으로 정화되고 독일인이 압도하는 세계로 향해 나치 기관차가 끄는 기차에 기꺼이 올라탔다. 연구 프로젝트들은 나날이 대담해졌고 연구기관들은 시시각각 인원과 자원이 늘어났다. 다른 것은 거의 아무것도 문제가 되지 않았다.

나치의 인종 정책에 대한 생물학과 의학의 공헌에 대한 매혹적인 새로운 연구에서 프록터는 무엇보다도 박해의 피해자이고 위로부터의 교화 대상이었다는 나치즘 하의 과학에 대한 대중의 신화 — 최소한 1941년에 출간된 니드햄Joseph Needham의 영향력 있는 저서 『국제 과학계에 대한 나치의 공격*The Nazi Attack on International Science*』에서 비롯된 신화 — 에 종지부를 찍고 있다. 프록터의 꼼꼼한 연구에 따르면 현재 널리 퍼져 있는 의견은 정치적 주도권이 — 마지못한 그러나 겁 많은 과학자들에게 바깥으로부터 부과되었다기보다는 — 과학계 그 자체로부터 발생한 정도, 그리고 인종 정책 그 자체가 학문적으로 나무랄 데 없는 자격을 지닌 저명한 과학자들에 의해 발의되고 관리된 정도를 심하게 과소평가하고 있다. 만약 강제가 있었다면 "그것은 과학계의 한 부분이 다른 부분을 강제하는 형태를 띠었다." 전체적으로 "〔인종적 프로그램의〕 사회적·지적 기초의 많은 것은 히틀러가 집권하기 오래전에 놓여졌다." 그리고 생의학자들은 "나치의 인종주의 프로그램의 발의, 관리 및 집행에서 능동적이고 심지어 지도적 역할을 했다."14) 문제의 생의학자들이 어떤 기준에 의해서도 해당 전문직업군 중의 소수 과격파 또는 광신적 극단자들이 아니었음이 나치 독일에서 발행된 147개의 의학 잡지의 편집진 구성에 대한 프록터의 공들인 연구로 밝혀졌다. 히틀러 집권 후 편집진은 변하지 않은 채 있었거나 또는 아주 소수만 교체되었을 뿐이다(필경 그러한 변동은 유대인 학자들의 제거로 설명될 수 있을 것이다).15)

기껏해야 현대 과학으로 제도화된 합리성에 대한 숭배는 국가가 조직화된 범죄자로 변하는 것을 막는 데 무능하다는 것이 입증되었다. 최악에는 그것은 그런 변화를 수행하는 도구가 되는 것으로 입증되었다. 그러나 현대 과학의 경쟁자들도 후한 점수를 받지 못한다. 침묵을 지키는 데 있어 독일 학자들에게는 많은 동료가 있었다. 가장 이채로운 것은 모든 교회가 합류한 것이다. 조직된 비인간성 앞에서의 침묵은 그렇게 자주 불화하던 교회들이 합의한 유일한 항목이었다. 〔가톨릭이든 개신교든〕 어느 교회도 업신여김을 당하는 권위를 되찾으려고 시도하지 않았다. 어느 교회도 (대부분 고립되어 있던 개별 성직자와는 별도로) 자신의 교구라고 선언한 나라에서, 그리고 사목 대상으로 여기고 있던 사람들에 의해 저질러지고 있는 행동에 대한 책임을 인정하지 않았다(히틀러는 결코 가톨릭교회를 떠나지 않았으며 또한 파문당하지도 않았다). 어느 교회도 자신의 양 떼에 대한 도덕적 판단을 하고 말을 안 듣는 자들에게 회개를 강제할 권리를 지키려고 하지 않았다.

이와 관련해 가장 중요한 것은 아무리 문화적으로 폭력을 혐오하도록 훈련되었더라도 그것은 조직화된 강제에 대해서는 형편없는 방어수단임이 입증되었다. 다른 한편 문명화된 태도는 제노사이드와 평화적으로 그리고 조화롭게 공존하는 놀라운 능력을 보여주었다. 장기간의, 그리고 종종 고통스러운 문명화 과정도 집단학살에 대한 간단하고, 아주 확실

---

14) Robert Proctor, *Racial Hygiene: Medicine under the Nazis*(Cambridge, Mass.: Harvard University Press, 1988), pp. 4, 6.
15) Proctor, *Racial Hygiene*, pp. 315~324.

한 장벽을 세우는 데 실패했다. 그런 메커니즘들은 범죄적 행동을 조정하기 위해 문명화된 행동 규칙을 필요로 했으며, 그것들은 범죄자들의 독선과 거의 충돌하지 않았다. 구경꾼들 사이에서는 비인간성에 대한 문명화된 혐오감이 그것에 대한 적극적 저항을 고무할 만큼 강하지 않았다. 대부분의 구경꾼은 문명화된 규범들이 추하고 야만적인 일들에 대해 반응하도록 조언하고 촉구하는 대로 반응했다. 즉 눈을 딴 데로 돌렸다. 잔혹성에 맞선 소수 사람에게는 자신들을 지지하고 확신시켜 줄 규범 등이 없었으며, 그들의 행동은 사회적으로 승인될 수도 없었다. 그들은 고독한 사람들이었다. 그들은 악에 맞선 싸움을 정당화하면서 단지 저명한 조상 중 한 명만을 인용할 수 있었을 뿐이다 — "나는 달리 행동할 수 없다 Ich kann nicht anders."

물리적 폭력과 강제력을 독점하고 있는 현대 국가의 강력한 기계를 장악하고 있는 사악한 팀에 직면해 현대 문명의 가장 자랑스러운 성취들은 야만주의에 대한 안전장치로서는 실패했다. 문명은 자신이 탄생시킨 가공할 힘들의 도덕적 사용을 보장할 수 없음을 입증했다.

결론

이제 그러한 일이 일어나도록 허용한 원죄가 무엇인가 묻는다면 민주주의의 붕괴(또는 미출현)가 가장 설득력 있는 답이 될 것 같다. 전통적 권위가 부재한 상태에서 정치체를 극단적 행동으로부터 떼어놓을 수 있는 유일한 견제책은 정치적 민주주의에 의해 공급될 수 있다. 그러나 후자는 재빨리 도래하지 않으며, 옛 권위와 통제 체계의 장악력이 깨어진 다음에는 뿌리내리기가 한층 더 느려진다 — 특히 전통의 파괴가 서둘러 이루어지면 더 그러하다. 그런 공백과 불안정 상황은 낡은 사회 권력의 자리들은 마비시켰지만 아직 새로운 것들로 대체하지 못한 지대한 혁명이 일어나는 동안 그리고 그러한 혁명 이후에 일어나는 경향이 있다. 그리고 이 때문에 정치적, 군사적 세력들이 자원이 풍부하고 영향력 있는 사회적 세력들에 의해 견제되지도 또 제지 되지도 않는 상황을 만들어낸다.

그런 상황은 현대 이전의 시대에도 — 때로는 기존 엘리트들의 거의 완전한 자멸로 귀결된 유혈 정복 또는 장기간의 파멸적 싸움에 뒤이어 — 출현했다. 그러나 그런 상황의 예상 가능한 결과는 달랐다. 보통은 더 큰 사회질서의 전반적 붕괴가 뒤따랐다. 그리고 전쟁에 의한 파괴는 사회 통제의 하부 풀뿌리, 공동사회 네트워크까지는 거의 미치지 않았다. 이후 공동체적으로 규제되던 사회질서의 지방적 섬들은 폭력이나 약탈과 같은 이상 행위들에 노출되었으나 — 일단 지방 수준보다 위의 사회조직이 붕괴되었을 때도 — 자신에게 의지할 수 있었다. 대부분의 경우 현대 이전 사회의 전통적 권위에 대한 가장 심오한 타격들조차도 두 가지 핵심적 측면에서 현대의 격변과 달랐다. 첫째, 그것들은 질서에 대한 원시적·공동체적 통제력을 그대로 또는 최소한 여전히 존속할 수 있도록 놓아두었다. 둘째, 그것들은 초공동체적 수준에서의 조직화된 행동의 가능성을 — 좀 더 높은 차원의 사회조직이 무너지고 지방들 간의 소통에서 남아 있는 것이라고는 모두 또다시 조정되지 않은 힘들의 자유로운 움직임에 종속되게 되면서 — 강화시키기보다는 약화시켰다.

그러나 현대라는 조건에서는 정반대로 비슷한 종류의 격변들이 — 전체적으로 사회규제의 공동체적 메커니즘이 거의 완전히 사라지고 지방의 공동체들은 더 이상 자족적이지 않게 된 이후 — 발생한다. 자기 자신의 자원들에 '의존'하는 본능적 반사 작용 대신 그러한 공백은 새로운, 그러나 또다시 초공동체적인 힘들 — 이것들은 전사회적 규모로 새로운 질서를 부과하기 위해 강제력의 국가 독점을 전개하려고 한다 —

에 의해 채워지는 경향이 있다. 따라서 정치권력은 붕괴하는 것이 아니라 새로이 출현하는 질서의 배후에 있는 거의 유일한 힘이 된다. 옛 권위의 파괴 또는 마비에 의해 심각하게 손상된 그것의 충동은 경제적·사회적 힘들에 의해 저지되지도 또 제약당하지도 않는다.

물론 이것은 이론적 모델이며, 역사적 실천에서 완전히 실행된 적은 거의 없다. 그러나 굳이 그러한 모델을 이용해본 것은 그것이 집단학살적 경향들의 표면화를 좀 더 개연성 있는 것으로 만드는 것처럼 보이는 사회적 탈구에 주의를 환기시켜주기 때문이다. 그러한 탈구들은 형태와 강도를 달리할 수 있지만 **경제적·사회적 권력에 대한 정치권력의, 사회에 대한 국가의 명백한 우위**라는 일반적 효과에 의해 통일된다. 그것들은 러시아 혁명과 그것에 뒤이은 장기간의 — 사회통합 및 명령 재생산의 유일한 요인으로서의 — 국가 독점에서 가장 깊고 멀리 나아갔다. 그러나 독일에서도 사람들이 믿는 것보다 훨씬 더 멀리 그리고 깊이 나아갔다. 바이마르 공화국이라는 잠깐의 막간 후에 도래한 나치 지배는 바이마르 공화국 — 오직 표면적으로만 정치적 민주주의를 닮은 옛 엘리트들과 새로운 (그러나 미성숙한) 엘리트들의 불편한 상호작용 — 이 여러 가지 이유로 집행할 수 없었던 혁명을 떠맡아 완성했다. 옛 엘리트들은 상당히 약화되었거나 제거되었다. 경제적·사회적 세력들 간의 접합 형태들은 하나씩 해체되고 새로운, 국가로부터 나오고 그것에 의해 정당화되는 중앙집권적으로 감시되는 형태들로 대체되었다. 모든 계급은 심각한 영향을 받았다. 그러나 가장 근본적인 타격은 비정치적 권력을 오직 집단적으로만 유지할 수 있는 계급들, 즉 무산계급들, 특히 무엇보다도 노동자계급에 가해졌다. 강제적인 국가화 또는 모든 자율적인 노동조직의 해산 — 이는 모든 지방 정부를 거의 전적으로 중앙집중적 통제하에 두는 것과 병행되었다 — 은 대중을 거의 무력하게 만들었으며, 모든 실제적 목적을 위해 정치 과정으로부터 축출했다. 더불어 사회 세력들의 저항은 국가의 활동을 뚫을 수 없는 비밀의 장벽으로 둘러싸는 것 — 실로 국가가 통치하는 바로 그러한 인민에 맞선 국가의 침묵의 음모 — 에 의해 금지되었다. 전반적인 그리고 궁극적인 결과는 전통적 권위들을 새로운 활기로 넘치는 시민 자치의 힘들이 아니라 사회 권력들은 발언이 금지당한 채, 따라서 정치적 민주주의의 구조적 기초를 형성하는 것을 금지당한 채 정치적 국가의 거의 전적인 독점으로 대체한 것이었다.

현대의 조건은 사회적·정치적 통제의 전체 네트워크를 정치적 명령과 행정으로 대체할 수 있는 자원이 풍부한 국가의 등장을 가능하게 했다. 훨씬 더 중요한 것으로는, 현대의 조건은 명령과 통제를 위한 실체를 제공한다는 것이다. 현대(성)는 우리가 기억하듯이 인위적 질서의 시대, 거대한 사회적 계획의 시대이며 계획가들, 공상가들, 그리고 좀 더 일반적으로 사회를 전문가가 계획하고 디자인된 형태에 따라 재배되고 보호되어야 할, 아무도 손대지 않은 땅으로 취급하는 '원예사'의 시대이다.

야망과 자기 확신에는 한계가 없다. 실로 현대적 권력의 구사를 통해서 '인류'는 만능인 것처럼 보이며, 개별 성원들은 아주 '불완전'하고 서투르고 유순한 그리고 개선할 필요가 아주 많은 것으로 보이며, 그리하여 사람들을 가지를 쳐주어야 할(그리고 필요하면 뿌리 뽑아야 할) 식물인 것처럼 또는 사육되어야 할 가축으로 취급하는 것은 색다른 것도 아니고 도덕적으로 불쾌한 것으로 보이지도 않는다. 독일 국가사회주의의 최초의 주요 이데올로그들 중 하나인 다레는 동물 사육의 관행을 장래의 '민족' 정부가 시행해야 할 '인구 정책'의 유형으로 간주했다.

정원의 식물들을 자신에게 맡겨두는 자는 곧 정원에 잡초가 가득 차는 것을 보고 — 그리고 식물들의 기본 성질조차도 변하는 것을 보고 — 놀라게 될 것이다. 따라서 만약 정원이 식물들이 자라는 땅으로 남아 있으려면,

다시 말해 그것이 자연의 가혹한 힘들의 지배 위에 서려면 원예사 — 자라는 데 적절한 조건들을 제공함으로써 그리고 해로운 영향력들을 제거함으로써 또는 양자를 다 함으로써 돌봄을 필요로 하는 것들을 세심하게 돌보고, 더 나은 식물들의 양분, 공기, 햇빛을 빼앗아 갈 잡초들을 가차 없이 제거하는 원예사 — 의 육성 의지가 필요하다. …… 이처럼 우리는 사육이라는 것이 정치사상에서 사소한 것이 아니라 그것들이 모든 고려사항의 중심이 되어야 한다는 것, 그리고 그것들에 대한 대답들은 한 민족의 정신적·이데올로기적 태도로부터 도출되어야 한다는 깨달음에 직면하고 있는 것이다. 심지어 우리는 한 민족은 — 잘 고안된 사육 계획이 문화의 중심에 있어야만 — 정신적·도덕적 평형에 도달할 수 있다고 주장해야만 한다. ……16)

다레는 — 현대적 태도의 본질을 구성하는 그리고 현대적 권력의 자원들만이 우리로 하여금 진지하게 즐길 수 있게 해주는 — '현실을 개선하는' 야망들을 분명하고 급진적인 용어로 열거했다.

깊은 사회적 탈구의 시기는 현대(성)의 이런 가장 주목할 만한 양상이 본래의 특성을 드러내는 때이다. 사실 어느 때보다도 사회가 이렇게 — '마무리 짓지 않은', 모호한, 그리고 유순한 — 정형화되지 않은 모습을 보인 적이 — 말 그대로 전망을 기다리며 능숙하고 수완 있는 디자이너가 형태를 부여하기를 기다리며 말이다— 없다. 다른 어느 때도 이때만큼 사회가 그 나름의 힘과 경향이 없는, 따라서 정원사의 손길에 저항하지 못하는, 그리고 그가 선택하는 어떤 형태로든 만들어질 준비가 되어 있던 적이 없었다. 순응성과 무력함의 결합은 자신감에 찬 모험심 있는

---

16) R. W. Darré, "Marriage Law and the Principles of Breeding"(1930), in: *Nazi Ideology before 1933: A Documentation*, trans. Barbara Hiller and Leila J. Gupp (Manchester: Manchester University Press, 1978), p. 115.

공상가들이 거의 저항하지 못하는 매력이 된다. 그것은 또한 그들에게 맞서지도 못할 상황이 되기도 한다.

비정치적 (경제적, 사회적, 문화적) 권력들의 제약으로부터 해방된 현대의 국가 관료제를 떠맡고 있는 거대 디자인의 수행자들. 이것이 제노사이드를 위한 처방전이다. 제노사이드는 그러한 거대 디자인이 시행되는 과정의 핵심적 부분으로 발생한다. 그러한 디자인은 제노사이드에 정당성을 제공한다. 국가는 그것에 수단을 제공한다. 사회의 마비는 제노사이드에 "길이 열렸다"는 신호를 보낸다.

제노사이드의 자행에 알맞은 조건들은 이렇게 특별하지만 결코 예외적인 것은 아니며 드물지만 유일무이한 것은 아니다. 그것들은 현대 사회의 내재적 속성은 아니지만 그렇다고 이질적인 현상도 아니다. 현대(성)에 관한 한 제노사이드는 비정상적인 것도 또 오작동의 사례도 아니다. 그것은 현대(성)의 합리화, 공학화 경향이 견제되지 않고 완화되지 않았을 때, 만약 사회 권력들의 다원주의가 정말로 잠식된다면 목적의식적으로 디자인되고 완전히 통제되며 갈등이 없고 질서정연하며 조화로운 사회라고 하는 현대적 이상이 지배할 경우 무엇을 할 수 있는가를 보여준다. 이익들을 조정하고 자치할 수 있는 풀뿌리 능력이 약해지면 사회적·문화적 다원주의와 그것의 정치적 표현 기회들에 대한 모든 공격은 국가의 구속받지 않은 자유를 정치적 비밀의 장벽으로 둘러싸려는 모든 시도는, 정치적 민주주의의 사회적 기초를 약화시키려는 모든 조치는 홀로코스트 규모의 사회적 재앙을 좀 더 가능한 것으로 만든다. 범죄적 디자인은 효력을 발휘하기 위해서는 사회적 수단을 필요로 한다. 그러나 그것들이 시행되는 것을 저지하기를 원하는 사람들의 경계심도 또한 사회적 수단들이 필요하다.

지금까지는 경계를 위한 수단은 공급이 부족한 것 같다. 반면 범죄적 디자인에 봉사할 수 있을 것 같은 또는 — 더욱 나쁘게는 — 일상의 과제 지향적 활동이 범죄적 차원을 획득하는 것을 막지 못할 것 같은 제도들은 부족하지 않다. (분명히 나치 시대에는 사용할 수 없으며 최근에 발전한) 정보기술의 사회적 영향에 대한 가장 날카로운 관찰자이자 분석가로 알려진 바이첸바움은 집단학살적 행동의 가능성은 증가했다고 주장한다.

독일은 '유대인 문제'에 대한 '최종해결책'을 도구적 이성의 교과서 시험으로 시행했다. 인류는 일어난 일로부터 시선을 더 이상 떼지 못하게 되었을 때, 살인자들 자신이 찍은 사진들이 돌아다니기 시작했을 때, 그리고 가련한 생존자들이 빛 속으로 다시 걸어 나왔을 때 잠시 몸서리쳤다. 그러나 결국 그것은 아무런 차이도 만들어내지 못했다. 똑같은 논리, 타산적 이성의 똑같은 냉정하고 가차 없는 적용이 최소한 이후 20년 동안 — 천년 제국의 기술자들의 희생양이 됨으로써 — 그만큼 많은 수의 사람들을 살육했다. 우리는 아무것도 배우지 않았다. 문명은 그때와 마찬가지로 오늘날도 위험에 처해 있다.[17]

도구적 합리성, 그리고 그것에 봉사하도록 개발된 인간 네트워크가 그때나 마찬가지로 지금도 도덕적으로 맹목적인 채 남아 있는 이유는 거의 변하지 않았다. 나치의 범죄가 소름 끼치게 드러난 뒤 20년이 더 지난 1966년에 일련의 저명한 학자들은 베트남전에서 장군들이 사용할 수 있도록 **전자 전장**electronic battlefield이라는 과학적으로 우아하고 모범적으로 이성적인 프로젝트를 고안했다. "이 사람들이 그러한 자문을 제공할 수 있었던 것은 후원자들에게 전달한 아이디어에서 귀결될 무기 체계에 의해 불구가 되거나 살해될 사람들로부터 엄청난 심리적 거리를 두고

---

17) Weizenbaum, *Computer Power*, p. 256.

작업하고 있었기 때문이다."18)

이전의 어떤 기술보다도 더 인류에게서 인간적 대상들을 지워버리는 데 성공한("사람들, 사물들, 사건들은 '프로그램'되며, '투입'과 '산출', 피드백, 변수들, 백분율, 프로세스 등등의 말이 사용되며 마침내 결국 구체적 상황과의 모든 접촉은 추상화되어 버린다. 다음에는 오직 그래프, 데이터세트, 인쇄출력물만 남는다"19)) 급속하게 발전하는 새로운 정보기술 덕분에 심리적 거리는 막을 수 없이 그리고 전례 없던 속도로 멀어진다. 마찬가지로 신중히 선택되고 담론에 의해 합의된 어떤 인간적 목적들로부터의 순전히 기술적 진보의 자율성도 그렇다. 어느 때보다도 더 오늘날 가용해진 기술적 수단들은 자신들의 응용을 훼손시키며 후자에 대한 평가를 자신들의 효율성이라는 기준에 종속시킨다. 마찬가지로 행동에 대한 정치적·도덕적 평가의 권위는 — 불신당하거나 적실성이 없는 것으로 치부되지는 않더라도 — 부차적 고려사항으로 축소되었다. 행동은 가용한 기술이 그것을 실행 가능하게 했다는 인식 이외의 거의 다른 정당화를 필요로 하지 않게 되었다. 엘룰은 이렇게 경고하고 있다. 즉 기술이 담론으로 설정된 사회적 과제들의 제약으로부터 자신을 해방시킴으로써

뒤로부터 떠밀린다는 이유 이외에는 어떤 것을 향해서도 나아가지 않는다. 기술자는 왜 일하는지 모른다. 그리고 전반적으로 그것에 상관하지 않는다. 그는 자신이 일정한 과제를 수행할 수 있게, 새로운 작업에 성공할 수 있게 해주는 도구들을 갖고 있기 **때문에** 일한다. …… 목표를 향한 부름은 없다. 등 뒤에 위치한 엔진에 의한 제약은 있지만 기계를 중지시키는 것은 용인하지 않는다.20)

---

18) Weizenbaum, *Computer Power*, p. 275.
19) Weizenbaum, *Computer Power*, p. 253.
20) Jacques Ellul, *Technological System*, trans. Joachim Neugroschel(New York: Continuum, 1980), pp. 272, 273.

일단 정치적 목적을 결정하는 데서 효율성의 계산이 최고의 권위를 부여받은 이상 인간의 도구적·합리적 잠재력의 적용을 통제하기 위해 비인간성에 대한 문명화된 보증들에 의지할 수 있을 것이라는 희망은 이전보다 적어진 것 같다.

5

피해자들의 협력 끌어내기

'비운'인 것은 처형자들과 피해자들의 상호작용이다.

― 힐버그

유대인 협력자들이 없었더라면, 그리고 유대인평의회Judenrät의 열의가 없었더라면 희생자 수는 훨씬 더 줄어들었을 것이라는 아렌트의 유명한 평결은 좀 더 면밀한 검토를 견뎌내지 못할 것처럼 보인다. 아렌트의 가혹한 평결은 처형된 공동체 지도자들의 다양한 태도들 — 체르니야코우Czerniakow의 자살에서부터 나치 감독관들에 대한 룸코우스키Rumkowski와 겐스Gens의 적극적이고 의식적인 협력, 그리고 비알리스톡Bialystok의 경우와 같은 무장 저항에 대한 유대인평의회의 준공식적 지원에 이르기까지 — 에도 불구하고 최종 결과는 거의 똑같았다는 사실, 즉 공동체와 지도자들이 거의 완전히 절멸되었다는 사실에 거의 맞설 수 없다. 또 나치에 의해 살해된 모든 유대인의 약 1/3은 유대인평의회나 위원회의 직간접적 지원에 의존하지 않고 살해되었다는 점을 지적할 수 있다(히틀러는 대러시아전을 절멸전으로 선언했으며, 소련 영토에 대한 초기 진격에서 승리한 국방군에 뒤이은 악명 높은 이동학살분대는 게토를 설립하는 데 또는 유대인평의회를 선출하는 데 방해가 되지 않았다). 유대인의 협력이 유럽의 유대인의 파괴에 미친 영향에 대한 의견들의 연속 선상에서 트렁크Isaiah Trunk가 지금까지 남아 있는 유대인평의회의 기록들에 대한 가장 철저하고 포괄적인 조사의 결론에서 제시한 견해는 아렌트와는 정반대 극에 서 있다. 이 견해에 따르면 "추방에 유대인이 참여한 것 또는 참여하지 않은 것은 동유럽의 홀로코스트의 최종 결과에 아무런 실질적 영향도 미치지 않았다." 그러한 결론을 뒷받침하기 위해 트렁크는 몇몇 유대인평의회가 친위대의 명령에 복종하기를 거부하자 좀 더 순종적인 사람들 또는 친위대원으로 교체되어 이들이 (비록 대부분은 유대인 경찰의 도움을 받긴 했지만) 스스로 '선발 임무를 수행한 많은 사례를 지적했다. 분명히 불복종의 **개별** 사례들은 효과가 없었다. 수많은 다른 경우에 나치는 유대인의 협력에 기댈 수 있었고, 따라서 나머지 병력만 배치하고도 살해 작전을 수행할 수 있었기 때문이다. 만약 그러한 불복종이 보편적이었다면 얼마나 더 효과를 가져 왔을지를 알 수는 없을 것이다.

그러나 협력을 얻을 수 없었거나 그렇게 대규모로 가용하지 않았다면 대량학살이라는 복잡한 작전에서 관리자들은 전혀 다른 규모로 관리, 기술 및 재정적 문제점들에 봉착했을 가능성이 있다. 1장에서 언급했듯이 운이 다한 공동체 지도자들은 그러한 작전이 요구한 대부분의 예비 관료적 작업을 수행했고(나치에게 예상되는 피해자들에 대한 기록을 제공하고 파일을 보관하는 등), 가스실이 그들을 받아들일 준비가 될 때까지 피해자들을 살아있게 하는 데 필요한 생산과 분배 활동을 감독했으며, 포로로 잡힌 주민에 대한 치안을 담당해 법과 질서를 유지하는 과제가 체포된 사람들의 독특한 면모나 자원에까지 신경을 쓰지 않도록 해주고, 절멸 과정의 연속적 단계마다 대상들을 지적함으로써 과정이 원활하게 진행되도록 확실히 해주었으며, 선발된 대상들을 최소한의 소동만으로 소집될 수 있는 장소에 배치했고, 마지막 여행에 들 재정자원을 동원했다. 이런 실질적이고 다양한 도움이 **없었더라도** 홀로코스트는 아마도 어떻게든 일어났을 것이지만 그러나 역사 속에서 다른, 그리고 조금은 덜 두려운 에피소드로 — 피에 굶주린 정복자들이 복수심과 공동체적 증오에 의해 힘없는 주민에게 가한 대량의 강제와 폭력의 많은 사례 중의 단지 다른 하나로 — 전해졌을 것이다. 다른 한편 이 모든 것이 있음으로써 홀로코스트는 역사가들과 사회학자들에게 전혀 새로운 도전이 된다. 그것은 철저하게 현대적인 합리적 행동의 기술技術에 의해 존재하게 된 그런 과정을 우리가 들여다볼 수 있는, 일단 그런 과정들이 대상들을 위해 전개됨으로써 가능하게 된 현대적 권력의 새로운 능력과 새로운 지평을 들여다볼 수 있는 창문이 된다. 홀로코스트의 이처럼 가공할 측면에 관한 한 적절한 준거와 비교의 틀은 극적인 대량학살적 폭력의 피에 젖은 역사가 아니라 현대 사회를 운영하는 권력의 '정상적' 행사에 의해 주어지는 것처럼 보인다.

사실 제노사이드의 일상적 과정은 전체적으로 홀로코스트 과정에서 두드러졌던 피해자들의 협력을 배제한다. '보통의' 제노사이드에서 한 집단의 완전한 절멸을 목표로 하는 경우는 거의 없다. 폭력의 목적은 (만약 폭력이 의도적이고 계획된 것이라면) 자기영속적이고 자신의 정체성을 방어할 수 있는 살아있는 공동체로서의 특정 범주(민족, 부족, 종파 집단)를 파괴하는 것이다. 만약 그렇다면 일단 (1) 폭력의 양이 피해자들의 의지와 회복력을 잠식하기에, 그리고 그들을 겁주어서 우월한 권력에 복종시키고 부과하는 질서를 받아들이도록 하기에 충분할 만큼 크고, (2) 표적 집단이 투쟁을 계속하는 데 필요한 자원을 박탈당하게 되면 제노사이드의 목적은 달성된다. 이 두 조건이 충족되면 피해자들은 가해자들의 처분만 기다리게 된다. 그들은 장기간의 노예 상태에 놓일 수도 있고 또는 새로운 질서에서 승자들이 정한 조건에 따라 새로운 자리를 제공받을 수도 있다. 그러나 어떤 결과가 선택될 것인가는 전적으로 정복자 마음에 달린 것이다. 어떤 선택이 이루어지든 제노사이드의 가해자들은 이득을 본다. 권력을 확장하고 공고히 하며 저항의 뿌리를 근절하게 되는 것이다.

폭력을 효과적인 것으로 만들기 위해 파괴해야만 하는 (그것의 파괴가 제노사이드의 핵심이자 효율성의 궁극적 척도가 되는) 저항의 자원 중 무엇보다도 가장 중요한 위치를 차지하는 것은 피해 공동체의 전통적 엘리트들이다. 제노사이드의 가장 근본적인 효과는 적의 '목을 베는' 것이다. 표적 집단은 일단 지도부와 권위의 중심이 박탈당한 이상 응집성과 정체성을 유지할 능력, 그리고 결국 방어능력을 상실할 것으로 기대된다. 그러한 집단의 내부 구조는 무너지고, 그럼으로써 개개인들의 집합체로 흩어질 것이다. 이들은 다시 하나하나 승리자들이 관리하는 구조 속으로 선발되고 편입되어 들어갈 것이다. 아니면 새로운 질서의 관리자들로부터 직접 통치받고 감시당하는, 정복된 그리고 분리된 범주로 강제로 재조립될 것이다. 따라서 피해 공동체의 전통적 엘리트들은 제노사이드의 일차적 표적이다. 그것은 제노사이드가 실로 공동체로 응집되고 자율적 실체로 지적된 주민의 파괴를 목적으로 한 것인 한 그렇다. 동유럽을 독일 인종의 팽창을 위한 거대한 생활권으로 보는, 그리고 그곳의 현재 거주자들을 새로운 주인의 필요를 충족시키기 위한 노예 노동으로 보는 히틀러의 관점을 따라 독일 점령군은 모든 토착적인 정치 구조와 문화적 자율성의 흔적을 말살하는 데 착수했다. 그들은 점령한 슬라브 민족들의 모든 능동적 요소들을 사냥하고 유폐시키고 물리적으로 파괴하려고 했으며, 가장 초보적인 교육 기관과 도덕적으로 부패한 문화적 주도권만을 허용함으로써 민족 엘리트들의 재생산을 막으려고 했다. 그러나 그렇게 함으로써 그들은 히틀러의 거창한 전망을 추구함에 있어 — 주변적인 범죄분자들의 보조적 서비스를 제외하고는 — 예속된 민족들의 협력을 끌어낼 기회를 (그럴 가능성이 있기라도 했다면 말이다) 배제해버렸다. 현지의 엘리트들을 파괴하도록 지목함으로써 정복자들은 자신의 자원에 의존해야 했으며, 정복된 민족들의 행동을 자산이 아니라 비용으로 계산해야만 했다.

유대인의 노예화는 결코 나치의 목적이 아니었다. 설혹 대량학살이 처음부터 궁극적 목적으로 생각되지는 않았을지라도 나치가 만들어내고자 했던 상황은 완전한 제거*Entfernung* — 독일 인종의 생활세계로부터 유대인의 효과적인 제거 — 였다. 히틀러와 그 추종자들에게는 유대인들이 제공할 수 있었던 서비스, 심지어 노예 노동의 역할조차도 쓸 데가 없었다. 그들이 찾아낸 해법의 완벽함 — 국외 이주든, 강제 추방이든 아니면 신체적 절멸 형태든 — 은 유대인 엘리트들에 대한 '특별대우'를 불필요하게 만들었다. 이들은 동포와 같은 운명에 처해져야만 했다. 그리고 유대인들을 위해 준비된 곤경은 그것이 무엇이든 전체적으로 예외가 없는 것, 종족의 모든 구성원에게 똑같은 정도와 형태로 적용되어야 하는 것으로 간주되었다. 아마 유대인 문제의 이러한 '전체화'가 유대인 공동체의 구조, 자율성, 자치가 모두 점령된 슬라브 국가들에서 비슷한 공동체적 존재의 요인들이 전면 공격을 받게 된 한참 후에도 생존하게 되는 결과를 가져왔을 것이다. 그러한 생존은 무엇보다도 먼저 유대인의 전통적 엘리트들이 홀로코스트 기간 내내 행정적·정신적 지도력을 유지했음을 의미했다. 어느 쪽인가 하면 그러한 지도력은 유대인들의 물리적 분리와 게토를 담을 쌓아 격리한 이후에는 한층 더 강화되고 거의 도전의 여지가 없는 것이 되었다.

유대인 엘리트들에게 새로운 유대인평의회의 역할을 하도록 하는 데 쓰인 방법은 다양했다. 동부의 일부 큰 게토와 서부의 잘 뿌리 내린 유대인 공동체에서는 선거를 하도록 나치가 고집했고, 지방의 시장 광장에 모인 일단의 연장자 중에서 좌장*Präses*을 지명하도록 한 것에 이르기까지 말이다. 그럼에도 '유대인 구역'의 나치 감시자들은 지명된 유대인 지도자들의 권위를 유지하고 향상시키려고 했다는 풍부한 증거가 있다. 유대인 대중의 순응을 얻기 위해서는 '유대인평의회'의 권위가 필요했던 것이다. 하이드리히는 1939년 9월 21일 베를린에서 새로 점령한 폴란드

도시들의 모든 독일군 사령관들에게 보낸 유명한 긴급서한*Schnellbrief*에서 유대인 원로평의회는 '남아 있는 영향력 있는 인물들과 랍비들'로 구성되어야 함을 강조했으며, 그런 다음 긴 목록의 중요한 과제들을 열거하면서 여기에 대해 평의회가 전적인 책임을 져야 하며, 따라서 통제권과 권위를 지녀야 한다고 천명했다. 나치가 게토 안의 모든 일을 유대인 손으로 하도록 고집한 것은 유대인 지도부를 더욱더 눈에 잘 띄고 설득력 있게 만들기를 바랐기 때문이라고 추측할 수도 있다. 유대인들은 실제로는 통상의 행정 관청의 관할에서 벗어나 있었으며, (독일에서는 점진적으로, 점령지에서는 급작스럽게) 완전히, 그리고 아무런 조건 없이 유대 지도자들 손에 맡겨졌으며, 한편 이들은 비슷하게 '통상의' 권력 구조로부터 제외된 독일 기관으로부터 명령을 받았고 거기에 보고했다. 자치와 격리가 결합된 게토의 기이한 법이론적 원리들은 1940년 자이페르트에 의해 입안되고 성문화되었다.

점령지에서 개개의 유대인은 독일 당국에 존재하지 않는다. 유대인 개인과의 협상은 원칙적으로 있을 수 없으며 …… 오로지 유대인 장로회의 *Ältestenräte*하고만 협상할 것이다. …… 유대인들은 장로회의의 도움을 받아 종교 공동체 문제를 포함한 내부 문제를 충분히 처리할 수 있다. 그러나 다른 한편 그들은 독일 행정의 모든 과제와 요구사항에 대한 책임을 완전히 수행해야만 한다. 장로회의의 구성원들은 대부분 가장 부유하고 저명한 인사들이겠지만 그러한 수행에 개인적으로 책임을 져야 한다. 의문의 여지 없이 이 장로회의는 차르의 러시아의 유대인 정책에서 활용한 카할 Kahal을 연상시킬 것이다. 하지만 한 가지 큰 차이가 있다. 유대인의 권리는 카할에게 주어지고 지켜졌다. 폴란드 점령지의 총독부에서는 유대인의 의무가 장로회의에 의해 수령되고 분배되었던 것이다. …… 독일의 명령에 대한 토론이나 반대 주장은 있을 수 없다.[1]

아래쪽으로 유대인 지도부는 형식적으로 무제한의 권력을 행사했다. 위쪽으로는 국가의 헌법 기관에 의해 행사되는 모든 통제를 벗어난 범죄 조직의 처분에 맡겨져 있었다. 그리하여 유대인 엘리트들은 유대인의 무능화에서 중요한 중재 역할을 했다. 제노사이드에서는 아주 드물게 압제자들의 무제한의 의지에 대한 한 인민의 완전한 예속이 파괴가 아니라 공동체 구조와 토착 엘리트들의 통합 역할의 강화를 통해 이루어졌다.

따라서 역설적이게도 최종해결책의 예비 단계에서 유대인들의 상황은 '보통의' 제노사이드 작전의 희생자들보다는 정상적 권력 구조 내의 종속 집단들이 경험하는 것에 좀 더 가까웠다. 놀라운 정도로 **유대인들은 그들을 파괴하려고 하는 바로 그 사회 장치의 일부였다.** 그들은 조정된 행동의 연쇄에서 중요한 고리가 되었다. 즉, 그들 자신의 행동도 전체 작전의 불가결한 일부분이었으며, 그것의 성공의 중요한 조건이었다. '보통의' 제노사이드는 행위자들을 살해자와 살해당하는 자로 분명하게 나누어놓는다. 후자에게는 저항만이 유일하게 합리적인 반응이다. 홀로코스트에서는 이러한 구분이 덜 분명했다. 전체적인 권력 구조에 통합되었고 그 안에서 광범위한 과제와 직무가 주어진 피해 주민들은 표면적으로는 일련의 선택지를 갖고 있었다. 그들의 불구대천의 적, 장래의

---

1) Hermann Erich Seifert, *Der Jude an der Ostgrenze*(Berlin: Eher, 1940), p. 82. Max Weinreich, *Hitler's Professors: The Part of Scholarship in Germany's Crimes against the Jewish People*(New York: Yiddish Scientific Institute, 1946, p. 91에서 재인용. '유대인 문제'를 해결하려는 장기적 계획의 이행과 관련해 유대인 엘리트의 역할을 설정하는 것은 점령한 슬라브 민족들 ― 이들은 절멸되기보다는 노예화될 예정이었다 ― 의 엘리트에게 할당된 처우와 뚜렷한 대조를 이루었다. 예를 들어 인종적으로 폴란드인인 엘리트는, 폴란드 유대인에 대한 절멸이 시작되기 훨씬 이전인 독일 점령 첫날부터 박해에 시달렸다. 이러한 사실은 망명 폴란드 정부와 폴란드 여론 일반에게 유대인이 독일인에 의해 특권적 지위가 부여되었다고 잘못 생각하게 했다. David Engel, *In the Shadow of Auschwitz*(University of North Carolina Press, 1987).

살해자들과의 협력이 그 나름의 합리성이 없는 것이 아니었다. 따라서 유대인들은 억압자의 이익을 위해 행동하고, 그들의 과제 수행을 용이하게 하며 자신들의 죽음을 앞당기는 행동을 할 수 있었으며, 한편 그런 행동은 생존이라는 합리적으로 해석된 목적에 의해 인도되었다.

이런 역설 때문에 홀로코스트의 기록들은 관료적으로 통제된 억압의 일반 원칙들에 대한 독특한 통찰을 제공한다. 물론 홀로코스트는 정상적으로는 훨씬 더 부드러운 형태로 나타나는, 그리고 피억압자의 완전한 절멸을 의도하는 바는 거의 없는 현상의 극단적인 한 사례이다. 그러나 그러한 극단성 그 자체 때문에 홀로코스트는 그렇지 않았더라면 포착되지 않고 넘어갔을 관료제적 억압의 측면들을 드러냈다. 일반적 형태에서 그러한 측면들은 훨씬 더 넓게 적용될 수 있다. 현대 사회에서 권력이 작동하는 방식을 충분히 이해하려면 그것들을 고려해야만 한다. 이들 측면 중에서 가장 두드러진 것은 현대의 합리적이고 관료제적으로 조직된 권력이 행위자들의 사활적 이익들과 충돌하면서 목적 달성에 기능적으로 불가결한 행동을 유발하는 능력이다.

피해자들의 격리

그런 능력은 보편적인 것이 아니다. 그것을 가지려면 관료집단은 자신의 내부 명령의 위계 및 조정된 행동의 원칙들에 덧붙여 추가 조건을 충족시켜야만 한다. 무엇보다도 완전히 전문화되어야 하고, 수행하는 전문화된 기능에 대한 무조건적 독점권을 가져야 한다. 좀 더 간단하게 말하면, 이것은 관료집단이 표적 대상들을 향해 하는 행위는 명시적으로 오직 그들에게만 행해져야 하며, 따라서 다른 범주들의 상황에 영향을 주어서는 안 된다는 것을 의미한다. 또한 표적 대상들은 다른 기구가 아니라 이 단 하나의 전문화된 관료집단의 권능 안에 남아 있어야 한다. 첫 번째 조건의 결과는 관료제적 과정에 대한 모든 외부의 간섭 가능성의 배제이다. 영향을 받지 않는 집단들이 표적 집단들을 구출하러 달려갈 것 같지는 않다. 왜냐하면 양자가 직면하는 문제는 쉽게 공통분모를 찾을 수 없으며, 따라서 통합되고 단결된 행동을 촉발할 수 없기 때문이다. 두 번째 조건이 일단 충족되면 표적이 된 범주는 자신들에 대한 관리가 맡겨진 관료집단 이외의 권위 또는 자원의 중심에 대한 호소는 아무런 소용이 없음을 알거나 곧 깨닫게 된다. 어떤 경우에는 그런 호소가 규칙의 위반으로 해석되기도 하며(이는 오직 그들의 관료집단만이 정의할 수 있는 자격이 있다), 따라서 관료집단의 판결을 충실히 준수하는 것보다 훨씬 더 나쁜 결과를 초래할 수 있다. 그들 사이에서 이 두 조건은 표적이 된 범주에게 합리적 결정을 위한 유일한 준거틀로 '자기 자신의' 관료집단만 남겨놓게 된다. 다시 말해 '표적이 정해진' 정책을 수행하고 그것을 수행할 배타적 권리를 보유하는 관료집단은 희생자들의 행동을 위한 환경을 설정할 전적인 권능을 지녔고, 따라서 자신의 과제를 추구함에서 사용할 수 있는 자원 중에서 피해자 자신의 합리적 동기들을 동원할 수 (있는 능력이) 있다. 그런데 관료적으로 조직된 권력이 파괴될 또는 해침을 당할 바로 그러한 범주의 협력을 기대할 수 있기 이전에 그러한 범주는 효과적으로 '격리되어야' 한다. 즉, 다른 집단들의 일상생활 및 관심의 맥락으로부터 물리적으로 제거되거나 아니면 명시적이고 분명한 차별적 규정들과 표적이 된 범주의 독특성에 대한 강조를 통해 심리적으로 분리되어야만 한다.

1935년 4월에 행한 연설에서 베를린의 랍비 프린츠Joachim Prinz는 '격리된' 범주들의 경험을 이렇게 요약했다. "게토는 또 다른 '세계'이다. 외부가 게토다. 시장에, 거리에, 대중주점에, 모든 곳에 게토가 있다. 그리고 그것에는 표식이 있다. 그 표식은 '이웃 없음'이다. 아마도 세상에 이런 일은 전에는 결코 없었을 것이다. 그리고 아무도 이것이, 이웃 없는 삶이 얼마나 오랫동안 지속될지 알지 못한다."2) 1935년에 이르면 장래의 홀로코스트 희생자들은 자신들이 외롭다는 것을 이미 알고 있었다. 그들은 다른 사람들의 연대를 기대할 수 없었다. 그들이 겪고 있는 고통은 그들만의 것이었다. 물리적으로 그렇게 가까이 있는 사람들이 정신적으로는 무한히 멀리 떨어져 있었다. 그들은 자신들의 경험을 나누지 않았다. 그리고 고통의 경험은 소통하기 쉽지 않은 것이었다. 유대인들을 대신해서 말한 랍비 프린츠는 '유대인 담당' 관리들이 게임의 유일한 명령자임을 알고 있었다. 그들이 규칙을 정하고, 마음대로 바꾸며, 판돈을 정한다. 따라서 그들의 행동이 어떤 행동을 할 때 주목하고 계산해야 할 유일한 확고한 사실이다. 바깥 세계의 제거는 '상황'의 경계를 축소시켰다. 이제 그것은 오직 집행자의 권력의 관점에서 정의되어야만 했고, 그러한 권력은 그에 대해 아무런 불만도 없었다. "유대인들의 물리적 제거는 대체로 주목받지 못했다. 왜냐하면 독일인들은 이미 오래전에 그들을 마음속에서 지워버렸기 때문이다."3) 정신적 격리가 먼저였다. 그것은 다양한 수단들을 통해 이루어졌다.

가장 분명한 수단은 대중의 반유대주의에 직접 호소하는 것, 그리고 이제까지는 특별한 '유대인 문제'에 대해 몰랐거나 무관심했던 사람들의 반유대주의 감정을 조장하는 것이었다. 나치의 선전은 비용이나 노력을 아끼지 않고 그것을, 그것도 아주 유능하게 해냈다. 유대인들에게는 증오스런 범죄, 유해한 의도, 그리고 혐오스러운 유전적 결함의 혐의가 씌워졌다. 무엇보다도 위생에 대한 현대 문명의 감수성에 부응해 보통 해충이나 세균에 의해 야기되는 공포와 두려움을 선동했고, 보건과

---

2) Leo Kuper, *Genocide, Its Political Use in the Twentieth Century*(New Haven: Yale University Press, 1981), p. 127.
3) Richard Grünberger, *A Social History of the Third Reich*(London: Weidenfeld & Nicholson, 1971), p. 466.

위생에 대한 현대인의 강박관념에 호소했다. 유대인은 전염병과 동일시되었으며 그 보균자로서 장티푸스의 최신 버전인 것처럼 유대인들과의 교류는 위험을 안은 것이었다. 유대인의 존재 그 자체를 욕지기 나고 혐오스러운 것으로 만들기 위해 예를 들어 엘리아스가 문명화 과정에 대한 설명에서 설득력 있게 묘사한 것처럼, 맨살을 보는 것과 오줌 냄새를 맡는 것에 대한 반감과 혐오를 불러일으킨 사회심리적 메커니즘들이 이용되었다.

그러나 반유대주의 복음의 효과에는 한계가 있었다. 많은 사람은 증오의 선전에 또는 좀 더 일반적으로 그러한 선전이 받아들이기를 요구한 세계에 대한 비합리적 해석에 영향을 받지 않는 것으로 드러났다. 더욱 많은 사람은 유대인임에 대한 공식적 정의를 별다른 항의 없이 인정하면서도 그것을 자신들이 알고 있는 개개의 유대인에게 적용하기를 거부했다. 반유대주의 선전이 유대인들을 공동체 생활로부터 '격리시키는' 유일한 수단이었다면 그것은 단지 주민을 과격한 유대인 혐오자 진영과 그보다는 덜 통합되고 덜 조직되었지만 상당히 효과적인 비협조자 및 '부당한 피해자들'에 대한 능동적 방어자 진영으로 갈라놓을 뿐 실패할 가능성이 높았다. 유대인들을 독일인들의 '마음으로부터' 제거하는 것만으로는 뒤이은 유대인의 물리적 파괴에 반대하거나 분노하지 못하게 하기에는 불충분할 것이었다.

그러나 모든 반유대주의 조치들을 표적에 가깝게 맞추도록 하는 주의를 기울임으로써 반유대주의 선전의 영향은 지지되고 강화되었으며, 그리하여 각각의 계기적 행위는 선언한 목적에서는 비효과적일지라도 유대인과 나머지 인구 사이의 간극을 심화시켰으며 반유대주의 메시지를 더욱 강조했다. 유대인들에게 일어난 일들이 아무리 잔혹할지라도 그것들은 나머지 주민의 곤경에는 아무런 악영향을 미치지 않았으며, 따라서 유대인 이외 누구의 관심사도 되지 못했다. 이제 우리는 철저히 연구된 역사적 증거를 통해 나치의 상층 관료들과 그들이 고용한 전문가들의 에너지가 얼마나 많이 유대인에 대한 적절한 정의 — 이것은 잔인하고 파렴치한 폭력을 고려할 때 전혀 상황에 어울리지 않는, 명백히 법적으로 미묘한 문제이다 — 를 고안하는 데 바쳐졌는지 확실히 알 수 없게 되었다. 사실 법률적으로 완벽한 정의의 추구는 나치가 멀리할 수 없었던 법률 문화*Jurisprudenzkultur*의 마지막 흔적 또는 아직 완전히 잊히지 않은 법치국가*Rechtstaat*의 전통에 대한 경의 이상의 것이었다. 유대인에 대한 정확한 정의는 피해의 목격자들에게 자신들이 본 것 또는 의심하는 일은 자신에게는 일어나지 않을 것이며, 따라서 자신의 이익은 위협받지 않을 것이라는 점을 확신시키는 데 필요했다. 이런 효과를 달성하기 위해서는 누가 유대인이고 누가 유대인이 아닌지 정확히 결정하고, 그럼으로써 모순적인 해석을 가능케 하는 불분명하고 중간적이며 혼합되고 다의적인 사례의 모든 가능성을 제거하는 데 사용될 수 있는 정의가 필요했다. 내용과 표면상의 기능적 연관성에서 아무리 황당하다고 하더라도 악명 높은 뉘른베르크 법이 이 목적을 훌륭히 달성했다.[4] 그것은 유대인과 비유대인 사이에 중간 지대를 남겨놓지 않았다. 그것은 '특별처리'를 위한, 그리고 궁극적으로는 절멸을 위한 표식을 한 사람들의 범주를 만들어냈다. 그러나 또한 그것은 단번에 훨씬 더 넓은 범주의 안전하고 깨끗한 제3제국의 시민, 순수한 피를 지닌 독일인들을 만들어냈다. 똑같은 목적을 위해, 성공의 정도는 다르지만 유대인 상점들에 표식을 하고 (그럼으로써 표시를 하지 않은 상점들의 재산권과 안전을 강조하고), 그리고 독일의 나머지 유대인들에게 옷에 노란 배지를 달도록 강제하는 등의 조치가 취해졌다. 사실 "놀랍게 들릴지 몰라도 유대인 문제는 대다수 독

---

[4] Hans Mommsen, "Anti-Jewish Politics and the Implications of the Holocaust", in *The Challenge of the Third Reich: The Adam von Trotta Memorial Lectures*, ed. Hedley Bull(Oxford: Clarendon Press, 1986), pp. 122~128을 참조하라.

일인에게 최소한의 관심사항 이상이 아니었다." 제3제국이 동쪽으로 이동하고 '강제 이주Aussiedlung'의 시간이 다가왔을 때 대부분의 사람은 "동쪽의 유대인들에게 무슨 일이 일어나고 있는지 아마도 거의 생각하지 않았고 묻지 않았다. 유대인들은 대부분의 사람의 시야와 마음에서 사라졌다. …… 아우슈비츠로 가는 길은 증오로 건설되었지만 무관심으로 포장되었다."5)

그러한 분리 과정에는 독일 사회의 모든 기득권 엘리트들의 깊은 침묵이 뒤따랐다. 이들은 모두 이론적으로는 임박한 재앙에 맞서 자신들의 목소리를 낼 수 있고 그것을 들리게 할 수 있었다. 우리는 그렇게 할 수 있던 부분적인 이유는 여러 가지 이유로 낯설고 바람직하지 않은 것으로 보이는 한 민족과 문화를 제거하는 종합계획에 대한 광범위한 공감이 있었기 때문이라고 추측할 수도 있다. 그러나 이것이 이유의 전부가 아니었으며 아마도 가장 결정적인 부분도 아니었다. 나치에 의한 국가권력의 장악은 전문가들의 행동 규칙을 바꿔놓지 않았다. 이들은 근대가 밝아오기 전부터 그랬듯이 여전히 도덕적 중립성이라는 원칙과 합리성의 추구에 충실했으며, 이는 사업의 기술적 성공과 무관한 요인들과의 타협을 허용하지 않았다. 다른 현대국가들의 대학들과 마찬가지로 독일의 대학들은 특히 가치중립적인 활동으로서의 학문의 이상을 주의 깊게 배양해냈다. 그들은 자신들의 피보호자에 '지식에 관한 관심'에 대한 권리와 의무를 부여했으며, 학문의 추구와 충돌할 수 있는 다른 모든 관심을 털어버렸다. 이것을 기억한다면 독일의 대학들이 나치의 과업의 이행에 대해 침묵했고, 때로는 심지어 긴밀히 협조했던 것이 그다지 충격적으로 느껴지지 않을 것이다. 미국인 리텔은 그런 침묵과 협력이 덜 놀라울수록 그것은 더 걱정스럽다(또는 최소한 그래야 한다)고 주장한다.

5) Ian Kershaw, *Popular Option and Political Dissent in the Third Reich*(Oxford: Clarendon Press, 1983), pp. 359, 364, 372.

현대 대학의 신뢰성 위기는 죽음의 수용소가 계획되어 건설된 것이 아니라는 사실, 그리고 그것들의 운영 도식이 문맹자들, 무식자들, 무학의 야만인들에 의해 고안된 게 아니라는 사실에 있다. 살해 센터들은 발명자들과 마찬가지로 수세대 동안 세계에서 가장 뛰어난 대학 체계의 하나였던 독일의 대학 체계의 산물이었다. ……

우리의 대학 졸업자들은 심각한 내적 갈등 없이도 사회민주주의 칠레를 위해 또는 파시스트 칠레를 위해, 그리스 군사정부를 위해 또는 그리스 공화국을 위해, 프랑코의 스페인을 위해 또는 스페인 공화국을 위해, 러시아를 위해 또는 중국을 위해, 쿠웨이트를 위해, 이스라엘을 위해, 미국, 영국, 인도네시아, 파키스탄을 위해 일한다. …… 이것은 훈련받은 기술자들, 현대 대학들의 도덕적·윤리적·종교적 무관심 속에서 기술을 '교육받은' 졸업생들의 역사적 역할을, 거칠게나마, 요약하고 있다. ……

이어서 그는 오랫동안 자신의 나라[미국]에서 나치의 과학 오용 또는 남용에 관해 토론하는 것이 미국 대학들이 "칠레에 파시즘을 재수립하는 데서 …… 다우케미컬, 미니애폴리스, 하니웰 또는 보잉 항공 …… 또는 ITT에" 제공한 서비스에 관해 토론하기보다 더 쉬웠다고 불평한다.6)

독일의 과학(그리고 좀 더 일반적으로 지식) 엘리트들, 그리고 그중에서도 가장 뛰어난 개인들에게 진정으로 중요했던 것은 이성의 학자와 대변자로서 통합성을 보존하는 것이었다. 그리고 그러한 과제에는 자신들의 활동의 인종적 의미에 대한 관심은 포함되지 않았다(그리고 갈등이 있는 경우에는 배제되었다). 바이어헨이 밝힌 것처럼 1933년 봄과 여름에

---

6) Franklin H. Littell, "The Credibility Crisis of the Modern University", in *The Holocaust: Ideology, Bureaucracy, and Genocide*, ed. Henry Friedlander & Lythel Milton(Millwood, NY: Kraus International Publications, 1980), pp. 274, 277, 272.

플랑크Planck, 좀머펠트Sommerfeld, 하이젠베르크Heisenberg 또는 폰 라우에 von Laue와 같은 독일 과학의 권위자들은 모두 "정부와 상대하는 데 있어, 특히 면직과 해외 이주 문제에 대해 인내와 자제를 권고했다. 일차적 목표는 대결을 피하고 질서정연한 삶과 절차가 회복되기를 기다림으로써 학문의 전문적 자율성을 유지하고자 하는 것이었다."7) 그들은 모두 자신들에게 중요한 것을 방어하고 지키길 원했다. 그리고 그들이 덜 중요한 것을 잊을 용의가 있음을 보이는 순간 그들은 그것을 지킬 수 있었다. 그럴 용의를 보이기는 쉬웠다. 왜냐하면 나치 밀월의 괴팍한 일들이 있고 난 후에 다시 찾아온 '질서정연한 삶'은 이 교수들이 익숙해 있었고 소중하게 평가하고 있던 삶과 별로 다르지 않았기 때문이다(그것은 단지 옛 동료 중 몇 명이 실종되었다는 것, 그리고 제복을 입은 학생들로 가득 찬 교실에 들어갈 때 새로운 방식으로 경례해야 한다는 것일 뿐이었다). 그들의 전문적 서비스는 수요가 많았고 높이 평가되었다. 야망에 차고 과학적으로 흥미로운 프로젝트에는 기금이 항상 준비되어 있었으며, 그것을 위해서는 어떤 대가도 너무 커 보이지 않았다. 하이젠베르크는 자신과 동료들(즉, 실종된 사람들을 제외하고)이 원하는 것을 무엇이든 할 수 있도록 허락해줄 것을 재확인받으러 히믈러를 찾아갔다. 히믈러는 그에게 물리학자의 과학적 발견과 정치적 행동을 주의 깊게 구분하라고 충고했다. 이 말은 하이젠베르크 귀에는 음악처럼 들렸을 것이 틀림없다. 그것은 그가 처음부터 그렇게 하도록 훈련받아왔던 것 아닌가? 따라서 그는 "목청을 낮추었고 적극적으로 나치의 대의를 특히 국외에 선전했으며, 전쟁 중에는 원자탄을 연구하는 두 팀 중 하나를 열심히 이끌었다. 집념 어린 과학적 동물이었던 그가 '결과를 알고 싶어하는' 그리고 성공하고 싶어 하는 욕망에 의해 추동되었음은 의문의 여지가 없다."8)

---

7) Alan Beyerchen, "The Physical Sciences", in *The Holocaust: Ideology, Bureaucracy and Genocide*, pp. 158~159.

"지식인들로부터 권력을 박탈한 이야기는 항상 자발적 포기의 이야기"라고 페스트는 썼다. "그리고 설혹 저항이 요구된다고 해도 그것은 자살의 유혹에 대한 저항이다."9) 말하자면 나치 유형의 '질서정연한 삶의 피해자에서 아첨꾼으로 전향한 지식인들은 자살할 이유를 거의 발견하지 못했으며, 자발적이고 때로는 열정적인 투항의 이유는 풍부하게 찾아냈다.

이 항복에 관해 주목할 만한 점은 그것이 어디에서 시작되었는지 알기가 어렵고 어디에서 끝날지를 예측하기란 거의 불가능하다는 것이다. '부서진 수정의 밤'의 학살 중에 유명한 동양학자 칼레Kahle 교수의 부인이 파괴된 가게를 청소하는 유대인 친구를 도와주는 것이 목격되었다. 그녀의 남편은 강의 거부 등의 학대를 당했으며 결국 사임하지 않을 수 없었다.

그간의 날들은 고립의 기간이었으며 그동안 전부 세 사람 — 교수의 전체 사회적·직업적 서클 중에서 — 만이 어둠을 틈타 그를 방문했다. 그는 바깥 세계로부터 한 가지 연락을 더 받았다. 일단의 동료에게서 온 편지였는데, 거기에는 그가 아내의 직관의 결여 때문에 대학으로부터 명예로운 은퇴를 박탈당한 것에 대한 유감이 표시되어 있었다.10)

그런 항복과 관련해 또 다른 주목할 만한 일은 처음에는 아무리 고통스러운 것으로 느껴졌을지라도 그것은 부끄러움에서 자랑거리로 변하는 경향이 있다는 것이다. 투항하는 사람들은 범죄의 공범자가 된다. 그

---

8) Léon Poliakoff, *The History of Antisemitism*(Oxford: Oxford University Press, 1985), vol. IV.
9) Joachim C. Fest, *The Face of the Third Reich*, trans. Michael Bullock(Harmondsworth: Penguin Books, 1985), p. 394.
10) Richard Grünberger, *A Social History of the Third Reich*, p. 313.

런 다음 그런 공범이 발생시키는 인지적 불협화음과 적절히 타협한다. 나치 선전의 반유대주의적 어리석음을 경멸과 혐오감을 갖고 지켜보면서 '단지 좀 더 커다란 가치를 지키기 위해' 침묵을 지켰던 사람들이 몇 년 후 대학과 독일 학문의 축복받은 청결함을 스스로 즐기고 있음을 발견한다. 그들 자신의 합리적 반유대주의가

> 유대인들에 대한 박해가 심해질수록 더욱더 강하게 자라난다. 그것에 대한 설명은, 우울할지 몰라도 평범한 것이다. 커다란 불의가 행해지고 있다는 것을 어렴풋하게나마 알고, 그러나 항의할 만큼 관대함과 용기를 갖지 못할 때 사람들은 양심을 편안하게 하는 가장 간단한 방법으로 자동으로 피해자들을 비난한다.11)

아무튼 독일 유대인들의 외로움은 완벽한 것이 되었다. 그들은 이제 이웃이 없는 세상에 살고 있었다. 그들의 운명에 관련된 모든 것에 관해 다른 독일인들은 존재할 수 없었다. 유대인들의 세계 속에 존재하는 유일한 다른 행위자라고는 나치 정권밖에 없었다. 유대인들이 어떻게 정의하든 그러한 상황은 오직 한 가지 요인으로 환원되었다. 나치 박해자들이 유용한 것으로 간주하는 행동이 그것이었다. 즉 합리적 존재로서 유대인들은 예상되는 나치의 반응에 모든 행동을 적응시켜야만 했다. 합리적 존재로서 행동과 반응(작용과 반작용) 사이에 논리적 연관이 있다고 가정해야만 했고, 따라서 좀 더 합당하고 바람직한 행동을 해야 했다. 합리적인 존재로서 관료적 간수들이 장려하는 행동 원칙들 — 효율성, 더 많은 결과, 더 적은 비용 — 을 따라야만 했다. 나치가 게임의 규칙과 판돈에 대한 완전하고 이론의 여지가 없는 결정권을 갖고 있었

---

11) Norman Cohen, *Warrant for Genocide*(London: Eyre & Sottiswoode, 1967), p. 268.

기 때문에 그들은 그러한 유대인들의 합리성을 그들 자신의 목표를 추구하는 데 있어서 자원으로 활용할 수 있었다. 그들은 각각의 합리적 조치들이 장래의 희생자들의 절망감을 더욱 심화시키고 그들을 궁극적 파괴에 조금('1인치 또는 2인치'하는 식으로) 더 가까이 데려가는 방식으로 규칙과 판돈을 결정할 수 있었다.

'지킬 수 있는 것은 지켜라' 게임

나치가 유대인들에게 참여를 강요한 게임은 사느냐 죽느냐의 게임이었으며, 따라서 그들의 경우 합리적 행동은 오직 파괴를 면할 수 있는 또는 파괴의 규모를 줄일 기회를 증대시키는 것만을 목표로 할 수 있었고, 오직 그것에 의해서만 측정될 수 있었다. 가치관의 세계는 하나 — 살아남기 — 로 환원되었다(또는 적어도 그것에 의해 그늘이 드리워졌다). 이제 그것은 분명했다. 그러나 당시 피해자들에게 그것이 반드시 분명했던 것은 아니며, '아우슈비츠로 가는 굽은 길'의 초기 단계에는 분명히 그렇지 않았다. 우리는 이미 나치 자신도 지도자들을 포함해 유대인들에 대한 전쟁의 궁극적 결과를 분명히 인식하고 시작했던 것이 아님을 알고 있다. 그것은 제거, 즉 유대인들을 독일 종족과 분리시키고, 장기적으로는 독일을 유대인 없는 나라로 만든다는 온건한 목적으로 시작되었다. 그러한 목적을 관료적으로 추구하는 과정에서, 그리고 그에 따른 영향으로 좀 더 후의 단계에서 유대인들의 물리적 파괴가 '해법'으로 '합리적'이고 또 가능한 것이 되었다. 그러나 심지어 러시아 유대인들을 살해하겠다는 히틀러의 운명적 결정이 열광적인 '유대인 전문가들' 앞에 새로운 지평을 열고 이전에는 생각지 못했던 선택지를 열어놓았을 때조차도 최종해결책의 성격을 비밀에 부치는 것이 나치의 계획의 핵심적 부분이었다. 피해자들을 가스실로 옮기는 것은 '재정착resettlement'이라고 불렸으며, 절멸 수용소의 정체는 동방이라는 모호한 말 속으로 해소되었다. 게토의 대변인들이 친위대 사령관들에게 죽음이 임박했다는 끈질긴 소문이 사실인지 확인해 달라고 요구했을 때 독일인들은 간단히 진실을 부인했다. 비밀은, 글자 그대로, 마지막 순간까지 지켜졌다. 가스실과 화장장에서 일하던 특수노무대Sonderkommando의 유대인 종사자들이 즉각 사형에 처해진 한 가지 범죄는 가축용 화차에서 내리는 신참에게 플랫폼에서 본 건물은 공중목욕탕이 아니라고 말해주는 일이었다. 이유는 물론 피해자들의 고통과 분노를 덜어주기 위한 것이 아니라 그들이 가스실에 자발적으로 저항 없이 들어가도록 하기 위한 것이었다.

따라서 홀로코스트의 모든 단계에서 피해자들은 (물리적 파괴에 대한 비밀 결정이 미리 배제해버려 객관적으로 선택은 더 이상 존재하지 않았을 때조차도 최소한 주관적으로는) **선택**에 직면했다. 그들은 좋은 상황과 나쁜 상황 사이에서 선택할 수는 없었지만 최소한 더 큰 악과 더 작은 악 사이에서 선택할 수는 있었다. 가장 중요한 것으로, 그들은 자신들이 면제 또는 특별대우의 자격을 갖고 있음을 강조하고 드러냄으로써 그들 자신을 향한 타격의 일부를 피할 수 있었다. 다르게 말하면, 그들에게는 지킬 수 있는 무엇이 있었다. 피해자들의 행동을 예측 가능하고, 따라서 조작 가능하며 통제 가능한 것으로 만들기 위해 나치는 그들이 '합리적으로' 행동하도록 유도해야만 했다. 그러한 효과를 달성하기 위해 그들은 피해자들이 자신들이 실제로 뭔가 지킬 수 있는 것이 있으며, 그것을 지키기 위해서는 무엇을 해야 하는지에 관한 분명한 규칙이 있다고 믿도록 해야만 했다. 그것을 믿기 위해서는 집단 전체에 대한 처우가 일률적이지 않으며, 개개인의 운명은 달라질 수 있으며, 각각의 경우 개개인의 장점에 달려있게 될 것이라고 확신해야만 했다. 다시 말해 피해자들은 자신들의 행동이 중요하며 자신들의 운명은 자신들이 어떻게 하느냐에 부분적으로 영향을 받는다고 생각해야만 했다.

권리와 박탈의 다양한 정도에 대해 관료적으로 정의한 범주들의 존재 그 자체가 '재분류'를 얻어내려는, 자신이 좀 더 나은 범주로 분류될 '자격이 있음'을 증명하려는 광란의 노력을 촉진했다. 이런 효과가 가장 확연하게 드러난 것이 혼혈아*Mischlinge*의 사례 — 독일 입법에 의해 생겨난, 공민권을 박탈당한 '완전한 유대인'과 결점이 없는 독일 민족*Volk* 사이에 어정쩡하게 위치한 — '제3의 인종'이었다. "이런 차별 때문에 예외적 처우에 대한 압력은 동료, 상관, 친구 그리고 친척에게 적용되었다. 그 결과 1935년에 혼혈아를 좀 더 높은 범주로 재분류하는 절차가 제도화되었다. ……. 그 절차는 '해방*Befreiung*'이라고 불렸다." 노력이 반드시 헛된 것은 아니라는 것, 혈통에 따른 판결에 대한 항소가 성공할 수 있고 폐기될 수 있음을 알게 된 것은 그런 압력에 대한 열정을 배가했다. 누군가는 자신의 장점을 증명해 보임으로써 (독일 최고법원은 '행실만으로 충분하지 않다. 행동으로 드러난 태도가 결정적이다'고 판시했다) '진정한*echte*' 해방을 얻을 수 있었다 — 그리고 많은 사람이 그랬다. 심지어 어떤 사람들은 유대인 파괴에 탁월한 공헌을 했던 공훈귀족 (그리고 혼혈아였던) 킬리*Killy*처럼 특사에 의해 곧장 가족 크리스마스트리 아래로 배달된 '해방' 증서를 크리스마스 선물로 받았다.12)

이 장면의 악마적 측면은 그것이 제재한 신념과 확신, 그리고 그것이 장려한 행동이 나치의 종합계획에 정당성을 제공했으며 그것을 피해자들을 포함한 대부분의 사람이 소화할 수 있는 것으로 만들었다는 점이다. 사소한 특권, 면제된 지위 또는 단순히(전반적인 파괴 계획이 마련했던) 처형의 유예를 얻기 위해 싸우면서도 피해자들과 자신들을 도우려던 사람들은 계획의 전제들을 암묵적으로 받아들였다. 예를 들어 어떤

---

12) Raul Hilberg, *The Destruction of the European Jews*(New Yokr: Holmes & Meier, 1985) vol. I, pp. 78~79, 76.

사람이 과거의 장점들을 근거로 직업 제한을 면제받을 권리가 있다고 주장할 때 그는 실제로는 그런 특별한 장점이 없으면 그러한 직업 제한은 논란의 여지가 없다고 인정하는 셈이었다.

이처럼 특권을 지닌 범주들을 받아들인 데서 도덕적으로 비참한 것은 '예외'를 인정해달라고 요구한 모든 사람이 그러한 주장에서 암묵적으로 규칙을 인정했다는 것, 그러나 그러한 사실은 유대인이든 비유대인이든 우대를 요청할 수 있는 모든 '특별 사례들'을 열심히 찾고 있던 그들 '착한 사람들'은 결코 깨닫지 못했다는 것이다. …… 심지어 전쟁이 끝난 후에도 카스츠너Resvö Kasztner[헝가리 유대인 지도자로서 피후견인들 중 일부에게 죽음의 수용소가 면제되도록 나치와 협상했다]는 '저명한 유대인들'[1942년에 나치가 공식적으로 도입한 범주]을 살려낸 것을 자랑스럽게 생각했다. 그것은 마치 그의 견해로도 유명한 유대인은 보통의 유대인보다 살아남을 권리가 더 있는 것은 말할 필요도 없는 듯했다.[13]

예외를 위해 싸우는 것을 통해 규칙에 권위를 추가할(그리고 결국 규칙을 개별적 특권을 추구하기 위한 자격으로 전개함으로써 규칙을 강화할) 기회는 많고 다양했다. 그것들은 비록 형태를 달랐지만 홀로코스트의 모든 단계에서 제공되었다. 독일 유대인들의 경우 그런 기회는 특히 풍부하고 정교했다. 제1차세계대전에서 독일 편에서 싸우다가 부상당하거나 무훈으로 훈장을 받은 유대인들은 특별한 경우로 선언되었으며, 그들보다 장점이 적었던 불쌍한 형제들에게 적용되었던 여러 제한으로부터 상당히 오랫동안 자유로울 수 있었다. 이처럼 호의적인 판결은 그것이 예외를 제공한 원래의 훨씬 더 포괄적인 규칙으로부터 주의를 돌리게 했

---

13) Hannah Arendt, *Eichmann in Jerusalem*(New York: Viking Press, 1964), p. 132.

다. 그러한 판결에서 개인적 기회를 발견한 사람들은 누구나 동시에 일반적 규칙과 예외들을 모두 정당화한 가정을 받아들임으로써만 그에 대한 혜택을 주장할 수 있었다. 즉 '정상적' 유대인들, 유대인 '그 자체'는 독일 시민권이 제공하는 보통의 권리들을 받을 자격이 없다는 것이다. 그러한 판결로 유발된, 면밀한 주장을 갖춘 신청서들, 추천장의 홍수, 저명한 인사들, 친구들 또는 동업자들을 돕기 위한 개입들, 서류와 증언들을 맹렬하게 찾아다니는 것 등은 반유대인 입법에 의해 만들어진 새로운 상황에 대한 조용한 체념에 적지 않게 기여했다. 비유대인 중 정의로운 사람들은 그들이 알거나 좋아한 또는 존경한 사람들을 위한 특권을 확보하기 위해 최선을 다했다. 그들은 당국에 제출한 서류에서 **이 특별한** 사람은 독일 민족에 대한 **특별한** 공헌 때문에 가혹한 대우를 받아서는 안 된다고 강조했다. 성직자들은 **개종한** 유대인들 — 유대인 태생의 기독교인들 — 을 방어하기에 바빴다. 그러한 과정에서 차별과 박해에 항의하기 위해서는 **특별한 종류의** 유대인이 될 필요가 있다는 점이 암묵적으로 받아들여졌다.

전체적으로 자신들이 좀 더 호의적인 대우를 받아야 할 배타적 자질과 권리를 갖고 있다는 생각을 정말 적극적으로 받아들인 사람 또는 집단이 적지 않았다. 가장 두드러진 예 중의 하나가 서유럽의 점령지의 '토박이' 유대인들과 '이주해온' 유대인들 간의 악명 높은 그리고 보편적인 분열이었다. 이 분열은 잘 정착한 그리고 부분적으로 동화된 유대인 공동체들이 세련되지 않고 무지하며 이디시어를 쓰는 동유럽의 형제들에게 보여온 오래된 적대감에 선례를 갖고 있다. 그들은 골치 아프게 거슬리는 이들의 모습이 어렵게 획득한 존경에 대한 위협이라고 생각했다(영국의 늙고 부유한 유대인들은 세기의 전환기에 러시아의 학살을 피해 도망온 가난하고 문맹인 유대인 대중이 돌아갈 교통비를 지불하는 것을 마다치 않았다. 독일에서는 오래된 가문의 '독일인보다 더 독일인 같은' 유대인들은 …… 반감을 …… 가난하고 아직 동화되지 않은 이주해온 형제들에게로 돌림으로써 …… 그것을 없애기를 희망했다).14) 유대인 부락*shtetl*의 유대인들에 대한 거만하고 경멸적인 태도로 서구의 유대인 공동체 지도자들은 동구 유대인들의 운명에서 그들 자신의 미래를 인식하지 못했다. 그렇게 다양한 역사와 문화에 의해 필연적으로 아무런 운명의 공동성도, 따라서 연대의 전략도 생겨날 수 없었다. 폴란드에서의 대량학살에 대한 정보가 BBC 방송으로 네덜란드 전역에 알려졌을 때 유대인평의회 의장이던 코헨David Cohen은 그것과 네덜란드 유대인들의 장래와의 관련성을 단호하게 부인했다.

독일인들이 폴란드 유대인들에게 잔학한 행위를 저질렀다는 사실이 그들이 네덜란드 유대인들에게도 똑같이 행동하리라고 생각할 이유가 되지는 않는다. 왜냐하면 첫째, 독일인들은 항상 폴란드 유대인들을 나쁘게 평가해왔으며, 둘째, 네덜란드에서는 폴란드에서와는 달리 그들은 여론에 주의를 기울여야 하기 때문이다.15)

---

14) Arendt, *Eichmann in Jerusalem*, p. 118. 이런 판단은 전적으로 공상적인 것은 아니다. 그것은 주류 엘리트의 견해와 관행의 오랜 전통 — 이것을 오직 히틀러와 히믈러만이 (저항이 없지는 않았지만) 감히 부술 수 있었다 — 을 반영했다. 1941년 12월 16일, 경험 많은데다 사악하고 노련한 나치 고관 쿠베Wilhelm Kube는 특별처리에 맡겨진 독일 유대인을 대신해 상관들에게 이렇게 청원했다. "우리 문화권 출신 사람들은 토착의 짐승 같은 떼거리들하고는 아주 다릅니다"(Weinreich, *Hitler's Professors*, p. 155에서 재인용). 1940년 3월 1일 베를린의 비밀공안부*Geheime Sicherheitsamt*가 발행한 괴상한 문서도 있다. 이 문서는 함부르크의 탈무드 토라 학교Talmud Torah School의 슈피어Arthur Spier 박사에게 "폴란드의 유대인 보호구역〔당시 니스코 근처에 계획 중이었다〕에 제3제국에 확립된 체계와 비슷한 유대인 보통 교육 체계를 만들어내도록" 지명했다. 분명히 후자는 독일 문화에 접하지 못한 열등한 유대인이 만들어낼 수 있는 모든 것보다 우월한 것으로 간주되었다. Solomon Colodner, *Jewish Education in Germany under the Nazis*(Jewish Education Committee Press, 1964), pp. 33~34.
15) Lucjan Dobroszycki, "Jewish Elites under German Rule", in *The Holocaust: Ideology, Bureaucracy, and Genocide*, p. 223.

이처럼 독선적인 태도는 단지 세계에 대한, 잠재적으로 자살적 결과를 가져올 공상적이고 동화적인 인식의 문제만이 아니다. 세계관은 행동을 결정하는 경향이 있다. 그리고 자신들의 우월성을 확신했던 조직화된 유대인 공동체의 행동은 나치 정책에 대한 유대인들의 통일된 대응의 기회를 감소시켰으며 '단계적 파괴'를 용이하게 했다. 설혹 기존의 유대인 공동체 대변인들이 눈앞에서 체포되어 투옥되고 추방되는 이주민 유대인들에게 연민을 느꼈다고 해도 그들은 공동체 성원들에게 '좀 더 고귀한 가치'를 위해 조용히 하고 저항을 삼가라고 호소했다. 아들러의 연구에 따르면 독일 점령군이 선언한 차별적 처우에 대응해 이미 1940년 9월에 마련된 프랑스 유대인들의 전략은 우선순위의 위계에 관해 의문의 여지를 남기지 않는다. "첫 번째 우선순위로서 그러한 전략은 프랑스 유대인의 존속을 확보하기 위해 애썼다. 그리고 그러한 목표에 외국인 유대인은 포함되지 않았다." 그것은 프랑스 유대인의 생존과 관련해 "외국인 유대인들은 부채를 표상한다"고 가정했다. 기존의 유대인 사회는 프랑스 유대인을 보호하는 대가는 이주민 유대인을 독일에 넘겨주는 것이라는 비시 정부의 결정에 동의했다. "이들 외국인 유대인들이 사회적으로 정치적으로 바람직하지 않다는 데 프랑스 유대 사회와 비시 정부의 의견이 일치했음은 의문의 여지가 없다."16)

개인적 또는 집단적 특권의 이름으로 연대를 거부하는 것 — 이것은 항상, 비록 간접적으로이긴 하나, 표적 범주의 모든 성원이 살아남을 자격이 있는 것은 아니라는, 그리고 정당하게 평가된 '객관적' 자질에 따른 차별적 처우가 이루어져야 한다는 원칙에 대한 찬성을 의미한다 — 은 공동체들 사이의 관계에서만 두드러진 것이 아니었다. 각 공동체 안에서도 차별대우가 희망되었고 추구되었으며, 그 결과 보통 유대인평의회

---

16) Jacque Adler, *The Jews of Paris and the Final Solution*(Oxford: Oxford University Press, 1987). pp. 223~224.

에게 생존 브로커 역할이 떨어졌다. '지킬 수 있는 것은 지켜'라는 전략에 사로잡힌 장래의 희생자들은 비록 일시적으로나마 당면한 운명의 끔찍한 정체를 보지 못했다. 이것은 나치에게 크게 감해진 비용과 최소한의 말썽만으로 목적을 달성할 기회를 주었다. 힐버그의 말을 빌리자면

독일인들은 유대인들을 단계적으로 추방하는 데 놀라운 성공을 거두었다. 그것은 뒤에 남은 사람들이 다수를 살리기 위해서는 소수의 희생이 필요하다고 합리화하곤 했기 때문이다. 이런 심리의 작동은 빈 유대인 사회에서 관찰할 수 있다. 이들은 게슈타포와 추방 '협정'을 체결했는데 거기에는 여섯 범주의 유대인들은 추방되지 않을 것이라는 '약정'이 포함되어 있었다. 또한 바르샤바 게토의 유대인들은 협조에 찬성하고 저항에 반대했는데, 근거는 독일인들이 6만 명의 유대인을 추방하기는 해도 수십만 명을 추방하지는 않으리라는 것이었다. 이런 양분 현상은 살로니카에서도 일어났다. 여기에서 유대인 지도부는 오직 빈민굴의 '공산주의' 분자들만 추방될 것이며 '중간계급'은 그대로 둘 것이라는 보장을 받고 독일 추방 기관에 협조했다. 이런 치명적 산수는 빌나Vilna에서도 적용되었는데, 여기에서 유대인평의회 의장 겐스는 "1백 명의 희생자가 난다면 나는 1천 명을 구한다. 1천 명의 희생자가 난다면 나는 1만 명을 구한다"고 선언했다.17)

억압 속의 생명은 생존 기회가 — 일상적 존재의 관점에서는 — 불균등하게 분포되어 있는 것처럼 보이도록 구조화되고, 더군다나 조작 가능한 것처럼 보였다. 개인적 또는 집단적 자원들은 공적 불평등을 사적 이득으로 바꾸는 데 이용될 수 있다. 훼인의 지적대로

---

17) Hilberg, *The Destruction of the European Jews*, vol. III, p. 1042.

집단적 죽음의 위협은 예측되지 않았는데, 게토의 정치경제의 사회적 조직화가 매일 차별적인 죽음의 기회를 만들어냈기 때문이다. 각자가 살아남을 기회는 계급질서에서 차지하는 위치에 달려있었고, 전체 계급질서는 강요된 희소성과 정치적 공포에서 발생했으며 나치에게 직간접적으로 가장 잘 봉사할 수 있는 자들에게 보상을 제공했다. …… 통제 체계 또한 — 정복자들에 대한 분노를 유대인평의회에게 전가하는 한편, 지금 벌어지고 있는 것은 우리와 그들의 전쟁이 아니라 모두에 대한 모두의 전쟁이라는 신념을 항구화함으로써 — 공통의 적에 대한 인식을 방해했다.18)

생존 전략의 개별화는 좀 더 유리한 또는 특권을 지닌 역할이나 지위를 서로 다투어 빼앗으려는, 그리고 억압자들의 환심을 사기 위한 광범위한 노력으로 이어졌으며, 그것은 반드시 다른 동료의 희생을 수반했다. 그러한 과정에서 발생한 불안과 호전성은 유대인평의회를 피뢰침으로 사용함으로써 해소되었다. 그러나 파괴의 단계마다 유대인평의회는 일정한 후원자들에 의존할 수 있었는데, 이들은 연이은 정책의 전환으로부터 이득을 얻어 불운한 (유대인) 공동체 관리들 너머로 기꺼이 지지를 보내고, 그럼으로써 현재의 조치에 정당성과 권위를 부여하게 되었다. 파괴의 단계마다 — 맨 마지막 단계를 제외하고 — 살릴 수 있는 사람들을 살리기를, 방어할 수 있는 것을 방어하기를, 그리고 제외될 수 있는 것을 제외하기를 열망한 개인들과 집단들이 있었다. 그럼으로써 그들은 — 비록 단지 간접적으로만이지만 — 결국 협력하는 데 열중했던 것이다.

---

18) Helen Fein, *Accounting for Genocide*(New York: Free Press, 1979), p. 319.

집단적 파괴에 봉사한 개별적 합리성

확실히 나치 유형의 비인도적 억압은 어떻게 해볼 여지를 거의 남겨 놓지 않는다. 사람들이 정상적 상황에서 선택하도록 훈련 또는 교육받은 선택들은 배제되거나 손이 닿지 않는다. 예외적인 상황에서는 행동도 당연히 예외적이다. 그러나 그것이 예외적이라는 것은 그것의 공공연한 형태와 유형의 결과들에서 그렇다는 것이며, 선택의 원칙이나 그것에 이르는 동기들이 반드시 그런 것은 아니다. 최종의 파괴를 향해 가는 전체 여정을 통해 대부분의 사람에게, 대부분의 시간에서 선택이 완전히 배제되지는 않았다. 그리고 선택이 있는 곳에서는 합리적으로 행동할 기회도 있었다. 그리고 대부분 사람은 합리적으로 행동했다. 강제 수단을 완전히 장악하고 있었지만, 나치는 **합리성은 협조를 의미하도록**, 유대인들이 자신의 이익을 위해 하는 모든 일이 나치의 목표를 좀 더 완전하게 달성하는 데 도움이 되도록 주의했다.

아마도 협조라는 말은 너무 모호하고 포괄적인 개념일 수 있다. 공공연한 반란을 삼가는 것(그리고 대신 확립된 관행을 따르는 것)을 협조 행동이라고 간주하는 것은 너무 냉담하고 부당한 것일지 모른다. 하이드리히의 긴급서한에 상술되어 있는 장래의 유대인평의회들의 모든 의무는 유대인 지도자들이 독일 당국에 제공해야만 하는 서비스들과 관련되어 있다. 유대인평의회가 유용할 것이라고 또는 떠맡을 필요가 있다고 생각했을 다른 기능들에 대해 하이드리히는 관심이 없었다. 그는 아마도 그런 기능들은 평의회 자신이 주도해 좁은 공간에 함께 모여 사는, 그리고 자신의 공존과 생존 수단을 확보할 필요성에 직면한 공동체의 필요에 대한 합리적 고려로부터 수행되기를 기대했을 것이다. 만약 그런 내기가 있었다면 그것은 정말 잘한 선택임이 입증되었을 것이다. 유대인평의회는 독일인들의 지시가 유대인들의 종교, 교육, 문화 및 복지의 필요들을 다루는 것을 원치 않았다. 그렇게 함으로써 그들은 이미 싫든 좋든 독일 행정체계의 더 낮은 단계의 역할을 받아들였다. 그들의 활동 — 이는 유대인들의 일상생활과 관련된 모든 문제를 독일인 손으로부터 분리시켰는데 — 은 이미 일종의 나쁜 종류의 협조였다. 그러나 여기서 유대인 공동체 권력의 역할은 억압 체제의 극단성에도 불구하고 피억압 소수자들의 지도부가 억압의 지속(실로 억압 체제의 재생산)을 가능케 하는 데 있어서 하는 보통의 역할과 본질적으로 다르지 않았다. 그것은 전통적 형태의 유대인 자치(특히 폴란드와 일부 다른 동유럽 지역)와도 또는 유대인 공동체의 긴밀하게 감시받는 자율과도 본질적으로 다르지 않았다.

독일의 점령이 시작됐을 때, 그리고 유대인평의회가 독일 행정 구조의 공식적 고리가 되기 이전에 전쟁 전의 유대인 공동체 원로들은 새로운 권력 당국과의 타협을 정교화하는 데 있어서 유대인들의 이익을 대변하는 역할을 자진해서 떠맡았다. 습관과 훈련을 통해 그들은 청원서와 고소장 쓰기, 불만에 대한 청문회 이끌어내기, 협상, 그리고 뇌물 주기 등 오래되고 검증된 방법의 도입을 시도했다. 그들은 유대인들을 게토에 수용하는 데 반대하지 않았다. 유대인들을 나머지 주민으로부터 격리하는 것은 괴롭힘과 학살로부터 제대로 보호하는 것인 듯 보였다. 그것은 또한 적대적이고 위협적인 환경에서 유대인들의 자기관리를 제고하고 유대인의 생활방식을 보존하는 고마운 수단으로 보였다. 다시 말해 그것은 게토에 수용하는 것은 — 이런 사정에서이므로 — 유대인의 이익에 봉사하는 것처럼, 수용에 동의하는 것은 유대인들에게 이익이 되는 것은 자신에게도 이익이 된다고 느끼는 모든 사람이 취해야 할 합리적 태도였던 것처럼 보였다.

그러나 이와 동시에 게토에 갇히는 것을 받아들이는 것은 나치를 이롭게 하는 것을 의미했다. 장기적으로 게토는 집단수용 도구로서의 역할을 마감할 예정이었다 — 추방과 파괴로 가는 길에 필연적인 예비 단계. 그러나 그동안 게토는 한 명의 독일 관리가 수만 명의 유대인을 — 사무노동과 육체노동, 일상생활의 공동체적 하부구조, 법과 질서의 유지에 책임이 있는 기관들을 제공하는 유대인 자신들의 협조를 받아 — 완벽하게 감시할 수 있음을 의미했다. 이런 의미에서 유대인들의 모든 자기관리는 **객관적으로** 협조를 의미했다. 유대인평의회 활동의 협조적 요소는 다른 모든 기능의 희생 위에 곧 증폭하도록 되어 있었다. 과거에 유대인의 이익을 지킨다는 이름 아래 취해진 합리적 결정들이 행동의 맥락이 바뀌자 오늘날에 와서는 합리적 의사결정이 그만큼 더 어려워져 버렸다. 그리고 그러한 합리적 선택들은 미래에는 완전히 불가능하게 될 수밖에 없게 되었다.

유대인평의회에 대한 트렁크의 결정적인 연구는 훨씬 더 놀랍고 심각한 문제들에 대한 합리적 해법을 찾으려는 유대인평의회의 황급하고 절망적인 투쟁에 의문의 여지를 남기지 않는다. 독일의 우월한 힘 그리고 반유대인 전쟁의 관료기구들이 획득하게 된 도덕적 제약들의 완전한 제거에 직면해 그들의 선택 범위에 독일의 목표에 봉사하지 않는 해법은 없었던 것은 그들 잘못은 아니었다. 독일의 관료기구는 도무지 이해할 수 없을 정도로 비합리적인 목적에 동원되었다. 유대인 모두를, 노소를 불문하고, 병약한 자나 건강한 자, 경제적 채무나 잠재적 경제적 자산들 모두를 절멸하는 것이 그것이었다. 따라서 유대인들이 그러한 파괴를 위한 독일의 관료집단의 환심을 살 수 있는, 자신을 유용한 또는 다른 어떤 이유에서든 바람직하고 또는 최소한 용인할 수 있는 집단으로 만들 방법은 없었다. 다시 말해 이 전쟁에서 유대인들은 전쟁이 시작되기도 전에 패배했다. 그럼에도 전쟁의 국면마다 결정을 내려야 했고, 조치를 취해야 했으며, 목표들을 합리적으로 추구해야만 했다. 매일 사건이 있었고 합리적 행동에 대한 요구가 발생했다. 그것은 홀로코스트 작전의 궁극적 목표가 — 작전의 장래의 희생자들의 합리적 행동으로부터 그것의 성공이 만들어진 — 모든 합리적 계산을 허용하지 않았기 때문이다. 홀로코스트가 착상되기 훨씬 이전에 카프카의 『성』에 나오는 지략이 풍부하지만, 불운한 측량기사 K는 똑같은 경험을 했다. 그는 성에 맞선 외로운 싸움에서 패배하는 데, 그것이 그가 비합리적으로 행동했기 때문이 아니라 반대로 합리적 제의에 대해 합리적으로 대응할 것이라고 (그가 잘못 가정한) 그러나 실제로는 그렇게 하지 않은 권력과의 상호작용에서 이성을 전개하는 것이 불가능했기 때문이다.

피로 물든 게토의 짧은 역사에서 가장 가슴 아픈 에피소드 중 하나는 동유럽의 일부 최대 게토들에서 유대인평의회 주도로 수행된 노동을 통한 구원 캠페인이었다. 전쟁 전에 동유럽의 반유대주의는 유대인들을 경제적 기생 집단이라고 비난했다. 장사꾼이고 거간꾼인 그들은 비생산적이고 전체적으로 그들이 없으면 주민의 나머지가 더 잘 살 수 있을 그런 집단을 형성했다. 독일 침략군이 유대인 제거를 명시적인 강령으로 선언하자 유대인들의 유용성에 대한 가시적 증거를 제시함으로써 독일군이 의도를 뒤집는 것이 어느 때보다도 더 일리가 있는 일이 되었다. 상황은 특히 그런 전략에 유리한 것처럼 보였다. 왜냐하면 전쟁 때문에 자원이 한계에 달했기 때문에 독일인들은 분명히 손에 넣을 수 있는 어떤 추가의 경제적 자산이나 생산력이라도 환영할 수밖에 없었기 때문이다. 아무도 로즈 게토의 의장이고 산업에 대한 신념의 가장 신앙심 깊은 사도인 룸코우스키를 독일의 위협에 대해 비합리적 반응을 보인다고 비난할 수 없었다. 분명히 그는 독일인들의 살인적 비합리성을 과소평가했고 그들에게 내재한 사업적 합리성(또는, 좀 더 일반적으로 말하면, 효율성의 관점에서 조직된 세계를 표면적으로 안내하는 가치나 원칙들의 힘)을 과대평가했다. 그러나 그가 잘못을 알았더라도 어떻게 달리 행동할 수 있었는지 알기는 어렵다. 그는 자신의 적들이 정말 합리적 행위자들이라고 가정하고 행동해야만 했다. 그런 가정을 하지 않고서 자신의 행동 방향을 결정할 수 있는 길은 없었다. 장님들의 마을에서는 눈이 하나인 사람이 왕이다. 현대 관료제의 합리적 세계에서는 비합리적 모험가는 독재자다.

그리하여 얼마간 룸코우스키는 자신에게 열려있는 유일한 합리성의 형태에 따라 그것이 아무리 기만적이고 배신적이라고 하더라도 행동했다. "수많은 경우에 '재정착 이전과 이후의 모든 공적 발언에서 그는 게토의 물리적 존재는 오직 독일인들에게 유용한 노동에 의존하며 어떤 상황에서도, 가장 비극적인 상황일지라도 게토는 존속을 위한 그러한 정당화를 포기해서는 안 된다고 지칠 줄 모르게 반복해서 말했다."19) 로즈의 룸코우스키, 비알리스톡의 바라쉬Ephraim Barash, 빌나의 겐스, 그리고 다른 많은 사람이 근면한 노동이 독일인 지배자들의 성향에 미치는 영향에 대해 확신을 갖고 자주 말했다. 그들은 일단 유대인 노동의 생산성과 수익성이 입증되고 나면 독일의 위원회들과 지사들은 추방과 무작위 살해를 그치게 될 것이라고 믿는 것 같았다. 또는 최소한 그들은 그렇게 말했고 또는 자신을 그렇게 믿도록 만들었다. 그러는 중에 그들은 독일의 전쟁 노력에 적지 않은 기여를 했다. 그들은 **자신들의 파괴를 맹세한** 바로 그 사악한 세력의 **최종적 패배를 연기하는** 데 기여한 셈이다. 아우슈비츠로 가는 굽은 길이 완성되기 이전에 많은 콰이강의 다리가 능숙한 유대인들 손으로 건설되었다.

독일 관료체제의 이데올로기적으로 좀 덜 헌신적인 공무원들은 실로 감명받았다. 순전히 실용주의적 이유에서, 분명히 그러했다. 유대인들은 사물들의 체계에서 영속하는 위치를 지닌 인간들이라는 생각이 그들에게는 들지 않았던 것 같다. 하지만 그들은 분명히 유대인들의 산업적 열

---

19) Isaiah Trunk, *Judenrät: The Jewish Councils in Eastern Europe under German Occupation* (London: Macmillan, 1972), p. 401.

정을 이용하는 편이 그런 헌신적이고 규율이 있는 노동력을 죽여 버리는 것보다 경제적으로 (그리고 군사적으로) 더 합리적이라는 것을 받아들였다. 동부 전선의 일부 군사령관들은 일단 군 장비들을 유지하는 데 없어서는 안 될 기술을 지닌 대부분의 현지 기술자들이 유대인들이라는 것을 발견하고 나자 학살을 연기하기 위해 특히 열심이었다는 증거가 있다. 이동학살분대의 기관총에 맞서 유대인 노예 노동을 지키려는 그들의 마지못한 시도들은 최고 당국에 의해 발각되자마자 신속히 취소되었다. 최고 당국은 합리적인 고려는 오직 비합리적 목표를 앞당길 수 있을 때만 허용될 수 있다고 생각했다. '동부전선 점령지 관할부'의 결정은 논란의 여지를 남겨놓지 않았다. "원칙적으로 유대인 문제를 해결하는 데서 경제적 요인을 고려해서는 안 된다. 앞으로 어떤 문제가 발생하면 친위대 사령부와 경찰 지휘부의 자문을 구해야만 한다."[20] 대체로 유대인평의회가 주도해서 시작한 '유용한 노동'은 (비록 일부의 목숨을 연장하긴 했지만) 아무도 구하지 못한 것 같다. 능숙하고 열정적인, 따라서 '대체 불가능한' 유대인 노동자들에 대한 룸코우스키나 바라쉬의 아낌없는 찬사는 그러한 노동자들이 유대인이었다는 우울한 사실을 바꾸지 못했다. 독일의 전쟁 장비를 조립할 때조차도 그들은 첫째로 유대인이었고, '유용한' 것은 나중이었다. 그리고 나중은 대부분 너무 늦었다.

합리성에 대한 진정한 검증은 유대인평의회가 '재정착' 책임을 맡도록 하는 지시가 내려졌을 때 이루어졌다. 끊임없이 증가하는 러시아의 압력에 맞서는 데 총력을 동원한 나치는 [군과 경찰 등] 제복을 입은 인력만으로는 최종해결책을 제대로 실행할 수 없었다. 이때에 이르면 그들도 유대인 노동이 필요하다는 것을 인정하게 된다. 그리하여 유대인평의회에 학살에 필요한 모든 준비 작업을 하는 책임이 주어졌다. 그들은 추방 예

---

20) Trunk, *Judenrät*, p. 407에서 재인용.

정인 게토 주민의 상세한 명단을 제공해야만 했다. 그들이 대상자를 먼저 선정해야 했다. 그런 다음 열차로 이송했다. 저항하거나 숨을 때는 유대인 경찰이 그들을 추적해서 찾아내고 순응하도록 만들었다. 이상적으로는, 나치 자신들은 초연한 관찰자로 자신의 역할을 한정하려고 했다.

유대인들이 한꺼번에 살해당해야 하는 곳에서 선택(좀 더 정확히 말하면, 선택의 부재)은 모든 사람에게 분명하고 명백한 것이었다. 모두가 저항하자는 것이 — 아무리 희망이 없더라도 — 가장 분명한 대응이었을 것이다. 그것이 아니면 그에 대한 유일한 대안은 '도살장으로 끌려가는 양 떼처럼' 행동하는 것이었을 것이다. 독일인들의 관점에서 보면 그러한 명백함은 작전의 비용을 상당히 증가시킬 것이다. 피해자들의 합리적 욕구를 교묘하게 이용해 자신을 파괴하도록 써먹지 못할 것이기 때문이다. 간단히 말해 희생자들은 협조하지 않을 것이다. 피해자들의 합리성을 조작하는 것이 훨씬 더 합리적인 해법이었다. 그리하여 가능한 한 독일인들은 몽땅 추방하는 것은 피했다. 몇 번에 나누어 그러한 작업을 하는 쪽을 선호하는 듯했다.

유대인들에 대한 정리가 몇 번으로 나뉘어 수행된 도시들에서 독일인들은 매번 그들에게 이번이 마지막 '행동'이라고 안심시켰다. ······ **최종해결책** 과정의 이 모든 의도적인 기만과 냉혈적 사기는 공포에 휩싸인 유대인들을 달래고 경계심을 늦추며 그들을 완전히 방향감각을 상실하게 해서 마지막 순간까지도 '재정착이 정말 무엇을 의미하는지 눈치채지 못하게 하려고 독일인들에 의해 사용되었다. 사람들로 하여금 임박한 죽음에 대한 생각에 저항하고 희미한 희망의 불꽃이나마 놓치지 않도록 하는 자기보존 본능이 이 경우에는 처형자들에게 이로운 쪽으로 활용되었다.[21]

독일 침략군에 의해 곧 지옥의 뒷마당으로 변하게 된 소련의 서부 영토의 많은 소도시에서는 복잡한 책략이 필요하지 않았다. 히틀러의 명령에 따라 대소전은 다른 어떤 전쟁과도 달랐다. 즉, 모든 것이 허용되었으며 아무런 규칙도 적용되지 않았다. 국방군, 그리고 특히 이동학살분대는 지켜야 할 유일한 규칙은 죽일 수 있는 만큼 죽여라인 것처럼 행동했다. 유대인들을 근처의 숲이나 골짜기로 끌고 가서 기관총을 난사해 죽였다. 우크라이나인 보조자들도 적지 않았고 '다른 어떤 전쟁과도 다른 전쟁'의 노련한 병사들도 거리낌이 없었다. 오직 유대인 인구가 특히 많거나 또는 유대인 기술자들에 대한 필요가 절박했던 몇몇 곳에서만 그들은 유대인평의회를 세우고 유대인 경찰을 도입하는 수고를 했을 뿐이다. 이것은 이전에 점령한 폴란드에서는 일반적으로 행했던 일이다. 게토가 설립된 곳에서는 어디에서나 그들 자신을 파괴하는 데 유대인들의 협조를 요청했으며, 대체로 그들의 협조를 얻을 수 있었다.

비교적 초기 단계에서 평의회들은 명령받은 '선발'의 진정한 목적을 알고 있었다 — 또는 노력하기만 하면, 알 수 있었다. 아주 소수의 평의원들만이 협조하기를 직접 거부했다. 일부는 자살했고 다른 사람들은 자발적으로 죽음의 수용소로 가는 수송열차에 올랐는데, 이들은 종종 유대인 평의원들이 아직 살아있기를 원하는 독일인들을 먼저 속여야만 했다. 그러나 대부분은 연속되는 '마지막 행동'에 협조했다. 이들에게는 자신들의 행동에 대한 확신, 합리적 설명이 없지 않았다. 다른 사람을 희생해서 일부의 생존을 흥정하는 것을 금하는 유대주의 전통에 따라[22]

---

21) Trunk, *Judenrät*, pp. 418, 419.
22) 그리하여 마이모니데스Maimonides는 이렇게 쓰고 있다. "만약 이교도들이 '우리에게 당신들 중 한 사람을 주시오. 그러면 우리가 그를 죽일 것이오. 그렇지 않으면 우리는 당신들을 모두 죽이겠소'라고 말하면 모두 죽임을 당할 것이며, 단 한 명의 유대인도 넘겨주어서는 안 된다." *The Fundamentals of the Torah*, 5/5. 또한 『피르케이 아보*Pirkei Abboth*』에는 이렇게 쓰여 있다. "한 남자가 레바 앞에 나타나 이렇게 말했다. '내가 사는 도시의 지배자가 어떤 사람을 죽이라고 명령했다. 만약 거절하면 그가 나를 죽일 것이다.' 레바가 그에게

그러한 설명은 오직 현대의 합리적 시대의 전설들로부터 끌어와야 했으며, 그것을 현대적 기술의 용어들로 포장해야 했다. 가장 많이 활용된 것이 예상할 수 있듯이 숫자 게임이었다. 즉 더 많은 수의 삶이 더 적은 수의 죽음보다 낫다든가, 적게 죽이는 것이 더 많이 죽이는 것보다 덜 증오스럽다는 것 등이다. **많은 사람을 구하기 위해 일부를 희생하는 것** — 이것이 기록으로 남아 있는 유대인평의회 지도자들의 변명에서 가장 자주 반복되는 후렴구이다. 희한하게도 사형을 선고하는 것이 삶을 고귀하고 도덕적으로 훌륭하게 방어하는 것으로 받아들여졌다. "우리는 누가 죽을 것인가를 결정하지 않는다. 우리는 누가 살아남을 것인가를 결정한다." 신처럼 행동하는 것만으로 충분하지 않았다. 많은 유대인평의회 지도자들은 자비롭고 보호하는 신으로 기억되기를 희망했다. 그리하여 수많은 노인, 병자, 아이들을 죽음으로 몰아넣었으면서도 룸코우스키는 1942년 9월 4일 이렇게 선언했다. — "우리는 …… 얼마나 많은 사람을 잃을까가 아니라 얼마나 많은 사람을 구할 수 있을까 하는 생각에 따라 움직였다."23) 다른 사람들은 풍부한 현대의학의 은유들을 끌어냈으며 자신들을 생명을 구하는 의사로 묘사했다. — "생명을 구하기 위

말했다. '죽임을 당할지언정 죽이지 마라. 당신은 당신의 피가 그의 피보다 더 붉다고 생각하는가? 아마 그의 피가 당신의 피보다 더 붉을 것이다.'"(*Pes*. 25b) 『예루살렘 탈무드 *Jerusalem Talmud*』는 이렇게 가르치고 있다. "일단의 유대인이 길을 따라 여행을 하고 있었는데, 이교도 몇 명이 나타나 이렇게 말했다. '우리가 죽일 수 있도록 당신들 중 한 명을 달라. 그렇지 않으면 모두를 죽일 것이다.' 모두 죽임을 당하더라도 그들은 이스라엘의 영혼을 하나라도 넘겨주어서는 안 된다." 적들이 스스로 처벌하기를 원하는 사람을 지명하는 경우에는 권위자들의 의견이 갈린다. 그러나 그런 경우라도 『탈무드』는 다음과 같은 이야기에 비추어 생각하라고 충고한다. "울라 바르 코셰브를 정부에서 찾고 있었다. 그는 로드의 랍비 요슈아 벤 레비에게 찾아가 보호를 요청했다. 정부의 군대가 와서 마을을 포위했다. 그들은 이렇게 말했다. '만약 그를 넘겨주지 않으면 마을을 파괴하겠다.' 랍비 요슈아는 코셰브에게 가서 포기하라고 설득했다. 엘리야는 랍비를 찾아오곤 했지만 그 순간부터 더 이상 그러지 않았다. 랍비 요슈아는 여러 날을 단식했다. 그러자 마침내 엘리야가 나타났다. '내가 밀고자들에게 찾아갈까요?' 그가 물었다. 랍비 요슈아는 이렇게 말했다. '나는 법을 따랐소.' 엘리야가 맞받아쳤다. '그러면 그 법은 성자들을 위한 것인가요?'"(*Trumot* 8:10).
23) Trunk, *Judenrät*, p. 423에서 재인용.

해서는 팔다리를 잘라야 할 필요가 있을 때도 있다" 또는 "생명을 구하기 위해 독이 퍼진 팔을 잘라내야 할 필요가 있을 때 그렇게 되었다."

이렇게 말한 후 사형선고를 유대인의 따뜻한 마음과 결합된 현대의 합리적 정신의 칭찬할 만한 성취라고 제시한 후에도 한 가지 문제가 가장 자기변명 적인 협조자들조차도 계속 괴롭혔다. "팔다리를 자르는 것이 불가피한가? 그러한 수술을 굳이 내가 해야만 하는가?" 나아가 훨씬 더 뇌리를 떠나지 않는 질문.— "다른 사람들이 살기 위해서 누군가가 죽어야만 한다고 가정하더라도 누가 희생되어야 할지를 결정하는 나는 누구인가? 그리고 누구를 위해서?"

이런 질문들이 많은 유대인평의회 위원과 지도자들을, 심지어 봉사하기를 거부하지 않았던 그리고 자살을 통해 회피하려고 하지 않았던 사람들(특히 그런 사람들)을 괴롭혔다는 증거가 있다. 바르샤바의 체르니아코프Cherniakov의 위엄 있는 죽음은 잘 알려져 있다. 그러나 자살자의 명단은 길었으며, 자신들의 도덕적 기준이 넘는 것을 허락하지 않는 선을 그었던 유대인 평의회 위원들의 숫자는 많았고 아직도 파악되지 않고 있다. 여기에 단지 몇몇 무작위 사례들이 있다. 로우네Równe의 유대인평의회 의장이던 베르크만Bergman 박사는 자살하기 전에 독일인들에게 자신과 자신의 가족들만 '재정착' 대상으로 넘겨줄 수 있다고 말했다. 코소우 폴레스키Kosów Poleski의 차이킨Mortel Chajkin은 살려주겠다는 국가위원 Stadtkommissar의 제의를 경멸적으로 거절했다. 루코우Luków의 리버만David Liberman은 독일인 감독의 면전에 뇌물로 주려고 모았으나 실패한 돈을 집어 던졌다. 먼저 그는 지폐를 갈기갈기 찢은 다음 이렇게 소리쳤다. — "여기 우리 여행을 위해 당신이 지불한 돈이 있다, 이 흡혈귀 같은 독재자야!" 그는 그 자리에서 사살되었다. '러시아에서 일할 유대인 파견대를 선발하라는 나치의 요구에 직면한 카르투스카Bereza Kartuska의 유대인 평의원 전원은 1942년 9월 1일 회의에서 모두 자살했다.

다른 사람들, 즉 살아남을 정도로 충분히 비겁하거나 용감했던 사람들은 대답 — 변명, 정당화, 도덕적 또는 합리적 논증 — 이 절실하게 필요했다. 대부분의 기록된 사례에서 그들은 후자를 받아들였는데, 분명 그것이 살아남은 사람들에게는 가장 받아들일 만하고 가장 설득력이 있는 것이었기 때문이다. 연속적인 '조치Aktion'가 있은 후 겐스나 룸코우스키 같은 부류들은 남아 있던 게토 수용자들의 전체 회합을 열어 왜 '그들 자신이 그러한 일을 하기로' 결정했는지를 설명할 필요를 느꼈다(겐스의 경우 "그러한 일을 했다"는 것은 오즈미아나Oszmiana의 노인들과 아이들 400명을 처형 장소로 보내 유대인 경찰에 의해 살해되도록 했음을 의미했다). 그렇게 모인 어리벙벙한 청중들에게는 합리적 정신을 잔뜩 과시했다. — 숫자 계산. "만약 우리가 그러한 일을 독일인들에게 맡겨놓았다면 더 많은 사람이 죽었을 것이다." 또는 더욱 개인적으로 "만약 내가 지시하지 않더라면 독일인들은 나 대신 훨씬 더 잔인하고 사악한 사람을 그러한 자리에 앉혔을 것이고, 그러면 결과는 상상할 수 없는 것이 되었을 것이다." 이제 합리적으로 계산된 '소득'은 다시 도덕적 의무로 재포장되었다. "그렇다. 내 손을 더럽히는 것이 나의 의무였다"고 겐스 — 스스로 빌나의 유대인들의 신을 자처했고, 자신을 구원자라고 확신한 채 죽어간 살인자 — 는 결정했다.

'살릴 수 있는 만큼 살린다'는 전략은 마지막 유대인이 우크라이나의 구덩이에 묻힐 때까지 또는 트레블링카의 굴뚝을 통해 연기가 되어 하늘로 올라갈 때까지 추구되었다. 그것을 추구한 사람들은 논리로 무장하고 합리적 사고의 기술을 잘 훈련받은 사람들이었다. 그러한 전략 자체는 합리성의 승리였고, 궁극적 영예였다. 항상 구해야 할 무언가 또는 누군가가 존재했고, 따라서 항상 합리적이어야 할 이유가 존재했다. 논리적이고 합리적인 유대인 평의원들은 자신을 설득해 학살자들의 작업에 참여했다. 그들의 논리와 합리성은 학살자들의 계획의 일부분이었다.

그것은 학살단이 너무 적거나 학살 무기들이 즉각 확보되지 않을 때마다 배치되었다. 논리와 합리성은 언제나 손에 넣을 수 있었고, 따라서 효율적 협조라는 보급품은 항상 준비되어 있어 부족한 부분을 메우기를 기다리고 있었다. 그것은 마치 오래된 격언을 바꾸어 말한 것 같았다. 누군가를 죽이기를 원하면 신은 그를 미치도록 만드는 것이 아니라 그를 합리적으로 만드는 것 같았다.

오늘날 우리가 알고 있듯이 '살릴 수 있는 만큼 살린다'는 전략은 합리적이었을지 몰라도 피해자들에게 도움이 되지 않았다. 그러나 당시 그것은 무엇보다도 피해자들의 전략이 아니었다. 그것은 파괴 전략의 부록이자 연장이었으며, 절멸에 몰두한 세력들이 고안하고 집행한 것이었다. '살릴 수 있는 만큼 살린다'는 전략을 받아들인 사람들은 처음에는 피해자로 표시되었다. 그리고 그들을 피해자로 표시한 사람들은 존재하기 위해서는 구해야 할 필요가 있는, 따라서 '피해의 회피', '생존 비용', '차악次惡'에 대한 계산이 작동하는 상황을 만들어냈다. 그러한 상황에서 피해자들의 합리성은 자신들의 살해자들의 무기가 되었다. 그리하여 피지배자들의 합리성은 항상 지배자들의 무기이다.

오늘날 우리는 이 모든 이론적 진실들에도 불구하고 억압자들은 피해자들로부터 합리적으로 동기 지어진 공범관계를 이끌어내는 데 놀라울 만큼 거의 아무런 어려움을 겪지 않았음을 알고 있다.

자기보존의 합리성

억압자들의 성공은, 피해자들의 합리적 계산을 그것이 원래 봉사하게 되어있던 목적에 도달할 가능성보다 더 오래 지속되도록 유도하는 데, 그리고 사람들 — 그리고 어떤 때에는 최소한 일부 사람들 — 로 하여금 비합리적 상황에서 합리적으로 행동하도록 하는 데 달려 있었다. 다시 또 이것은 전체 맥락으로부터 정상성의 섬을 떼어내는 데, 그리고 결국 파멸로 이를 한 과정을 여러 단계로 쪼개어 그것들이 따로따로 생각할 때는 합리적인 생존의 기준들에 따른 선택을 허용하는 것처럼 보이게 하는 데 달려있었다. 모든 단일한 행위들 — 이것들은 결합해 결국 **최종해결책**이 될 것이다 — 은 홀로코스트 집행자들의 관점에서 볼 때 합리적이었다. 그것들 대부분은 또한 피해자들 관점에서 볼 때에도 합리적이었다.

이런 효과를 달성하기 위해서는 선별적 생존이 대부분의 경우 실행 가능한 목표이며, 따라서 자기보존의 이익을 위해서 행해지는 행동이 합리적이며 동시에 사리에 맞는 것이라는 외양이 만들어져야만 한다. 일단 자기보존이 최고의 행동 기준으로 선택되고 나면 그에 따른 비용은 점차 그러나 가차 없이 — 다른 모든 고려사항이 평가절하되고, 모든 도덕적 또는 종교적 금기가 깨어지고, 모든 양심의 가책이 부정되고 불허될 때까지 — 증가할 수 있다. 악명 높은 카스츠너의 고통스러운 고백처럼 "처음에는 비교적 덜 중요한 것들 — 개인 소유물이나 돈, 아파트 같은 물질적 가치를 지닌 대체 가능한 것들 — 이 〔유대인평의회에〕 요구되었다. 그러나 다음에는 인간의 개인적 자유가 요구되었다. 마침내 나치는 생명 그 자체를 요구했다."24) 합리성의 원칙들에 내재한 도덕적 무관심은 이렇게 끝까지 밀어붙여 졌으며 완전히 활용되었다. 합리적 소득을 추구하도록 훈련된 행위자들에게는 항상 존재하는, 하지만 극단적 검증에 노출되지 않는 한 잠자고 있는 잠재성은 여기에서 충분히 역량을 발휘했다. 자기보존의 합리성은 눈 부신 빛을 발하며 도덕적 의무의 적으로 모습을 드러냈다.

---

24) Trunk, *Judenrät*, p. xxxii에서 재인용.

한 목격자 증언으로는 1942년의 부활절에 소콜리Sokoly의 지방관 Amtkomissar은 지방 유대인평의회에 마을의 모든 노동 능력자를 이송하라고 명령했다. 지정된 시간이 지나 의장이 자신의 노력의 실패를 보고하자

지방관은 격노해 그의 머리와 얼굴을 때렸다. 그는 주머니에서 시계를 꺼내 들고 이렇게 소리 질렀다. "반 시간 안에 이 자리에 모두 집합시켜! 안 그러면 즉시 유대인평의원들을 사살해버리겠어!" 이 일로 유대인평의회 전체에 새로운 충격이 가해졌다. 갑자기 그들은 다른 사람이 되었다. 12명의 의원은 보좌관들과 함께 마을의 거리로 몰려나가서 집집이 다니며 노소를 불문하고 사람들을 끌어냈다. 아무도 그들을 멈추지 못했다. 그런 다음 그들은 모든 사람을 줄을 세웠다. 만약 '꾀병을 부린 자'가 나타나지 않으면 저 아스모데우스가 유대인평의회 전체를 처형할 것이라고 그들은 말했다. 15분도 안 되어 거리는 사람들로 가득 찼고, 유대인평의원들은 그들을 두 줄로 세워서 끌고 갔다.25)

나치가 점령한 유럽 전역에서는 이런 장면들이 놀라우리만치 일정하게 반복되었다. 유대인 평의원들과 유대인 경찰들은 단순한 선택에 직면했다. ― 죽을 것인가, 아니면 다른 사람들을 죽게 할 것인가. 많은 사람이 그들 자신과 친척, 친구들의 죽음을 연기하는 쪽을 선택했다. 신의 역할을 하는 것은 이기주의에 의해 더 쉬워졌다.

'자신의 손을 더럽히기'를 선택한 사람 중 얼마나 많은 사람이 살아남기를 희망했는지 알 수는 없다. 삶이냐 죽음이냐의 선택은 자기보존 본능을 극단적인 시험에 처하게 했다. 그런 선택을 해야만 하는 상황에 처한 인간의 행동을 일상적 삶 ― 여기에서 이기심 간의 갈등과 타인들에

---

25) Trunk, *Jewish Responses to Nazi Persecution: Collective and Individual Behavior in Extremes*(New York: Stein & Day, 1979), pp. 75~76에서 재인용.

관한 책임은 종종 날카롭지만 최종적이거나 되돌릴 수 없는 선택을 요구하지는 않는다. — 속에서 이루어진 그보다 훨씬 덜 중대하고 극적인 결정의 기준들에 비추어 판단하는 것은 불공정하고 잘못된 일일 것이다. 이외에도 대부분의 일상적 갈등은 — 대부분의 다른 사람들은 상응하는 도덕적 강도를 지닌 선택을 할 필요가 없는 환경에서 — 따로따로 처리되었고, 따라서 도덕적 기준의 가시성은 강하게 남는다. 게토에서는 단계적으로 이루어지는 절멸 과정에서 그런 환경이 효과적으로 파괴되었다. 합리적 이기주의에 대한 도덕적 의무감의 권위에서 남아 있던 것은 연속되는 지옥의 원을 통과하는 사이에 '점차 사라져' 버렸다. 모든 관료체제의 정상적 절차 — 도덕적인 것을 포함해 모든 모순되는 압력들의 평가절하 또는 제거를 통해 복종을 확실하고 좀 더 쉽게 얻을 수 있게 만드는 — 는 여기에서는 극단까지 밀어붙여져서 완전한 잠재력을 드러냈다. 박해자들의 계획에 대한 피해자들의 협조는 피해자들의 도덕적 타락으로 더욱 쉬워졌다. 피해자들을, 살아남은 '최적자fittest' 조차도 오직 더러워진 손을 갖고서만 시험에서 벗어날 수 있는 선택에 직면하도록 함으로써 박해(의 계획)자들은 시간이 흐름에 따라 게토의 주민이 점점 더 살인의 공범자의 일원으로 변하도록, 그리고 그것과 함께 도덕적 무감각과 냉담성이 자라나도록 보장했으며, 그럼으로써 정상적으로는 자기보존의 적나라한 압력을 제약하는 모든 제동장치를 훼손시키거나 파괴했다.

바르샤바 게토 봉기의 지도자이자 소수의 생존자 중 하나인 에델만은 종전 직후 '게토 사회'에 대한 회고록을 남겼다.

완전한 격리, 외부 언론에 대한 보도금지, 바깥 세계와의 모든 소통의 단절은 유대인 주민에게 특별한 목적과 효과를 지녔다. 담장 너머에서 일어난 모든 일은 점차 좀 더 멀고 희미하고 낯선 것이 되어갔다. 그 대신 중요해진 것은 바로 옆에서 오늘 일어난 일이었다. 그것들이 가장 중요한 일이었으며, 여기에 보통의 게토 거주자들의 관심이 집중되었다. 살아남는 것이 유일하게 중요한 문제가 되었다. 이 '삶'을 모든 사람은 자신이 가진 조건과 자원에 따라 제각기 해석했다. 전쟁 전에 부유했던 사람들에게는 안락한 것이고, 몰락한 게슈타포 협력자들 또는 타락한 밀수업자에게는 화려하고 풍성한 것인 삶은 자선단체가 제공하는 묽은 수프와 배급받은 빵으로 연명하는 수많은 노동자와 실업자들에게는 기근을 의미했다. 그런 '삶'에 모든 사람은 자기 나름의 방식으로 집착했다. 돈을 가진 사람들은 삶의 목적을 일상의 안락과 즐거움으로 보았고, 그들은 그것을 항상 사람들로 붐비는 시끄러운 카페, 나이트클럽, 무도장에서 찾았다. 아무것도 갖지 못한 사람들은 쓰레기통에서 찾은 곰팡이 핀 감자 속에 또는 행인이 구걸하는 손에 던져준 빵 조각에 숨은 신기루 같은 '행복'을 좇았다. 그들은 잠깐만이라도 배고픔을 잊길 원했다. …… 그러나 배고픔은 날이 갈수록 더해진다. 그것은 비좁은 아파트에서 거리로 넘쳐흐른다. 그것은 흉물스럽게 부풀어 오른 몸뚱이, 동상과 영양실조가 남긴 문드러진 상처가 뒤덮인 채 불결한 누더기에 싸인 사지가 되어 눈을 찌른다. 굶주림은 구걸하는 아이들과 궁핍한 어른들의 입술을 통해 말을 한다. …… 빈곤이 만연해 사람들은 거리에서 굶어 죽는다. 매일 새벽 4~5시에 장의사들이 돌로 누른 신문지에 덮여있는 수십 구의 시체를 모은다. 어떤 사람들은 거리에서 쓰러지고 어떤 사람들은 집안에서 죽는다. 그러나 가족들은 그들의 옷을 (팔기 위해서) 벗기고 거리에 내던진다. 그래서 유대인평의회가 장례비용을 치른다. 하나둘 마차가 거리를 지나는데, 발가벗긴 시체들로 가득 차 있다. …… 동시에 장티푸스가 게토를 휩쓴다. …… 병동마다 150명의 환자가 수용되어 있다. 두 명 때로는 세 명이 한 병상에 누워 있고, 그보다 훨씬 많은 사람이 마룻바닥에서 죽어간다. 임종하는 가족들은 어서 죽기만을 바란다. 다른 사람들을 위한 공간이 필요하다. …… 5백구의 시체가

한 구덩이에 묻힌다. 하지만 수백 구의 시체가 묻히지도 못한 채 누워있고 묘지에서는 메스껍고 욕지기 나는 냄새가 진동한다. …… 유대인들의 이런 비극적 삶의 조건 속으로 독일인들은 질서와 권위의 외양을 주입하려고 한다. 처음부터 권력은 공식적으로 유대인평의회에 의해 행사된다. 질서를 유지하기 위해 제복을 입은 유대인 경찰이 창설되었다. …… 게토의 삶에 모종의 정상성의 겉치장을 붙이기 위한 이런 기관들은 사실은 광범위한 부패와 타락의 온상이 되었다.26)

게토 안에서 계급 간의 거리는 삶과 죽음 간의 거리였다. 정말로 살아있다는 것은 다른 사람의 궁핍과 고통에 눈을 감는다는 것을 의미했다. 가난한 사람들이 먼저, 그것도 떼를 지어 죽었다. 수완이 없고 온순한, 정직하고 배짱이 없는 사람들도 그랬다. 인원의 1/3밖에 수용할 수 없는 공간에 집어넣어 진 대중들, 육체적 쇠약과 정신적 노후화를 가져오도록 계산된 식량배급, 소득원은 존재하지 않고 전염병은 창궐하며 약품은 귀한 그런 상태에서 게토의 삶은 첫날부터 자기보존만이 가장 탐이 나는, 진짜 중요한 유일한 포상이 되는 제로섬 게임이 되었다. 동정심의 값이 이렇게 비싼 적은 거의 없었다. 자기생존에 대한 관심이 이렇게 도덕적 타락에 가까웠던 적은 거의 없었다.

빵과 잠자리에 대한 접근이 문제가 되었을 때 잔혹하고 공포스러운 것이 되는 계급 구분은 일단 처형의 유예를 위한 투쟁이 시작되자 살인적 성격을 획득했다. 이때쯤 가난한 사람들은 저항하거나 다른 어떤 형태로 자신들의 생명을 방어하기에는 너무 약해지고 너무 무력해졌다. "게토 청소 작전 중에 많은 유대인 가족들은 싸울 수도, 청원할 수도, 도망갈 수도 없었으며, 또한 함께 그것을 극복할 집결지로 이동할 수도

---

26) Mark Edelman, *Getto walczy*(Warsaw: C. K. Bundu, 1945), pp. 12~14.

없었다. 그들은 얼어붙고 속수무책인 상태로 집에서 단속반원들을 기다렸다."27) 부자들과 웬만큼 사는 사람들은 서로 상대방보다 비싼 값을 불러 나치가 공포에 휩싸인 군중에게 던져준 출국통행증을 얻기 위해서 (대부분 소용없이) 애썼다. 한 사람의 성공은 다른 사람의 죽음을 의미할 수밖에 없다는 것을 기억한 사람은 거의 없었다. 마법의 수를 맞춘 사람은 이번 '행동'에서 면제시켜 주는 행운이 주어졌고 받아들여졌다. 사람들은 영향력 있는 호민관을 열심히 찾아다니며 뇌물을 제공했다. 바르샤바 게토의 잊을 수 없는 음유시인 슐렝겔은 1943년 1월 19일에 있었던 '조치'에 대한 고통스러운 묘사를 남겼다.

전화통에 불이 난다. "살려주세요! 살려주세요! 살려주세요!" 게슈타포 고위관리들 동원하기. 철도역의 수용소에 전화하기. — "열차가 도착했습니까? 스메를링 씨 계신가요? 저, 우리 …… 가 끌려갔습니다. 스코소우스키씨! 도와주세요! 얼마든지! 10만! 얼마든지 원하시는 대로 드리겠습니다! 12사람에 50만 드리겠습니다! 열 사람! 한 사람!
  유대인들은 돈을 갖고 있다! 유대인들은 연줄을 이용할 줄 안다! 유대인들은 힘이 없다! ……
  우리는 그들이 어떻게 그처럼 엄청난 재산을 모았는지 안다. 그리고 이제 어떻게 물을 찾아 여기저기 헤매는지, 그들이 어떻게 수백만 금화를 우크라이나인들에게 제공하는지, 역에 모인 수백 명의 사람을 수개월 동안 살려둘 수 있는 액수의 돈을 갖고 출발하는지 안다. ……
  숫자판으로 장식한 소들이 우르르 떼 지어 지나간다. 마법의 수를 받지 못한 몇몇은 폐허 사이에 속수무책으로 서 있다. ……
  제3제국의 재산은 불어난다.

---

27) Hilberg, *The Destruction of the European Jews*, vol. III, p. 1036.

유대인들은 죽어가고 있다.[28]

생명의 가격이 올라갈수록 배신의 가격은 급락했다. 살고자 하는 저항할 수 없는 충동은 도덕적 양심의 가책과 함께 인간의 존엄성도 제쳐놓았다. 모두가 다 살기 위해 버둥거리는 와중에 자기보존의 가치는 선택을 정당화하는 논란의 여지가 없는 지위에 등극했다. 자기보존에 기여하는 것은 무엇이든 옳았다. 궁극적인 목적이 문제가 되어 있는 마당에 모든 수단이 정당한 것 같았다. 이제 나치는 유대인평의회에 처음에 요구했던 것과 비교할 수 없이 더 혐오스러운 서비스를 해 달라고 요구했다. 그러나 게임의 판돈 또한 달라졌다. 즉 복종의 가격과 그것에 대한 보상도 올라갔던 것이다. 그리하여 대개 서비스는 계속 제공되었다. 하루를 더 살기 위한 협상에서 유대인평의회 또는 유대인 경찰에 한자리를 얻는 것은 돈이나 다이아몬드보다 더 가치가 있었다.

돈이나 다이아몬드가 경멸받았다는 말이 아니다. 뇌물과 공갈, 업무상 횡령과 사기가 만연했다는 씁쓸하고 실망스러운 이야기들에 관한 기록을 생존자들은 남기고 있다. 이는 많은 유대인평의회 또는 최소한 삶과 죽음을 갈라놓는 데 가공할 권력을 사용한 많은 개인의 표식이었다. 평의원 자리에 대해, 그것이 공식적 특권이든 아니면 가짜 신분증이든 막대한 액수의 돈과 조상 대대로 내려온 가보들이 요구되었고 지불되었다. 특히 탐냈던 것은 특별 건물 안에 평의원들과 경찰들, 그리고 그들의 직계 가족들을 위해 마련한 방이었다. 그런 건물들은 친위대의 주목을 받지 않으며 연속적인 '조치'를 면제받는 것으로 생각되었다. 그러나 판돈이 커지고 절망이 깊어지면서 특권이라면 아무리 작은 쪼가리라도 이용해 죽음을 피할 수 없게 된 공동체의 현존하는 성원 중 가장 부유한 사

---

28) Władysaw Szlengel, *Co czytaem umarym*(Warszaw: PIW, 1979), pp. 46, 49, 44.

람들만이 지불할 수 있는 터무니없는 대가를 요구할 수 있게 되었다.

　이런 유대인평의회의 행동은 피해 주민의 전반적인 부패를 반영했다. 자기보존의 합리성을 북돋우고 도덕적 고려들을 체계적으로 평가절하한 억압은 피해자들의 인간성을 빼앗는 데 성공했다. 그것은 일종의 자기실현적 예언 역할을 했다. 유대인들은 먼저 부도덕하고 파렴치한, 이기적이고 탐욕스러운 가치의 훼손자이며, 인도주의에 대한 겉치레만의 존중은 적나라한 이기주의에 대한 편리한 위장막이 되었다고 선언되었다. 그런 다음 그들은 나치의 선전이 촉진한 규정이 사실이 될 수 있는 비인간적 조건 속으로 강제로 집어넣어 졌다. 괴벨스 부서의 사진사들은 많은 현장을 다니면서 호화로운 레스토랑 앞에서 굶어 죽어가는 거지들을 기록했다.

　부패는 나름의 논리를 갖고 있다. 그것은 단계적으로 진행되었으며, 각각의 단계는 다음 단계가 일어나기 쉽게 만들었다. 그것은 이렇게 시작되었다.

　　시들세Siedlce 평의회 부의장은 즉각 생활수준을 향상시켰다. …… 갑자기 거액의 돈이 수중에 들어왔다는 사실, 그리고 다른 기회들도 그에게 주어졌다는 사실이 간단히 그의 머리를 돌게 만들었다. 그는 자신이 무제한의 권력을 갖고 있다고 믿었으며 그리하여 지위를 이용해 세상의 불행으로부터 이윤을 취했다. 그는 독일인들에게 지불해야 할 필요가 생길 비상시를 대비해 그에게 맡겨진 돈과 보석의 대부분을 차지했다. 그는 안락하게 살았다. ……

그리고 그것은 이렇게 계속되었다.

　　[자비에르시에Zawiercie 평의회 의장은] 1943년의 '재정착' 동안 아주 소수

의 숙련 노동자들을 제외한 모든 유대인이 아우슈비츠로 이송될 것이라는 소식을 듣고(그것이 무엇을 의미하는지 이미 알려져 있었다) 가족 40명을 모아 그들의 이름을 숙련노동자 명단에 올렸다.

그리고 그것은 이렇게 끝났다.

[스칼라트Skalat 게토에서] 돌격대 상급 지도자*Obersturmbannführer* 뮐러Müller는 평의회 대표자들, 그리고 게토 경찰의 사령관과 브리프Joseph Brif 박사와 '조치'에 적극 참여하기로 거래하면서 그들과 그들의 가족들은 살려줄 것이라고 엄숙히 선언했다. …… 유혈적인 '조치'가 있은 후 …… 일단의 친위대원들이 유대인평의회로 가서 좋은 시간을 보냈다. 연회가 그들을 기다리고 있었던 것이다. …… 시중꾼들이 화려하게 장식된 테이블 주위를 분주히 오가며 손님들을 만족시키기 위해 애썼다. 즐거운 웃음소리가 들렸고 음악이 연주되었으며 손님들은 한껏 즐기며 노래했다. 바로 이때, 2천 명의 사람들이 유대교당에 처넣어져 거의 질식할 지경에 이르렀고, 다른 사람들은 추위 속에 철길 옆에 서 있었다.29)

그러나 사실은 그렇게 끝나지 않았다. '자기보존'이라고 불린 기차는 오직 트레블링카 역에서만 섰다.

결론

만약 선택권이 있었다면 유대인 평의원들 또는 경찰 중 아무도 자기파

---

29) Trunk, *Judenrät*, pp. 447~449에서 재인용.

괴의 기차에 올라타지 않았을 것이다. 아무도 다른 사람들을 죽이는 것을 돕지 않았을 것이다. 아무도 '전염병이 창궐하는 중의 잔치'와 같은 부패에 빠져들지 않았을 것이다. 그러나 그들은 선택권을 갖지 못했다. 또는 좀 더 정확히 말하면 선택 범위가 그들에 의해 결정되지 않았다. 그들은 대부분 — 완전히 부패하고 파렴치한 자들을 포함해 — 자신들에게 사용할 수 있게 제공된 선택들에 대한 나름의 논리와 합리적 판단의 기술을 전개했다. 홀로코스트 경험이 모든 끔찍한 결과들에서 드러낸 것은 행위자의 합리성(심리적 현상)과 행위의 합리성(행위자에 대한 객관적 결과로 측정되는)의 구분이었다. 이성은 오직 이 두 합리성이 공명하고 중첩될 때에만 개인 행동의 좋은 안내자이다. 그렇지 않으면 그것은 자살 무기가 된다. 그것은 그것 자체의 목적을 파괴하면 그러한 과정에서 도덕적 금기들 — 그것의 유일한 제한이자 잠재적 구원자 — 을 무너뜨린다.

두 합리성 — 행위자의 합리성과 행위의 합리성 — 의 일치는 행위자에 의존하지 않는다. 그것은 행위의 환경에 의존하고, 이는 다시 이해관계와 자원에 의존하며, 이들 중 어느 것도 행위자가 통제하지 못한다. 판돈과 상황을 진정으로 통제하는 자들에 의해 조작된다. 그들은 일부 선택지들을 자신들이 지배하는 자들이 자주 선택하기에는 너무 비싼 것으로 만드는 한편, 자신들의 목표를 더 가깝게 하고 자신들의 통제를 강화하는 선택지들의 빈번한 대량 선택을 보증한다. 이런 능력은 지배자들의 목적이 피지배자들의 이익에 도움이 되든 해가 되든 상관없이 변하지 않는다. 첨예하게 비대칭적인 권력관계에서 피지배자들의 합리성은, 아무리 좋게 말해도, 양면성을 지닌 축복이다. 그것은 그들에게 이롭게 작용할 수 있다. 하지만 그것은 동시에 그들을 파괴할 수도 있다.

복잡한 목적의식적 작전으로서의 홀로코스트는 현대의 관료제적 합리성의 한 패러다임으로 기능할 수 있을 것이다. 거의 모든 것은 최소 비용과 노력으로 최대 결과를 얻기 위해 행해졌다. (가능성의 영역 안의) 거의 모든 것은 작전의 성공의 희생자가 될 사람들을 포함해 해당된 모든 사람의 기술과 자원을 전개하기 위해 행해졌다. 작전의 목적과 무관하거나 적대적인 모든 압력은 중립화하거나 완전히 행동에서 배제되었다. 실로, 홀로코스트를 조직한 이야기는 과학적 경영의 교과서로 만들 수 있다. 집행자들의 군사적 패배에 의해 부여된 목적에 대한 도덕적·정치적 비난이 없었더라면 그것은 교과서로 만들어졌을 것이다. 많은 저명한 학자들이 인간사를 더 진보한 방식으로 조직하기 위해 그러한 경험을 연구하고 일반화하기 위해 경쟁했을 것이다.

피해자들의 관점에서 보면 홀로코스트는 다른 교훈을 담고 있다. 그중 가장 중요한 것의 하나는 조직적 효율의 유일한 척도로서의 합리성의 부조화한 불충분함이다. 이 교훈을 아직 사회과학자들은 완전히 흡수하지 못했다. 그렇게 될 때까지 아마 우리는 도덕적 규범들을 포함해 질적 기준들의 제거 덕분에 인간 행동의 효율성에서 이루어진 엄청난 진전을 계속 연구하고 일반화할 것이며, 그 결과들을 숙고하는 일은 거의 없을 것이다.

(원래 바치코Bronislau Baczko 교수 기념논문집을 위해 집필되었다.)

6

복종의 윤리학
(밀그램 읽기)

홀로코스트의 엄청난 진실로부터 아직 완전히 제정신을 차리지 못한 1945년에 맥도날드Dwight Macdonald는 법을 어기는 사람보다도 법에 복종하는 사람을 더 무서워해야 한다고 경고했다.

홀로코스트는 지금까지 기억되고 전승되어온 모든 악의 이미지들을 왜소화시켰다. 이와 더불어 홀로코스트는 악행에 대한 기존의 모든 설명을 전도시켰다. 홀로코스트는 갑자기 인간의 기억 속의 가장 끔찍한 악은 질서의 소실의 결과가 아니라 나무랄 데 없고 도전할 수 없는 질서의 지배의 결과임을 드러냈다. 그것은 사납게 날뛰어 통제할 수 없는 폭도의 작품이 아니라 규칙들을 준수하고 명령의 문구와 정신에 대해 꼼꼼한, 복종하고 규율 잡힌 제복을 입은 자들의 작품이었다. 제복을 벗을 때마다 그들은 결코 악마가 아님이 곧 밝혀졌다. 그들은 아내를 사랑했고 자식들을 귀여워했으며 비탄에 빠진 친구를 위로하고 도와주었다. 그러나 일단 제복을 입으면 똑같은 사람이 수많은 다른 사람들을 총으로 쏘거나 가스실로 보내 죽이고 또 그렇게 하는 것을 지휘한다는 것이 믿을 수 없는 것처럼 보였다. 거기에는 누군가의 사랑하는 아내인 여인들과 누군가의 귀여운 자식인 아기들도 포함되어 있었다. 그것 또한 두려운 일이었다. 당신이나 나처럼 평범한 사람들이 어떻게 그런 일을 할 수 있는가? 분명히 그들은 어떻게든, 아무리 사소하더라도 우리와 **달랐**을 것이 틀림없다? 분명히 그들은 우리의 계몽되고 문명화된 사회의 존엄화하고 인간화하는 영향력을 피했음이 틀림없다? 또는 그렇지 않으면 어떤 교육적 요인들의 악하고도 불행한 조합 때문에 타락해 그 결과 결함이 있고 병적인 인격을 갖게 되었다? 이런 가정들이 틀렸음을 증명하는 것을 사람들은 괘씸하게 생각할 것이다. 왜냐하면 그것은 문명사회 속의 삶이 약속하는 개인의 안전이라는 환상을 갈가리 찢어놓을 것이기 때문이다. 또한 그것은 훨씬 더 의미심장한 이유 때문에 사람들의 분노를 살 것이다. 왜냐하면 그것은 도덕적으로 올바른 모든 자아상, 그리고 분명한 양심의 구제 불능성의 모든 불확정성을 드러내었기 때문이다. 이제부터 모든 양심은 오직 당분간만 깨끗한 것이 될 것이다.

홀로코스트의 집행자들에 대해 우리가 배운 것에 의해 드러난 홀로코스트에 관한 가장 놀라운 소식은 '이런 일'이 우리에게 일어날 수 있다는 가능성이 아니라 우리가 그런 일을 할 수 있다는 생각이다. 예일 대학의 심리학자 밀그램Stanley Milgram은 이런 두려움에 정면으로 맞섰다. 그리하여 그는 무모하게도 감정적 충동에 기초한 가정들을 경험적으로 검증하는 작업을 수행하면서 그것을 무엇이 입증해주는 것으로 간주하지는 않기로 했다. 하지만 다소 무모하게도 그는 결과를 1974년에 출간했다. 밀그램의 연구 결과는 정말로 분명했다. 그렇다, 우리는 그러한 일을 할 수 있었고 만약 조건들만 맞다면 여전히 그럴 것이다.

그런 연구 결과를 참아내기란 어려운 일이었다. 밀그램의 연구에 대해 식자층의 혹평이 쏟아진 것도 놀라운 일이 아니었다. 그들은 밀그램의 연구 방법을 해체해서 면밀하게 조사했고 그것이 틀렸을 뿐만 아니라 심지어 혐오스럽기까지 하다고 선언하고 그것을 기각했다. 무슨 수단을 써서, 어떤 대가를 치르더라도 고상하건 천박하건 학계는 자기만족과 마음의 평화가 낫다고 생각해 공포를 약속한 그러한 연구 결과를 훼손하고 평가절하하려고 했다. 비판자들에 응답하면서 밀그램은 이렇게 말했다. "나는 대부분의 비판이, 사람들이 알든 모르든, 실험 결과로부터 유래한다고 확신한다. 만약 사람들이 사소한 충격 또는 약간의 충격에 꺾인다면" — 즉, 실험 조작자의 지시를 따르는 것이 희생자로 추정되는 사람에게 고통을 가져오는 것을 의미하기 시작하기 전에 — "이것은 매우 고무적인 연구 결과일 것이며, 누가 항의할 것인가?"[1] 물론 밀그램은 옳았다. 그리고 지금도 여전히 그렇다. 그의 첫 실험 후 오랜 세월이 흘렀다. 하지만 그의 연구 결과는 — 인간 행동의 메커니즘에 대한 우리의 견해를 완전히 바꾸어놓았을 것이 틀림없는 — 대부분의 사회학 강좌에서 흥미롭지만 별로 계몽적이지는 않은, 사회학적 논증의 본체에는 영향을 미치지 않는 호기심으로 인용된다. 설혹 그러한 연구 결과를 논박하지는 못할지라도 그것을 주변화시킬 수는 있는 셈이다.

낡은 사고방식은 쉽게 없어지지 않는다. 전쟁 직후 아도르노가 이끄는 일군의 학자들이 『권위주의적 인격Authoritarian Personality』을 출간했는데, 이 책은 그 후 연구와 이론화 작업의 한 유형이 되었다. 이 책에서 특히 중요한 것은 특정한 명제들이 아니라 — 이것들은 그 후 거의 모두 의문에 붙여졌으며 논박되었다 — 문제설정과 그것에서 도출된 연구 전략이었다. 아도르노와 그의 동료들의 — 경험적 검증은 면제된 반면 학계의 무의식적 소망들에는 공명하는 — 이러한 공헌은 훨씬 더 복원력이 있는 것으로 판명되었다. 책의 제목이 암시하듯이 저자들은 나치의 통치와 그것에 수반된 잔학 행위들에 대한 설명을 특별한 유형의 개인, 즉 더 강한 자, 사악한 자에게 복종하면서 약자들에게 잔인하고 고압적 성향을 지닌 인격들의 존재에서 찾으려고 했다. 나치의 승리는 그런 인

---

[1] Stanley Milgram, *The Industrial in a Social World*, Reading, Mass.: Addison and Wesley, 1971, p. 98.

격들의 비정상적 축적의 결과였음이 틀림없다. 하지만 왜 그런 일이 일어났는지에 대해 저자들은 설명하지 않았고 설명하기를 원하지도 않았다. 그들은 권위주의적 인격들을 만들어낼 수 있는 초개인적 또는 개인 외적 요인들을 조심스럽게 회피했다. 또한 그런 요인들이 — 그렇지 않았다면 권위주의적 인격이 없을 — 사람들 속에 권위주의적 **행동**을 유발할 수 있는 가능성에 주의하지 않았다. 아도르노와 그의 동료들에게 나치즘이 잔인한 것은 나치가 잔인했기 때문이다. 그리고 나치가 잔인한 것은 잔인한 사람들이 나치가 되는 경향이 있었기 때문이다. 이 그룹의 한 성원이 몇 년 후 인정했듯이 『권위주의적 인격』은 잠재적 파시즘과 인종중심주의의 순전히 인격적 결정인자들만을 강조했고 당대의 사회적 영향들은 도외시했다.2) 아도르노와 그의 팀이 문제를 설정하는 방식이 중요한 것은 그런 비난이 배분되는 방식 때문이 아니라 인류의 나머지 전부가 면제되는 둔감함 때문이다. 아도르노의 관점은 세상 사람들을 태생적 친나치주의자들과 희생자들로 나누어놓았다. 많은 점잖은 사람들이 기회를 억압당했을 때는 잔인하게 변할 수 있다는 우울하고 참담한 지식, 피해자들조차도 파멸로 가는 길에서 인간성의 많은 부분을 상실할 수 있다는 의구심은 금지되었는데, 이는 홀로코스트에 대한 미국 TV의 묘사 속의 극단적인 엉터리없음까지 뻗어 있는 암묵적 금기였다.

밀그램의 연구가 도전한 것은 그런 학문적 전통과 이런 여론이었다. 이 둘은 깊은 참호를 파고 요새화되어 있었으며 서로 강화하고 있었다. 잔인한 행위는 잔인한 개인들이 아니라 제대로 일상적 의무를 수행하려고 노력하는 평범한 남녀들에 의해 자행된다는 그의 가설, 그리고 **잔혹**

---

2) Richard Christie, "Authoritarianism Re-examined", in *Studies in the Scope and Method of 'The Authoritarian Personality'*, ed. Richard Christie & Marie Jahodaa(Glencoe, Ill.: Free Press, 1954) p. 194.

행위는 수행자들의 개인적 특성들과 상관은 있지만 상관관계는 약하며, 그것은 권위와 종속 간의 관계, 매일 마주치는 정상적인 권력과 복종의 구조와 매우 강한 상관관계가 있다는 그의 연구 결과는 동요와 분노를 야기했다. 즉 내적 확신을 갖고 도둑질, 살인, 공격 등을 혐오하는 사람도 권위자의 명령을 받으면 얼마든지 비교적 쉽게 그러한 행위를 저지를 수 있다는 것이다. 본인의 판단에 따라 행동하는 개인에게서는 생각할 수 없는 행동이 명령에 의해 수행될 때에는 스스럼없이 수행될 수 있다.[3] 일부 개인은 스스로 비강제적으로, 전적으로 개인적인 성향에 의해 잔인한 행위를 저지를 수 있는 것이 사실일 수 있다. 하지만 좀 더 확실한 것은, 개인들이 처한 상호작용의 맥락이 그들이 잔인하게 되도록 촉진하는 경우에는 개인적 특성들이 잔인한 행위를 저지르는 것을 멈추지 못한다는 것이다.

전통적으로 우리가 이것 — (즉, 그렇지 않으면 점잖은 사람들이 점잖지 못한 짓을 하는 것) — 이 가능하다는 것을 인정해온 유일한 경우는 — 르봉Le Bon을 따라 — 인간 간의 상호작용의 정상적·문명화된 합리적 패턴이 깨졌을 때뿐이라는 것을 기억하자. 증오나 공포에 따라 한데 모인 군중, 일상적 맥락에서 벗어나 잠깐 사회적 공백 속에 놓인 이방인들의 조우, 공포에 질린 외침이 명령을 대신하고 충동적 대중 행동이 권위자에 의한 방향 결정을 대신하는 빽빽한 도심 말이다. 우리는 사람들이 생각하기를 멈추었을 때에만 생각할 수 없는 일이 일어날 수 있다고 믿어왔다. 전사회적인, 문명 이전 인간의 열정이라는 가마솥에서 합리성이라는 뚜껑을 열어젖혔을 때에만 그런 일이 일어날 것이라고 믿었다. 밀그램의 연구 결과는 또한 세상에 대한 그만큼 오래된 이미지를 거꾸로 세웠다. 그에 따르면 인간성은 완전히 합리적 질서 쪽에 서 있는 반면

---

[3] Stanley Milgram, *Obedience to Authority: An Experimental View*(London: Tavistock, 1974), p. xi.

비인간성은 완전히 그것의 일시적 붕괴에만 한정되어 있다.

요컨대 밀그램은 비인간성은 사회관계의 문제임을 제창하고 그것을 입증했다. 사회관계들이 합리화되고 기술적으로 완벽해질수록 비인간성의 사회적 생산의 능력과 효율성도 그렇게 된다.

이것은 사소한 것으로 보일 수도 있다. 그러나 그렇지 않다. 밀그램의 실험 이전에는 전문가든 평범한 사람이든 사람 중에서 밀그램이 발견한 것을 예상한 사람은 거의 없었다. 거의 모든 보통의 중산층 남성들, 그리고 심리학계의 모든 유능하고 존경받는 구성원들은 — 밀그램은 이들에게 실험 결과가 어떻게 될 것 같으냐고 물었다 — 실험 참가자의 100%는 그들이 수행하도록 명령받은 행위의 잔학성이 증가하게 되면 협력하기를 거부하고 어느 상당히 이른 시점에서 중단할 것이라고 확신했다. 그러나 실상 동의를 철회한 사람들의 비율은 적절한 상황에서 30%까지 내려갔다. 그들이 적용할 준비가 된 소위 전기충격의 강도는 전문가들이 보통 사람들처럼 상상할 수 있었던 것보다 세 배나 높았다.

사회적 거리의 함수로서의 비인간성

아마 밀그램의 연구 결과에서 가장 충격적인 것은 기꺼이 잔인함한 짓을 저지를 가능성과 희생자와의 친근성이 반비례 관계가 있다는 점이다. 우리가 늘 접촉하는 사람을 해치는 것은 어려운 일이다. 단지 멀리서 바라볼 뿐인 사람들에게 고통을 가하는 것은 그보다는 다소 더 쉽다. 단지 목소리를 듣기만 할 뿐인 사람의 경우에는 훨씬 더 쉽다. 만나지도 않았고 목소리도 듣지 못한 사람에게 잔인해지기는 아주 쉽다.

남을 해치는 것이 직접적인 신체 접촉을 수반하는 경우 집행자는 자신의 행위와 피해자의 고통 간의 인과관계를 모른 체할 수 있는 위안을 거부당한다. 이 인과관계는 뻔하고 명백한 것이며, 고통에 대한 책임도 그러하다. 밀그램 실험의 실험 참가자들이 피험자들의 손을 전기충격이 가해질 판 위에 올려놓도록 하라는 지시를 받았을 때 실험이 끝날 때까지 지시를 수행한 실험 참가자는 단지 30%뿐이었다. 하지만 피험자의 손을 붙잡는 대신 단지 제어판의 손잡이를 조작하라는 요청을 받았을 때 복종하는 사람의 비율은 40%로 올라갔다. 피험자들이 벽 뒤에 숨겨져 오직 고통스러운 비명만 들릴 때 '끝까지 갈 준비가 된 실험 참가자 숫자는 62.5%로 뛰었다. 소리가 들리지 않게 해도 비율은 그다지 더 올라가지 않아 65%에 그쳤다. 피험자로부터 물리적·심리적 거리가 멀어질수록 잔인해지기가 더 쉬웠다. 밀그램의 결론은 간단하고 설득력 있는 것이었다.

피험자에게 전기충격을 가한 결과와 실험 참가자 간에 어떤 힘 또는 사건이 놓이게 되면 그것은 참가자 쪽의 고통을 감소시킬 것이며, 따라서 불복종을 감소시킬 것이다. 현대 사회에서는 우리와 우리가 기여하는 최종적인 파괴적 행위 사이에 종종 타자들이 서 있다.[4]

따라서 그러한 행위를 매개하는 것, 권위의 위계에 따라 구획되고 나뉜 단계들로 행위를 나누는 것, 그리고 기능적 전문화에 따라 행위를 가로지르는 것은 우리의 합리적 사회가 자랑스럽게 선전하는 가장 두드러진 성취이다. 밀그램의 발견의 의미는 합리화 과정이, 의도하지는 않더라고 그 결과로서, 내재적으로 그리고 회복 불가능하게, 비인간적이고 잔인한 행위들을 촉진한다는 것이다. **행위의 조직(화)이 합리적일수록 고통을 야기하기가 더 쉽다. 그리고 자신은 평온하다.**

---

4) Milgram, *Obedience to Authority*, p. 121.

피해자로부터의 격리가 왜 잔혹 행위를 더 쉽게 만드는가 하는 것은 심리적으로 명백해 보인다. 즉 집행자는 자신의 행동의 결과를 지켜보는 고통을 면제받는 것이다. 심지어 비참한 일은 아무것도 일어나지 않았다고 믿고, 그렇게 양심의 가책을 달래는 쪽으로 자신을 오도할 수 있다. 하지만 이것이 유일한 설명은 아니다. 게다가 이유는 단지 심리적인 것만이 아니다. 인간의 행위를 올바로 설명하는 모든 것처럼 그러한 이유들은 사회적인 것이다.

피험자를 다른 방에 두는 것은 그를 실험 참가자에게서 더 멀리 떨어지게 할 뿐만 아니라 또한 실험 참가자와 실험 조작자를 상대적으로 더 가깝게 끌어당긴다. 실험 조작자와 실험 참가자 사이에 초기의 그룹 함수가 존재하는 데, 피험자는 이것으로부터 배제된다. 피험자가 멀리 떨어져 있는 조건에서 그는 진정 국외자가 되며, 신체적·심리적으로 홀로 떨어져 있다.[5]

피험자의 외로움은 단지 신체적 고립 문제만은 아니다. 그것은 그를 괴롭히는 자들의 일체감, 그리고 그러한 일체감으로부터 배제된 정도의 함수이다. 신체적 근접성과 지속적 협력은 — 심지어 상대적으로 짧은 기간의 협력조차도 — 실험 참가자 중 아무도 한 시간 이상 실험을 받지 않았다 — 집단적 감정으로 귀결되는 경향이 있으며, 그것이 대체로 가져오는 상호 의무감과 연대감으로 완성된다. 이런 집단 감정은 공동 행동으로부터, 특히 개별 행위들 간의 상보성으로부터 — 즉 결과가 명백히 공동의 노력으로 달성될 때 — 생겨난다. 밀그램의 실험에서 행동이 실험 참가자와 실험 조작자를 결합했으며, 동시에 양자를 피험자로부터 분리시켰다. 어떤 경우에도 피험자에게는 행위자, 행위 주체 또는

5) Milgram, *Obedience to Authority*, p. 39.

주체의 역할이 허용되지 않았다. 대신 그는 항상 수동적 상태에 있었다. 의문의 여지 없이 그는 하나의 사물이 되었다. 그리하여 행위의 목적에 관한 한 그것이 인간적인 것인지 아니면 무생물의 것인지는 별로 중요하지 않다. 따라서 피해자의 외로움과 가해자들의 일체감은 서로 규정하고 가치를 부여했다.

따라서 물리적, 그리고 순전히 심리적 거리의 효과는 가해 행위의 집단성에 의해 더욱 강화된다. 설혹 행위를 합리적으로 조직하고 관리함으로써 야기된 행위의 경제와 효율성에서의 명백한 이득을 고려하지 않더라도 억압자가 어떤 집단의 구성원이라는 단순한 사실이 잔혹 행위의 자행을 촉진함에서 커다란 역할을 한다는 것을 짐작할 수 있다. 관료적으로 냉담하고 무감각한 효율성은 상당 부분 분업 또는 명령의 연쇄의 합리적 설계 이외의 요인들에 기인하는 것으로 볼 수 있다. 즉, 그것은 협력 행위의 당연한 집단 형성 경향 — 언제나 경계선 긋기와 제삼자의 배제를 수반하는 경향 — 의 솜씨 있는 배치 — 이것은 반드시 의도적이거나 계획적인 것은 아니다 — 에 기인하는 것이다. 관료조직은 구성원의 충원에 대한, 그리고 목적의 지시에 대한 권위를 통해 그러한 경향의 결과를 통제할 수 있으며, 그것이 행위자들(즉 조직의 구성원들)과 행위 대상들 간의 점점 더 깊고 건널 수 없는 균열로 귀결되도록 한다. 이것은 행위자가 집행자로, 대상들이 피해자로 바뀌는 것을 훨씬 더 쉽게 만든다.

자기 자신의 행위에 대한 공모

부주의해 수렁에 빠진 사람은 진창에서 벗어나려고 몸부림칠 때마다 점점 더 깊이 수렁에 빠져들기 때문에 그러한 곤경에서 벗어나기가 어렵다는 점을 아주 잘 안다. 심지어 그러한 늪을 안에 빠진 물체들이 아무리 발버둥쳐도 그것들의 운동은 항상 체계의 '흡인력'을 추가할 뿐인 일종의 정교한 체계로 정의할 수 있을 것이다.

연쇄적 행위들도 같은 성질을 지니고 있는 것 같다. 행위자가 행동을 계속할 수밖에 없게 되는 정도, 그리고 그것에서 손을 떼는 것이 어려운 정도는 단계마다 증가하는 경향이 있다. 첫 단계는 쉽고 도덕적 고통을 거의 필요로 하지 않는다. 다음 단계들은 점점 더 위압적이다. 마지막에는 그러한 행위를 하는 것이 참을 수 없게 느껴진다. 하지만 그때쯤에는 그만두는 것의 비용도 늘어나 있다. 그리하여 그만두는 것에 대한 장벽이 약하거나 존재하지 않을 때 중단의 충동도 약하다. 그런 충동이 강해질 때 단계마다 그것이 맞닥뜨리는 장벽은 그것을 상쇄할 만큼 충분히 강하다. 행위자가 물러서고자 하는 욕망으로 압도되었을 때는 보통은 그렇게 하기에는 너무 늦다. 밀그램은 **연쇄적 행위**를 주된 '구속요인'들 — 즉 주체를 자신의 상황에 묶어두는 요인 — 중 하나로 목록에 올렸다. 이처럼 특정한 구속요인의 힘의 원천을 **주체 자신**의 **과거 행동들의 결정적 영향력** 탓으로 돌리는 것은 귀가 솔깃할 것이다.

사비니와 실버는 그러한 메커니즘에 대해 설득력 있는 훌륭한 묘사를 제공한다.

실험 참가자들은 실험 조작자에게 협조하려면 약간의 책임을 질 필요가 있다는 것을 인정하면서 실험에 들어간다. 어쨌든 그들은 실험에 참여하기로 동의했고 돈은 받았으며 아마도 어느 정도는 과학의 발전이라는 목표를 인정했다(밀그램의 실험 참가자들은 좀 더 효율적인 학습 방법을 발견하기 위한 연구에 참여할 것이라는 말을 들었다). 학습자가 실수를 저지를 때 실험 참가자들은 전기충격을 가하도록 요청을 받았다. 충격의 정도는 15볼트였다. 15볼트 전기충격은 전적으로 무해하며 감지할 수 없다. 여기에는 아무런 도덕적 문제가 없다. 물론 다음의 충격은 더 강하지만 단지 조금만 더 그럴 뿐이다. 정말로 모든 충격은 직전의 것보다 아주 조금 더 강할 뿐이다. 실험 참가자의 행위는 완전히 무해한 것으로부터 악질적인 것으로 변하지만 그런 변화는 점진적으로 이루어진다. 실험 참가자는 정확히 어디에서 멈추어야 할까? 이 두 종류의 행위를 가르는 선은 어디에 있는 것일까? 실험 참가자는 그것을 어떻게 알 수 있나? 경계선이 있어야만 한다는 것은 쉽게 알 수 있다. 하지만 그것이 어디여야 하는지는 알기가 쉽지 않다.

하지만 이 과정에서 가장 중요한 요인은 다음과 같은 것처럼 보인다.

만약 실험 참가자가 다음번 충격을 주는 것이 허용될 수 없다고 생각하더라도 그러한 충격이 직전의 것보다 아주 조금만 더 강하기 때문에 직전의 충격을 가한 것은 어떻게 정당화할 수 있을까? 그가 취하고자 하는 행동의 적절성을 부인하는 것이 그가 방금 취한 행동의 적절성을 침해하는 것이며, 이는 실험 참가자 자신의 도덕적 입장을 침해하는 것이다. 실험 참가자는 실험에 점진적으로 관여함으로써 수렁에 빠지는 것이다.[6]

연속적인 행동 과정에서 행위자는 자기 자신의 과거의 행동들의 노예가 된다. 이것의 영향력은 다른 구속요인들보다 훨씬 더 강하다. 이것은 연속적인 행위의 처음에 좀 더 중요한 것처럼 보였고 정말로 결정적인 역할을 했던 다른 요인들보다도 더 오래가는 것이 분명하다. 특히 자신의 과거의 행위를 재평가하기를(그리고 비난하기를) 꺼리는 것이 — '대

---

[6] John p. Sabini & Maurey Silver, "Destroying the Innocent with a Clear Conscience: A Sociopsychology of the Holocaust", in *Survivors, Victims, and Perpetrators: Essays on the Nazi Holocaust*, ed. Joel E. Dinsdale(Washington: Hemisphere Publishing Corporation, 1980), p. 342.

의'에 대한 처음의 헌신의 명분이 소멸한 한참 후에도 — 그러한 짓을 계속하게 하는 강력한, 더욱더 강력한 자극이 된다. 각 단계를 부드럽고 감지할 수 없게 넘어가는 것이 행위자를 덫으로 유혹한다. 그러한 덫은 자신의 행위들이 옳은 것 또는 최소한 해가 없는 것이라는 평가를 수정하고 거절하지 않고서는 멈출 수 없게 만든다. 다시 말해 그러한 덫은 하나의 역설이다. 자신을 더럽히지 않고서는 깨끗해질 수 없다. 오점을 감추기 위해서는 영원히 진흙탕 속에서 헤매야 하는 것이다.

이 역설은 저 유명한 공범자의 연대감이라는 현상의 배후에 있는 추동 요인일 수 있다. 사람들이 스스로 범죄라고 인정하는 행위에 대한 공동의 책임감보다 더 강하게 서로를 결속시키는 것은 없다. 상식적으로 우리는 이런 종류의 연대감을 처벌을 피하고자 하는 당연한 소망으로 설명한다. 유명한 '죄수의 딜레마'에 대한 게임이론가들의 분석들도 (아무도 이해득실을 혼동하지 않는다면) 팀의 나머지 사람들이 변함없이 연대할 것이라고 가정하는 것이 모든 구성원이 할 수 있는 가장 합리적인 결정이라고 가르친다. 하지만 우리는 처음에 연속적인 행위에 참가했던 팀의 구성원들만이 공모해 그러한 역설을 제거하고 합의에 의해 과거의 행위의 정당성에 대한 믿음에 약간의 신빙성을 — 정반대의 증거가 늘어남에도 불구하고 — 제공할 수도 있다는 사실에 의해 어느 정도로 공범자의 연대가 발생하고 강화될 것인가는 의문시될 수 있다. 따라서 나는 밀그램이 명명한 다른 '구속요인", 즉 **상황적 책무**는 대체로 첫 번째 요인, 즉 **연속적인 행위의 역설**로부터 파생된 것으로 볼 것을 제안한다.

도덕화된 기술

그렇지만 관료주의적 권위 체계의 가장 주목할 만한 특징 중의 하나는 누군가의 행위의 도덕적 기벽이 발견될 개연성, 그리고 일단 발견된다고 해도 그것이 고통스러운 도덕적 딜레마가 될 개연성이 줄어든다는 것이다. 관료제에서는 공직자들의 도덕적 관심사는 행위 대상들의 곤경에 초점을 맞추는 데서 물러난다. 그것들은 강제로 다른 방향으로 전환된다. 즉 해야 할 일과 그것을 얼마나 훌륭히 수행하느냐 하는 것으로 말이다. 행위 '대상들'이 어떻게 지내고 느끼느냐 하는 것은 그다지 중요하지 않다. 하지만 행위자의 상관들로부터 수행하도록 명령받은 것을 무엇이든지 얼마나 깔끔하고 효율적으로 수행하느냐 하는 것은 중요하다. 그리고 이 후자의 문제에 대해서는 상관들이 가장 유능하고 자연스러운 권위자들이다. 이런 상황이 상관들이 부하들에 대해 갖는 통제력을 더욱 강화한다. 명령을 내리고 불복종에 대해 처벌하는 것에 더해 그들은 또한 도덕적 판단도 내리며, 이는 개인의 자기인식을 평가하는 유일한 도덕적 판단이다.

논평자들은 밀그램의 실험 결과가 — 의문의 여지 없이 고귀하고 거의 이론의 여지가 없으며, 그리고 일반적으로 도덕적 권위를 지닌 — **과학**을 위한 행동이 필요하다는 신념에 의해 영향을 받았을 수 있다는 점을 거듭 강조했다. 하지만 지적되지 않은 것은 과학은 다른 어떤 권위보다도 더 목적이 수단을 정당화한다는, 그렇지 않으면 도덕적으로 불쾌한 원칙을 실행할 것을 여론에 의해 허용받는다는 점이다. **과학**은 인간 행위의 합리적 조직화라는 이상에 봉사하는 목적과 수단 간의 분리의 완전한 축도로 이용된다. 도덕적 평가 대상이 되는 것은 목적이지 수단이 아니다. 도덕적 고뇌의 표현에 대해 실험 조작자는 부드러운, 상투적이고 무미건조한 공식으로 응답하는 것으로 일관한다. — "조직^{tissue}'

에 대한 항구적 손상은 일어나지 않을 것이다." 대부분의 참가자들은 기꺼이 이런 위안을 받아들였으며, 그러한 공식이 논의하지 않고 남겨둔 가능성(가장 두드러진 것으로는 조직에 미치는 일시적 손상 또는 단지 고통에 찬 몸부림의 도덕적 덕목)을 철저히 고찰하지 않는 쪽을 택했다. 그들에게 중요한 것은 '고위층의' 누군가가 무엇이 윤리적으로 받아들일 수 있다고 또는 없다고 생각한 것을 재확인하는 것이다.

관료제적 권위 체계 내부에서는 도덕(성)의 언어가 새로운 어휘를 획득한다. 그것은 충성, 의무, 규율 등과 같은 개념들로 채워진다. 그것들은 모두 상관을 도덕적 고려의 최고 대상으로, 동시에 도덕적 권위의 정상으로 지목한다. 사실 그것들은 모두 하나로 수렴된다. 즉, 충성은 규율 코드에 의해 정의되는 바의 의무를 수행하는 것을 의미한다. 서로 수렴하고 서로를 강화하면서 도덕적 지침으로서의 힘이 증가된다. 그리하여 그것들은 다른 모든 도덕적 고려사항들 — 무엇보다도 권위 체계의 자기재생산이라는 중대사와는 무관한 윤리적 쟁점들 — 을 무력화하고 젖혀둘 수 있게 된다. 그것들은 모든 일상적인 사회심리적인 도덕적 자기규제 수단들을 관료집단의 이익에 맞춰 동원하며 독점한다. 밀그램의 표현대로 "종속된 사람은 권위자가 요청한 행위를 적절히 수행했느냐에 따라 수치심 또는 자부심을 느낀다. …… 초자아는 행위의 선악에 대한 평가로부터 권위 체계 안에서 자신이 얼마나 훌륭하게 또는 서툴게 직무를 수행하느냐에 대한 평가로 옮아간다."[7]

여기서 내릴 수 있는 결론은, 널리 퍼진 해석과는 반대로, 관료적 권위 체계는 도덕적 규범들 그 자체를 적대시하지 않으며, 그것들을 본질적으로 비합리적인 것으로, 진정으로 효율적인 행위의 냉정한 합리성과 모순되는 감성이라고 폐기하지 않는다는 것이다. 오히려 그것은 그러한

---

[7] Milgram, *Obedience to Authority*, pp. 142, 146.

규범들을 배치해 활용한다. 좀 더 정확히 말하면 재배치한다. 관료제의 이중의 업적은 기술의 도덕화와 함께 기술적 문제들의 도덕적 의미를 부정하는 데 있다. 좋은가 나쁜가, 적절한가 적절치 않은가, 옳은가 그른가를 평가하는 대상은 행위의 기술이지 내용이 아니다. 행위자의 양심은 그에게 제대로 수행하라고 명하며 그가 얼마나 정확히 조직의 규칙에 복종했으며 상관들이 규정한 바의 과제에 대한 헌신에 의해 자신의 옳음을 측정하도록 촉구한다. 밀그램의 실험 참가자들의 다른, '낡아빠진' 양심을 궁지에 빠뜨리고 중단하고 싶은 충동을 효과적으로 억누른 것은 ― '연구의 이익' 또는 '실험의 필요'에 대한 호소로부터 실험 조작자에 의해 조립된 **대체양심**substitute conscience, 그리고 실험 중단이 궁극적으로 야기할 소실에 관한 경고였다. 밀그램의 실험의 경우에는 대체양심이 급조되었으며(개별 실험 중에 한 시간 이상 지속된 것은 없었다) 그럼에도 불구하고 놀랍도록 효과적이었다.

실험 참가자가 자신의 행위의 표적들에 대한 근접성과 그러한 행위의 권위의 원천에 대한 근접성 간의 균형을 변경함으로써 ― 그렇지 않았을 때보다 더 ― 내용의 도덕(성) 대신 기술의 도덕(성)으로 대체하는 것이 훨씬 더 쉽게 이루어졌음은 거의 의문의 여지가 없다. 밀그램의 실험은 ― 놀라우리만치 한결같이 ― 그런 대체 효과와 실험 참가자의 행위의 최종 결과로부터 실험 조작자의 (물리적인 것보다는 기술적인) 거리간의 정(+)의 의존 관계를 보여주는 증거를 내놓았다. 예를 들어 한 실험은 "실험 참가자가 …… 다른 실험 참가자가 실제로 충격을 주기 전에 …… 피험자에게 충격을 주는 방아쇠를 당기라는 명령을 받지 않고 단지 부수적 행위만 수행하라는 명령을 받았을 때 …… 40명 중 37명의 성인이 …… 최고 수준의 충격에 이를 때까지 계속했다"(한 사람은 통제 책상 위에 '매우 위험-XX'라고 기록했다). 밀그램 자신의 결론은 ― 누군가가 사악한 행위의 연쇄의 중간 고리일 뿐이고 행위의 최종 결과로부터 멀리 떨어져 있을 때 — 책임감을 무시하기가 심리적으로 쉽다는 것이다.8) 사악한 행위의 연쇄 속의 중간 고리에 자신의 조작 행위는 기술적인 것으로, 말하자면 양극단에서 기술적인 것처럼 보인다. 그의 행위의 즉각적 효과는 다른 기술적 과제를 제기하는 것, 즉 책상 위의 전기장치 또는 종잇장에 뭔가를 적는 것이다. 그의 행위와 피해자의 인과적인 연쇄는 흐릿해졌으며 비교적 거의 아무런 노력을 들지 않고 무시될 수 있었다. 그리하여 '의무'와 '규율'에는 아무런 심각한 경쟁자가 없게 된다.

부동浮動하는 책임

밀그램의 실험에서 권위 체계는 단순했고 층이 많지 않았다. 실험 참가자의 권위의 원천 — 실험 조작자 — 는 체계의 최정상 관리자였고, 실험 참가자는 이 사실을 모를 수도 있었다. 그의 관점에서 볼 때 실험 조작자 자신은 중개자로서 행동했다. 실험 조작자의 권력은 더 높은 일반화되고 비인격적인 '과학' 또는 '연구'라는 권위에 의해 위임되었다. 실험 상황의 단순함은 간단한 실험 결과로 되돌아왔다. 실험 참가자가 자신의 행위의 권위를 실험 조작자에게 부여했음이 드러났다. 그리고 실로 권위는 실험 조작자의 명령에 내재했으며, 이는 권력의 위계에서 그보다 더 높은 곳에 있는 어떤 사람들에 의한 인증이나 승인을 필요로 하지 않는 최종 권위였다. 따라서 관심의 초점은 실험 참가자가 자신이 행한 것, 특히 행하려고 했던 것에 대한 책임을 부정할 준비가 되어 있느냐 하는 것이었다. 그러한 태도와 관련해 실험 조작자에게 실험 참가

---

8) Milgram, *Obedience to Authority*, pp. 11.

자가 자진해 하지 않을 일들 — 심지어 반대로 절대로 하지 않을 것들 — 을 요구할 수 있는 권리를 부여하는 행위가 결정적이었다. 아마도 이런 권리 부여는 실험 조작자가 실험 참가자에게 수행하라고 요구한 일들은 실험 참가자는 모르는 그리고 불가해한 어떤 모호한 논리에 의해 설혹 그것이 주도권이 없는 이에게는 틀린 것처럼 보였을지라도 옳다는 가정으로부터 나왔을 것이다. 아마도 그들은 그런 논리에 대해 아무런 생각도 해보지 않았을 것이다. 왜냐하면 권한을 위임받은 사람의 의지는 실험 참가자가 보기에는 아무런 정당화가 필요하지 않기 때문이다. 명령할 권리와 복종할 의무면 충분했다. 밀그램 덕분에 우리가 확실히 알게 된 것은 그의 실험 참가자들은 잔인한 짓이라고 인정한 행위를 — 오직 그들이 받아들였고 자신의 행동의 최종 책임을 위임한 권위자로부터 그렇게 하라는 명령을 받았다는 이유만으로 — 계속했다는 것이다. "이 연구들은 중요한 사실을 확인해준다. 즉, 결정적 요인은 전기 충격을 가하라는 특정한 명령에 대한 반응이 아니라 권위에 대한 반응이라는 것이다. 권위 밖으로부터 발생하는 명령은 힘을 잃는다. …… 중요한 것은 실험 참가자가 무엇을 하느냐 하는 것이 아니라 누구를 위해서 그것을 하느냐 하는 것이다."9) 밀그램의 실험은 가장 순수하고 소박하며 초보적인 형태의 **책임 이전**의 메커니즘을 드러냈다.

일단 행위자의 동의에 의해 책임이 상관의 명령권으로 이전되면 행위자는 **대리인 상태**_agentic state_10) — 자신을 다른 사람의 희망을 수행하는 것으로 간주하는 상황 — 에 놓이게 된다. 대리인 상태는 자율성(이것 자체로는 타율성과 거의 같은 뜻이다. 비록 그것이 여기에 덧붙여 행위자의 자기규정이라는 의미를 함축하며, 또 행위자의 행동 외적 요인들 — 그의 타자 지향성의 배후에 있는 힘들 — 을 정확히 제도화된 위계의 특정 지점에

---

9) Milgram, _Obedience to Authority_, pp. 104.
10) Milgram, _Obedience to Authority_, pp. 133.

위치시킴에도 불구하고 말이다)의 상태의 정반대이다. 대리인 상태에서 행위자는 상급 권위에 의해 규정되고 감독된 상황에 완전히 조율되어 있다. 상황에 대한 이런 규정에는 행위자를 권위의 대리인으로 묘사하는 것이 포함되어 있다.

하지만 책임 이전은 실로 기본 행동이다. 복합적 과정의 한 단위 또는 건축용 블록이다. 그것은 권위 체계의 한 구성원과 다른 구성원, 한 행위자와 그의 상관 사이에 펼쳐진 좁은 공간에서 일어나는 현상이다. 밀그램의 실험은 구조의 단순성 때문에 그런 책임 이전의 더 이상의 결과를 추적할 수 없었다. 특히 현미경의 초점을 의도적으로 복합적인 유기체의 기본 세포들에 맞춤으로써 그의 실험은 — 일단 책임 이전이 지속적으로 그리고 위계의 모든 수준에서 일어날 때 관료조직들이 어떻게 될 것인가 하는 것과 같은 — '유기적인' 질문을 제기할 수 없었다.

우리는 그처럼 지속적이고 편재하는 책임 이전의 전반적 결과는 **부동하는 책임** — 조직의 모든 구성원이 각자 자기는 누군가 다른 사람이 시키는 대로 했다고 확신하며, 또 만약 질문을 받는다면 그렇게 대답하지만 다른 사람에 의해 책임자라고 지목받은 구성원은 다시 다른 사람에게 책임을 떠넘기는 상황 — 임을 짐작할 수 있을 것이다. 조직은 **대체로 책임을 지우기 위한** 도구라고 말할 수 있다. 조정된 행위들에서 인과관계는 은폐되며, 은폐된다는 사실 그 자체가 행위의 효과의 가장 강력한 요인이다. 잔인한 행위의 집단적 항구화는 책임이 본질적으로 '딱꼬집어 밝힐 수 없는' 반면 그러한 행위에 가담하는 모든 참여자는 그것이 어떤 '적절한 권위'에 귀속되어 있다는 확신에 의해 한층 더 수월해진다. 이것은 책임 회피가 부도덕(성)에 대해 — 또는 더 나쁜 것으로서, 비합법성에 대해 — 비난이 제기되는 경우 편리한 변명으로 사용되는 사후전략이 아님을 의미한다. 부동하는, 정박되지 않은 책임은 평소에는 인습적 도덕(성)의 규칙을 깨지 못하는 사람들의 복종적 또는 심지어 자발적 참여에 의해 일어나는 부도덕한 또는 비합법적인 행위의 조건 그 자체이다. 부동하는 책임은 실제로는 도덕적 권위 그 자체가 공공연하게 도전받거나 부정당하지 않고도 무능력해졌음을 의미한다.

권력의 다원성과 양심의 힘

다른 모든 실험과 마찬가지로 밀그램의 연구는 인공적인, 목적의식적으로 계획된 환경에서 수행되었다. 그것은 두 가지 중요한 측면에서 일상생활의 맥락과 달랐다. 첫째, 실험 참가자들과 '조직'(연구진과 그들이 속한 대학교)의 관계는 간명했고 임시적인 것이었으며, 사전에 그럴 것이라고 통보되었다. 실험 참가자들은 오직 한 시간 동안만 고용되었다. 둘째, 대부분의 실험에서 실험 참가자는 단지 한 사람의 상관만을 대면한다. 그는 성실함과 일관성의 화신처럼 행동했다. 그리하여 실험 참가자는 자신의 행동에 권위를 부여하는 힘을 단일한 것이고, 행동의 목적과 의미에 대해 완전히 확신하고 있는 것으로 인식해야만 했다. 이런 두 가지 상황은 일상생활에서는 거의 만나지 못한다. 따라서 그런 상황이 실험 참가자의 행동에 정상적인 상황에서는 예상할 수 없는 영향을 미쳤는지, 또 어느 정도로 그런 영향을 미쳤는지 고찰할 필요가 있다.

이것 중 첫 번째 것에서 시작하자. 밀그램이 설득력 있게 보여준 권위의 영향력은 만약 실험 참가자들이 그러한 권위가 대표하는 조직과의 관계가 항구적일 것이라고 확신했더라면 또는 최소한 그럴 가능성이 현실적인 것이라고 확신했더라면 더욱더 강했을 것이다. 만약 그랬다면, 이 실험에서는 명백한 이유 때문에 빠져있던 다른 요인들도 상황 속으로 들어왔을 것이다. 오랫동안 함께하면서 공통의 문제를 풀어가는 팀의 구성원들 사이에서 발전할 법한 연대감이나 상호의무의 감정('나는 그를 버릴 수 없어'와 같은 감정), (반半의식적으로, 특정하지 않은 미래의 언젠가 '보상받기'를 희망하면서, 집단의 다른 구성원들에게 무상으로 제공한 서비스 또는 동료나 상관의 좋은 심성에서 우러나온, 이 또한 미래의 언젠가 확정되지 않은 쓰임새가 있을지 모르는) **확산된 상호성**diffuse reciprocity 그리고 가장 중요한 것으로서 판에 박힌 일(계산이나 선택이 불필요한, 따라서 기존의 행동 유형을 추후의 강화가 없음에도 거의 논란의 여지가 없는 것으로 만드는 완전히 습관화된 행동의 연쇄) 같은 것들이 그것이다. 이런 그리고 이와 유사한 요인들은 밀그램이 관찰한 경향들을 한층 더 강화시켜줄 뿐일 개연성이 가장 높다. 즉 합법적 권위에 노출됨으로써 발생하는 경향들이 그것이다. 그리고 위에서 열거한 요인들은 분명히 그런 합법성을 강화시켜줄 텐데, 그러한 합법성은 오직 전통의 발전, 그리고 구성원들 간의 다면적인 비공식적 유형의 상호작용의 출현을 허용할 만큼 충분히 긴 시간이 지나야만 증가할 수 있다.

하지만 두 번째 방식으로 일상적 상황에서 벗어나는 것은 권위에 대한 반응에 일상생활에서는 예상할 수 없는 방식으로 영향을 미쳤을 것이다. 밀그램이 주의 깊게 통제한 인위적 상황에서 권위의 원천은 오직 하나뿐이었다. 그것은 오직 하나뿐이어서 — 실험 참가자가 명령의 타당성을 객관적 테스트와 같은 것에 붙이기 위해 명령에 맞설 수 있도록 해줄 — 동일한 지위의 다른 어떤 준거틀(또는 단순히 다른 자율적인 의견)도 없었다. 밀그램은 그처럼 부자연스러운 획일적 성격의 권위 체계가 가져올 왜곡 가능성을 충분히 알고 있었다. 그러한 왜곡의 정도를 드러내기 위해 그는 그러한 프로젝트에 실험 참가자들이 한 명 이상의 실험 조작자와 대면하게 되고, 실험 조작자는 명령에 대해 공개적으로 불복하고 논쟁을 벌이라는 지시를 받은 일련의 실험들을 추가했다. 그 결과는 정말로 충격적이었다. 다른 모든 실험에서 관찰되었던 노예적 순종은 흔적도 없이 사라졌다. 실험 참가자들은 더 이상 좋아하지 않는 행위를 하려고 하지 않았다. 분명히 그들은 심지어 미지의 희생자들에게 조차도 고통을 주려고 하지 않았다. 이 추가 실험의 20명의 실험 참가자 중 한 사람은 두 실험 조작자들 사이의 연출된 불화가 시작되기 전에 중단했고 18명은 첫 번째 불화의 징후 이후에 더 이상의 협력을 거부했으며 나머지 한 사람은 다음 단계 후에 이탈했다. "권위자들 간의 의견 불일치가 행위를 완전히 마비시켰음이 분명하다."11)

이러한 교정의 의미는 명확하다. 자신의 좀 더 나은 판단을 거슬러, 그리고 자신의 양심에 반해 행동할 준비가 되어있음은 권위 있는 명령의 함수일 뿐만 아니라 성실한, 명확한 그리고 독점적인 권위의 원천에 노출된 결과이기도 하다. 그런 태도는 어떤 반대도 참지 않고 어떤 자율성도 용인하지 않으며 단선적인 복종의 위계에 예외가 없는 조직 — 즉 구성원 중 어떤 두 사람의 권력도 동등하지 않은 조직 — 안에서 나타날 가능성이 가장 높다(대부분의 군대, 교도소, 전체주의 정당이나 운동들, 특정 정파 또는 기숙 학교들이 이런 이념형에 가깝다). 하지만 그런 조직은 둘 중 하나의 조건 위에서 효율적일 수 있다. 그것은 구성원들을 사회의 나머지 부분으로부터 철저히 격리하고, 구성원들 대부분 또는 전부의 일상적인 행동과 욕구를 통째로 통제하는 것을 허용받거나 강탈한다(그리하여 고프만Goffman의 **총체적 제도**_total institution_의 모델에 근접한다). 따라서 권위의 경쟁적 원천의 가능성은 차단된다. 또는 그것은 단지 전체주의적 또는 유사전체주의적 국가기관 중의 하나일 수 있는데, 여기서 모든 행정 체계는 서로의 거울상으로 변한다.

밀그램 말대로 피해자[피험자]의 항의 이외의 다른 압력 없이 자유로운 장에서 활동하는 권위를 갖고 있을 때에만 권위에 대한 가장 순수한 반응을 얻어낼 수 있다. 물론 현실 생활에서 우리는 서로를 상쇄하는 아

---

11) Milgram, *Obedience to Authority*, pp. 107.

주 많은 압력과 뒤섞여 있다.12) 밀그램이 말한 '현실 생활'의 의미는 민주사회 안의, 그리고 총체적인 제도 바깥의 생활이었다. 그것은 좀 더 정확하게 말하면 다원주의 조건 하의 삶이었다. 밀그램의 모든 실험으로부터 도출되는 가장 주목할 만한 결론은 **도덕적으로 정상적인 사람이 도덕적으로 비정상적인 행동에 연루되는 것을 막는 최상의 예방약은 다원주의라는 것이다.** 나치는 홀로코스트와 같은 프로젝트를 시작하기 전에 먼저 정치적 다원주의의 흔적들을 파괴했음이 분명하다. 그리고 거기서 보통 사람들이 비도덕적이고 비인간적인 행위를 할 준비가 되어있음에 대한 예상은 필요한 그리고 가용한 자원들을 고려해 추산되어야만 했다. 소련에서는 사회적 자율성, 그리고 그것을 반영하는 정치적 다원주의의 잔재들이 근절된 후에야 체제에 대한 실재하거나 추정되는 반대자들에 대한 체계적 살상이 본격적으로 시작되었다. 사회 전체의 규모에서 다원주의가 제거되지 않으면 명백히 비도덕적인 행위를 저지름에 있어서 구성원들의 지칠 줄 모르는 복종을 확보할 필요가 있는 범죄적 목적을 지닌 조직들은 구성원들을 다양한 기준들과 의견들의 '연성화' 영향력으로부터 차단할 빈틈없는 인공 장벽을 세워야 한다는 과제를 부담으로 떠안는다. 개인들의 도덕적 양심의 목소리는 정치적·사회적 불화의 소란 속에서 가장 잘 들린다.

악의 사회성

밀그램의 실험의 대부분의 결론은 하나의 핵심적인 명제의 변형들이라고 볼 수 있다. 즉, 잔인성은 수행자의 인격의 특성이나 다른 개인적 특

---

12) Milgram, *The Individual in a Social World*, pp. 96~97.

이성보다도 훨씬 더 특정한 유형의 사회적 상호작용과 긴밀한 상관관계에 있다는 것이다. 잔인성은 기원에 있어 성격보다는 훨씬 더 사회와 관련되어 있다. 분명히 일부 개인은 도덕적 압력을 무력화하고 비인간성을 정당화하는 환경에 놓였을 때 잔인하게 되는 경향이 있다.

밀그램 이후에도 이 점에 대한 어떤 의문이 남아 있다면 다른 실험, 즉 짐바도의 실험[13] 결과를 면밀히 들여다보면 그런 의문은 사라질 것이다. 그의 실험에서는 심지어 보편적으로 존경받는 제도(과학)라는 권위의 요인도 잠재적으로 걸림돌이 될 것으로 보아 제거되었다. 짐바도의 실험에는 실험 조작자의 책임을 면하게 할 아무런 외부의, 기존의 권위도 없었다. 짐바도의 실험 환경에서 궁극적으로 작동한 모든 권위는 실험 참가자들 자신에 의해서 만들어졌다. 짐바도가 한 유일한 일은 실험 참가자들을 성문화된 상호작용 유형들 안의 여러 위치로 갈라놓음으로써 실험을 시작한 것이었다.

짐바도의 실험(2주일 예정으로 계획되었지만 실험 참가자들의 몸과 마음에 회복하지 못할 손상을 입힐 것을 염려해 1주일 만에 중단되었다)에서 자원자들은 무작위로 죄수와 간수로 나뉘었다. 양쪽에는 지위를 상징하는 장식물이 주어졌다. 예를 들어 죄수들은 꽉 끼는 모자를 썼는데, 이는 빡빡 민 머리를 흉내 낸 것이었다. 또한 그들에게는 가운을 입혔는데, 이는 그들의 모습을 우스꽝스럽게 만들었다. 간수들은 제복을 입었고 색안경을 지급받았는데, 이는 죄수들이 그들의 눈을 볼 수 없게 만들었다. 어느 쪽도 상대방을 이름으로 부르지 못하게 했다. 즉 엄격한 비인격성이 규칙이었다. 소소한 규제들을 담은 긴 목록이 작성되었는데, 이들은 한결같이 죄수들에게는 굴욕적인 것이었고 그들의 인간 존엄성을

---

[13] Craig Hanley, Curtis Banks & Philip Zimbardo, "Interpersonal Dynamics in a Simulated Prison", *International Journal of Criminology and Penology*, vol. I (1973), pp. 69~97 참조.

박탈하는 것이었다. 이것은 출발일 뿐이었다. 다음에 이어진 것은 설계자의 독창성을 훨씬 능가했다. (대학생 나이의 남성들에게서 무작위로 추출했고 어떤 비정상성의 징후도 없도록 검증한) 간수들의 주도성은 한계가 없었다. 언젠가 베이트슨Gregory Bateson이 가설을 제시해본 바 있는 진짜 '분열생성 사슬schismogenetic chain'이 작동되었다. 간수들의 가장된 우월성은 죄수들의 복종성으로 반향되었고, 이는 다시 간수들이 권력을 더욱 과시하도록 했고, 이것이 또다시 죄수들 쪽에서 굴욕을 더 심화하는 것으로 나타났다. …… 간수들은 죄수들에게 외설스런 노래를 부르라고 강요했고, 양동이에 배변을 하게 하고 그것을 비우지 못하게 했으며, 또 맨손으로 화장실을 청소하도록 했다. 점점 더 그렇게 할수록 그들은 마치 죄수들의 비인간적 성격을 확신하는 것처럼 행동했고 점점 더 소름끼치는 비인간적 조치들을 고안해내고, 그것을 시행하는 데 제약을 받지 않는다고 느꼈다.

호감이 가고 예의 바른 미국의 평범한 청년들이 아우슈비츠나 트레블링카에서나 볼 수 있을 것 같은 괴물들로 갑자기 변신하는 것은 무서운 일이다. 하지만 그것은 또한 당혹스런 일이기도 하다. 그리하여 일부 관찰자들은, 우리 중 전부는 아니더라도 대부분의 사람 안에는 작은 나치 친위대원이 살고 있으면서 밖으로 나올 때를 기다리고 있다고 추측하게 되었다(에치오니Amitai Etzioni는 밀그램이 보통 사람 안에 숨어있는 '잠재적 아이히만을 발견했다는 취지의 말을 했다).14) 스타이너는 평소에는 잠자고 있지만 때로는 깨어나는 잔인성의 잠재력을 가리키기 위해 **수면자**^{sleeper}라는 개념을 만들어냈다.

수면자 효과는 독재자, 전제군주 또는 테러리스트들처럼 적절한 자물쇠-

---

14) Amitai A. Etzioni, "A Model of Significant Research", *International Journal of Psychology*, vol. VI.(1968), pp. 279~280 참조.

열쇠 관계가 성립되었을 때 폭력에 기울기 쉬운 성향의 개인들에게 특징적인 잠재적 인격을 가리킨다. 그렇게 되면 그의 행동 유형의 정상적 단계로부터 수면자가 눈을 떠 잠자고 있던 폭력 성향의 인격 특성들이 활성화된다. 모든 사람은 특정한 조건하에 촉발될 수 있는 폭력적 잠재성을 지녔다는 점에서 어떻게든 수면자이다.[15]

그렇지만 분명하고 명백하게 짐바도와 그의 동료를 놀라게 한 잔인성의 향연은 참여자들의 사악함이 아니라 나쁜 사회 장치로부터 기인한 것이었다. 실험 참가자들이 반대 역할을 할당받았다고 하더라도 전체적인 결과는 다르지 않았을 것이다. 중요한 것은 양극단의 존재였으며, 누가 각각의 편에 배치되었는가 하는 것이 아니었다. **중요한 것은 일부 사람들에게 다른 일부 사람들에 대한 완전한, 즉 무제한의 배타적인 권력이 주어졌다는 점이다.** 우리 각자에게 수면자가 있더라도 만약 그런 상황이 일어나지 않으면 우리는 영원히 잠들어 있을 수 있다. 그러면 우리는 결코 수면자의 존재에 대해 듣지 않게 될 것이다.

가장 통찰한 점은 대부분의 사람이 잔인성을 요구하는 역할에 쉽게 빠져든다는 것 또는 최소한 그들이 그때 보여주는 — 단지 그러한 역할이 상위의 권위에 의해 적당히 강화되고 정당화되기만 하면 — 도덕적 불감증이다. 모든 실험에서 그렇게 '역할에 빠져 듦'이 놀라우리만치 쉽게 발생하기 때문에 수면자라는 개념은 형이상학적 지주 이상의 것이 아닌 것처럼 보인다. 정말로 우리는 잔인성으로의 대량 개종을 설명하기 위해서 그러한 개념을 필요로 하지 않는다. 하지만 그러한 개념은 개인들이 권위자의 명령이 자신들의 신념과 반대된다는 것을 깨달은 후 힘과 용기를 내어 명령에 저항하고 그것을 이행하기를 거부한 드문 사

---

15) John M. Steiner, "The SS Yesterday and Today: A Sociopsychological View", in *Survivors, Victims, and Perpetrators*, p. 431.

례들을 가리키는 데서 진가를 발휘한다. 평소에는 법에 고분고분하고 겸손하며 반항적이지 않고 모험적이지도 않은 보통 사람 중 어떤 사람들은 권력자에게 맞서 결과는 잊은 채 양심을 우선에 둔다. 이는 전능하고 사악한 권력에 도전하고 극형을 감수하면서 홀로코스트의 피해자들을 구하고자 했던, 흩어져서 단독으로 행동했던 드문 사람들과 아주 흡사하다. 맞서 싸울 기회가 부재한 상태에서 잠자고 있던 그들의 도덕적 양심은 사회적으로 생산되어야만 했던 비도덕(성)과는 달리 진정으로 그들 자신의 개인적 속성이었다.

악에 저항하는 능력은 그들의 생애 대부분을 통해 '수면자'였다. 그것은 영원히 잠들어 있을 수 있었다. 그러면 우리는 그것을 알지 못할 것이다. 하지만 **이런** 무지는 좋은 소식일 것이다.

7

도덕(성)에 관한 사회학 이론을 향하여

이제 나는 앞 장의 마지막에서 나타난 문제를 상세히 고찰할 것을 제안한다. 즉 악의 사회성 또는 좀 더 정확하게 말하면, 부도덕한 행위의 사회적 생산이라는 문제가 그것이다. 그것의 몇몇 측면들 — 예를 들어 도덕적 무관심의 생산 또는 좀 더 일반적으로 도덕 지침들의 비정당화에 책임이 있는 메커니즘 — 은 앞 장들에서 간략히 다루었다. 홀로코스트의 수행에서 한 중심적 역할 때문에 후자에 대한 어떤 분석도 사회와 도덕적 행위 간의 관계에 대한 좀 더 철저한 탐구를 포함하지 않는 한 완전하다고 주장할 수 없다. 도덕 현상에 대해 가용한 사회학 이론들은 (좀 더 면밀히 고찰해보면) 홀로코스트 경험에 대한 만족할 만한 설명을 제시할 준비가 되어 있지 않다는 사실 때문에 그런 연구의 필요성은 더욱 강화된다. 이 장의 목적은 그러한 경험으로부터 얻을 수 있는, 그리고 도덕(성)에 관한 (현재의 취약성을 떨쳐버린) 제대로 된 사회학 이론이라면 반드시 고려해야만 할 일정한 핵심적 교훈과 결론들을 상술하는 것이다. 좀 더 야심 찬 전망은 홀로코스트에 관한 연구로 생겨난 새로운 지식을 모두 수용할 수 있는 도덕(성) 이론을 구축하는 것이며, 이 장에서는 단지 몇 가지 예비조치를 취할 뿐인 걸음을 내디딜 뿐이다. 우리가 이 방향으로 얼마만 한 진전을 이루어낼 수 있다면 그것은 모두 이 책에서 개진된 다양한 분석적 주제들을 적절하게 요약하는 일이 될 것이다.

사회학 담론에 의해 해석된 사물들의 순서에서 도덕(성)의 지위는 애매하고 모호하다. 그것을 개선하기 위해 거의 아무것도 행해지지 않았는데, 이는 도덕(성)의 지위가 사회학 담론의 진보에 거의 아무런 중요성도 지니지 않는 것으로 간주되고, 그 때문에 도덕적 행위와 도덕적 선택 문제들이 사회학 담론 안에서 단지 주변적 위치만 할당받았으며, 따라서 오직 주변적 관심만 끌었기 때문이다. 대부분의 사회학 담론은 도덕(성)에 준거하지 않는다. 이 점에서 사회학 담론은 과학 일반의 유형을 따른다. 과학은 일찍이 목적이나 의지와 같은 관념들을 전혀 전개하지 않고도 완전한 서사를 생산해낼 수 있는 언어를 고안함으로써 종교적 사고, 그리고 마술적 사고로부터 해방되었다. **사실 과학은 목적론적 어휘의 사용을 금지하는 규칙을 지닌 언어 게임이다.** 목적론적 용어를 사용하지 않는 것은 어떤 문장이 과학적 서사에 속하기 위한 충분조건이 아니지만 분명 필요조건의 하나이다.

사회학이 과학 담론의 규칙들을 준수하고자 노력한 이상 도덕(성) 및 그것과 관련된 현상들은 지배적인 사회학 서사들에 의해 발생하고 이론화되었으며 연구된 사회적 세계 안에 불편하게 앉아있었다. 따라서 사회학자들은 도덕 현상들의 질적 구분을 숨기거나 그것들을 목적론적 언어에 의존하지 않고서도 이야기할 수 있는 일련의 현상들 안에 끌어들이는 과제에 관심을 기울였다. 사회학자들 사이에서는 이 두 과제, 그리고 그들이 기울인 노력이 도덕규범들의 독립적인 존재 양식에 대한 부정으로 귀결되었다. 설혹 사회 현실 안의 별도 요인으로 인정되더라도 도덕(성)은 부차적이고 파생적인 지위만 할당받았으며, 이는 원칙적으로 그것을 비도덕적 현상들 — 즉, 전적으로 비목적론적으로 다룰 수 있는 현상들 — 에 준거해서 설명할 수 있는 것으로 만들었다. 실로 도덕(성)에 대한 특정적으로 사회학적 접근이라는 생각 그 자체가 말하자면 **사회학적 환원** 전략과 동의어가 되었다. 도덕 현상은 전체적으로 그것들에 구속력을 부여하는 비도덕적 제도들에 의해 완전히 설명할 수 있다는 가정 위에서 이루어지는 환원 말이다.

도덕(성)의 공장으로서의 사회

도덕규범들에 대한 사회인과적 설명 전략, 즉 도덕(성)은 원칙적으로 사회조건들로부터 연역될 수 있고, 또 사회과정들에 의해 효력이 발생된다고 생각하는 것은 최소한 몽테스키외까지 소급된다. 예를 들어 일부다처제는 여성의 과잉 또는 특정한 기후 조건에서 여성의 특히 급속한 노령화에 기인한다고 하는 것과 같은 그의 제언들은 이제는 역사책에서 주로 사회과학이 발생 이래 이루어낸 진보를 입증하기 위해서 인용될 수 있을 뿐이다. 그럼에도 몽테스키외의 가설들에서 예시되는 설명 유형은 이후 오랫동안 대체로 의문의 여지가 없는 것으로 남아 있었다. 어떤 도덕규범의 지속 그 자체는 그것이 부응하려고 했던 집단적 필요가 존재했음을 입증한다는 것, 따라서 도덕(성)에 대한 모든 과학적 연구는 그런 필요를 드러내고 — 규범의 부과를 통해 — 그러한 필요의 충족을 보장할 사회 메커니즘을 재구성하려고 시도해야만 한다는 것은 거의 도전받지 않는 사회과학적 상식의 일부가 되었다.

이러한 이론적 가정 및 그와 관련된 해석 전략을 받아들이는 것과 함께 거기에 수반되는 것은 대부분이 순환논법이었다. 이는 아마도 클럭혼Kluckhohn에 의해 가장 잘 표출되었는데, 그는 도덕규범 또는 관습은 기능적이지 않는 한, 즉 필요의 충족에 유용하거나 그렇지 않으면 파괴적일 행동 경향들을 길들이는 데 (예를 들어 나바호족의 주술사가 했던 것처럼, 불안을 감소시키거나 타고난 공격성을 누그러뜨리는 것처럼) 유용하지 않으면 존재하지 않을 것이며, 또한 그러한 규범을 발생시키고 그것을 지탱해온 필요의 소멸은 곧 규범 그 자체의 소멸로 귀결될 것이라고 주장했다. 도덕규범이 자신에게 부여된 과제를 수행하지 못하는 것, 즉 원래 필요에 적절히 부응하지 못하는 것 또한 비슷한 결과를 가져올 것이다. 도덕(성)에 관한 과학적 연구의 이러한 관행은 말리노프스키Malinowski에 의해 가장 명시적인 형태로 성문화되었다. 그는 도덕(성)의 본질적 도구성, 식량이나 안전 또는 거친 기후에 대한 보호와 같은 '인간의 본질적 필요'에 대한 도덕(성)의 종속적 지위를 강조했다.

　표면적으로 뒤르켐은 규범을 필요에 연관시키라는 요청을 거부했다 (도덕 현상을 취급한 뒤르켐의 방식이 사회학 지식의 정전正典이 되었고 도덕성을 연구하기 위한, 특히 사회학적 접근의 의미를 거의 규정했다). 결국 그는 특정 사회에서 구속을 지니는 것으로 밝혀진 도덕규범들은 (합리적인 것은 차치하고라도) 강제력을 의식적인 분석과 선택 과정을 통해 획득했음이 틀림없다는 기존의 견해를 날카롭게 비판했다. 당대의 민속지적 상식에 명백히 반대하면서 뒤르켐은 도덕(성)의 본질은 사회 구성원들이 충족하기를 원하는 필요들에 대한 도덕(성)의 합리적 상응성이 아니라 바로 도덕(성)이 보여주는 강제력 그 자체에서 찾아야만 한다고 주장했다. 하나의 규범이 규범인 까닭은 사회 구성원들의 이해관심을 촉진하고 방어하는 데 있어서 규범이 적절성 때문에 선택되었기 때문이 아니라 사회 구성원들이 규범의 강제적 현존을 ― 학습 또는 위반의 쓰라린 결과에 대한 경험을 통해 ― 스스로에게 설득시켰기 때문이다. 하지만 도덕 현상들에 대한 기존의 해석들에 대한 뒤르켐의 비판은 '합리적 설명'의 원칙 그 자체에 맞선 것이 아니었다. 또한 사회학적 환원이라는 관행을 훼손한 것은 더더욱 아니었다. 그러한 관점에서 보면 기존의 해석 관행으로부터의 뒤르켐의 이탈은 가족 내부의 불화 이상의 것이 아니었다. 근본적 불일치의 표출인 것처럼 보였던 것이 결국은 개인적 필요로부터 사회적 필요로 강조점을 이동하는 것으로 귀결되었다. 또는 좀 더 정확히 말해서 다른 모든 필요에 대해 우선권이 부여된 (그것이 개인들에게 귀속되었든 또는 집단들에 귀속되었든 상관없이) 하나의 최고의 필요, 즉 사회통합의 필요로 귀결되었다. 어떤 도덕 체계도 사회의 지속적 존속과 정체성의 보존에 봉사하게 되어 있다는 것이다. 한편 사회는 사회화와 처벌적 제재를 통해 도덕의 구속력을 지탱한다. 사회는 구성원들의 자연적(비사회적, 전前사회적) 선호들에 제약을 가함으로써 즉 사회적 통일의 필요에 모순되지 않는 방식으로 행동하도록 강제함으로써 지속될 수 있다.

오히려 뒤르켐의 수정은 도덕(성)에 관한 사회학적 논의를 어느 때보다도 더 순환적인 것으로 만들었다. 만약 도덕(성)의 유일한 존재론적 기초가 사회의 의지라면, 그리고 그것의 유일한 기능이 사회가 존속하도록 하는 것이라면 특정의 도덕 체계에 대한 실체적 평가의 문제 그 자체는 실질적으로 사회학의 의제로부터 배제된다. 사실 사회통합이 그러한 평가가 수행될 수 있는 유일한 준거틀로 인정되면 다양한 도덕 체계들이 비교되고 차별적으로 평가될 수 있는 길이 사라진다. 각각의 [도덕]체계가 충족시키는 필요는 그것이 깃든 사회 안에서 발생하며, 따라서 중요한 것은 모든 사회에는 하나의 도덕 체계가 있어야만 한다는 것이지 이러저러한 사회가 통일성을 유지하기 위해 우연히 강제하는 도덕 규범들의 내용이 아니다. 요컨대 — 뒤르켐이라면 이렇게 말하겠지만 — 각각의 사회에는 각자가 필요로 하는 도덕(성)이 있다. 그리고 사회의 필요가 도덕(성)의 유일한 실체이기 때문에 모든 도덕 체계는 그것이 정당하게(객관적으로, 과학적으로) 측정되고 평가될 수 있는 유일한 측면에서 동등하다. 그러한 필요를 충족시키는 도덕 체계의 유용성이 그것이다.

그러나 뒤르켐이 도덕(성)을 다루는 방식에는 도덕규범들을 사회의 산물로 보는 오래된 견해의 강력한 재확인 이상의 것이 있다. 아마도 사회과학의 관행에 대한 뒤르켐의 가장 강력한 영향력은 본질적으로 사회를 '능동적으로 도덕화하는 힘'으로 개념화한 것이다. "인간이 도덕적 존재인 것은 오로지 그가 사회 안에 살기 때문이다." "모든 형태에서 도덕(성)은 사회가 아닌 곳에서는 만날 수 없다." "개인은 사회에 복종하며, 이러한 복종이야말로 그의 해방의 조건이다. 인간의 자유는 맹목적이고 생각하지 않는 자연력으로부터 해방되는 것에 있기 때문에 인간은 자연력에 대해 사회의 거대하고 이성적인 힘을 대비시킴으로써 그것을 달성한다. 사회의 보호 아래 인간은 피난처를 구한다. 사회의 날개 아래 자신을 놓음으로써 인간은 자신을 어느 정도는 사회에 의존하게 한다. 하지만 이것은 해방시키는 의존이다. 여기에 모순은 없다." 뒤르켐의 이런 기억할 만한 구절들은 오늘날까지도 사회학계에 떠돌고 있다. 모든 도덕(성)은 사회로부터 기원한다. 사회 밖에서는 도덕적 삶은 없다. 사회는 도덕(성)을 생산하는 공장으로 가장 잘 이해될 수 있다. 사회는 도덕적으로 규제된 행동을 촉진하며 부도덕(성)을 주변화하고 억압하거나 금지한다. 사회의 도덕적 지배력에 대한 대안은 인간의 자율성이 아니라 동물적 열정의 지배이다. 인간이라는 동물의 전사회적 충동들은 이기적이고 잔인하며 위협적이기 때문에 사회가 지속되려면 길들여지고 억제되어야만 한다. 사회적 강제를 제거하면 인간은 사회의 힘에 의해 간신히 빠져나왔던 야만 상태로 다시 빠져들 것이다.

    사회제도들을 고상화하고 고양시키고 인간화하는 요인으로 보며 이를 뿌리 깊이 신뢰하는 것은, 행동은 악이기 때문에 사회적으로 금지된 것이 아니라 사회적으로 금지된 것이기 때문에 악이 된다는 뒤르켐 자신의 주장을 거스르는 것이다. 뒤르켐 안의 냉정하고 회의적인 과학자는 악에는 ― 그것의 의지를 규칙으로 만들기에 충분할 만큼 강력한 힘에 의해 그것을 거부하는 것 이외의 — 실체가 있다는 모든 주장이 오류임을 폭로한다. 그러나 열정적인 애국자이자 문명 생활의 우월성과 진보에 대한 독실한 신자였던 뒤르켐은 거부된 것은 사실 악이며 그러한 거부는 틀림없이 해방시키고 존엄을 가져오는 행위였음에 틀림없다고 느끼지 않을 수 없었다.

이런 감정은 일단 물질적 우위를 점하고 확보하고 나면 지금까지 살아온 규칙의 우월성에 대해 확신하지 않을 수 없는 삶의 형태의 자의식과 일치한다. 결국 도덕화하는 사명의 모델로 사용된 것은 추상적 이론 범주인 '사회 그 자체'가 아니라 현대의 '서구' 사회였던 것이다. 오로지 특정한, 즉 현대의 서구적인 '원예'사회1)의 십자군-전도 관행으로부터만 규칙의 강제가 한 형태의 인간성에 의한 다른 형태의 인간성 억압이 아니라 인간화 과정으로 생각될 수 있게 해주는 자기 확신이 도출될 수 있다. 그와 동일한 자기 확신이 사회적으로 규제받지 않은 (무시되었든 주의를 끌지 못했든 또는 완전히 복속하지 않았든) 인간성의 발현들이 비인간성의 예로 또는 기껏해야 의심하고 잠재적으로 위험한 것으로 폐기되도록 할 수 있도록 해주었다. 결국 이론적 전망은 사회의 경쟁자들은 물론 사회의 구성원들에 대한 사회의 주권을 정당화했다.

이런 자기 확신이 일단 사회이론으로 재주조되고 나면 도덕(성)에 대한 해석에서 중요한 결과가 수반된다. 규정상 전사회적 또는 비사회적 동기들은 도덕적일 수 없다. 마찬가지 이유로 최소한 몇몇 도덕 유형들이 공존을 위한 우연한 사회규칙들에 의해 영향 받지 않은 존재론적 요인들에 뿌리내릴 가능성은 진지하게 고려되는 것은 차치하고 제대로 제시될 수 없다. 더욱이 모순에 빠지지 않고서는 인간의 존재양식에 의해, 즉 '타자와 함께 있음'이라는 단순한 사실에 의해 가해지는 몇몇 도덕적

---

1) Zygmund Bauman, *Legislators and Interpreters*(Oxford: Polity Press, 1987) 3, 4장 참조.

압력들이 길항하는 사회 세력들에 의해 일정한 상황에서 중립화되거나 억압된다고 생각할 수는 더더욱 없다. 다시 말해 사회가 적어도 이따금 ― '도덕화 기능'에 더해 또는 심지어 그것에 반해 ― '도덕을 침묵시키는' 힘으로 작용할 수 있다고 생각할 수는 없다는 것이다.

도덕(성)이 사회의 산물로 이해되는 한, 그리고 제대로 작동할 때 '지속적 공급'을 보증하는 메커니즘들에 의해 설명되는 한 널리 퍼져있지만 깊이 뿌리박은 도덕감정을 상하게 하고 선과 악(적절한 행위와 부적절한 행위)에 대한 상식적 인식을 거부하는 사건들은 '도덕 산업'의 실패 또는 잘못된 관리의 결과로 간주되는 경향이 있다. 공장 체제가 현대 사회가 직조된 이론 모델로서 가장 유력한 은유의 하나로 기능했으며, 그리하여 **도덕(성)의 사회적 생산**이라는 관점이 이러한 영향력의 가장 두드러진 예인 셈이다. 부도덕한 행위의 발생은 도덕규범의 부적절한 공급 또는 잘못된 도덕(성)(즉 불충분한 구속력을 지닌 도덕성)이 공급된 결과로 해석된다. 후자는 다시 '도덕(성)의 사회적 공장'의 기술적 또는 경영적 결함의 결과로 ― 기껏해야 서툴게 조정된 생산노동의 '예상치 못한 결과'로 또는 생산체계 외부 요인들의 간섭(즉, 생산요인들에 대한 통제의 불완전성)에 기인하는 것으로 ― 치부된다. 따라서 부도덕한 행위는 '정상으로부터의 일탈'로 이론화되며, 이는 '사회화 압력'의 부재 또는 취약함에 기인하고 궁극적으로는 그런 압력을 행사하도록 설계된 사회 메커니즘의 결함 또는 불완전함에서 기인한다.2) 사회 체계 수준에서

---

2) 뒤르켐에 대한 다양한 수용, 그리고 뒤르켐의 연구 주제를 정교화한 것 중 '도덕(성)의 사회적 생산'이라는 패러다임은 대문자로 쓴 사회, 즉 완전히 구비된 국민국가 사회를 함축하는 데에는 적용되지 않는다는 것이 널리 받아들여지고 있다. 사실 그런 '거대 사회' 안에서는 하나 이상의 권위를 갖는 도덕 체계의 존재가 인정된다. 그것 중 일부는 심지어 '거대 사회'의 제도에 의해 촉진되는 도덕 체계의 결에 거스를 수도 있다. 하지만 우리 문제와 관련되어 있는 논점은 도덕적 일원론 또는 다원론 또는 '거대 사회' 문제가 아니라 뒤르켐의 관점 안에서는 어떤/모든 도덕적 구속 규범도 ― 아무리 적용이 사소한 것일지라도 ― 반드시 사회적 기원을 가지며 사회적으로 작동하는 강제적 제재에 의해 시행되어야만 한다는 점이다. 이 관점 안에서 도덕(성)은 항상 정의상 반사회적이다(또는 반대로, 무사회성a-so-

그런 해석은 해결되지 않은 관리 문제들을 가리킨다(뒤르켐의 **아노미**는 으뜸 되는 예이다). 좀 더 낮은 수준에서 그것은 교육제도들의 결점, 가족의 약화 또는 근절되지 않은 반사회적 거점들 — 이것은 그들 나름의 반도덕적인 사회화 압력을 갖고 있다 — 의 영향을 가리킨다. 하지만 이 모든 경우 비도덕적 행위의 등장은 전사회적 또는 비사회적 충동들의 발현으로 이해된다. 사회적으로 제조된 철장으로부터 터져 나오거나 처음부터 담을 넘어 탈출한다는 것이다. 비도덕적 행위는 항상 전사회적 상태로 돌아가는 것 또는 그것에게서 벗어나지 못하는 것이다. 그것은 항상 사회적 압력에 대한 또는 최소한 '올바른' 사회적 압력에 대한 모종의 저항과 관련되어 있다. 뒤르켐의 이론 도식에 비추어보면 그러한 사회적 압력은 오직 사회 규범(즉 기존의 기준들, 평균)과 동일한 것으로 해석될 수밖에 없는 개념이다. 도덕(성)이 사회적 산물이라면 행동 규범으로서 사회가 촉진한 기준들에 대한 저항은 비도덕적 행위의 발생으로 귀결될 수밖에 없다.

이 도덕(성) 이론은 모든 사회가 또는 (좀 더 자유주의적인 해석에서는) 모든 사회적 집합체 — 반드시 '전체 사회적' 규모일 필요는 없고 다만 효과적 제재의 네트워크에 의해 공동의 양심을 지지할 수 있는 사회집합체 — 가 자기 자신의 도덕적 행위의 내용을 부과할 권리를 인정한다. 또한 이 이론은 사회적 권위가 도덕적 판단에 대한 독점권을 주장하는 관행에 동의한다. 그것은 그러한 독점권 행사에 기초하지 않은 모든 판단의 이론적 부당성을 암묵적으로 인정한다. 따라서 모든 실천적 의도 및 목적을 위해 도덕적 행위는 다수가 준수하는 규범들에 대한 사회적 순응 및 복종과 동의어가 된다.

---

ciality은 정의상 무도덕적a-moral이다. 실로 뒤르켐의 언어는 도덕적 행위의 사회적 기원에 대한 다른 표현을 허용하지 않는다. 사회적으로 규제되는 행위에 대한 대안은 비-인간적non-human, 동물적 충동에 의해 추동될 뿐이다.

홀로코스트의 도전

도덕(성)을 사회적 규율과 잠정적으로 동일시하는 것에 의해 촉진된 순환 논리는 사회학의 일상적 관행으로 하여금 '패러다임 위기'에 거의 무감각 하게 만든다. 기존 패러다임을 적용하는 데 곤란이 야기되는 경우란 거의 없다. 도덕(성)에 대한 이런 견해에 내장된 실용주의적 상대주의는 사람들이 준수하는 규범들이 본능적인 도덕적 혐오감을 불러일으킬 때 궁극적인 안전밸브가 된다. 따라서 지배적인 패러다임의 손아귀에서 벗어나 윤리적 원칙의 대안적 토대에 대한 열띤 탐색을 시작하기 위해서는 예외적으로 극적 힘을 지닌 사건들이 필요하다. 하지만 설혹 그렇다고 해도 사람들은 그런 탐색의 필요성을 의혹의 눈초리로 바라본다. 그리하여 그러한 극적 경험을 낡은 도식 안에서 수용될 수 있도록 하는 형태로 서술하려는 노력이 이루어진다. 이것은 보통 그러한 사건들을 정말로 독특한 것으로 제시함으로써, 따라서 도덕(성)에 대한 일반 이론과는 별로 상관이 없게(도덕성의 역사와는 별도로 — 거대한 유성의 추락이 진화론의 재구성을 필연화하지 않을 것처럼) 또는 그것을 불미스럽지만 정규적이고 정상적인 부산물 또는 한계들이라는 더욱 넓고 친숙한 범주 안에서 해소함으로써 달성된다. 만약 두 요소 중 어느 것도 그러한 사건의 크기에 부합하지 않으면 때로는 제3의 우회로를 택한다. 즉, 그와 관련된 규율 담론의 우주 안으로 그러한 증거를 받아들이기를 거부하는 것, 그리고 그러한 사건이 일어나지 않은 듯이 진행하는 것이다.

  거의 틀림없이 가장 극적인 도덕적 의미를 지닌 사건이었던 홀로코스트에 대한 사회학적 대응에서 이 세 가지 전략이 모두 전개되었다. 앞서 지적했듯이 가장 끔찍한 이 제노사이드를 범죄적인, 그리고 무엇보다도 비합리적인 이데올로기에 의해 문명의 제약으로부터 풀려난, 도덕적으로 결함이 있는 개인들의 촘촘한 연결망이 작동한 것으로 서술하려는 많은 시도가 있었다. 하지만 극히 꼼꼼한 역사 연구에 의해 그러한 범죄의 수행자들이 제정신이며 도덕적으로 '정상'임이 입증됨에 따라 그런 시도가 실패하자 관심은 일탈 현상 중 몇몇 선별된 오래된 종류의 것들을 개조하는 데 또는 홀로코스트라는 삽화가 자리 잡을 수 있는, 따라서 순치되고 뇌관이 제거될 수 있는 새로운 사회학적 범주들을 구성하는 데 초점이 맞추어졌다(예를 들어 홀로코스트를 편견 또는 이데올로기라는 관점에서 설명하는 것이 그것이다). 마지막으로 홀로코스트의 증거를 다루는 가장 흔한 방법은 이제까지는 그것을 전혀 다루지 않는 것이었다. 현대(성)의 본질과 그것의 역사적 경향, 문명화 과정의 논리, 사회적 삶의 점진적 합리화의 전망과 그것에 대한 장애 등은 종종 마치 홀로코스트가 일어나지 않은 것처럼 논의된다. 즉 마치 그것이 진실이 아닌 것처럼, 심지어 진지한 고려의 가치가 없는 듯이 말이다. 그리하여 심지어 홀로코스트는 "문명의 진보를 입증한다"거나[3] "문명은 이제 죽음의 수용소와 **무젤만**을 물질적·정신적 산물로 포함하게 되었다"[4]는 등의 이야기까지 나오고 있다.

하지만 홀로코스트는 세 가지 처리 방식 모두를 완강하게 거부한다. 여러 가지 이유로 그것은 사회이론이 쉽게 무시할 수 없는 도전이 된다. 왜냐하면 그것을 무시할 권한은 사회이론가들 손에 있지 않기 때문이거나 또는 아무튼 그들만의 손에 있지 않기 때문이다. 나치의 범죄에 대한 정치적·법적 대응은 사회의 도덕규범을 충실하게 따른 많은 사람의 행동에 대해 내려진 비도덕(성)이라는 평결을 정당화할 필요를 의제로 올

---

3) Richard L. Rubenstein, *The Cunning of History*(New York: Harper, 1978), p. 91.
4) Richard L. Rubenstein & John Roth, *Approaches to Auschwitz*(San Francisco: SCM Press, 1987), p. 324.

려놓는다. 옳고 그름 또는 선악의 구분이라고 하는 것이 완전히 자기 감독하에 있는 사회 공간을 '철저하게 조정'할 수 있는 사회 집단이 (지배적인 사회학 이론이 단언하듯이) 좌우할 수 있는 것이라면 그러한 집단에 의해 시행되고 있는 규칙을 위반하지 않은 개인들에게 비도덕(성)의 혐의를 제기한 정당한 근거는 아무것도 없게 될 것이다. 만약 독일이 패배하지 않았더라면 이 문제 및 이와 관련된 다른 문제들은 결코 제기되지 않았을 것이라고 의심할 수 있다. 하지만 독일은 패배했고, 따라서 그 문제를 대면할 필요가 생겼다.

당시 그리고 그러한 장소에서 시행되던 도덕규범에 완전히 순응하는 규율 잡힌 처신을 범죄적인 것으로 파악하는 것이 어느 정도 정당화되지 않았다면 전범戰犯도 없을 것이며, 아이히만을 기소하고 유죄 판결을 내리고 처벌할 권리도 없게 될 것이다. 그리고 유죄 판결을 받은 행동들이 소급 적용된 법률 규범뿐만 아니라 사회가 강화하지는 않지만 유보할 수 있는, 하지만 도덕 원칙들과도 어긋남을 입증할 수 있는 초사회적 또는 비사회적 근거가 없다면 그러한 행위에 대한 처벌을 패자에 대한 승자의 복수(처벌의 원칙에 이의를 제기하지 않고도 역전될 수 있는 관계)와는 다른 것으로 파악할 방법도 없을 것이다. 홀로코스트의 여파 속에서 법률 관행도, 따라서 도덕 이론도 도덕(성) 그 자체가 사회적으로 지지받는 원칙들에 대한 불복종으로, 그리고 사회연대 및 사회합의를 공개적으로 부정하는 행동으로 자신을 드러낼 가능성에 직면했다. 사회학 이론에서는 도덕적 행위의 전사회적 기초라는 생각 자체가 도덕규범 및 그것을 강제할 힘의 기원에 대한 전통적 해석을 근본적으로 수정해야 할 필요성의 징조가 된다. 이 점을 가장 강력하게 주장한 것은 아렌트였다.

피고인들이 '법률적' 범죄로 기소된 이 재판에서 우리가 요구한 것은 인간은 지침이 될 만한 것이 자신의 판단력뿐일 때에도, 더욱이 자기 주위의 모든 사람의 의견이 자신과 완전히 다를 경우에도 옳고 그름을 구분할 수 있다는 것이었다. 그리고 자신의 판단만을 믿기에 충분할 만큼 '오만한' 소수 사람도 여전히 낡은 가치관을 지킨 사람들 또는 종교적 신념의 지침을 따른 사람들과 결코 동일하지 않다는 것을 우리가 알게 될 때, 이 문제는 더 심각해진다. 존경할 만한 사회 전체가 어떻게든 히틀러에게 굴복했기 때문에 사회적 행동을 결정하는 도덕적 가르침과 양심을 인도하는 종교적 계율인 '살인하지 마라!'는 사실상 사라졌다. 아직도 옳고 그름을 구분할 수 있었던 소수의 사람은 정말로 오직 그들 자신의 판단에만 따랐고, 또 자유롭게 그렇게 했다. 그들이 직면한 특정한 상황을 적용할 수 있는, 지켜야 할 규칙도 없었다. 그들은 각각의 상황이 발생할 때마다 결정해야만 했다. 왜냐하면 유례가 없는 것에는 규칙이 존재하지 않았기 때문이다.5)

---

5) Hannah Arendt, *Eichmann in Jerusalem: A Report on the Banality of Evil*(New York: Viking Press, 1964), pp. 294~295. 독일은 전쟁에서 졌다. 따라서 독일의 명령으로 저질러진 살인은 범죄로, 국가권력의 권위를 초월하는 도덕적 규칙의 위반으로 규정되었다. 소련은 승전국 중 하나였다. 따라서 소련의 통치자들에 의해 재가된 살인은 증오스러움에서 독일의 그것보다 결코 덜하지 않았음에도 아직도 비슷한 식으로 처리되지 않고 있다. — 개방glasnost 시대를 맞아 어느 때보다도 더 철저하게 기초적인 연구가 이루어지고 있음에도 그러하다. 비록 스탈린의 제노사이드의 무시무시한 미스터리 중 오직 일부만이 드러났음에도 이제 우리는 소련에서의 대량학살은 후일 독일인들이 자행했던 것 못지않게 체계적이고 질서정연한 것이었음을, 그리고 독일의 이동학살분대가 사용한 기술들은 먼저 NKVD의 가공할 관료집단에 의해 대규모로 시험되었음을 알고 있다. 예를 들어 1988년에 벨라루스의 주간지 『문학과 예술Literatura i Mastactva』은 벨라루스의 모든 대도시 주변에서 발견되는 집단 무덤에 대한 포즈니악Z. Pozniak과 쉬미갈리예프J. Shmygaliev의 연구 결과("Kuropaty — the death road", 나중에 『에스토니아 소비에트학Sovietskaya Estonia』과 『모스크바 뉴스 Moskovskiye Novosti』에 재수록되었다)를 발표했는데, 이에 따르면 1937~1940년 사이에 수십만 구의 시신이 묻혔는데, 모두 목이나 머리에 총탄 구멍이 나 있었다고 한다. 지방의 '인민의 적'과 나란히 새롭게 병합된 동부 폴란드 지방에서 추방되어온 폴란드 시민도 묻혀 있었다. "제5번 무덤에서 발견된 대부분의 물건은 틀림없이 지식인들 것이었을 것이다. 그 중에는 화장실 용품, 안경, 외알 안경, 그리고 약품들이 대량으로 발견되었고 종종 수제품이 섞인 고급 구두, 최신 유행의 여성 구두, 우아한 장갑도 있었다. 발견된 물건들의 목록, 그리고 많은 경우 그것들이 조심스레 포장되어 있던 사실로부터(또한 다른 증거들 — 예를 들어 음식물과 여행용 가방이 있었다는 것 — 로부터) 판단할 때 우리는 피해자들이 살해당하기 직전에 집을 떠나왔으며 죽음에 이르는 도중 수용소에 갇힌 적이 없다는 결론을 내릴

이처럼 준열한 글에서 아렌트는 **사회화에 저항할 도덕적 책임**이라는 문제를 언급했다. 도덕(성)의 사회적 기초라는, 토론의 여지가 있는 쟁점은 여태껏 방치되어 왔다. 이 문제에 대해 어떤 해답이 주어지든 권위와 선악을 구분하는 것이 가진 구속력은 그것을 재가하고 시행하는 사회권력에 준거해서는 정당화될 수 없다. 집단이, 사실은 모든 집단이 비난한다고 하더라도 개인의 행동은 그럼에도 불구하고 도덕적일 수 있다. 사회가 추천한 행동이, 심지어 만장일치로 사회 전체에 의해서 추천되었다 할지라도 그럼에도 불구하고 비도덕적일 수 있다. 특정한 사회가 고무하는 행동 규칙들에 저항하는 것은 다른 사회의 대안적인 규범적 명령으로부터 — 예를 들어 이제는 새로운 사회질서로부터 훼손당하고 거부당하는 과거의 도덕적 지식으로부터 — 권위를 주장해서도 안 되고 그렇게 할 수도 없다. 다시 말해 도덕적 권위의 사회적 기초 문제는 도덕과는 무관하다.

사회적으로 시행된 도덕 체계는 공동체에 기반한 것이고, 따라서 그것은 이질적인 다원주의 세계에서는 필연적으로 상대적이다. 그렇지만 그러한 상대성은 '옳고 그름을 분간하는 인간 능력'에는 적용되지 않는다. 그런 능력은 사회의 **집합적 양심**과는 다른 무엇에 기초해야만 한다. 기존의 모든 사회는 이미 형성된 그런 능력을 대면한다. 사회가 이미 형성된 인간의 생물학적 육체, 생리적 필요, 심리적 충동들을 대면하는 것과 똑같이 말이다. 그리고 사회는 그런 능력에 대해 그것이 다른 완강한 현실들과 똑같이 처리한다. 즉 그것을 억압하려고 하며 또는 그것을 자신의 목적에 맞추려고 하거나 또는 그것을 유용하다고 또는 무해하다고

수 있다. 우리는 그들이 "재판 없이 (당시의 표현을 따르면) 숙청되었다"고 추측할 수 있다 (폴란드의 보고서, "Strzelano w tyl glowy", *Konfrontacje*, November 1988, p. 19에서 인용). 우리가 아는 한 이 두 모험적인 언론인의 조사 결과는 속담에도 있듯이 빙산의 일각에 지나지 않는다.

생각하는 방향으로 전환하려고 한다. **사회화 과정은 도덕적 능력을 생산하는 것이 아니라 그것을 조작하는 것이다.** 그리하여 조작되는 도덕적 능력은 나중에 사회적 가공의 수동적 대상이 되는 일정한 원칙들을 수반할 뿐만 아니라 그러한 가공 과정에 저항하고 그것을 회피하며 그것을 넘어 살아남는 능력을 수반한다. 따라서 결국 도덕적 선택의 권위와 책임의 주체는 처음 그대로 있다. 즉 인간 자신에게 말이다.

만약 도덕적 능력에 대한 이런 관점을 받아들인다면 겉으로는 해결되었고 닫힌 것으로 보였던 도덕(성)의 사회학의 문제들은 다시 활짝 열리게 된다. 도덕(성)의 문제를 재배치해야 한다. 즉 그것은 사회화, 교육 또는 문명화의 문제틀로부터, 다시 말해서 사회적으로 관리된 '인간화 과정들'로부터 억압, 유형의 유지, 그리고 긴장의 관리 과정들 및 제도들의 영역으로, 그것들이 처리하고 조정하며 또는 변형시키도록 설계된 '문제들' 중의 하나로 이동해야만 한다. 그렇게 되면 대상, 하지만 그런 과정 및 제도들의 산물은 아닌 도덕적 능력은 다른 기원을 드러내야만 할 것이다. 일단 도덕적 경향을 '홉스적 문제'에 대한 해결을 향한 의식적 또는 무의식적 충동으로 설명하는 것을 거부하면 도덕적 능력의 존재에 책임 있는 요인들은 **전체 사회적**the societal이 아닌 **사회적**the social 영역에서 찾아야만 한다. 도덕적 행위는 공존, '타자와 함께 있음'의 맥락, 즉 사회적 맥락 속에서만 인식 가능하다. 하지만 그것이 등장하는 것은 훈련과 시행을 위한, 즉 전체 사회적 맥락의 초개인적 행위 주체가 존재하기 때문은 아니다.

도덕(성)의 전사회적 원천들

사회적인 것의 존재양식은 (전체 사회적인 것의 구조와는 달리) 거의 사회학적 관심의 초점이 되지 않았다. 그것은 기꺼이 철학적 인류학의 영역에 양보되었으며, 기껏해야 사회학 고유 영역의 머나먼 변경쯤으로 간주되었다. 따라서 '타자와 함께 있음'이라는 일차적 조건의 의미, 경험적 내용, 그리고 행태적 결과들에 대한 아무런 사회학적 합의가 없다. 그러한 조건이 사회학적으로 유관한 것으로 만들어지는 방식은 아직도 사회학에서 철저하게 탐구되고 있지 않다.

가장 흔한 사회학적 관행은 '타자들과 함께 있음(즉 다른 사람들과 함께 있음)'에 특별한 지위 또는 의미를 부여하는 것 같지 않다. 타자들은 '행동의 맥락, 행위자의 상황 또는 좀 더 일반적으로 '환경' — 특정 방향으로의 행위자의 선택을 촉진하는 또는 행위자의 선택의 자유를 제한하는, 그리고 행위자의 목적의식적 행동을 잡아끄는, 따라서 행동의 동기를 제공하는 그런 목표들을 수용하는 힘들이 위치해 있는 장 — 과 같은 훨씬 더 포괄적인 개념으로 해체되어 버린다. 타자들에게는 '행위의 맥락'의 다른 구성성분들로부터 그들을 구분할 수 있게 해주는 주체성이 주어지지 않는다. 또는 좀 더 정확히 말하면 인간으로서의 독특한 지위는 인정되지만 실천에서는 행위자를 질적으로 다른 과제를 지닌 것으로 대면하는 환경으로는 거의 간주되지 않는다. 실제로 타자의 '주체성'은 반응의 예측 가능성이 감소된, 따라서 상황을 완전히 통제하고 주어진 과제를 효과적으로 수행하려는 행위자의 노력에 대해 가해지는 제약으로 축소된다. 인간-타자의 잘못된 행동은 행위의 장의 무생물적 요소들과는 달리 성가신 것이며, 우리가 아는 한 일시적인 것이다. 상황에 대한 행위자의 통제는 타자들의 행위의 맥락을 특정 경로로의 행동의 개연성을 높일, 그리하여 행위자의 지평 안에서 타자의 지위를 행위의 성공과 관련 있는 나머지 다른 대상들과 거의 구별할 수 없는 것으로 축소시킬 것을 목표로 한다. 행위의 장에 **인간** 타자가 존재한다는 것은 **기술적** 도전이다. 타자에 대한 지배에 도달하는 것, 타자를 목적의식적 활동의 계산 가능하고 조작 가능한 요인의 지위로 축소하기는 확실히 어렵다. 그것은 심지어 행위의 장의 다른 대상들과 관련해서는 불필요하며 무용한 것이다. 행위자 쪽의 특별한 기술(예를 들어 심리학에 대한 이해, 수사 또는 지식과 같은)을 요구하기도 한다.

이러한 공통의 전망 안에서 타자의 의미는 행위자가 목적에 도달할 기회에 미치는 타자의 영향에 의해 완전히 소진된다. 타자는 그의 변덕스러움과 비일관성이 주어진 목적의 추구가 효과적으로 완수될 수 있는 개연성을 줄이는 한(그리고 그런 한에서만) 중요하다. 행위자의 과제는 타자가 더 이상 중요하지 않아 고려에서 제외될 수 있는 상황을 확보하는 것이다. 그러한 과제와 그것의 수행은 따라서 도덕이 아닌 기술적 평가에 종속된다. 타자와의 관계에서 행위자에게 열린 선택지는 효과적/비효과적 또는 효율적/비효율적인, 즉 실제로는 합리적인 것/비합리적인 것으로 나뉘는 것이지 옳고/그른 것, 선/악으로 구분되는 것이 아니다. '타자들과 함께 있음'이라는 기본 상황은 그 자체로는 즉 외적인 압력에 의해 강제되지 않는 한 어떤 도덕적 문제도 발생시키지 않는다. 그러한 상황에 개입할 수 있는 어떤 도덕적 고려도 반드시 바깥으로부터 와야만 한다. 그것들이 행위자의 선택에 미칠 수 있는 어떤 제약도 수단-목적의 계산이라는 내적 논리로부터 생겨나지 않는다. 분석적으로 말하면 그것들은 비합리적 요인들이라는 측면에서 정확히 제시될 필요가 있다. 행위자의 목표에 의해 완전히 조직된 '타자와 함께 있음'이라는 상황에서 도덕(성)은 낯선 침입이다.

도덕(성)의 기원에 대한 대안적 개념화는 **나-타아**$_{ego\text{-}alter}$ 관계를 본질적이고 보편적인 존재양식으로 묘사한 사르트르에게서 찾을 수 있다.

하지만 그것이 거기에서도 발견될지는 전혀 확실하지 않다. 설혹 사르트르의 분석으로부터 도덕(성)에 대한 어떤 개념화가 나타난다 해도 그것은 부정적인 것이다. 즉 의무로서보다는 한계로서의 도덕(성), 자극으로서보다는 제약으로서의 도덕(성)이다. 이런 점에서 (그리고 이런 점에서만) 도덕(성)의 지위에 대한 평가에 대해 사르트르의 논의가 가진 함의는 초보 행동의 맥락에서의 도덕(성)의 역할에 대해 앞서 개괄한 바의 표준 사회학적 해석과 크게 다르지 않다.

물론 그것은 인간-타자들을 질적으로 다른 지위와 능력을 부여받은 존재들로서 나머지 행위자의 지평으로부터 구별해주는 데 근본적 참신성이 있다. 사르트르에게서 타자는 **타아**, 동료 인간, 나와 같은 주체로, 즉 나의 내적 경험으로부터 내가 알고 있는 사람의 복제로서만 생각할 수 있는 주체로 바뀐다. **타아**와 진정이든 또는 상상의 것이든 세상의 다른 모든 대상 사이에는 심연이 놓여있다. **타아**는 내가 하는 것과 똑같은 것을 한다. 그는 생각하고 평가하며 계획을 세우고, 이 모든 일을 할 때 내가 자신을 바라보듯이 나를 바라본다. 단지 나를 바라봄에 의해서만도 타자는 나의 자유의 한계가 된다. 그는 이제 나와 나의 목적을 정의할 권리를 나에게서 빼앗아 가며 그럼으로써 나의 개별성과 자율성을 잃게 하며 나의 정체성과 세상 속에서의 나의 편안함을 손상한다. 이 세상에 **타아**가 존재한다는 바로 그 사실이 나를 부끄럽게 하며 그를 분노케 하는 끊임없는 원인이 된다. 나는 내가 되고자 하는 모든 것이 다 될 수 없다. 나는 내가 하고 싶은 모든 일을 다 할 수 없다. 나의 자유는 사그라진다. **타아**의 현존 아래서는 — 다시 말해 이 세상에서는 — 나 자신을 위한 나의 존재는 동시에 불가피하게 타자를 위한 존재가 된다. 행동할 때 나는 타자의 현존, 따라서 그것이 수반하는 정의定義들, 견해들과 관점들을 고려하지 않을 수 없다.

자아는 **타아**가 함께 있다는 사르트르의 묘사 속에는 도덕적 고려의 불가피성이 내재해 있다고 말하고 싶을 정도이다. 하지만 설혹 그렇더라도 어떤 도덕적 의무가 그렇게 묘사된 함께 있음에 의해 결정될 것인지는 전혀 분명치 않다. 사르트르가 제시한 **자아-타아**의 만남의 결과를 슈츠는 정확히 이렇게 해석하고 있다.

> 나 자신의 가능성은 내가 통제할 수 없는 개연성으로 바뀐다. 나는 더 이상 상황의 주인이 아니다. — 또는 최소한 상황이 내가 어찌할 수 없는 차원을 획득했다. 나는 타자가 행동할 수 있는 수단과 대상이 되는 도구가 되었다. 나는 이 경험을 인식에 의해서가 아니라 불편함 또는 불안함이라는 감정을 통해서 깨닫는다. 이는 사르트르에 의하면 인간조건의 두드러진 특징 중의 하나이다.[6]

사르트르의 불편과 불안은 보통의 사회학적 관점이 타자들의 존재에 전가하는 멍청한 외적 제약과 명백한 가족 유사성을 보인다. 좀 더 정확히 말하면, 그것들은 사회학이 타자의 존재의 비인격적이고 객관적인 구조에서 파악하려고 하는 곤경의 주관적 반영이다. 또는 좀 더 구체적으로 말하면, 그것들은 논리적·합리적 입장의 감정적, 인지 이전의 기계 부품을 상징한다. 실존적 조건에 대한 이 두 가지 번역은 그것들이 함의하는 분노에 의해 결합되어 있다. 둘 다 모두에서 타자는 귀찮고 부담이 되는 존재이다. 또는 고작해야 도전이다. 하나의 경우 그의 존재는 아무런 도덕적 규범들을 요청하지 않는다. 실로 합리적 행동의 규칙들 이외의 어떤 다른 규범도 요구하지 않는다. 다른 하나의 경우, 그것은 그것이 야기하는 도덕(성)을 규범이 아니라 일련의 규칙들로 만들어낸다(내적 추진력은 더더욱 아니다). 그러한 규칙들은 **당연히** 반발을 야기한다. 왜냐하

---

[6] Alfred Schutz, "Sartre's Theory of Alter Ego", in *Collected Papers*, vol. I(The Haag, Martinus Nijhoff, 1967), p. 189.

면 그것들은 다른 사람들을 인간조건에 적대적인 외부성으로, 자유에 대한 제약으로 드러내기 때문이다.

그러나 '타인들과 함께 있음'이라는 실존적 조건에 대한 세 번째 묘사가 있다. — 그것은 도덕(성)에 대한 진정으로 다른 그리고 독창적인 사회학적 접근의 출발점이 될 수 있는, 정통적 접근들이 보지 못하는 현대 사회의 측면들을 드러내고 표현할 수 있다. 그러한 묘사의 주인공인 레비나스[7]는 그것의 지도 이념을 도스토옙스키로부터의 인용문 안에 이렇게 요약하고 있다. — "우리는 모든 사람에게, 그리고 그 모든 사람 이전의 모든 사람에게 책임이 있다. 그리고 다른 모든 사람보다 내가 더 그렇다."

레비나스에게서 '타자들과 함께 있음'은 인간존재의 가장 근원적이고 제거할 수 없는 속성으로 가장 먼저 무엇보다도 **책임성**을 의미한다. "타인이 나를 바라보고 있기 때문에 — 그를 위해서 내가 책임을 떠맡지 않았다고 하더라도 — 나는 그에게 책임이 있다." 나의 책임성은 타자가 나를 위해 존재하는 단 하나의 유일한 형식이다. 이것은 그의 존재의 양식이며, 그의 근접성의 양식이다.

타자는 단순히 공간적으로 나에게 가까운 또는 나의 부모처럼 나에게 가까운 것이 아니다. 타자는 본질적으로 내가 그에게 책임이 있다고 느끼기 때문에 - 내가 그에게 책임을 질 때 - 나에게 다가온다. 그것은 지식으로만 우리를 대상과 이어주는 - 그것이 어떤 대상이든, 인간이든 - 의도적 관계를 결코 닮지 않은 구조이다. 근접성은 이런 의도성으로 되돌아가지 않는다. 특히 그것은 타자가 나에게 알려졌다는 사실로 되돌아가지 않는다.

---

7) Emmanuel Levinas, *Ethics and Infinity: Conversations with Philippe Nemo*, trans. Richard A. Cohen(Pittsburgh: Duquesne University Press, 1982), pp. 95~101.

단연코 나의 책임(성)은 무조건적이다. 책임(성)은 대상의 질에 대한 사전 지식에 의존하지 않는다. 책임성은 그런 지식에 우선한다. 책임성은 대상을 향해 뻗쳐진 이해관계에 얽힌 의도에 의존하지 않는다. 지식도 의도도 타자의 근접성에, 특정적으로 인간적인 함께 있음의 양식에 유리하게 작용하지 않는다. "타자와의 유대는 오직 책임성에 의해서만 매어져 있다." 그리고 이것은

받아들여지건 거부되건, 어떻게 책임을 질 것인가를 알건 모르건, 타자를 위해 무언가 구체적인 일을 할 줄 알건 모르건 상관없이 더욱더 그렇다. '**나 여기에 있다**'고 말하는 것, 타자를 위해 무언가를 하는 것, 주는 것, 인간이 되는 것, 이것이다. …… 나는 — 타자와 근접해 있으면 — 마치(내가 다른 사람에 대해 만들어내는 이미지를 넘어) 그의 얼굴이, 타자의 표정이 (그리고 이 점에서 인간의 신체 전체는 여느 얼굴과 마찬가지다) 나에게 그를 섬기라고 **명령하는** 것처럼 인간 간의 관계를 분석한다. …… 타자의 표정이 나에게 명령하고 운명짓는다. 그것의 의미화는 기표된 명령이다. 좀 더 정확히 말하면, 만약 얼굴이 나에게 어떤 명령을 기의하면 그것은 보통의 기호가 기표를 기의하는 것과는 다른 방식이다. 이 명령은 얼굴의 기의성 그 자체이다.

레비나스에 따르면 실로 **책임(성)은 주체성의 본질적이고 일차적이며 근본적인 구조이다**. 그것은 '타자에 대한 책임'을 의미하는, 즉 "나의 행동이 아닌 것 또는 나에게 중요하지도 않은 것에 대한" 책임성이다. 이 존재론적 책임성은 주체성의, 주체 임의 유일한 의미이며, 이는 계약적 의무와 아무 상관이 없다. 그것은 또한 상호이익에 대한 나의 계산과도 아무런 공통성이 없다. 그것은 상호성, '의도의 상호성', 타자가 나의 책

임에 대해 그의 책임성으로 보상할 것에 대한 기대를 — 그것이 건전한 것이든 근거 없는 것이든 — 필요로 하지 않는다. 나는 어떤 우월한 힘의 명령에 의해 나의 책임성을 짊어지지 않는다. 그것이 지옥을 위협하며 가해진 도덕 코드이든 감옥을 위협하며 가해진 법률 코드이든. 나의 책임성이 담당하지 않은 것을 나는 부담으로 느끼지 않는다. 나는 책임을 느끼지만 동시에 나 자신을 주체로서 구성한다. 책임을 진다는 것은 나를 주체로서 구성하는 것이다. 책임성은 내 일이며 또 나만의 일이기 때문이다. "상호주관적인 관계는 비대칭적 관계이다. …… 나는 상호성을 기다리지 않고 타자에게 책임을 진다. 설혹 그 때문에 내가 죽는다고 해도 말이다. 상호성은 그의 일이다."

책임성이 인간 주체의 존재론적 양식이기 때문에 **도덕(성)이 상호주관적 관계의 기본 구조이다.** 책임성은 그것의 가장 원초적인 형태이며 (이익, 편익계산, 최적해법에 대한 합리적 추구 또는 강제에 대한 굴종 같은) 어떤 비도덕적 요인들에 의해서도 영향을 받지 않는다. 도덕(성)의 본질이 (책무obligation와는 다른) 타자를 향한 의무duty이기 때문에 그리고 이해관계에 선행하는 의무이기 때문에 도덕(성)의 뿌리는 지배구조나 문화와 같은 사회 장치들보다 훨씬 더 근저에 있다. 사회과정들은 (상호주관성에 상당하는) 도덕(성)의 구조가 이미 존재할 때 시작된다. 도덕(성)은 사회의 산물이 아니다. 도덕(성)은 사회가 조작하는, 이용하고, 다시 방향 짓고, 밀어붙이는 그 무엇이다.

반대로 비도덕적인 행동, 즉 타자에 대한 책임성을 저버리거나 포기하는 행위는 사회의 기능부전의 결과가 아니다. 따라서 상호주관성의 사회적 관리에 대한 연구가 필요한 것은 도덕적 행위가 아니라 비도덕적 행위가 발생한 경우이다.

사회적 근접성과 도덕적 책임성

모든 도덕적 행위의 기초적 요소가 되는 이 책임성은 타자의 근접성으로부터 발생한다. 근접성은 책임성을 의미하며 책임성은 근접성이다. 둘 중 어느 것이 상대적으로 우선하느냐 하는 논의는 명백히 불필요하다. 왜냐하면 어느 것도 홀로는 상상할 수 없기 때문이다. 책임성의 중화, 그리고 거기에 수반되는 도덕적 충동의 무화는 필연적으로 근접성을 물리적 또는 정신적 고립으로 대체하는 것을 수반하게 된다(사실, 양자는 같은 말이다). 사회적 거리가 근접성을 대신한다. 근접성의 도덕적 속성은 책임성이다. 사회적 거리의 도덕적 속성은 도덕적 관계의 부재 또는 타인공포증이다. 일단 근접성이 손상되면 책임성은 침묵한다. 동료 인간 주체가 타자로 변하게 되면 책임성은 결국 분노로 대체될 것이다. 그러한 변화 과정은 사회적 분리 과정이다. 수천 명의 사람이 살인자가 될 수 있도록, 또 수백만 명의 사람들이 항의하지 않는 방관자가 될 수 있도록 한 것은 그런 사회적 분리였다. 그리고 그런 분리를 가능하게 한 것은 현대의 합리적 사회의 기술적·관료적 성취였다.

나치 시대에 관한 가장 뛰어난 독일의 역사가인 몸젠은 최근 홀로코스트의 역사적 의미와 그것이 현대 사회의 자기인식에 대해 야기하는 문제들을 이렇게 요약했다.

서구 문명은 상상할 수 없는 대량파괴 수단들을 개발해냈지만 현대적 합리화 기술에 의해 제공된 훈련은 순전히 기술적이고 관료적인 심성만을 만들어냈는데, 그것의 대표적 예가 홀로코스트 집행자 집단이다. 그들은 직접 스스로 살인을 저질렀거나 또는 제국보안본부나 외무성의 책상에 앉아 또는 점령지나 위성국에 파견된 제3제국의 특명전권대사로 추방과 절멸을 준비했다. 이런 한에서 홀로코스트의 역사는 현대 국가에 대한 '경고

표시(*mene tekel*'인 것처럼 보인다.8)

나치 국가가 성취한 그 밖의 것들도 많겠지만 나치가 남녀노소를 불문하고 인민을 체계적이고 목적의식적이며 비감정적이고 냉혈한처럼 살해하는 데 대한 가장 무서운 장애물, 즉 "육체적 고통의 면전에서 모든 정상적인 사람이 영향을 받는 동물적 연민"9)을 극복하는 데 성공했음은 분명하다. 우리는 동물의 연민이라는 감정에 대해 많이 알지 못한다. 하지만 우리는 기본적인 인간조건을 바라보는 하나의 방식이 있다는 것을 안다. 그것은 살인, 다른 인간에게 고통을 가하는 것에 대한 인간의 반감, 그리고 고통을 받는 다른 인간을 도우려는 충동의 보편성을 분명히 보여준다. 사실 그것은 타자의 안녕에 대한 개인적 책임성 바로 그것의 보편성이다. 만약 이런 관점이 옳다면 또는 최소한 그럴듯한 것이라면 나치 정권의 성취는 무엇보다도 특정적으로 인간적인 존재양식의 도덕적 충격을 중립화한 데 있다. 이런 성공이 나치 운동 및 지배의 독특한 특징들과 관련되어 있는지, 아니면 그것이 우리 사회의 좀 더 공통적인 속성들에 준거해서 설명될 수 있고 나치들은 단지 히틀러의 목적을 위해 능숙하게 이것들을 전개했을 뿐인지를 아는 것은 중요하다.

한두 세대 전까지는 유럽 유대인들의 대량학살에 대한 설명을 유럽의 기나긴 반유대주의 역사에서 찾는 것이 — 일반 대중뿐만 아니라 역사가들 사이에서도 — 일반적이었다. 물론 그러한 설명에서는 독일의 반유대주의가 가장 심했고 무자비하며 살인적이었다는 점을 강조할 필요가 있었다. 왜냐하면 인종 전체의 완전 절멸이라는 악마적 계획이 만들어지고 행동에 옮겨진 것은 결국 독일에서였기 때문이다. 하지만 2장과

---

8) Hans Mommsen, "Anti-Jewish Politics and the Interpretation of the Holocaust", in *The Challenge of the Third Reich: The Adam von Trott Memorial Lecture*, ed. Hedley Bull(Oxford: Clarendon Press, 1986), p. 117.
9) Arendt, *Eichmann in Jerusalem*, p. 106.

3장의 서술로부터 기억하듯이 그러한 설명은 역사 연구에 의해 의심받게 되었다. 전통적인, 즉 현대 이전의 유대인 증오와 홀로코스트의 집행에 불가결한 현대의 절멸주의적 계획 사이에는 명백한 단절이 있었다. 대중의 감정의 기능에 관한 한 점점 더 많은 역사적 증거들이 일상적, 전통적, '이웃 간 경쟁에 기초한 반유대주의 그리고 완전 절멸이라는 나치의 관점을 기꺼이 받아들이고 그것의 실행에 참여하려는 자세 사이에 거의 의문의 여지 없이 부정적인 상관관계가 있었음을 입증해주고 있다.

나치 시대를 연구하는 역사가들 사이에는 홀로코스트의 집행에는 유대인에 대한 독일인들의 동원이 아니라 일상적 태도의 중립화가 필요했다는 것, 유대인에 대한 전통적 분노가 '자연스럽게' 지속되었던 것은 기꺼이 대량학살에 협조하려는 자세라기보다는 일종의 반발심으로 그것이 나치 암살단의 '급진적 행동'을 가능하게 해주었다는 것, 제노사이드를 계획한 SS는 국민 일반의 감정으로부터 그러한 임무의 독립성을 지켜가면서 '최종해결책'을 향해 나아가야 했으며, 따라서 국민 일반은 희생자들에 대해 전통적, 즉 자생적으로 형성된, 그리고 공동체에 의해 지탱되었던 태도의 영향과는 무관했다는 것 등에 대한 합의가 증가하고 있다.

브로자트는 이와 관련된 설득력 있는 역사 연구의 결과들을 최근 이렇게 요약했다. "유대인이 인구의 큰 부분을 차지하는 촌락과 도시들에서 독일인과 유대인 간의 관계는 나치 시대 초기에조차도 대부분 비교적 좋았고 거의 적대적이지 않았다."[10] 반유대주의 감정을 부추기고 정적인 분노를 동적인 것으로 (이런 적절한 구분은 뮐러-클라우디우스 Müller-Claudius에 의한 것이다) 다시 만들려는 — 즉, 비당원이고 이데올로기적으로 중립인 사람들을 유대인에 대한 폭력 행동으로 또는 최소한

---

10) Martin Broszat, "The Third Reich and the German People", in *The Challenge of the Third Reich*, p. 90.

SA의 폭력 과시에 대한 지지로 유도하려는 ─ 나치의 시도는 물리적 강제에 대한 대중의 혐오, 신체적 고통을 가하는 데 대한 뿌리 깊은 금제, 이웃, 즉 자신이 알고 있고 그래서 자신의 세계 지도에 익명의 인류가 아니라 구체적 개인으로 그려 넣은 사람들에 대한 인간의 강한 충성심 등에 의해 실패했다. 국민의 소외와 반란의 위협을 피하려고 히틀러 집권 초기의 열광에 편승한 SA 대원들의 폭력행위는 강제로 진압되어야만 했다. 히틀러는 추종자들의 반유대주의 광란을 즐기면서도 풀뿌리 차원에서 반유대주의의 주도권을 잡는 것을 멈추기 위해 직접 개입하지 않을 수 없음을 느꼈다. 무한정 지속될 것으로 계획되었던 반유대주의 보이코트는 마지막 순간에 하루의 '경고 시위'로 축소되었는데, 그것은 부분적으로는 외국의 반발에 대한 두려움 때문이지만 더 크게는 그러한 시도에 대한 대중의 열정이 명백하게 결여되어 있었기 때문이다. 보이코트의 날(1933년 4월 1일) 이후 나치 지도자들은 보고서와 정보 보고서에서 SA대원과 당원을 제외한 광범위한 무관심에 대해 불평하면서 전체 사건을 실패로 평가했다. 그리고 대중으로 하여금 반유대주의 조치들의 시행에서의 그들의 역할을 각성하도록 하기 위해서는 지속적으로 선동할 필요성이 있다는 결론을 도출했다.11) 뒤이은 노력에도 불구하고 일일 보이코트의 실패는 이후의 모든 반유대주의 정책의 원형이 되었다. 결국 이 정책은 일반 대중의 적극적인 참여를 필요로 하는 것이었다. 유대인 상점과 병원들은 개점해 있는 한 여전히 손님과 환자를 끌어들였다. 프랑코와 바바리아 농민들은 유대인 가축중개상들과 거래를 중단해야만 했다. 앞서 살펴본 대로 공식적으로 계획되고 조정되었던 대량학살이었던 **수정의 밤**은 일반 독일인이 반유대주의 폭력에 가담하기를 희망했던 것인 한 역시 생산적이지 않은 것으로 판명되었다. 대신 대부분

---

11) Karl A. Schleunes, *The Twisted Road to Auschwitz: Nazi Policy Toward German Jews 1933~1939*(University of Illinois Press, 1970), pp. 80~88.

의 사람은 깨어진 유리들이 흩어진 거리와 나이 든 이웃들이 젊은 암살단에 의해 포박되어 감옥으로 가는 트럭에 실리는 광경에 실망감으로 반응했다. 여기에서 아무리 강조해도 지나치지 않은 점은 공공연한 반유대주의 폭력적 자행에 대한 이 모든 반응이 — 유대인을 재정의하고 유대인을 독일 국민〔민족〕으로부터 추방하며 법적 제한과 금지를 더욱 더 강화하는 — 반유대주의 입법에 대한 대중적이고도 열정적인 승인과 동시에 일어났다는 점이다.12)

나치의 반유대주의 선전의 개척자였던 슈트라이허는 그의 신문 『돌격대』가 수행해야 하는 가장 시급한 과제는 '유대인 그 자체'의 전형이 독자들이 유대인 이웃들, 친구들 또는 동업자들에 대해 갖는 개인적인 이미지로 고착되도록 만드는 것이었음을 깨달았다. 이 신문의 짧지만 격동에 찬 역사에 대한 예리한 저서의 저자인 쇼월터에 따르면 이런 깨달음에 이른 사람은 슈트라이허 혼자만이 아니었다. "정치적 반유대주의의 하나의 주요한 도전은 — 살아있고 숨 쉬는 지인 또는 측근으로 단순한 존재 그 자체가 '신화적 유대인'이라는 부정적 전형의 타당성을 부정하는 것처럼 보이는 — '이웃에 사는 유대인'이라는 이미지를 극복하는 것이었다."13) 개인적 이미지와 추상적 이미지 사이에는 놀라울 만치 아무런 상관관계도 없었던 것처럼 보인다. 마치 양자 간의 논리적 모순을 인지부조화로 또는 좀 더 일반적으로 심리적 문제로 경험하는 것이 인간의 습관에는 없는 것 같았다. 개인적 이미지와 추상적 이미지의 준거가 동일함에도 불구하고 그것들이 같은 계급에 속하는 개념으로 — 비교되고 서로 대조되어야 하며 궁극적으로는 화해되거나 거부되어야 하는 표상들로 — 생각되지 않는 것 같았다. 대량학살 기계들이 완전

---

12) Ian Kershaw, *Popular Opinion and Political Dissent in the Third Reich*(Oxford: Clarendon Press, 1983) 참조.
13) Dennis E. Showalter, *Little Man, What Now?*(New York: Archon Books, 1982), p. 85.

작동되기 시작한 한참 후에야 — 좀 더 정확히는 1943년 10월에 — 히믈러는 부하들 앞에서 심지어 유대 인종 전체를 절멸하는 데 대해 특별한 양심의 가책을 보이지 않은 충성스런 당원 중에도 면제하고 보호하고 싶어 하는 자신만의 특별한 개인적인 유대인들을 가진 자가 있다고 불평했다.

"유대인은 절멸되어야 한다. 그것은 분명하다. 그것은 우리 당의 강령이다. 유대인의 제거, 절멸. 옳다. 우리는 그 일을 할 것이다"고 모든 당원이 말한다. 그런 다음 그들은 8천만 명의 선량한 독일인이 되어 함께 어울리며, 각자는 자신만의 품위 있는 유대인을 갖고 있다. 물론 다른 자들은 돼지들이다. 하지만 이 사람만은 일급 유대인이라는 것이다.[14]

개인적 이미지와 추상적인 전형을 분리하고 모든 논리학자가 불가피하다고 볼 모순을 방지하는 것은 전자의 도덕적 침투와 후자의 도덕적으로 중립적이고 순전히 지적인 성격이다. 개인적 이미지가 형성되는 근접성+책임성의 맥락은 주위를 '단순히 추상적' 논증들에는 거의 뚫리지 않는 두터운 도덕의 벽으로 에워싼다. 그리고 후자의 지적인 상투형은 설득력이 있는 것일 수도 있거나 널리 퍼진 것일 수도 있지만 그것의 적용 범위는 개인적 상호작용의 영역이 시작되는 곳에서 갑자기 딱 멈춘다. 추상적 범주로서의 '타자'는 내가 아는 '타자'와 전혀 소통하지 않는다. 후자는 도덕(성)의 영역에 속한다. 반면에 전자는 단호히 바깥으로 내던져진다. 후자는 선과 악이라는 의미의 세계 속에 머무르며, 효율성과 합리적 선택의 담론에 종속되기를 완강히 거부한다.

---

14) Joachim C. Fest, *The Face of the Third Reich*(Hammondsworth: Penguin Books, 1985). p. 177에서 재인용.

도덕적 책임(성)에 대한 사회적 억압

우리는 널리 퍼진 이민족 혐오와 나치가 계획하고 집행한 대량학살 사이에는 직접적 연관이 거의 없다는 것을 이미 알고 있다. 축적된 역사적 증거들이 추가로 강력히 암시하는 것은 홀로코스트라는 유례없는 규모의 대량학살은 잠자고 있던 개인적 성향들이 깨어나고, 고쳐지고, 강화되어 터져 나온 결과가 아니었다(그리고 그럴 수도 없었다)는 것이며, 또한 홀로코스트는 어떤 다른 의미에서도 개인적인 대면 관계로부터 발생하는 적대 — 이것이 때때로 아무리 쓰라리고 씁쓸하다고 할지라도 — 와도 연속적이지 않다는 것이다. 개인에 기초한 그러한 증오가 확장되는 데는 분명한 한계가 있다. 많은 경우에 그것은 — 인간적 근접성, '타자와 함께 살아가기'에 뒤엉켜있는 — 타자에 대한 기본적 책임성에 의해 그어진 선을 넘는 데 저항할 것이다. 홀로코스트는 태고의 도덕적 충동들의 영향을 중립화시키는, 살인 기계를 그런 충동이 발생하고 적용되는 영역으로부터 고립시키는, 그런 충동을 그러한 과업에 대해 주변적인 또는 전적으로 무관한 것으로 만드는 조건에서만 수행될 수 있었다.

이런 중립화, 고립화, 그리고 주변화는 현대적 산업, 수송, 과학, 관료제, 기술 등의 가공할 장치를 전개한 나치 정권의 성취였다. 이것들이 없었다면 홀로코스트는 생각할 수 없었을 것이다. **유대인 없는**_judenrein_ 유럽, 유대 인종의 완전한 절멸이라는 거창한 전망은 사이코패스, 사디스트, 광신자 또는 다른 까닭 없는 폭력의 중독자들에 의해 자행된 수많은 크고 작은 학살들 속에서라면 사그라졌을 것이다. 아무리 잔인하고 유혈적이라고 해도 그런 행동은 목적에 부합되지 않을 것이다. 합리적이고 관료적·기술적인 과제로서, 특정의 전문가들과 전문조직들에 의해 설정된 특정한 범주의 대상들에 대해 행해져야 할 무엇으로서 — 다시 말해서 감정이나 개인적 관여에 의존하지 않는 비인격적 과제로서 ─ '유대인 문제에 대한 해법'을 고안하는 것이 결국 히틀러의 전망에 적절한 것으로 판명되었다. 하지만 해법은 관료적 작전의 미래의 대상들인 유대인들이 독일의 일상적 삶의 지평으로부터 제거될 때까지, 개인적 상호작용의 연결망으로부터 단절되어 한 범주, 한 전형의 표본으로, **형이상학적 유대인**이라는 추상적 개념으로 변형될 때까지 그렇게 고안되지도 그렇게 집행되지도 않았을 것이다. 다시 말해 그들이 도덕적 책임(성)의 정상적으로 확장해가는 '타인들'이기를 멈추고 그런 자연스런 도덕(성)이 제공하는 보호수단을 상실할 때까지 말이다.

커쇼는 유대인에 대한 대중의 증오를 불러일으키고 그것을 '유대인 문제의 해결'에 기여하는 동력으로 전화하는 데서의 나치의 연속적 실패를 철저히 분석하고 나서 다음과 같은 결론에 도달한다.

나치가 가장 성공한 것은 유대인을 비인격화하는 데서이다. 사회적 삶으로부터 추방될수록 유대인은 독일 자체에 있던 더 소수의 실제 '유대인 사회Jewry'에 맞선 캠페인을 강화한 선전이 만들어낸 전형에 더 들어맞는 것처럼 보였다. 비인격화는 독일 여론에 이미 존재하던 광범위한 무관심을 증가시켰으며, 고전적 폭력과 죽음의 수용소의 합리화된 '조립설비' 절멸 사이의 필수 단계가 되었다.

유대인들을 독일 사회로부터 추방하는 점진적 조치들이 없었다면 '최종해결책'은 가능하지 않았을 것이다. 그것들은 대중이 빤히 바라보는 가운데 일어났고, 법률적 형식에서 광범위한 동의를 얻었으며 유대인이라는 인물상을 비인격화하고 격하하는 결과를 가져왔다.[15]

---

15) Kershaw, *Popular Opinion and Political Dissent*, pp. 275, 371~372.

이미 3장에서 지적했듯이 '이웃의 유대인'이 SA 폭력단원들의 희생자가 되었을 때 거기에 반대한 독일인들도 (심지어 그들 중 자신의 혐오감을 명시화하는 용기를 보인 사람들조차도) '유대인 그 자체'에 가해진 법률적 제약은 무관심 속에서 또는 종종 만족스럽게 받아들였다. 만약 그들이 알고 있는 사람들에게 초점이 맞춰졌다면 도덕적 양심을 불러일으켰을 것도 추상적이고 전형화된 범주를 겨냥했을 때에는 거의 아무런 감정을 불러일으키지 않았다. 그들은 일상적 삶의 세계로부터 유대인들이 점차 사라지는 것을 평온하게 지켜보았다(또는 알아차리지 못했다). 그렇게 많은 인물들Figuren을 '절멸시킬' 과제가 맡겨진 젊은 독일 병사들과 SS 대원들에게 유대인은 "단지 '박물관의 전시물', 호기심을 갖고 바라볼 그 무엇, 화석으로 남은 놀라운 동물, 가슴에 노란 별을 단 지나간 시대의 증언자이지만 현재에는 속하지 않으며, 보기 위해선 멀리 여행해야 하는 것이었다."16) 도덕(성)은 그렇게까지 멀리 돌아다니지 않았다. 도덕(성)은 집안에 그리고 현재에 머무는 경향이 있다.

몸젠의 말을 빌리면

유대인 소수자들을 다수 주민으로부터 사회적으로 그리고 도덕적으로 고립시키려는 헤드리히Hedrich의 정책은 대중으로부터 별다른 항의를 받지 않고 진행되었다. 왜냐하면 유대인 중에서 독일인 이웃들과 밀접한 관계에 있던 부분은 점증하는 차별에 포함되지 않았거나 단계적으로 그들로부터 분리되었기 때문이다. 차별 입법이 누적되어 독일의 유대인들을 다수 주민과의 어떤 정규적인 사회적 소통으로부터도 완전히 배제된 사회적 천민 역할을 하게 한 후에야 체제의 사회구조가 흔들리는 일 없이 추방과 절멸이 실행될 수 있었다.17)

16) Kershaw, *Popular Opinion and Political Dissent*, pp. 370.
17) Mommsen, "Anti-Jewish Politics", p. 136.

홀로코스트 역사에 대한 최상의 권위자인 힐버그는 도덕적 금제가 점진적으로 침묵하게 되고 대량학살 기계가 작동하게 되는 단계들에 대해 다음과 같이 말했다.

완성된 형태에서 현대 사회에서 절멸/학살의 구조는 다음과 같은 그림으로 나타낼 수 있을 것이다.

절멸 과정의 단계들의 순서는 그렇게 정해진다. 따라서 일군의 사람에게 최대의 손상을 입히려고 한다면 관료제는 기구들이 아무리 분산되어 있고 활동이 아무리 무계획적이라고 할지라도 피해자를 이런 단계로 밀어붙이는 것이 불가피하다.18)

18) Raul Hilberg, *The Destruction of European Jews*, vol. III(New York: Holmes and Meier, 1987), p. 999.

힐버그는 이 단계들은 논리적으로 결정된다고 말한다. 그것들은 합리적 연쇄, 우리로 하여금 목표에 이르는 가장 빠른 길과 가장 효율적인 수단을 찾도록 촉구하는 현대적 기준들을 따르는 순서를 이룬다. 만약 이제 대량학살 문제에 대한 이런 합리적 해법의 지도 원칙을 찾아내고자 한다면, 우리는 연속된 단계들은 도덕적 의무의 영역으로부터의 (또는 훼인이 제안한 개념을 사용하면 '책무의 세계'로부터의19)) 추방 논리에 따라 배치되었음을 알 수 있다.

정의는 피해자 집단을 하나의 **상이한** 범주로 분리하며(모든 정의는 전체를 두 부분으로 즉 표시된 부분과 표시되지 않은 부분으로 나누는 것을 의미한다), 그리하여 그것에 적용되는 것은 무엇이든 나머지 모든 집단에는 적용되지 **않는다**. 정의된다고 하는 행위 자체에 의해 해당 집단은 **특별한** 처우 대상이 된다. '보통' 사람들과 관련해서는 적당한 것도 이 집단과 관련해서는 반드시 적당할 필요가 없다. 이 집단의 개별 구성원들은 더 나아가 이제 어떤 유형의 표본이 된다. 그러한 유형의 본성 중 어떤 것은 이제 그처럼 개별화된 이미지 속으로 스며들고, 원래 무고한 근접성을 훼손하고, 스스로 유지하는 도덕 세계로서의 자율성을 제한할 수밖에 없다.

해고와 몰수는 대부분의 일반 계약을 무효로 만들며 과거의 근접성을 물리적·사회적 거리로 대체한다. 피해자 집단은 이제 시야로부터 사실상 제거된다. 그들은 이제 우리가 기껏해야 소식을 듣는 범주가 된다. 따라서 우리가 그들에 관해 듣는 것은 개개인들의 운명에 대한 지식으로 번역될 기회가 없으며, 따라서 개인적 경험에 비추어 검증될 기회가 없다.

---

19) Helen Fein, *Accounting for Genocide: National Response and Jewish Victimization during the Holocaust*(New York: Free Press, 1979).

강제 수용은 이런 격리 과정을 완결한다. 피해자 집단과 나머지 다른 집단은 더 이상 만나지 않는다. 그들의 생활 과정들은 교차하지 않으며 소통은 중단된다. 분리된 집단 중 하나에서 어떤 일이 일어나더라도 다른 집단과는 상관이 없고 인간적 상호작용의 언어로 쉽게 번역할 수 있는 의미를 지니지 않는다.

착취와 기아는 추가의, 정말로 놀라운 과업을 수행한다. 그것들은 비인간성을 인간성으로 위장한다. 지역의 나치 수장이 상관들에게 자기 관할하에 있는 일부 유대인들의 기아의 고통을 덜어주기 위해 죽일 수 있도록 허락해달라는 요청을 (대량학살을 시작하라는 신호가 보내지기 훨씬 이전에) 한 명백한 증거가 있다. 이전에 이미 재산과 소득을 강탈당하고 게토에 수용된 인구를 먹여 살리는 데 필요한 식량을 구할 수 없게 되자 죽이는 것이 자비로운 행위로 — 실로 인간성의 발현으로 — 보였다. "극악한 파시스트 정책들은 의도적으로 참을 수 없는 조건들과 비상 상황을 만들어냈고, 그런 다음 그것들을 더욱더 급진적인 조치들을 정당화하는 데 이용했다."[20]

그리하여 최후의 막, 절멸은 결코 혁신적 이탈이 아니었다. 그것은 말하자면 앞서 취해진 많은 단계의 (비록 처음에는 예상하지 않았던 것이긴 하지만) 논리적 결과였다. 그러한 단계 중 어느 것도 이미 벌어진 상황에 의해서 필연화되었던 것은 아니다. 그러나 각 단계는 절멸로 가는 길의 다음 단계의 선택을 합리적인 것으로 만들었다. 정의定義라는 첫 막으로부터 순서가 멀어질수록 그것은 순전히 합리적·기술적 고려에 의해서만 지도되었으며 도덕적 금제를 고려할 필요가 적어졌다. 사실, 그것은 더 이상 도덕적 선택이 필요하지 않게 만들었다.

단계 간의 이행은 한 가지 놀라운 공통점을 가졌다. 그것들은 모두 피

---

[20] Mommsen, "Anti-Jewish Politics", p. 136.

해자들이라고 알려진 사람들과 인구의 나머지 — 제노사이드의 집행자들과 목격자들 모두 — 간의 물리적·정신적 거리를 증가시켰다. 그러한 특징에 최종 목적지라는 과정에서 볼 때 그것들의 내재적 합리성 그리고 절멸이라는 과제의 완수에서의 효율성이 존재했다. 분명히 도덕적 금제는 멀리서는 작동하지 않는다. 그것들은 인간적 근접성에 긴밀하게 연관되어 있다. 반면에 비도덕적 행위를 저지르는 것은 사회적 거리가 늘어남에 따라 점점 더 쉬워진다. 만약 몸젠이 홀로코스트 경험의 '인류학적 차원'으로 "자기 자신의 경험 영역과 직접 관련이 없는 행위들에 대한 도덕적 무관심에 익숙해지는 과정과 관련해 오늘날 현대의 산업사회에 내재한 위험"[21]을 지적하는 것이 옳다면 그가 경고하는 위험의 원인은 바로 그러한 산업사회가 인간 간의 거리를 도덕적 책임성과 도덕적 금제가 들리지 않게 되는 거리까지 늘릴 수 있는 능력에서 원인을 찾아야만 한다.

거리의 사회적 생산

인간적 근접성과 밀접히 관련되어 있기 때문에 도덕(성)은 광학 법칙을 따르는 것처럼 보인다. 그것은 눈에 가까우면 크고 굵게 보인다. 거리가 멀어질수록 타인에 대한 책임성은 줄어들고 대상의 도덕적 차원은 흐릿해지며, 마침내 둘 다 소멸점에 도달해 시야에서 사라진다.

  이런 도덕적 충동의 질은 상호작용이 틀을 제공하는 사회질서와는 독립적인 것처럼 보인다. 사회질서에 의존하는 것은 도덕적 성향들의 실용적 효율성, 그것들이 인간의 행위를 통제하고 타인에게 가해지는 해

---

[21] Mommsen, "Anti-Jewish Politics", p. 140.

를 제한하는 능력, 그리고 모든 상호작용을 가두는 한도를 형성하는 능력 등이다. 도덕적 무관심의 의미 — 그리고 위험 — 은 우리 현대의 합리화되고 산업기술적으로 능숙한 사회에서 특히 예리해진다. 왜냐하면 그런 사회에서 인간 행위는 멀리서도 효력을 발생할 수 있기 때문이다. 그리고 과학과 기술, 그리고 관료제가 발전함에 따라 거리는 계속 멀어진다. 이런 사회에서 **인간 행위의 효과는 도덕적 시야의 '소멸점' 훨씬 너머까지 도달한다**. 도덕적 충동의 시각적 능력은 근접성 원칙에 의해 제한되어 있기 때문에 항상 일정하다. 하지만 인간 행위가 효과를 미치고 결과를 가져올 수 있는 거리는, 따라서 그런 행동에 의해 영향을 받는 사람들의 수는 급속히 증가한다. 도덕적 충동에 의해 영향을 받는 상호작용의 영역은 행동의 양의 팽창과 비교해 상대적으로 축소된다.

다른 모든 기준을 합리적 행동이라는 기준으로 대체한 것. — 그것은 '비합리적 것'이라는 기준에 대한 현대적 규정 덕분에 가능했다. 현대 문명의 이처럼 악명 높은 성취는 ('비합리적인 것' 중에서는 도덕적 평가들이 중요하게 강조된다) 결정적으로 '원격조종'의 진보에 의해, 즉 인간의 행동이 영향을 미칠 수 있는 거리의 증가에 의해 조건 지어진다. 멀리 떨어진, 거의 보이지 않는 행동의 목표는 도덕적 평가로부터 자유롭다. 그리고 그런 표적들에 영향을 미치는 행동을 선택하는 것은 도덕적 충동이라는 동인에 의해 부과되는 제약으로부터도 자유롭다.

밀그램의 실험이 극적으로 보여주었듯이 도덕적 주장의 망각과 도덕적 금제의 유보는 공공연한 반도덕적 십자군 또는 낡은 도덕 체계를 다른 일련의 규칙들로 대체할 목적의 세뇌를 통해서보다는 행동의 진짜 표적들(비록 종종 행위자도 알지 못하지만)을 '멀리 떨어져서 거의 보이지 않게' 만드는 것에 의해 달성된다. 피해자들을 시야에서 사라지게 하는, 따라서 그들을 도덕적 평가로부터 배제하는 기술의 가장 명백한 예는 현대 무기들이다. 현대 무기의 발전은 주로 대면 전투, 즉 인간적 규모의 상식적 의미에서의 살해 행위를 행하는 기회를 점점 더 없애는 것으로 이루어진다. 교전하는 군대를 함께 마주 세우기보다는 분리시키고 멀리 떨어뜨리는 무기들의 등장과 함께 무기 조작자들에 대한 훈련은 도덕적 충동을 억압하거나 '낡은' 도덕(성)을 직접 공격하는 데 집중되며, 따라서 이전의 의미를 대부분 잊어버린다. 무기 사용이 사용자들의 도덕적 진실성에 대해 단지 추상적·지적 관계만을 갖는 것처럼 되기 때문에 카푸토의 말을 빌리면 전쟁의 에토스는 "거리와 기술 문제인 것처럼 보인다. 정교한 무기로 멀리 떨어진 사람들을 죽일 수 있다면 결코 실패하지 않을 것이다."[22] 자기 행위의 실제 결과를 눈으로 보지 않는 한 또는 자신이 보는 것을 단추를 누르거나 조준기를 켜는 것과 같은 무고하면서도 사소한 행동과 명백하게 연관시키지 못하는 한 도덕적 갈등은 일어나지 않을 것 같으며 또는 일어나더라도 약해진 형태로 일어날 것이다. 우리는 조작자들에게 보이지 않는 표적을 타격할 수 있는 포의 발명을 현대전의, 그리고 그와 관련해 도덕(성)을 전쟁과 무관하게 되는 과정의 상징적 출발점으로 생각할 수 있다. 그런 포는 포를 표적과는 전혀 다른 방향으로 겨냥하면서도 표적의 파괴를 가능하게 한다.

현대 무기의 성취는 사회적 거리의 사회적 생산의 훨씬 더 다양한 과정에 대한 은유로 받아들일 수 있다. 락스는 이 과정의 많은 징후를 아우르는 특징을 **행동의 매개와 중개인** — "나와 나의 행동 사이에 서서 내가 그것을 직접 경험하는 것이 불가능하도록 하는 사람" — 의 대규모 도입에서 찾는다.

우리가 우리의 행동으로부터 느끼는 거리는 그것에 대한 우리의 무지와 비례한다. 한편 우리의 무지는 대체로 우리 자신과 우리의 행동 사이의 연

---

22) Philip Caputo, *A Rumor of War*(New York: Holt, Rinehart & Wisdom, 1977), p. 229.

쇄적인 중개 길이의 척도이다. 맥락에 대한 의식이 사라지면서 행동은 결과가 없는 움직임이 된다. 행동의 결과가 시야에서 사라지면서 사람들은 자신들의 역할과 책임에 대해 전혀 의문을 제기하지 않으면서 가장 혐오스러운 행위의 당사자가 될 수 있다.

우리 자신의 행동이 원격 효과들을 통해 비극을 야기하는가를 알기란 〔지극히 어렵다〕. 스스로 결백하다고 생각하며 사회를 비난하는 것은 꽁무니를 빼는 짓이다. 그것은 대규모 매개의 자연스러운 결과이며 이는 불가피하게 괴물과도 같은 무지로 귀결된다.[23]

일단 매개 되면 행동의 궁극적 결과는 도덕적 충동이 규제력을 유지하는 상대적으로 좁은 상호작용 영역의 바깥에 위치한다. 반대로 도덕적으로 충만한 영역 안에 들어있는 행위들은 도덕적 비난을 받지 않을 만큼 대부분의 참여자 또는 목격자들에게 충분히 무해하다. 주도권과 가시적 효과들 사이를 매개하는 행위들의 연쇄의 길이 그 자체와 더불어 엄밀한 분업이 집단 작업 대부분의 — 아무리 결정적이라 하더라도 — 구성원들을 도덕적 의미와 검토로부터 해방시킨다. 그것들은 아직 분석과 평가를 받아야 한다. 하지만 기준은 도덕적인 것이 아니라 기술적인 것이다. '문제들'은 더 나은, 좀 더 합리적인 계획을 요구하지 영혼의 검사를 필요로 하지 않는다. 행위자들은 자신을 주어진 — 그리고 부분적인 — 목적을 위한 좀 더 나은 수단을 찾아내는 합리적 과제에 몰두하도록 하지 궁극적 목표 — 여기에 대해 그들은 단지 막연한 생각만을 갖고 있거나 거기에 대해 책임감을 느끼지 않는다 — 에 대한 평가라는 도덕적 과제에 몰두하지 않는다.

신속하고 간결하며 값싼 대량학살이라는 기술적 과제에 대한 초기 나

---

23) John Laces, *Responsibility and the Individual in Modern Society*(Brighton: Harvester, 1981), pp. 12, 13, 57~58.

치의 해법이었던 악명 높은 가스 밴의 발명과 배치에 관한 상세한 설명에서 브라우닝은 관련된 사람들의 심리 세계에 대한 다음과 같은 통찰을 제시했다.

전문 분야가 통상은 대량학살과 아무런 관련이 없는 전문가들이 갑자기 자신이 학살기계의 작은 부품이 되어있음을 깨닫는다. 자동차를 조달하고 수송하고 유지하고 보수하던 그들의 전문지식과 설비들은 가스 밴을 생산하는 책임이 맡겨지면서 갑자기 대량학살에 복무하도록 강제 당한다. 그들을 괴롭힌 것은 생산품의 하자에 대한 비판과 불평이었다. 가스 밴의 결점들은 그들의 솜씨에 대한 부정적 반응으로 그것은 치유되어야만 하는 것이었다. 야전에서 발생하는 문제들에 뒤처지지 않기 위해 그들은 자신들의 생산품이 좀 더 효율적이고 조작자들에게 받아들여질 만하게 하려고 창의력 있는 기술적 적응을 위해 분투했다. 그들의 가장 큰 관심사는 자신들에게 부과된 과제에 부응하지 못하게 될까 하는 것이었다.[24]

관료적 분업이라는 조건하에 도덕적 책임성이 최고의 규칙이 되는 근접성의 모임 내의 '타자'는 노동의 동료이다. 그가 자신의 과제에 성공적으로 대처하느냐 못하느냐 하는 것은 행위자가 해당 작업 중 자신이 맡은 부분에 전념하느냐의 여부에 달려있다. 직속상관의 직업적 위상은 부하의 협력에 달려있다. 위계상 바로 아래 있는 사람은 자신의 과제가 분명하게 정의되고 실행 가능한 것이기를 기대한다. 그런 타자들을 다룸에 있어서, 근접성이 만들어내는 경향이 있는 도덕적 책임성은 조직에 대한 충성 형태 — 대면적 상호관계들의 연결망의 추상적 조립 — 를 띤다. 조직에 대한 충성의 형태를 띤 행위자의 도덕적 충동은 — 도

---

[24] Christopher R. Browning, *Fateful Months: Essays on the Emergence of the Final Solution*(New York: Holmes & Meier, 1985), pp. 66~67.

덕적 충동이 포괄하는 근접성의 영역 안의 상호작용의 윤리적 타당성의 활력을 잃게 하지 않고서도 — 도덕적으로 비열한 목적을 위해 사용될 수 있다. 행위자들은 자신들의 진실성을 진지하게 계속 믿을 수 있다. 실로 그들의 행동은 다른 기준들이 여전히 작동하는 유일한 영역에서 도덕적 기준을 따른다. 브라우닝은 독일 외무성의 악명 높은 유대인 부서 D III에 충원된 네 명의 관리들의 개인 이야기를 조사했다. 그는 그들 중 두 명은 자기 일에 만족했고 다른 두 명은 다른 업무로 옮기기를 원했음을 알아냈다.

둘 다 결국 D III을 벗어나는 데 성공했다. 그러나 거기 있는 동안 그들은 자신들의 임무를 꼼꼼하게 수행했다. 그들은 직무에 대해 내놓고 반대하지 않았으며 자신들의 전직을 위해 암암리에 조용히 작업했다. 자신들의 기록을 깨끗하게 유지하는 것이 최우선 순위였다. 열정적으로든 마지못해서든 네 사람 모두 효율적으로 일했다는 점은 여전히 사실이다. … 그들은 기계가 계속 움직이도록 했으며 그들 중 가장 야망이 크고 파렴치한 자들은 그것을 더욱더 밀어붙였다.[25]

과업의 분리 그리고 그 결과 도덕적 소공동체가 작동의 궁극적 효과들로부터 분리되는 것은 잔혹 행위의 집행자와 피해자 간의 격리를 가져오며 이는 도덕적 금제의 반대압력을 감소시키거나 제거한다. 하지만 관료적 명령의 연쇄 전체를 통해 올바른 물리적·기능적 거리는 확보될 수 없다. 집행자 중 일부는 피해자들과 대면해야만 하거나 자신들의 행동의 즉각적인 결과들을 보는 것을 피할 수 없거나 또는 억누를 수 없을

---

25) Christopher R. Browning, "The Government Experts", in *The Holocaust: Ideology, Bureaucracy, and Genocide*, ed. Harry Friedlander & Sybil Milton(Millwood, NY: Kraus International Publications, 1980), p. 190.

만큼 가까이 가야만 한다. 물리적 또는 **기능적** 거리가 없을 때조차도 올바른 **심리적** 거리를 확보하기 위해서는 다른 방법이 필요하다. 그 방법은 특히 현대적인 형태의 권위, 즉 전문지식에 의해 주어진다.

전문성의 본질은 일을 제대로 하려면 특정한 지식이 필요하며 그런 지식은 불균등하게 분포되어 있어서 어떤 사람은 다른 사람보다 그것을 더 많이 갖고 있다는 가정, 그것을 가진 사람들이 일할 임무를 맡아야 하고 임무를 맡은 사람이 어떻게 일을 할 것인가에 대한 책임을 져야 한다는 가정이다. 사실, 책임은 전문가가 아니라 그들이 대표하는 기술에 부여된 것으로 간주된다. 전문가 제도, 그리고 사회적 행위에 대한 그것과 관련된 태도는 '사람이 아니라 사물의 관리'라고 하는 악명 높은 생시몽의 이상(마르크스가 열렬히 옹호했던)에 아주 근접한다. 행위자들은 단지 지식의 집행자로서, '노하우'의 담지자로 기능하며 개인적 책임은 전적으로 지식을 올바로 표상하는 데, 즉 '최신식'에 따라 기존의 지식이 제공할 수 있는 최선으로 일하는 데 있다. 노하우를 갖지 못한 사람들에게 책임 있는 행동이란 전문가들의 조언을 따르는 것이다. 그러한 과정에서 개인적 책임은 기술적 노하우라는 추상적 권위로 해체된다.

브라우닝은 가스 밴의 기술적 개선에 관한 전문가 유스트Willy Just의 메모를 길게 인용한다. 유스트는 밴을 조립하는 회사가 적재 공간을 줄일 것을 제안했다. 기존의 밴은 가득 짐을 싣고 어려운 러시아 지형을 뚫고 나아갈 수 없었고 그래서 남은 공간을 채우기 위해 너무 많은 일산화탄소가 필요했다. 그리하여 전체적인 작동에는 너무 많은 시간이 들었고 잠재적 효율성을 상당히 잃어버렸다.

더 작고 완전히 짐을 가득 실은 트럭은 훨씬 더 빨리 운전할 수 있었다. 트렁크를 줄이는 것은 앞차축에 과부하를 주고 중량 균형에 불리하게 작용하지 않을 것이다. 왜냐하면 "실제로 하중분배의 교정은 작동 중의 뒷문을 향해 항상 압도적으로 거기에 있다는 사실을 통해 자동으로 이루어지기" 때문이다. 연결 파이프는 '액체'에 의해 빨리 부식하기 때문에 가스를 아래가 아니라 위에서 주입해야만 한다. 청소를 쉽게 하려고 바닥에 8~12인치 구멍을 만들어야 하며 바깥에서 여는 뚜껑을 달아야 한다. 바닥은 약간 경사져야 하고 뚜껑에는 작은 체를 부착해야 한다. 그렇게 하면 모든 '액체'는 가운데로 흐르고 '묽은 액체'는 운전 중이라도 배출될 것이며, '진한 액체'는 나중에 호스를 통해 배출될 수 있다.26)

모든 따옴표는 브라우닝의 것이다. 유스트는 은유나 완곡어법을 쓰려고도 하지 않았고, 알면서도 쓰지 않았다. 그는 직설적이었고 솔직한 기술용어로 썼다. 트럭 제조 전문가로서 그는 실로 숨을 쉬고자 사투하는 인간이 아니라 짐짝의 움직임에, 인간의 배설물과 토해낸 물질이 아니라 묽거나 진한 액체에 대처하려고 노력했다. 짐이 살해될 예정이고 자신의 신체에 대한 통제를 상실하고 있는 사람들로 이루어져 있다는 사실은 문제를 기술적으로 해결해야 하는 과제가 사라지거나 하는 것은 아니었다. 그러한 사실은 어떻게든 '해결해야 할 문제'로 변하기 전에 어떻게든 자동차 생산 기술의 중립적 언어로 번역되어야 했다. 우리는 유스트의 메모를 읽고 거기에 쓰인 기술적 지시들을 시행하려고 했던 사람들에 의해서 과연 번역이 시도되거나 했는지 의문을 가진다.

밀그램의 실험 대상들에게서 '문제'는 과학 전문가들에 의해 정해지고 시행된 실험이었다. 밀그램의 전문가들은 전문가가 이끄는 행위자들이 — 유스트의 메모가 전해지게 되어있던 소돔카Sodomka 공장의 노동자들과 달리 — 자신들의 행위가 야기하는 고통에 대해 의문을 제기할 여유를 주지 않도록, "나는 몰랐다"는 변명의 기회가 없도록 주의했다. 결

---

26) Browning, *Fateful Months*, pp. 64~65.

국 밀그램의 실험이 입증한 것은 전문가의 권력 그리고 도덕적 충동에 대해 승리할 수 있는 능력이었다. 도덕적인 사람도 비도덕적 행위를 ― 심지어 그러한 행위가 비도덕적이라는 것을 안다고(또는 믿는다고) 할지라도 ― 저지르도록 충동할 수 있다. 만약 전문가들(정의상 그들이 모르는 무엇인가를 알고 있는 사람들)이 자신들의 행동을 필요한 것으로 정의했다고 확신한다면. 결국 우리 사회 내의 대부분의 행위는 목적에 대한 논의에 의해 정당화되는 것이 아니라 잘 알고 있는 사람들)의 조언 또는 지시에 의해 정당화된다.

마지막 논평

이 장이 도덕 행위에 관한 대안적 사회학 이론을 정립하는 데는 훨씬 미치지 못한다는 점을 인정한다. 이 장의 목적은 훨씬 더 소박한 것, 즉 사회적인 것 이외의 도덕적 충동의 원천들, 그리고 비도덕적 행위가 가능하게 된 사회적으로 생산된 조건들을 논의하는 것이었다. 그런 제한된 논의조차도 도덕(성)에 관한 정통 사회학에 상당한 수정이 필요하다는 것을 보여준다. 특히 검증을 통과하지 못한 것으로 보이는 정통 가정들 중 하나는 도덕행위는 전체 사회제도의 작동으로부터 발생한다는 점, 사회는 기본적으로 인간화하고, 도덕화하는 장치라는 것, 따라서 결코 주변적이지 않은 어떤 비도덕적 행위의 발생도 '정상적인' 사회장치들의 기능부전의 결과로만 설명될 수 있다는 것 등이다. 이런 가정의 당연한 귀결은 비도덕(성)이 전체적으로 사회적으로 생산될 수 없으며, 진정한 원인은 다른 데서 찾아야만 한다는 것이다.

이 장의 논점은 강력한 도덕적 충동이 전前사회적 기원을 가지며, 한편 현대 사회조직의 몇몇 측면은 제한하는 힘을 상당히 약화시킨다는 것,

그리고 사실 사회는 비도덕적 행위를 불가능하게 하기보다는 더욱 가능하게 만든다는 것이다. 서구가 조장해온 신화, 즉 현대적인 관료제와 전문가가 없다면 세상은 '정글의 법칙'과 '주먹의 법칙'이 지배되게 된다는 신화적 이미지는 한편으로는 자신이 통제하지 못하는 충동과 성향들로부터 파생하는 규범들의 경쟁을 파괴하는 데 착수하는[27] 현대 관료제[28]의 자기정당화의 필요성을, 그리고 다른 한편으로는 도덕적 책임성을 기초로 상호관계를 규제하는 인간의 자연 그대로의 능력이 이제는 완전히 상실되고 잊혔음을 입증해준다. 따라서 길들여지고 억압되어야 할 야만 상태로 제시되고 또 그렇게 인식된 것은 자세히 들여다보면 ─ 문명화 과정이 무효화하고 새로운 지배구조로부터 생겨나는 통제 압력으로 대체하려는 ─ 똑같은 도덕적 충동임이 판명될 수도 있다. 일단 인간적 근접성으로부터 자생적으로 발생한 도덕적 힘들이 탈정당화되고 마비되면 그것을 대체한 새로운 힘들은 유례없는 기동의 자유를 획득한다. 그것들은 권력을 쥔 범죄자들에 의해서만 윤리적으로 올바른 것으로 정의될 수 있는 행동을 대규모로 발생시킬 수 있다.

도덕(성)의 관리 영역에서 획득한 사회적 성취 중에서 우리는 다음의 것을 지적할 필요가 있다. 사회적 거리의 사회적 생산. 이것은 도덕적 책임(성)에 대한 압력을 무화하거나 약화시킨다. 그리고 도덕적 책임(성)을 기술적 책임(성)으로 대체하는 것. 이것은 행위의 도덕적 의미를 효

---

27) 샤르보니에Charbonnier와의 대담에서 레비-스트로스Claude Levi-Struass는 우리의 현대 문명을 (식인적인anthropophagic '원시' 문명과는 대조되는) 토인적인anthropoemic 것으로 정의했다. 원시인들은 적을 '삼킨다.' 반면 현대인은 '토해낸다'(인간적 책무의 세계로부터 분리하고 격리하며 추방하고 배제한다).
28) 서구 문명의 정당화 신화에 의해 모든 자연적(즉 전사회적) 충동을 ─ 따라서 근접성의 조건에서의 '타자에 대한 책임성'을 ─ '동물적 본능'의 범주로 치부하는 것, 그리고 관료적 심성에 의해 그것을 비합리적 힘의 범주로 치부하는 것은 문화적 십자군 원정 동안에 모든 지역적·공동체적 기초를 갖는 전통을 폄하했던 것, 그리고 거기에는 현대국가의 참호와 그것의 보편주의적·절대주의적 허세의 촉진이 수반되었던 것을 인과적으로 상기시킨다. Zygmunt Bauman, *Legislators and Interpreters*(Oxford: Polity Press, 1987), 4장을 참고.

과적으로 은폐한다. 기술적 분리는 그렇지 않았다면 도덕적 평가를 받고 도덕적 동기의 반응을 받았을 타자의 곤경에 대한 무관심을 촉진한다. 우리는 또한 도덕(성)을 훼손하는 이 모든 메커니즘이 통치하는 사회를 대신해 최고의 윤리적 권위를 탈취하는 국가권력의 주권 원칙에 의해 한층 더 강화되는 것을 고려할 필요가 있다. 널리 퍼져있고 종종 비효과적인 '세론'을 제외하면 국가의 지배자들은 주권이 미치는 영토에서 구속력을 지니는 규범을 관리하는 데 있어 대체로 제약을 받지 않는다. 그러한 영역에서의 행동이 사악할수록 도덕 영역에서 자신들의 독점과 독재를 재확인하고 강화하는 '유화책'에 대한 요청은 한층 더 강해진다는 증거가 없지 않다.

여기서 도출되는 결론은 현대 질서 아래서는 도덕의 법과 사회의 법 사이의 고대 소포클레스적 갈등이 전혀 감소하는 징후를 보이지 않는다는 것이다. 오히려 그것은 더 빈번하고 깊어지고 있다. 그리고 저울은 도덕을 억압하는 사회적 압력들에 유리한 쪽으로 기울었다. 많은 경우에 도덕적 행위는 권력 그리고 여론에 의해 — 노골적으로 언급되든 아니면 다수의 행동 또는 비행동 속에 나타나든 — 반사회적 또는 전복적인 것이라 말해지거나 규정된 입장을 취한다는 것을 의미한다. 그런 경우에 도덕적 행위를 촉진하는 것은 사회적 권위에 대한 저항, 그리고 그것의 지배력의 약화를 겨냥한 행동을 의미한다. 도덕적 의무는 그것의 초기의 원천에 의존해야 한다. 즉 타자에 대한 기본적인 인간적 책임성이 그것이다.

학문적 관심에 더해 이런 문제들의 긴급성은 우리에게 힐버그의 말을 상기시킨다.

기본적 질문은 한 서구 국가가, 문명화된 국가가 홀로코스트를 저지를 수 있었던 것이었음을 새삼 상기하라. 그리고 1945년 직후에 우리는 질문이 완전히 정반대가 되었음을 본다. 사람들은 이렇게 묻기 시작한다. — "그런 일을 할 수 있는 서구 국가가 있는가?" 1941년에는 홀로코스트를 예상할 수 없었다. 바로 이것이 우리가 앞으로 불안한 이유이다. 이제 더 이상 우리는 상상할 수 없는 것을 감히 배제하지 못한다.29)

---

29) Raul Hilberg, "The Significance of the Holocaust", in *The Holocaust: Ideology, Bureaucracy, and Genocide*, pp. 98, 99.

8

후기: 합리성과 수치

〔유대인 절멸 수용소가 있던 폴란드의〕 소비부르Sobibór에서 전해오는 얘기가 있다. 14명의 수감자가 탈출을 시도했다. 몇 시간 만에 그들은 모두 붙잡혔고 수용소의 집회장으로 끌려가 나머지 수감자들과 마주했다. 거기에서 그들은 이런 말을 들었다. "물론 곧 너희는 죽게 된다. 죽기 전에 너희 각각은 죽음의 동반자를 선택해야 한다." 그들은 "절대 그럴 수 없다!"고 말했다. 그러자 수용소장이 조용히 말했다. "너희가 거부하면 내가 너희 대신 고르겠다. 단 14명이 아니라 50명을 고를 것이다." 수용소장은 자신의 협박을 실행에 옮길 필요가 없었다.

란츠만의 영화 <쇼아Shoa>에서 트레블링카에서 탈출하는 데 성공한 한 생존자는 이렇게 회상하고 있다. 가스실 희생자의 유입이 줄어들자 특수노무대원들에 대한 식량배급이 취소되었고 그들이 더 이상 쓸모가 없어졌으므로 그들은 절멸의 위협을 받았다. 새로운 유대인들이 끌어모아 지고 이들이 트레블링카로 향하는 기차에 실렸을 때 그들의 생존 전망은 밝아졌다.

다시 란츠만의 영화에서 이제는 텔아비브에서 이발사로 일하고 있는 한 전직 특수노무대원은 독일인들의 매트리스를 만들기 위해 희생자들

8 후기: 합리성과 수치 **333**

의 머리카락을 자를 때 그는 그러한 일의 목적에 대해 침묵했으며 손님들이 공중목욕탕이라고 믿었던 곳으로 더 빨리 움직이도록 그들을 재촉했던 일을 회상한다.

블론스키Jan Blonski 교수의 심오하고 감동적인 논문「불쌍한 폴란드인이 게토를 바라본다」에 의해서 시작됐고 1987년에 저명한 폴란드 가톨릭 주간지『티고드니크 포프섹즈니Tygodnik Pouszechny』에서 계속된 토론에서 야스트레보우스키Jastrzebowski는 가족 중 한 노인이 들려준 얘기를 기억해냈다. 그 가족은 한 오랜 친구, 폴란드인처럼 생겼고 귀족풍의 우아한 폴란드어를 구사하던 한 유대인을 숨겨주겠다고 제의했지만 유대인처럼 생겼고 뚜렷이 유대인 억양을 썼던 그의 세 자매에 대해는 거절했다. 그 친구는 혼자 구출되기를 거부했다. 야스트레보우스키는 이렇게 말한다.

만약 우리 가족의 결정이 달랐다면 우리는 모두 총살당했을 것이다[나치 점령하의 폴란드에서는 유대인을 숨기거나 도와준 데 대한 처벌은 죽음이었다]. 그런 상황에서 우리의 친구와 자매들이 살아남을 확률은 아마 훨씬 더 낮았을 것이다. 하지만 우리에게 이런 가족사를 얘기해주면서 "우리가 어떻게 할 수 있었겠니. 우리가 할 수 있는 일은 아무것도 없었단다!"고 되풀이해 말했던 사람은 내 눈을 똑바로 바라보지 못했다. 그는 내가 거짓말이라고 생각하고 있다고 느꼈던 것이다. 하지만 모든 사실은 진실이었다.

이 토론의 다른 기고자 찌바노우스키Kazimierz Dziewanowski는 이렇게 썼다.

만약 우리나라에서 우리가 있는 곳에서 우리 눈앞에서 수백만 명의 무고한 사람들이 살해당했다면 그것은 끔찍한 사건, 엄청난 비극이다. ……

살아남은 사람들이 악령에 사로잡혔고 그들이 평정을 되찾을 수 없다는 것은 적절하고 인간적이어서 이해할 수 있는 일이다. …… 더 이상의 것을 할 수 있었는지를 입증하는 것은 불가능하다. 하지만 우리가 더 이상 어떻게 할 수 없었음을 입증하는 것 또한 불가능하다.

점령 동안 유대인에 대한 폴란드의 지원 임무를 맡았던 바르토제프스키 Wladyslaw Bartoszewski는 이렇게 말했다. "오직 죽음으로 대가를 치른 사람만이 자신이 할 수 있는 일을 다 했다고 말할 수 있을 것이다."

란츠만의 메시지 중에서 무엇보다도 가장 충격적인 것은 **악의 합리성**이다(아니면 그것은 합리성의 악이었을까?). <쇼아>를 보는 끝나지 않는 고통의 수 시간 동안 끔찍하고 창피한 진실이 드러났고 외설스럽게 발가벗은 채 행진했다. 수백만 명의 사람을 죽이는 데 얼마나 적은 총탄이 필요했던가!

총을 가진 저 소수 사람이 얼마나 두려워했던가, 인간이라는 가축 떼에 대한 그들의 지배력의 덧없음에 대해 얼마나 의식했는지 …… 알면 놀라운 일이다. 그들의 권력은 거짓 세계 ― 그들, 총을 가진 사람들이 희생자들을 대신해 정의하고 이야기했던 세계 ― 의 불운한 사람들에 기초해 있었다. 그러한 세계에서 복종은 합리적이었고 합리성은 복종이었다. 적어도 잠깐 동안은 합리성이 통했다. ― 하지만 그 세계에서 그 잠시와 다른, 더 긴 시간은 없었다. 죽음으로 가는 길은 조심스럽게 닦아져서 득과 실, 보상과 처벌에 의해 계산될 수 있었다. 신선한 공기와 음악이 가축 운반용 짐칸에서의 기나긴 질식 상태 후에 보상으로 주어졌다. 휴대품 보관소와 이발소, 수건과 비누 등 완벽한 시설을 갖춘 목욕이 이와 먼지와 사람의 땀과 배설물의 악취로부터 해방을 환영했다. 합리적인 사람이라면 가스실로 조용히, 온순하게, 즐거운 마음으로 들어갈 것이다. 단지 그것이 목욕탕이라고 믿는 것이 허용되기만 하면 되었다.

특수노무대원들은 그들에게 목욕탕이 가스실이라고 말하는 것은 즉결처분을 당할 수 있는 규칙 위반임을 알고 있었다. 만약 희생자들이 단지 공포나 자살적 체념에 의해 죽음으로 이끌렸다면 그러한 범죄는 그다지 혐오스럽지 않으며 처벌은 그렇게 가혹하지 않다고 보일 수 있을 것이다. 하지만 오직 공포에만 의존해서 질서를 이끌어내려고 했다면 SS는 더 많은 병사와 돈을 필요로 했을 것이다. 합리성이 더 효율적이었고 이것이 더 얻기 쉽고 값도 쌌다. 그리하여 그들을 없애기 위해 SS 대원들은 주의 깊게 희생자들의 합리성을 배양했다.

최근 영국 TV와 인터뷰를 한 남아프리카공화국 보안군의 한 고위 인사가 비밀을 누설했다. 그는 아프리카민족회의ANC의 진짜 위험은 — 그것이 아무리 시선을 끌고 비용을 들게 하더라도 — 사보타지나 테러행위가 아니라 흑인들이 '법과 질서'를 무시하도록 이끄는 것이라고 말했다. 만약 그런 일이 일어나면 최상의 정보부와 가장 강력한 보안군도 소용없을 것이다(이런 예상은 최근 인티파다의 경험에 의해 입증되었다). 합리성의 풍선이 터지지 않은 한 테러는 여전히 효과를 발휘한다. 아무리 사악하고 잔인한 지배자도 합리성의 충실한 설교자요 옹호자로 남아 있어야 한다. 그렇지 않으면 망한다. 이성을 옹호하고 비용과 효과의 대수학의 장점을 찬양해야만 하며, 비용을 계산하지 않고 논리에 순응하기를 거부하는 열정과 가치들에 맞서 논리를 방어해야만 한다.

대체로 모든 지배자는 합리성이 자신들 편에 있다고 기대할 수 있다. 그러나 나치 지배자들은 여기에 더해 게임의 판돈을 왜곡했으며, 그리하여 살아남는다는 합리성이 인간 행위의 다른 모든 동기를 비합리적인 것으로 만들었다. 나치가 만든 세계 안에서는 이성이 도덕(성)의 적이었다. 논리는 범죄에 대한 동의를 요구했다. 이 합리성은 희생자들을 서로 대립하도록 만들었으며 그들 공통의 인류을 지워버렸다. 그것은 또한 그들을 — 아직 죽음의 표식을 달지 않은, 그리고 당분간 구경꾼의 역할을 허락받은 — 다른 모든 사람에게 위협이자 적으로 만들었다. 고맙게도 그처럼 고귀한 합리성의 신조는 희생자들과 구경꾼들 모두를 비도덕성의 혐의와 죄의식으로부터 방면했다. 인간의 생명을 자기보존의 대수학으로 환원함으로써 이 합리성은 인간의 생명으로부터 인간성을 박탈했다.

나치 지배는 오래전에 끝났다. 하지만 그것의 유독한 유산은 전혀 죽지 않았다. 홀로코스트의 의미를 제대로 받아들일 수 없는 우리의 지속적인 무능력, 목숨을 빼앗겠다는 공갈에 해볼 테면 해보라고 맞설 수 없는 용기의 부족, 그리고 도덕(성)을 소리 높여 외치는 것을 우리와는 상관없는 일이나 미친 짓으로 어깨를 으쓱하게 하는 식으로 이해한 이성을 일종의 납으로 박아 넣은 부정 주사위로 역사의 게임을 계속하려는 고집, 그리고 비용 효율적인 계산이 최고이며, 그것은 윤리적 요구들을 반증하고도 남음이 있다는 주장에 대한 동의 — 이 모든 것은 홀로코스트가 드러냈지만 막상 그것의 신뢰성을 제거하기 위해서는 거의 아무것도 하지 않은 것처럼 보이는 부패가 여전히 존재하고 있음을 웅변으로 증명하는 것처럼 보인다.

어린 시절 2년 동안 나의 할아버지는 나를 성경의 가르침으로 안내하려는 영웅적인 시도를 했으나 실패했다. 아마도 아주 훌륭한 교사는 아니셨던 것 같다. 또는 아마도 내가 우둔하고 배은망덕한 학생이었을 것이다. 사실 나는 당신이 가르쳐준 것 중 거의 아무것도 기억하지 못한다. 하지만 한 가지 이야기는 뇌리 속에 깊숙이 새겨져서 오랫동안 나를 사로잡았다. 이것은 한 자루의 식량을 진 당나귀와 함께 여행하던 길에 한 거지를 만난 성자 이야기이다. 거지가 먹을 것을 구걸했다. "기다리시오 우선 자루를 풀어야겠소"라고 성자가 말했다. 하지만 그가 자루를 풀기도 전에 오랫동안 굶주림을 견디지 못한 거지는 죽고 말았다. 그러자 성자는 기도를 시작했다. "오, 주여, 저를 벌하소서. 제가 형제의 목숨을 살리지 못했습니다." 이 얘기가 준 충격이 아마도 내가 할아버지의 설교의 끝없는 목록 중 기억하는 거의 유일한 것이다. 그것은 당시와 이후에 학교 선생들이 내 머릿속에 집어넣으려고 했던 모든 내용과 충돌했다. 그 이야기는 나에게 비논리적인 것으로 생각되었고(그것은 정말 그렇다), 따라서 틀렸다(그렇지 않았다)고 생각했다. 첫 번째로부터 반드시 두 번째 결론이 따르지 않는다는 것을 설득하는 데는 홀로코스트가 필요했다.

설혹 홀로코스트 희생자들을 구하기 위해 실제로 그보다 더 많은 일을(최소한 추가로, 엄청난 비용을 치르지 않고서) 할 수 없었을 것임을 안다고 해도 그것이 도덕적 가책을 잠재울 수 있음을 의미하지는 않는다. 또한 그것은 도덕적인 사람의 수치심이라는 감정이 (심지어 자기보존이라는 관점에서 그것의 비합리성이 쉽게 입증될 수 있더라도) 근거가 없음을 의미하지도 않는다. 도울 수 '있었던' 사람과 그럴 수 '없었던' 사람, 도움을 받을 수 '있었던' 사람과 그럴 수 '없었던' 사람의 숫자에 대한 극히 꼼꼼한 그리고 역사적으로 정확한 계산은 이런 부끄러움의 감정 — 천천히 작용하는 독, 홀로코스트의 치명적인 유산을 극복하는 데 필수적인 조건 — 과는 관련이 없다.

심지어 '사실'에 대한 극히 정교한 양적 연구 방법조차도 도덕적 책임(성) 문제에 대한 객관적(즉 보편적으로 구속력을 갖는) 해법을 향해 우리를 그다지 멀리 이끌어가지 못할 것이다. 유대인들이 너무 수동적이고 온순해서 기독교도 이웃들이 유대인들의 이송을 막지 못했는지 아니면 유대인들이 도망칠 곳이 없어서 — 주변의 적대감 또는 무관심을 감지하고서 — 경비병을 피해 달아나지 않았는지를 판정할 수 있는 과학적 방법은 없다. 마찬가지로 바르샤바 게토의 부유한 거주민들이 거리에서 굶주림과 추위로 죽어가는 가난한 사람들의 고통을 덜기 위해서 더 많은 일을 할 수 있었는지 또는 독일의 유대인들이 동유럽 거주 유대인의 추방에 항의해서 반란을 일으킬 수 있었는지 또는 프랑스 시민권을 가진 유대인들이 '비프랑스 유대인들'의 투옥을 막기 위해 무엇인가를 할 수 있었는지를 판정할 수 있는 과학적 방법은 없다. 하지만 더욱 나쁘게도 객관적 가능성에 대한 추산과 비용에 대한 계산은 단지 문제의 도덕적 본질을 흐리게 할 뿐이다.

쟁점은 살아남은 사람들이 집단으로 — 종종 방관자가 될 수밖에 없었던 투사들, 희생자가 되는 것을 두려워할 수밖에 수 없었던 방관자들 — 부끄러움을 느껴야만 하는가, 아니면 자신을 자랑스러워해야 하는가 하는 것이 아니다. 문제는 오직 부끄러움이라는 해방적 감정만이 그처럼 가공할 만한 역사적 경험의 도덕적 의미를 회복하는 데 도움이 될 것이며, 따라서 — 오늘날까지 인간의 양심을 사로잡고, 우리로 하여금 과거와의 화해 속에 살기 위해 현재에 대한 경계를 소홀히 하게 하는 — 홀로코스트의 망령을 떨쳐내는 데 도움이 되리라는 것이다. 그것은 부끄러움과 자랑스러움 중의 하나를 선택하는 문제가 아니다. 선택은 도덕적으로 정화하는 부끄러움과 도덕적으로 황폐화하는 자랑스러움 중에서 해야 한다. 누군가 낯선 사람이 찾아와 자기 목숨을 구하기 위해 나와 내 가족을 희생하라고 요청할 때 내가 어떻게 반응할지 확신할 수 없다. 나는 그런 선택을 해야 할 상황을 면했다. 하지만 내가 피난처를 거절했다고 하더라도 목숨을 구한 사람과 목숨을 잃은 사람의 수를 세어 볼 때 그처럼 낯선 사람을 돌려보낸 것은 전적으로 합리적인 결정이었다고 다른 사람들과 나 자신에게 완전히 정당화할 수 있다고 확신한다. 또한 나는 그것이 전혀 이치에 맞지 않고 비논리적이라고 느끼지만 또한 너무도 인간적인 부끄러움을 느끼리라는 것도 확신한다. 하지만 또한 나는 그러한 부끄러움의 감정이 없다면 낯선 사람을 돌려보낸 결정이 삶이 끝날 때까지 나를 계속 타락하게 할 것임도 확신한다.

살인적 독재자에 의해 만들어진 비인간적 세계는 둘 다 자기보존의 논리를 도덕적 불감증과 무행동에 대한 면죄부로 사용하도록 강요함으로써 희생자들과 그런 희생자화를 수동적으로 방관한 사람들 모두를 비인간화했다. 누구도 그런 압력 아래 무릎을 꿇었다는 단순한 사실 그 자체 때문에 유죄를 선고받을 수 없다. 하지만 누구도 그러한 굴복에 대한 도덕적 자기항의를 면제받을 수 없다. 그리고 자신의 나약함에 대해 부끄러움을 느낄 때만 우리는 마침내 정신적 감옥을, 그것을 세운 자들과 그것을 지키던 자들보다 더 오래 살아남은 정신적 감옥을 부숴 버릴 수 있다. 오늘날의 과제는 감옥이 무너진 뒤에도 오랫동안 희생자들과 목격자들을 수인으로 붙들어온 그 독재자의 숨겨진 힘을 부수는 일이다.

해가 갈수록 홀로코스트는 하나의 역사적 삽화의 크기로 줄어들고, 더욱이 과거 속으로 빠르게 물러가고 있다. 그것을 기억하는 의미는 범죄자들을 처벌하고 아직 미결의 과거를 청산할 필요성과는 점점 더 멀어져가고 있다. 기소를 면한 범죄자들은 이제는 노쇠한 노인들이다. 또한 그들의 범죄에서 살아남은 사람들도 대부분 그렇거나 곧 그렇게 될 것이다. 설혹 또 다른 살인자가 발견되어 은신처에서 끌려나와 뒤늦은 재판에 회부된다고 해도 그의 범죄의 극악무도함을 사법 절차의 위엄의 거룩함에 꿰맞추기는 점점 더 어려울 것이다(데미아뉴크Demianiuk와 바르비Barbie 재판의 당혹스런 경험을 상기하라). 또한 가스실이 운영되던 시절에 피난처를 찾는 낯선 사람에게 문을 열어줄 것인가 아니면 닫을 것인가를 결정할 만큼 나이가 많던 사람 중에서 살아있는 사람은 갈수록 줄어들고 있다. 만약 범죄에 대한 보복과 청산이 홀로코스트의 역사적 의미를 소진했다면 우리는 이 가공할 삽화를 그것이 표면상 있어야 할 곳에 — 과거 속에 — 있게 하고 전문 역사가들이 보살피도록 할 수 있을 것이다. 하지만 청산은 홀로코스트를 영원히 기억하는 이유 중의 하나일 뿐이라는 것이 진실이다. 게다가 그것은 부차적인 이유에 불과하다. — 그러한 이유가 그것의 실제적 중요성 중 그나마 지금까지 남아 있던 것마저 급속하게 잃어가고 있는 지금만큼 그러한 사실이 명백해지진 때도 없을 것이다.

다른 어느 때보다도 더 오늘날 홀로코스트는 (혹시라도 언젠가 그랬던 적이 있다면) 사유재산이 아니다. 그것은 처벌받아야 할 집행자들의 것도 과거의 고통 때문에 특별한 동정심, 호의 또는 은혜를 요구할 직접적인 희생자들의 것도 또 구원 또는 무고함의 보증서를 찾는 목격자들의 것도 아니다. 홀로코스트의 현재적 의미는 인류 전체에 대해 그것이 가진 교훈이다.

홀로코스트의 교훈은 제대로 선택할 수 없는 또는 그런 선택에는 큰 비용이 따르는 상황에 놓이게 되면 대부분의 사람은 아주 쉽게 자신을 도덕적 의무의 문제로부터 벗어나며(또는 그것을 따를 것을 주장하지 못하며) 대신 합리적 이익과 자기보존을 택한다는 것이다. 합리성과 윤리가 반대의 방향을 가리키는 체제에서는 인간이 주된 패배자이다. 악은 — 대부분의 사람은 대부분의 경우 경솔한, 무모한 일을 하지 않기를 바라면서 — 추악한 짓을 저지를 수 있다. 그리고 악에 저항하는 것은 지각없고 무모한 짓이다. 악은 열정적 추종자도 환호하는 관중도 필요로 하지 않는다. 아직은 내 차례가 아니라는 생각에 의해 고무되는 자기보존 본능이면 된다. 신이여, 감사합니다. 납작 엎드림으로써 나는 아직 재앙을 피할 수 있다.

그리고 그에 못지않게 중요한 홀로코스트의 또 다른 교훈이 있다. 첫 번째 교훈이 경고를 담고 있다면 두 번째 것은 희망을 제시한다. 그래서 두 번째 것은 첫 번째 것을 반복할 만한 가치가 있도록 한다.

두 번째 교훈은 자기보존을 도덕적 의무보다 우위에 놓는 것은 결코 미리 정해지거나 불가피한 것이 아니라고 말한다. 그렇게 하라는 압력을 받을 수 있지만 그것을 강요당하지 않을 수 있으며, 따라서 우리는 그렇게 하는 책임을 그러한 압력을 행사한 사람들에게 진정으로 떠넘기지 않을 수 있다. 얼마나 많은 사람이 자기보존의 합리성보다는 도덕적 의무를 선택하느냐 하는 것은 중요하지 않다. 중요한 것은 누군가는 그렇게 했다는 것이다. 악은 전능하지 않다. 우리는 그것에 저항할 수 있다. 저항한 소수의 사람의 증언은 자기보존 논리의 권위를 흩어버린다. 이것은 그것이 결국 **선택**의 문제임을 입증한다. 악의 논리를 무능하게 만들려면 얼마나 많은 사람이 도전해야만 하는지 궁금할 것이다. 어떤 마술적 문턱이, 즉 그것을 넘어서면 악의 기술이 멈추어버리는 문턱이 있을까?

〈아말피 상 수상 강연〉
도덕의 사회적 조작 :
도덕적 행위자, 무관심한 행동

아말피 상이라는 큰 영광은 저자가 아니라 『현대성과 홀로코스트』라고 불리는 책에 주어지는 것이라고 믿습니다. 그리고 저는 그러한 책, 특히 그 저서가 담고 있는 메시지의 이름으로 여러분 전문 연구자들이 수여하는 포상을 감사의 마음으로 기쁘게 받아들이고자 합니다. 이 책이 그처럼 뛰어난 상을 받게 된 것을 몇 가지 이유에서 기쁘게 생각합니다.

우선 이 책은 최근까지 우리가 '동'유럽과 '서'유럽'이라고 불러온 것 사이의 다른 점 — 그것은 최근까지만 해도 너무 깊어서 메울 수 없는 것처럼 보였습니다 — 에 걸쳐 있는 경험에서 비롯되었습니다. 이 책 그리고 이 책의 메시지에 들어가 있는 생각들은 제 고향의 바르샤바대학에서만큼이나 제 망명기 동안 제2의 안식처를 제공해준 영국의 동료들과의 교제 속에서 잉태된 것입니다. 이 생각들에서는 아무런 다른 점도 찾아볼 수 없습니다. 오직 둘 모두에게 공통되는 유럽적 체험, 우리가 공유하고 있는 역사 — 그것의 통일성은 거짓임이 드러나고, 한때 부정당했지만 깨지지는 않았습니다 — 만 알 뿐입니다. 제 책에서 다루고 있는 것이 바로 우리 공동의 범유럽적 운명입니다.

다음으로 평생의 지기이자 동료인 자니나가 없었다면 이 책은 결코 빛을 볼 수 없었을 것입니다. 자니나의 『겨울 아침』은 인간의 이름으로 악행이 자행되던 시기를 회상한 책으로 보통은 우리가 보기를 꺼리는 것에 대해 제 눈을 열어주었습니다. 인간이 만든 지옥의 핵심층에서 그녀가 얻게 된 비극적 진실을 요약한 그녀의 글을 읽고 『현대성과 홀로코스트』를 쓰는 것은 지적 충동이자 도덕적 의무가 되었습니다. "잔혹함 중의 가장 잔혹한 것은 희생자들을 파괴하기 전에 비인간화시키는 것이다. 그리고 가장 힘든 투쟁은 비인간적 조건 속에서 인간으로 살아남는 것이다"(자니나의 『겨울 아침』에서). 저는 바로 자니나의 쓰라린 지혜를 제 책의 메시지 안에 넣고자 노력했습니다.

셋째는 메시지 자체인데, 자신감 넘치고, 풍족하며, 멋진 우리 세계, 그리고 이 세계가 인간의 도덕적 욕구들과 벌이는 위험한 게임 뒤에 숨겨진 보기 흉한 얼굴은 점점 더 널리 공유되고 있는 관심사들과 공명하고 있는 것처럼 보입니다. 제 가정이지만 바로 그것이 그러한 메시지를 담고 있는 이 책에 고명한 아말피 상을 수여하는 의미일 것입니다. 또한 그것이 저명한 아말피 위원회가 도덕(성)의 유용성이라는 문제에 전념해온 의미일 텐데, 제 책의 메시지가 암시하는 대로 이 둘의 분리가 우리 문명의 가장 탁월한 성공과 가장 끔찍한 범죄의 토대에 놓여 있으며 이 둘을 재통합시키는 것만이 우리 문명의 엄청난 힘을 어떻게 하기 위해 우리가 가질 수 있는 유일한 기회일 것입니다. 따라서 제가 하게 될 강연은 제 책에 나오는 메시지를 단지 반복하는 것 이상일 것입니다. 그것은 바라기로는 우리가 공유하고 있는 사명의 초점으로 남아 있을 담론 속의 하나의 목소리가 될 것입니다.

Virtutem doctrina paret naturane donet(미덕은 지혜가 낳는 것인가 자연이 주는 것인가). 이 딜레마는 오늘날의 우리에서만큼 고대 로마에서도 똑같이 난제難題였습니다. 도덕은 가르쳐지는 것인가? 아니면 인간 존재라는 형상 안에 내재되어 있는가? 사회화 과정에서 생겨나는 것인가 아니면 교육이 시작되기 전에 이미 '자리 잡고' 있는가? 도덕은 사회적 산물인가? 아니면 셸러Max Scheler의 주장대로 그와 정반대로 모든 도덕적 행위의 실체를 이루는 공감共感이 모든 사회적 삶의 전제조건인가?

하지만 이 질문은 너무 자주 순전히 순수한 학문적 관심사에 불과한 것으로 무시당하고 맙니다. 종종 그것은 끈덕진, 하지만 악명 높을 정도로 미심쩍은 형이상학적 호기심에서 유래한 한가하고 쓸데없는 쟁점 중의 하나로 간주되기도 합니다. 사회학자들이 명확한 형태로 질문할라치면 이미 오래전에 홉스와 뒤르켐에 의해 결정적인 형태로 대답된 것으로 간주됩니다. 더 이상 아무런 의문도 남기지 않는 방식으로 말이죠. 즉 이후 통상적인 사회학적 실천에 의해 질문이 아닌 것으로 변형된 것으로 말입니다. 적어도 사회학자들에게 사회는 모든 인간적인 것의 뿌리이며, 모든 인간적인 것은 사회적 배움을 통해 존재하게 됩니다. 이 문제를 분명하게 따져볼 기회는 거의 없을 것입니다. 아무리 우리가 신경을 쓰더라도 이 문제는 논의되기도 전에 해결된 것으로 간주되어 왔습니다. 그러한 문제에 대한 해결책이 우리의 뚜렷하게 사회학적인 담론을 구성하고 있는 언어의 토대를 이루어왔습니다. 이 언어 속에서 우리는 사회화, 가르침과 배움, 체계적 필요조건과 사회적 기능들이라는 관점에서 말고는 달리 도덕(성)에 대해 말할 수가 없습니다. 그리고 비트겐슈타인이 상기시킨 바 있듯이 우리는 말할 수 있는 것 말고는 아무것도 말할 수 없습니다. 사회학의 언어에 의해 유지되는 삶의 형식은 사회적으로 승인되지 않은 도덕을 포함할 수 없습니다. 그러한 언어에서는 사회적으로 승인되지 않은 어떤 것도 도덕적이라고 지칭될 수 없습니다. 그리고 말할 수 없는 것에 대해서는 침묵해야 하는 것입니다.

모든 담론은 자신의 주제를 정의하며, 그러한 정의들의 변별성을 지킴으로써 일관성을 유지하며, 그러한 정의들을 되풀이함으로써 자신을 재생산합니다. 말하자면 우리는 이처럼 하찮은 고찰에서 멈추고는 사회학으로 하여금 습관적인 선택적 발언과 선택적인 무감각 상태로 앞으로 나가게 할 수 있는 것입니다. 지속적인 침묵에 걸린 것이 너무 많지만 않았다면 말입니다. 정말 그것이 얼마나 많았는지는 아우슈비츠, 히로시마, 굴락에 의해 가차 없이 부각되었습니다. 또는 오히려 아우슈비츠의 패배한 가해자들을 재판에 회부해 기소하고 유죄를 선고할 때 굴락과 히로시마의 승리한 가해자들이 마주쳤던 문제에 의해. 그러한 문제들이 진정 무엇을 수반하고 있는지를 명확하게 설명한 것은 예리한 동시에 불경스럽기 짝이 없는 아렌트였습니다.

피고들이 '합법적' 범죄를 저지른 이 재판에서 우리가 요구해온 바는 이렇다. 즉 인간 존재는 자신이 자신을 인도해야 하는 모든 것이 자신의 판단일 때, 하지만 그것이 주변의 모든 사람의 만장일치의 의견이라고 간주해야 하는 것과 완전히 부합되지 않을 때 잘잘못을 구분할 줄 알아야 한다는 것이다. 그리고 이 질문은 오직 본인의 판단만 믿을 만큼 '오만했던' 저 소수의 사람들이 결코 계속해서 오래된 가치를 고수해오거나 종교적 신념을 따르던 사람들과 동일한 사람들이 아니었던 만큼 훨씬 더 진지한 것이다. …… 여전히 잘잘못을 구분할 수 있는 이 소수의 사람들은 실제로 오직 자신의 판단만 따르며, 자유롭게 그렇게 한다. 준수해야 할 규칙, 이들이 직면하는 특수한 경우들이 포괄될 수 있는 규칙은 없다.

따라서 아래와 같은 질문을 하지 않으면 안 됩니다. 즉 지금 재판에 회부된 피고들이 만약에 승리했다면 '그들 중 누구 하나라도 죄의식에 시달릴까? 다음에 우리가 발견하게 될 것 중 가장 혐오스러운 것은 대답은 단호히 '아니오'였을 거라는 겁니다. 그리고 우리로서는 그렇지 않을 수도 있음을 보여줄 수 있는 어떠한 논거도 결여하고 있다는 것일 겁니다. 사회의 승인 도장이 찍혀 있지 않은 선악의 구분들은 없애버리라고 또는 다툼의 대상으로 만들지 말라고 명령하는 한 우리는 진지하게 개인들이 도덕적 주도권을 쥐라고 요구할 수는 없습니다. 만약 책임이라는 것이 사실상 사회에 의해 미리 정해져 있는 선택에 의해 선취되어 있지 않다면 도덕적 선택에 따른 책임을 지울 수도 없습니다. 그리고 보통은 그렇게 하기를 바랄 수도 없을 것입니다(즉 개인들이 자신들의 책임 하에 도덕적 결정을 하라고 요구할 수 없을 것입니다). 결국 그렇게 하는 것은 사회의 입법권을 침해하는 도덕적 책임을 허용할 것입니다. 압도적인 군사력에 의해 불가능해지지 않는 한 과연 어떤 사회가 그러한 자기 자신의 의지의 힘을 포기하겠습니까? 실로 아우슈비츠의 가해자들에 대한 재판장에 앉아 있는 것은 굴락의 비밀을 지켰던 사람들과 몰래 히로시마를 준비하고 있던 사람들에게는 쉬운 과제가 아니었습니다.

레드너Harry Redner가 고찰하고 있는 대로 아래와 같은 일이 나타나는 것은 아마 이러한 어려움 때문일 겁니다.

지금도 여전히 계속 영위되고 있는 삶과 사유의 많은 것은 아우슈비츠와 히로시마는 결코 일어나지 않았다는 가정에 기반하고 있다. 만약 그런 일들이 벌어졌다고 해도 그저 배출구로서 그런 일이 벌어졌을 뿐 저 멀리서, 아주 오랜 옛날 일일 뿐 지금의 우리가 그것에 신경을 쓸 필요는 없다.

뉘른베르크 법정에서 발생한 법적인 진퇴양난은 앉은 자리에서 해결되었습니다. 즉 지역적인 문제로, 예외적이고 병리학적인 한 사건에만 특수한 것으로 간주되고는 신중하게 선을 그어 놓은 교구제의 경계선들을 넘어서 확산되는 것이 허용되어서는 안 되었습니다. 그리고 감당할 수 없게 될 조짐을 보이자마자 서둘러 마무리되어야 했습니다. 우리의 자의식에 대한 어떠한 근본적 수정도 일어나지 않거나 숙고되지 않았습니다. 수십 년 동안 — 오늘날까지라고 말할 수 있을 것입니다 — 아렌트의 목소리가 광야에서 들리는 유일한 목소리로 남아 있었습니다. 당시 아렌트의 분석이 마주친 분노의 대부분은 그러한 자의식을 빈틈없이 지키려는 시도에서 유래한 것이었습니다. 나치 범죄에 대한 오직 그러한 설명만이 받아들여져 왔습니다. 즉 그것은 우리, 우리 세계, 우리의 삶의 형태와는 전혀 무관하다는 것으로 말입니다. 그러한 해명은 승리자들의 세계는 무죄로 만들어주는 동시에 피고들을 비난하는 이중의 재주를 부리고 있습니다.

 사회적 갈채로 완전히 환하게 빛나는 가운데 또는 대중의 암묵적인 승인 아래 '도착적인 것도 또 사디스트도 아니며', '끔찍할 정도로 평범한 사람들이었으며 지금도 그러한 사람들'(아렌트)에 의해 저질러진 범죄들이 결과에서는 주변화되는 것이 과연 의도적인 것인지 아니면 고의적인 것이 아닌지를 놓고 논쟁하는 것은 쓸데없는 것입니다. 실제로 50년 전에 실시된 격리는 결코 끝나지 않았습니다. 어느 쪽인가 하면 가시철조망은 그동안 한층 더 두꺼워졌습니다. 아우슈비츠는 역사 속에 '유대인' 또는 '독일' 문제로 그리고 유대인들 또는 독일인들의 사적 소유물로 기록되었습니다. 그것은 불가피하게 '유대인 연구'의 중심의 중심을 차지하게 되었지만 유럽의 주류 역사학에서는 각주나 대충 한번 언급하고 지나가는 일로 국한되어 버렸습니다. 홀로코스트에 관한 저서들은 '유대인 관련 주제들'이라는 제목 아래 서평으로 다루어졌습니다. 그러한 관습의 영향은 아무리 잠정적인 것이라도 유대인 그리고 오직 유대인들만이 겪은 불의를 '도용'하려는 모든 시도에 대한 유대인 단체의 격렬한 반대에 의해 한층 더 강화되었습니다. 유대 국가[이스라엘]는 이러한 불의의 유일한 수호자, 그리고 실로 유일하게 적법한 수혜자가 되기를 열심히 바랬습니다. 이 신성하지 못한 동맹은 실제로 이 국가가 '유대인에게 고유한 것'으로 이야기하는 경험을 근대의 인간조건의 보편적인 문제, 따라서 공적 재산으로 전환시키는 것을 방해하고 있습니다. 대신 아우슈비츠는 독일 역사의 예외적으로 대단히 복잡한 사건들이라는, 독일 문화의 내적 갈등이라는, 독일 철학의 대실수 또는 독일인들의 당혹스러울 정도로 권위주의적인 민족적 성격이라는 관점에서만 해명 가능한 사건으로 간주됩니다. — 따라서 기껏해야 좁은 지역에 주변적인 결과만 가져왔을 뿐이라는 겁니다. 마지막으로 — 그리고 아마 이것이 가장 황당한 것일 텐데 — 범죄를 주변화하고 현대(성)에 면죄부를 부여해주는 양면적인 결과로 이어지는 전략은 홀로코스트를 비교 가능한 현상들의 부류에서 면제시키고 대신 그것을 전근대적인(야만적, 비합리적) 힘들의 분출로, 즉 추정컨대 '보통의[정상적인]' 문명화된 사회에서는 이미 오래전에 억압되었지만 독일의 소위 취약한 또는 불완전한 근대화로 충분히 다스려지거나 효과적으로 통제되지 않은 힘들의 분출로 해석하려는 전략 중의 하나입니다. 이러한 전략이 자기방어가 선호하는 형태가 되리라는 것을 짐작할 수 있을 것입니다. 결국 그것은 현대 문명은 열정에 대한 이성의 승리라는 병인적인 신화를, 그리고 그러한 승리는 도덕의 역사적 발전에서 나타난 명백하게 진보적인 발걸음이었다는 보조적인 믿음을 재확인해주고 강화시켜 주고 있습니다.

이 세 가지 전략이 모두 결합된 효과 — 고의적인 것이든 무의식적으로 따라나온 것이든 — 가 이제는 전설이 되다시피 한 역사가들의 당혹감입니다. 이들은 반복해서 아무리 열심히 노력해도 20세기의 가장 장대한 에피소드를 이해할 수 없다는 불만을 토로하고 있습니다. 그것에 얽힌 이야기를 아무리 전문가답게 써오고 또 계속하여 점점 더 상세하게 쓰고 있는데도 말입니다. 프리들렌더Saul Friedländer는 '역사가들의 마비'를 애통해하는데, 그가 보기에(많은 사람도 같은 견해입니다) 그것은 "메시아적 광신주의, 관료 조직들, 병리적인 충동과 행정 명령, 산업 선진국 내부의 태곳적 태도 등 전혀 이질적인 현상들이 동시에 상호작용하기 때문에" 일어납니다. 우리가 모두 일조해 짜고 있는 내러티브들을 주변화하는 망에 뒤엉켜 우리는 우리가 응시하는 것을 제대로 보지 못하고 있습니다. 우리가 주목할 수 있는 유일한 것은 그림의 혼란스러운 이질성, 우리 언어가 공존을 허용할 수 없는 것들의 공존, 우리의 내러티브들의 말에 따르면 상이한 시대 또는 다른 시기에 속하는 요소들의 복잡성뿐입니다. 게다가 그러한 이질성은 실제로 그렇게 발견된 것이 아니라 그렇게 가정된 것입니다. 바로 이러한 가정이 놀라움을 낳으며, 거기서야 비로소 이해가 나타날 수 있고 또 그것이 요구됩니다.

1940년, 어둠의 한가운데서 벤야민Walter Benjamin은 역사가들의 지속적인 마비와 사회학자들의 꿈쩍없는 평점심에 의해 평가해볼 때 아직 제대로 경청되려면 먼 메시지를 간단히 적은 바 있습니다.

그러한 놀라움은 진정한 역사적 이해를 위한 출발점이 될 수 없다. ― 그것이 유래한 역사 개념이 옹호될 수 없는 것이라는 것을 이해하지 않는 한 말이다.

유럽 역사는 인간 속에 있는 동물적인 것에 대해 인간적인 것이 우위에 서게 된 역사라는 개념은, 형편없고, 야수 같고, 결합이 많은 삶의 잔혹성에 대한 합리적 조직화의 승리라는 개념은 옹호될 수 없습니다. 또한 현대 사회는 분명하게 도덕화하는 힘이며, 이 사회의 조직은 문명화하는 힘들이며, 이 사회의 강압적 통제들은 동물적 열정들의 격류에 맞선 취약한 인간성을 지켜주는 댐이라는 개념도 옹호될 수 없습니다. 이 강연문은 그것이 주해하고 있는 저서와 함께 바로 이 후자의 옹호 불가능성을 해명하는데 바쳐지고 있습니다.

하지만 먼저 다음과 같은 사실을 반복하기로 합시다. 즉 모든 기준으로 미루어볼 때 사회학적 담론의 상식적인 가정인 것을 옹호할 수 없는 것으로 입증하는 것의 어려움은 적잖이 사회학적 내러티브들의 내재적 특징에서 나온다는 것이 그것입니다. 모든 언어와 마찬가지로 사회학적 담론의 언어는 대상들을 묘사한다고 주장하면서 규정합니다. 사회의 도덕적 권위는 사회적으로 승인된 규칙들에 순응하고 있지 않은 모든 행위가 규정상 부도덕한 한 동어반복에 이를 정도로 자신을 자신이 입증할 수 있습니다. 사회적으로 승인된 행동들은 사회적으로 비난받은 모든 행동이 악으로 규정되는 한 선으로 남아 있을 수 있습니다. 악무한으로부터 쉽게 빠져나올 수 있는 출구는 없습니다. 도덕적 충동의 전사회적 기원에 대한 어떠한 암시도 선험적으로 언어학적 합리성 — 언어가 허용하는 유일한 합리성 — 의 규칙을 위반하는 것으로 비난받아온 것을 보면 잘 알 수 있듯이 말입니다. 사회학적 언어가 펼쳐진다는 것은 이 언어가 발생시키는 세계상을 수용한다는 것을 함축하고 있습니다. 이어지는 담론을 현실에 대한 참조가 그렇게 해서 발생한 세계를 겨냥할 수 있는 방식으로 수행하는 데 동의한다는 것을 포함하고 있습니다. 사회학적으로 발생된 세계상은 사회학적인 입법적 권력의 완성을 복제합니다. 하지만 그것이 하는 것은 그것 이상입니다. 즉 대안적 비전들을 명료화할 수 있는 가능성을 침묵시키는데, 그러한 권력의 완성은 바로 그것을 억압하는 데 있습니다. 따라서 언어의 규정적인 힘은 사회적 차원의 구조 속에 붙박여 있는 차이화하는, 구분하는, 분리시키는 억압하는 힘을 보충하게 됩니다. 그리고 그것은 바로 그러한 구조에서 정당성과 설득력을 끌어냅니다.

존재론적으로 구조는 상대적인 반복 가능성, 사건들의 단조로움을 뜻합니다. 인식론적으로 구조는 이 때문에 예측 가능성을 의미합니다. 우리는 개연성들이 무작위적으로 분배되지 않은 어떤 공간을 마주칠 때 이를 구조라고 합니다. 몇몇 사건은 다른 사건들보다 훨씬 더 발생 가능성이 큽니다. 인간의 주거지가 '구조화'되는 것은 이러한 의미에서입니다. 무작위성의 바다 가운데 있는 규칙성의 섬이죠. 이처럼 위태위태한 규칙성은 사회적 조직(화)의 성취였으며, 결정적인 규정적 면모였습니다. 모든 사회조직은 **특정한 목적의식을 가졌든** 아니면 **총체화하는 것이**든(즉 차이를 가져오는, 따라서 잠재적으로 분열을 초래하는 양상들을 억압 또는 비하하는 것 — 무관하게 만들거나 그렇지 않으면 역할을 축소시키는 것 — 을 통해 격리된 상대적인 동질성의 영역들) 구성단위들의 행동을 가치 평가의 **도구적 또는 절차적** 기준에 종속시키는 데 있습니다. 이것보다 더 중요한 것은 다른 모든 기준을, 다른 무엇보다도 단위들의 행동을 균일화 압력에 대해 회복력을 갖게 해주며, 그리하여 조직(조직적 관점에서 볼 때 이것은 그러한 기준을 예견 불가능하고 잠재적으로는 안정되지 않은 것으로 만듭니다)의 집단적 목적에 대해 **자율적으로** 될 수 있도록 해줄 수 있는 기준을 비합법화하는 데 있습니다.

억압을 위한 기준 중 가장 중요한 자리는 도덕적 충동이 차지하고 있습니다. — 가장 두드러지게 자율적인(따라서 조직의 관점에서 볼 때 **예견 불가능한**) 행위의 원천이 그것입니다. (자원을 토대로 한 조직의 유리한 고지로부터는 예측할 수 없는) 도덕적 행위의 자율성은 결정적이며, 환원 불가능합니다. 그것은 모든 성문화를 벗어나며, 자신 밖의 어떤 목적에도 봉사하지 않으며, 자신 밖의 어떤 것과도 관계를 맺지 않습니다. 즉 감시하고 표준화하고 성문화할 수 있는 어떤 관계도 맺지 않습니다. 20세기 최고의 도덕 철학자인 레비나스가 말하는 대로 도덕적 행위는 타자가 그저 얼굴로 현존하는 것에 의해, 즉 강제 없는 권위로 단순히 현존하는 것에 의해서 촉발됩니다. 타자는 처벌에 대한 어떠한 위협도 또 보상에 대한 어떠한 약속도 없이 요구합니다. 그의 요구는 승인이 필요 없습니다. 타자는 어떤 것도 할 수 없습니다. 바로 그것이 나의 힘, 행동할 수 있는 나의 능력을 책임으로 드러내는 타자의 약점입니다. 도덕적 행위는 그러한 책임을 따르는 모든 것을 말합니다. 제재의 두려움이나 보상의 약속에 의해 촉발된 행위와 달리 그것은 성공을 가져오거나 생존에 도움이 되지는 않습니다. 무목적적인 것으로서 타율적 정당화나 합리적 논증의 모든 가능성으로부터 벗어나기 때문에 자기 보존conatus essendi을 무시하며, 따라서 '합리적 이해'에 따른 판단과 계산된 자기보존의 충고를, 의존과 이질성이라고 하는 '현존재'의 세계에 이르는 두 개의 쌍둥이 다리를 무시할 수 있습니다. 레비나스의 주장대로 타자는 존재하기 위한 노력에 부과되는 한계입니다. 따라서 그것은 궁극적인 자유를 제공합니다. 모든 이질성의 원천, 모든 의존, 존재 속에서의 자연의 지속에 맞선 자유를. 도덕은

> 관용의 계기입니다. 누군가는 승리와는 무관하게 행동합니다. …… 무상으로 하는 어떤 것, 그것이 은총입니다. …… 얼굴이라는 이념은 무상적 사랑, 무상적 행위의 수행입니다.

도덕적 행위가 유혹이나 미혹, 매수 또는 일상화될 수 없는 것은 그것의 철저한 무상성 때문입니다. 사회 전체의 관점에서 볼 때 칸트의 실천 이성은 너무나 희망 없는 **비실천적 이성**일 뿐입니다. …… 조직의 관점에서 볼 때 도덕적으로 고무된 행위는 명백히 무용하며, 심지어 파괴적입니다. 그것은 어떤 목적을 위해서도 이용될 수 없으며, 단조로움의 희

망에 한계들을 부여합니다. 도덕은 합리화될 수 없기 때문에 억압되거나 무관한 것으로 처리되어야 합니다.

도덕적 행위의 자율성에 대한 조직의 대답이 도구적이며 절차적인 합리성들의 타율성입니다. 법과 이해는 무상성과 도덕적 충동의 승인 불가능성을 축출하고 대체합니다. 행위자들은 목적이나 행동 규칙에 의해 규정되는 이유에 의해 자신의 행위를 정당화할 것을 요구받습니다. 그러한 식으로 사유되고 논증되는 행위들만이 또는 그러한 식으로 서사화되는 데 적합한 행위들만이 진정 **사회적인** 종류의 행위로, 즉 **합리적 행위로**, **사회적 행위자들**로서의 행위자들의 규정적 속성으로 사용되는 행위로 받아들여진다. 그와 비슷하게 목적의 추구나 절차적 원리라는 기준을 충족시키는 데 실패한 행위들은 비사회적, 비합리적인 것으로 선언된다. — 그리고 **사적인 것으로** 행위를 사회화하는 조직의 방식은 필수불가결한 귀결로 도덕의 사사화私事化를 포함합니다.

따라서 모든 사회 조직은 파괴적인 또는 규제를 벗어나는 결과 또는 도덕적 행위를 무효화시키는 것으로 구성됩니다. 그러한 결과는 일련의 보충적 배치들을 통해 달성됩니다. 1) 행위와 그것의 결과 사이의 거리를 도덕적 충동이 미치는 범위를 넘어서까지 늘리는 방법, 2) 일부 '타인들'을 도덕적 행위의, 잠재적 '얼굴들'의 잠재적 대상들의 부류로부터 면제시키는 방법, 3) 행위할 때의 다른 인간적 대상들을 기능적으로 특수한 특징들의 집합으로 가식적으로 꾸미는 방법. 이때 그러한 특징들은 분리된 것으로 간주되기 때문에 얼굴을 재-조립할 수 있는 기회는 나타날 수 없게 되며, 각각의 행동에 주어지는 과제는 도덕적 가치 평가로부터 자유로워질 수 있게 됩니다. 이러한 배치들을 통해 조직은 비도덕적 행위를 촉진시키지 않습니다. 또 일부 비방자들이 서둘러 비난하듯이 악을 후원하지도 않습니다. 하지만 자기 자신의 자가-증진에도 불구하고 선도 촉진하지 않습니다. 단지 사회적 행위를 무심한 것diaphoric

으로 만들어 버릴 뿐입니다(원래 'adiaphoron'*은 교회에 대해 무관심한 것으로 선언된 것을 의미했습니다). — 좋은 것도 또 나쁜 것도 아니며, 기술적(목적 지향적, 또는 절차적) 가치들에 비추어 측정 가능하지만 도덕적 가치들에 비추어서는 그렇게 될 수 없습니다. 마찬가지로 타자에 관한 책임을 '존재하기 위한 노력'에 부과되는 한계라는 본래의 기능과 관련해 효력을 잃어버리도록 만듭니다(근대라는 시기로의 문턱에서 제일 먼저 사회 조직이란 설계와 합리적 개선의 문제임을 간파한 사회 철학자들은 정확히 조직의 이러한 특징을 개인적 남성과 여성의 도덕을 초월하며, 그것을 사회적으로는 무관한 것으로 사적인 것으로 만들어버리는 세인世人의 도덕으로 이론화했다고 추정하고 싶은 느낍니다). 동시에 사회 조직을 구성하며 사회적 행위를 무심한 것으로 만드는 이러한 배치들을 하나하나 살펴보기로 합시다.

먼저 행위의 결과를 도덕적 한계를 넘어서 있는 것으로 제거하는 것을 살펴보기로 합시다. 그것은 행위를 명령과 집행의 위계로 분절화하는 것과 관련한 주요한 성취라고 할 수 있습니다. 일단 '대리인 상태'에 놓이게 되어 일련의 매개자들에 의해 의도를 의식하는 원천들 및 궁극적인 결과와 분리되게 되면 행위자들은 좀체 선택의 순간에 직면하지 않으며 행위의 결과를 볼 수 없습니다. 이보다 중요한 것은 그들이 자신들이 보는 것을 거의 자신들의 행위의 결과로 이해하지 못한다는 것입니다. 각각의 행위는 '매개되거나' 단지 '매개하는 것'이기 때문에 인과관계가 있으리라는 의심은 증거를 '예견하지 못한 결과'로 또는 어쨌든 자체로서는 도덕적으로 중립적인 행위의 '의도치 않은 결과'로 — 윤리적 실패보다는 이성의 결함으로 — 이론화하는 것을 통해 제법 설득력 있게 기각되어 버립니다. 따라서 사회조직은 도덕적 책임을 공중에 붕

---

* 그 자체로서는 가도 또 불가도 아닌 행위.

떠 있게 만드는 기계로 묘사될 수도 있습니다. 그것은 어떤 특수한 누구에게도 속하지 않습니다. 최종 결과에 대한 모든 사람의 기여는 너무 미미하거나 부분적이기 때문에 특정한 인과적 기능을 부여하기에는 적절하지 않기 때문이라는 것입니다. 남은 것에 관한 책임과 분산의 해체는 구조적 차원에서 아렌트가 정곡을 찔러 '누구도 통치하지 않는다고 묘사한 바 있는 아무에게도 의하지 않는 지배rule by Nobody〔관료제〕로 귀결됩니다. 그리고 개인적 차원에서 도덕적 주체로서의 행위자를 과제와 절차적 규칙이라는 쌍둥이 같은 권력에 직면하게 될 때 아무 말도 못 하게, 무방비 상태로 만들어 버립니다.

두 번째 배치는 '얼굴 지우기'로 가장 잘 묘사될 수 있습니다. 그것은 행위의 대상들을 도덕적 요구로서의 능력을 가진 행위자들에게 도전할 수 없는 위치에 놓는 데 있습니다. 즉 잠재적으로 행위자로 하여금 '얼굴로 마주할 수 있게 만들 수 있는 존재의 부류로부터 그러한 대상들을 내쫓는 것입니다. 그러한 취지로 사용되는 수단의 범위는 실로 막대합니다. 그것은 적으로 공표된 자들을 명시적으로 도덕적 보호로부터 제외하는 것부터 시작해 오직 기술적, 도구적 가치라는 관점에서만 평가될 수 있는 행위의 자원들에 따라 선별된 집단을 분류하는 것을 거쳐 이방인은 일상적인 인간적 만남 — 여기서 그의 얼굴은 가시적으로 될 수 있고 도덕적 요구로 빛날 수 있습니다 — 으로부터 제거하는 것에 이르기까지 걸쳐 있습니다. 이 각각의 경우 타자에 대해 도덕적 책임의 제한 효과는 중지되고 효력을 잃게 됩니다.

세 번째 배치는 자아로서의 행위의 대상을 파괴합니다. 대상은 특징들로 얼버무려져 왔습니다. 도덕적 주체의 총체성은 누구도 도덕적 책임을 부여할 수 있으리라고는 생각조차 할 수 없는 부분들이나 속성들의 집합으로 환원되어 왔습니다. 그리하여 행위들은 집합의 특정 단위들에 대해서만 겨냥되며, 도덕적으로 중요한 효과들의 마주침의 계기는 우회하거나 전적으로 회피해버립니다(쉽게 짐작할 수 있는 대로 논리 실증주의가 고취한 철학적 환원주의의 공리 속에서 명료하게 표현된 것이 바로 사회조직의 이러한 현실이었습니다. 어떤 사물 P가 사물 x, y, z로 환원될 수 있음을 증명하는 것은 X는 '단지' x, y, z의 합일뿐이라는 연역을 포함하고 있습니다. 도덕이 논리 실증주의적인 환원주의적 열정의 첫 번째 희생자가 된 것은 놀랄 만한 일이 아닙니다). 말하자면 협소하게 겨냥된 행위가 인간적인 대상들의 총체성에 미치는 결과는 보이지 않게 되며, 의도의 일부가 아니라는 이유로 도덕적 평가를 면제받습니다.

지금까지 사회조직이 무심함을 조장하는 영향을 미치는 것에 관한 우리의 조사는 자의식적으로 비역사적이고 치외법권적 용어로 수행되어 왔습니다. 실로 인간의 행위의 무심화는 모든 초개인적, 사회적 총체성을 구성하는 필수적인 요소인 것처럼 보입니다. 이 문제라면 모든 사회조직이 그렇습니다. 하지만 만약 정말 그것이 실제로 사실이라면 도덕의 사회적 책임에 대한 정통적 믿음에 도전하고 이를 논박하려는 시도는 그 자체로서는 무엇보다 먼저 탐구를 촉구했던 윤리적 우려에 대한 답을 제공할 수 없습니다. 사회는 사람들을 무심하게 만드는 메커니즘이라는 견해가 도덕은 사회에 기원을 두고 있다는 정통 이론보다 인간의 역사의 고질적인 도처에 만연한 잔혹성에 대해 훨씬 더 나은 설명을 제공합니다. 특히 그것은 전쟁, 십자군, 식민화 또는 공동체의 분쟁이 일어날 때 정상적인 인간 집단이 단독적으로 저질러진다면 얼마든지 가해자의 정리 병리 탓으로 돌릴 수도 있는 행위들을 저지를 수 있는 이유를 설명해줍니다. 하지만 굴락, 아우슈비츠 또는 히로시마 등 우리 시대의 깜짝 놀랄 정도로 새로운 현상을 설명하는 데는 부족함을 드러내게 됩니다. 우리 세기의 이처럼 핵심적인 사건들은 실로 새롭다는 느낌입니다. 그리고 그러한 사건들은 인간 사회 그 자체의 보편적 특징이 아니며, 과거의 사회들은 소유하고 있지 않던 어떤 새로운, 전형적으로 현대적인 특징의 출현을 의미하는 것은 아닐까 하고 (정당하게) 의심하지 않을 수 없게 됩니다. 왜 그럴까요?

하나. 가장 명백하고도 진부한 새로움은 오늘날 철저하게 무심해진 행위에 사용될 수 있는 기술의 파괴적 잠재력의 규모 자체입니다. 이처럼 새로운 어마어마한 권력들은 오늘날 점점 더 과학에 기반해 점증하고 있는 관리 과정의 효율성에 의해 지지되고 추가로 사주되고 있습니다. 누가 봐도 알 수 있듯이 근대에 발전된 기술은 이미 사회적으로 규제되고 조직화된 모든 행위 속에 나타나 있던 것을 한층 더 밀어붙였을 뿐입니다. 그것의 현재적 규모는 단지 양적 변화를 전달하고 있을 뿐입니다. 그러나 양적 확대가 새로운 질의 징조가 되는 지점이 있습니다. — 그리고 우리가 근대라고 부르는 역사적 시기에 우리는 그러한 지점을 통과한 것처럼 보입니다. 테크네의 영역, 즉 비인간적 세계 또는 비인간적인 것으로 간주된 인간적 영역을 다루는 영역이 무심화라는 방편 덕분에 내내 도덕적으로 중립적인 것으로 다루어져 온 것은 사실입니다. 하지만 요나스Hans Jonas가 지적하듯이 현대적 기술에 의해 무장되지 않은 사회들에서 "사람들이 행동할 때 신경을 쓰는 선과 악은 실천 자체 속에서든 아니면 직접적으로 손이 미치는 거리에서든 행동과 아주 가까운 곳에 있었다. …… 행위가 효력을 미칠 수 있는 범위는 아주 좁았다." 따라서 계획된 것이었던 아니면 아무 생각도 없이 빚어진 것이든 그에 따른 가능한 결과들도 마찬가지였습니다. 하지만 오늘날 한때 비인간적 세계 속의 고립된 영토였던 인간들의 도시는 자연 전체로 확산되어 자연의 자리를 빼앗고 있습니다. 인간의 행위의 결과들은 공간과 시간 모두에서 점점 더 멀리까지 미치고 있습니다. 요나스가 지적하는 대로 그러한 결과들은 누적적으로 되고 있습니다. 즉 모든 공간적 또는 시간적 제한을 초월하며, 많은 사람이 두려워하는 대로 결국 자연의 자기치유력을 넘어서 리쾨르가 절멸이라고 부르는 것으로 귀결될지도 모릅니다.

즉 창조적인 변화 과정 속의 부지 정리 작업으로 입증될 수도 있는 통상적인 파괴와 달리 새로운 출발의 여지를 전혀 남기지 않는 것 말입니다. 무심화라는 영원한 사회적 기술에 의해 가능해지고 또 그것으로부터 출현한 이처럼 새로운 발전은 — 이렇게 지적해볼 수 있을 것입니다 — 그것이 미치는 범위와 효율성을 극대화해 여러 가지 행위를 광대한 영역과 장기간의 시간에 걸쳐 도덕적으로 혐오스러운 목표들을 위해 이용될 수 있게 하고 있습니다. 따라서 그에 따른 결과들은 아무런 도덕적 의구심 또는 그러한 과정에 단순한 경각심을 불러일으키지 않은 채 진정 아무런 상관도 없게 되거나 회복 불가능한 지점까지 극단화될 수 있습니다.

둘째: 인간이 만든 기술의 새로운, 전대미문의 힘과 함께 수천 년에 걸쳐 자연 그리고 자연과 인간 상호 간에 대한 인간 자신의 지배에 대해 인간이 부여해온 자기제한은 무기력하게 되어버리고 말았습니다. 저 악명 높은 '세계의 탈주술화' 또는 니체가 말하는 '신의 죽음'과 같은 것들이 그것입니다. 신은 무엇보다 먼저 인간의 잠재력에 대한 제한을 의미했습니다. 즉 인간이 할 수 있는 것 그리고 **감히 하려고 하는** 것에 대해 인간이 **해도 좋은** 것이 강요한 제약이었습니다. 소위 신의 전지전능함은 인간이 해도 좋은 것과 인간이 감히 하려고 하는 것의 경계선을 긋는 것이었습니다. 십계명 등은 개인으로서의 인간의 자유를 제한했습니다. 또한 인간들이 함께, 즉 사회로서 입법화할 수 있는 것도 제한했습니다. 그러한 계명들은 세계의 원리들을 입법화하고 조작할 수 있는 인간의 능력을 본질적으로 한계가 있는 것으로 제시했습니다. 신을 내쫓고 그것의 자리를 대신 차지한 근대 과학이 그러한 장애물을 제거해버렸습니다. 그것은 또한 공석도 창조했습니다. 최고 입법자 겸 관리자, 세계 질서의 설계자와 관리자의 직무는 그리하여 소름 끼치게 텅 비게 되었습니다. 그것은 채워 넣어져야 합니다, 그렇지 않으면 ……. 신은 왕위에

서 쫓겨났지만 왕위는 아직 한 자리에 남아 있습니다. 왕좌가 텅 비어 있는 것은 근대라는 시기 내내 몽상가들과 모험가들에게는 지속적이며 유혹적인 꼬드김이었습니다. 모든 것을 아우르는 질서와 조화의 꿈은 이전 어느 때보다 더 생생하게 남아있었으며, 이전 어느 때보다 더 실현이 가깝고, 이전 어느 때보다 더 인간의 힘으로 이루어낼 수 있는 것처럼 보였습니다. 이제 그것을 구현하고 그것이 왕좌에 오르도록 확실히 하는 것은 우리 필멸의 지상의 존재들에게 달리게 되었습니다. 세계는 인간의 정원으로 바뀌었습니다. 하지만 오직 정원사의 경계만이 그것이 광야의 혼란으로 내려가는 것을 방지할 수 있었습니다. 이제 강이 올바른 방향으로 흐르고, 열대우림이 땅콩이 자라야 할 밭을 차지하지 못하도록 할 수 있는 것은 인간들, 오직 인간들이게 되었습니다. 이제 인간들은, 그리고 오직 인간들만이 이방인들이 입법화된 질서의 투명성을 흐리게 하지 못하도록 하고, 사회적 조화가 감당할 수 없는 계급들에 의해 망쳐지지 않도록 하고, 민족의 동질성이 이질적인 인종들에 의해 더럽혀지지 않도록 할 수 있게 되었습니다. 이제 계급 없는 사회, 인종적으로 순수한 사회, 위대한 사회는 인간의 과제가 되었습니다. ― 긴급한 과제, 사느냐 죽느냐의 문제, 의무가 되었습니다. 한때 신에 의해 보장받았지만 지금은 잃어버린 세계와 인간의 사명의 투명성은 빠르게, 이번에는 인간적 재능에 의해 그리고 오직 인간의 책임(아니면 무책임이지 않을까?)하에 복원되어야 했습니다.

  인간의 폭력성에 특히 두드러진 **근대적** 형태를 부여하고, 굴락, 아우슈비츠, 히로시마를 가능하게, 실로 불가피하게 만든 것은 인공적으로 설계된 질서를 수립하기 위해 사용할 수 있는 수단의 힘이 점증하는 동시에 그것이 고삐 풀린 결단과 결합된 것이었습니다. 이처럼 특수한 결합이 이제 끝났다는 징후가 사방에 넘쳐나고 있습니다. 그러한 결합이 지나갔다는 것은 일부 사람들에 의해서는 근대가 성년이 된 것으로 이론화되고 있습니다. 또는 근대성의 전혀 예상치 못한 결과로 이야기되는가 하면 포스트모던 시대의 등장으로 이야기되곤 합니다. 하지만 이 두 경우 모두 분석가들은 드러커Peter Drucker의 다음과 같은 간결한 판결에 동의할 것입니다. "사회에 의한 구원은 이제 끝났다." 인간 통치자들이 해도 좋거나 수행해야만 하는 많은 과제가 있습니다. 하지만 완벽한 세계질서를 고안하는 것은 그러한 과제 중의 하나가 아닙니다. 거대한 세계-정원은 각자에 고유한 작은 질서를 가진 무수히 많은 작은 땅뙈기로 분열되었습니다. 박학하고 기동성도 좋은 정원사들이 꽉 들어차 있는 세계에서 정원사 중의 정원사인 **최고 정원사**를 위한 공간은 전혀 남아 있지 않은 것처럼 보입니다.

여기서는 거대한 정원의 붕괴를 가져온 사건들의 목록을 자세히 살펴볼 수는 없습니다. 하지만 이유가 무엇이든, 수많은 측면에서 그러한 붕괴는 희소식이라고 감히 생각해봅니다. 하지만 그것이 과연 인간의 공존의 도덕성을 위한 새로운 출발을 약속해줄까요? 어떤 식으로 그것은 사회적 행위의 무심화에 대한 이전의 우리 추론의 관심사에 영향을 미칠까요? — 그리고 특히 근대 기술의 등장으로 초래된 막대한 재앙적 차원들에 대해 말입니다.

얻는 것이 있으면 잃는 것이 있기 마련입니다. 구원에 의해 초래된 그리고 구원을 찾고자 자행한 인종학살의 위협이 사라짐으로써 거대한 정원사가 떠나고 거대한 조원造園이라는 환상이 흩어짐으로써 세계는 **보다 안전한** 곳이 되었습니다. 그러나 그것 자체만으로는 세계를 **안전한** 장소로 만들기에 충분치 않습니다. 새로운 공포들이 과거의 공포들을 대체하고 있습니다. 또는 오히려 아주 오래도록 지속된 몇몇 공포가 다른 몇몇, 즉 최근에 쫓겨나거나 기세가 꺾이고 있는 공포의 그늘로부터 출현하면서 진가를 발휘하고 있습니다. 아마 아래와 같은 요나스의 예감에 많은 사람이 공감을 표시할 것입니다. 즉 점점 더 우리의 주된 공포는 기술 문명의 의도치 않은 동역학의 본성에 의해 언제 망할지도 모른다는 묵시론과 관련을 맺게 되리라는 것이 그것입니다. 주문 제작한 강제 수용소나 원자 폭탄의 폭발이 아니라 말입니다. 이 둘의 경우 모두 거대한 목적들이 천명되고, 무엇보다 목적 의식적인 결정이 내려져야 할 것입니다. 현재 우리가 사는 세계가 백인 남성, 프롤레타리아, 아리안 인종의 임무들로부터 해방되었기 때문에 그렇습니다. 그리고 그들이 그렇게 된 것은 단지 그러한 세계가 다른 모든 목적과 의미들로부터 해방되었으며, 그리하여 어떠한 목적에도 봉사하지 않고 다만 그들의 재생산과 권력 강화에만 봉사하는 수단들의 우주로 바꾸었기 때문입니다. 엘룰 Jacques Ellul이 지적하는 대로 오늘날 기술은 **기술이 발전했기 때문에** 발전한 것입니다. 기술적 수단이 거기 있기 때문에 사용되는 것입니다. 그렇지 않았다면 가치가 혼잡한 세계에서 여전히 용납할 수 없었을 범죄 중의 하나는 기술이 이미 가용한 것으로 만들어놓은, 또는 만들어 놓으려고 하는 수단을 이용하지 않는 것입니다. 우리는 얼마든지 그럴 수 있으며 도대체 그렇게 하지 말아야 할 무슨 이유라도 있단 말입니까? 오늘날 기술은 문제 해결에 쓰이지 않습니다. 오히려 주어진 기술의 접근성이 인간적 현실의 연속적인 부분들을 **해결**을 촉구하는 **문제**들로 재규정하고 있습니다. 위너와 칸의 말에 따르면 기술 발전은 요구한 것 이상의 수단을 생산합니다. 그리고 기술적 능력들을 충족시키기 위해 수요를 찾아 나섭니다. ……

　기술의 구속받지 않는 지배는 인과적 규정이 목적과 선택으로 대체된다는 것을 의미합니다. 실로 기술 자체가 창조한 가능성에 대한 냉정한 평가 말고는 기술이 취할 수 있는 방향을 가늠하고, 평가하고, 비판할 수 있는 어떠한 지적 또는 도덕적 참조점도 떠올리는 불가능해 보입니다. 목적들이 마침내 문제 해결의 유사流砂 속으로 점차 가늘어질 때 수단적 이성은 최고로 의기양양해집니다. 기술적 전지전능함을 향한 길은 의미의 마지막 찌꺼기까지 제거된 이후에야 분명해집니다. 20세기 초에 발레리가 쓴 예언적 경고를 다시금 상기할 필요가 있습니다. *"On peut dire que tout ce que nous savons, c'est-à-dire tout ce que nous pouvons, a fini par s'opposer à ce que nous sommes"*(우리가 알고 있는 모든 것, 즉 우리가 할 수 있는 모든 것이 현재의 우리와는 정반대되는 결과로 나타날 수 있다고 말할 수 있을 것이다). 해방과 자유라고 하는 것은 세계의 나머지와 함께 타자를 어떤 대상으로, 즉 그것의 유용성이 만족을 주는 능력과 함께 시작해 끝나는 대상으로 축소시킬 수 있는 권리를 의미한다는 말을 들어 왔으며 마침내 그렇게 믿게 되었습니다. 기술이 더 이상 아무런 도전도, 아무런 구속도 받지 않고 지배하는 것에 투항한 사회는 이제까지 알려진 어떠한 인간적 사회보다 더 철저하게 타자의 인간적 얼굴을 지워버렸으며, 그리하여 인간적 사회성의 무심화를 가늠이 불가능한 깊이까지 밀어붙여 버렸습니다.

하지만 이것은 이제 막 출현하고 있는 현실의 한 측면, '생활세계'적 측면, 개인의 일상적 경험위로 우뚝 솟은 측면에 불과합니다. 앞에서 간략하게 소개했듯이 또 다른 측면이 존재합니다. 변덕스럽고, 닥치는 대로이며, 제멋대로인 기술적 잠재력의 발달과 그것의 응용들이 그것으로, 이것은 도구들의 힘이 증가하게 되면 아무도 눈치채지 못하는 가운데 하나의 세계가 기술적으로 창조되지만 더 이상 기술적으로는 통제될 수 없는 '임계 질량적' 상황으로 이어질 수도 있습니다. 그리하여 근대 기술은 자신 이전의 근대 회화나 음악 또는 철학과 흡사하게 마침내 자신의 논리적 끝에 이르러, 자기 자신의 불가능성을 설립할 것입니다. 그러한 결과를 방지하기 위해서는, 바이젠바움Joseph Weizenbaum의 주장에 따르면, 다름 아니라 바로 새로운 윤리의 출현이, 거리와 간격과 멀리 떨어진 결과의 윤리, 공간적·시간적으로 무시무시할 정도의 범위로까지 확대되는 기술적 행위의 결과들을 제대로 감당할 수 있는 윤리가 요구됩니다. 그러한 윤리는 우리가 아는 어느 도덕과도 다를 것입니다. 이 윤리는 사회적으로 구축된 방해물, 즉 모든 행위를 매개하고 인간의 자아를 기능에 따라 환원시키는 것을 넘어설 것입니다.

그러한 윤리는 모르면 몰라도 우리 시대의 논리적으로 불가피하게 될 것입니다. 즉 수단을 목적으로 바꾸어버린 세계가 그러한 성취 자체에 따라나올 개연성이 큰 결과를 피할 생각이라면 말입니다. 그러한 윤리가 과연 실제로 실현 가능하냐는 이와는 전혀 다른 문제입니다. 과연 우리, 즉 사회적·정치적 현실을 연구하는 우리 사회학자들보다 더 철학자들은 — 왜 아니겠습니까? — 논리적으로 대응하기 힘들며 무심하게 되는 데 필요한 것으로 입증될 것이라는 진리가 일상적으로 실현될 가능성을 의심해야 하겠습니까? 하지만 과연 누가 우리 사회학자들보다 더 필연적인 것과 현실적인 것 사이의, 도덕적 한계의 생존적 가치와 그러한 한계 없이 — 그리고 행복하게, 그리고 아마 앞으로도 영원히 — 살아가게 되어 있는 세계 사이의 간격에 대해 동료 인간들에게 경보를 발하기 좋은 사람이 있겠습니까.

아말피 상 수상 강연
1990년 5월 24일

〈2000년 판 후기〉
기억해야 할 의무 — 하지만 무엇을?

> 과거를 지배하는 자가 미래를 지배하고,
> 현재를 지배하는 자가 과거를 지배한다.
> — 조지 오웰

10년 전 홀로코스트와 현대(성) 사이의 **친화성**Wahlverwandschaft에 대한 저작을 쓰기 시작했을 때 나는 홀로코스트를 설명하기보다는 현대(성)를 더 잘 이해할 수 있기를 바랐다. 당시 나는 설명이라는 개념의 보통 의미(어떤 사건을 원인과 결과의 연쇄로 제시하는 것)에서 홀로코스트를 역사상의 한 사건으로 설명하기 위해 해야 할 것은 이미 할 만큼 했다고 생각했다. 수많은 출중하고, 철저하며, 헌신적인 역사가들의 엄청난 노력 덕분에 일련의 사건들, 결정들 그리고 행위들이 기록되었으며, 알고 싶은 사람은 누구든 누가 가해자였는지, 누가 희생자고, 누가 겁에 질린 사람이었으며, 누가 안도하거나 단지 무관심한 방관자였는지를 알 수 있게 되었다. 물론 계속, 어쩌면 끝도 없이 작업을 계속해나가 여태껏 남의 손을 타지 않은 문서 기록이나 일기들을 찾아내 여기저기서 몇몇 가해자 이름을 더하고, 그렇지 않으면 인류 역사에서 가장 목적의식적이고, 체계적이며, 특정 인종을 겨냥해 대대적으로 자행된 대량학살과 결합해 여러 에피소드들에 대한 전공 논문 연구서들의 거대한 서고를 한층 더 넓히는 일을 할 수도 있을 것이다. 그러나 그러한 추가 연구는 단지 '대동소이'할 뿐이다. 사실들의 양은 늘어날 수 있지만 그것이 반드시 홀로코스트 과정에 대한 지식이나 이해를 증대시키지는 못할 것이다.

다른 한편 역사가들 덕분에 홀로코스트에서 **실제로 무슨 일이 벌어졌는지**|wie es ist eigentlich gewesen|에 대한 우리의 지식은 시간이 지남에 따라 빠른 속도로 증가 중이지만 그러한 지식이 현대 사회에 대한 정통적이며 여전히 주도적인 이미지에 대해 갖는 의미를 파악하려는 사회학자들과 사회사상가들의 노력은 한참 뒤처져 있다. 보다 정확하게는, 아도르노나 아렌트 같은 고독한 저술가들이 그런 작업을 해야 한다고 처음 호소한 이래 그러한 노력이 진정으로 시작된 적은 결코 없었다. 아도르노와 아렌트가 미완으로 남겨놓은 지점에서부터 작업을 진행하는 것이 내 의도였다. 나는 동료 사회사상가들이 홀로코스트라는 사건과 현대적 삶의 구조와 논리 사이의 관계를 고려하고, 홀로코스트를 현대사 속에서 빚어진 기괴한 탈선 이야기로 간주하는 것을 중단하고, 대신 그것을 현대사의 매우 연관성이 높고 온전한 일부로 사유할 것을 촉구할 생각이었다. 여기서 '온전한'이라는 말은 홀로코스트의 역사가 진실로 무엇을 의미하는지, 어떻게 그것이 가능했는지 그리고 왜 그랬는지를, 그리고 그것으로부터 등장한 사회, 바로 우리 모두가 사는 사회를 이해하는 데서 필수불가결하다는 의미였다.

나는 이제 실수를 저질렀음을 깨닫는다. 내 호소가 잘못 전달되었거나 어차피 귀담아듣지 않을 사람들에게 전해질 수밖에 없었기 때문이 아니다. 또한 우리 시대의 사회사상가들이나 이들의 작업에는 현대(성)의 본성에 대해 홀로코스트가 갖는 중요성을 받아들이고 이를 끝까지 추적하는 것을 어렵게 만드는 무엇인가가 있기 때문도 아니다. 내가 실수를 했다는 것은 그와는 전혀 다른 이유에서였다. 내 생각과는 반대로 우리 시대의 사회사상 속에서 홀로코스트가 언급될 때마다 다른 어떤 것이 아니라 내가, 부주의하게도, 고려의 대상에서 배제되고 있다고 생각한 바로 그 의미가 쟁점이 되었던 것이다. 사실을 말하자면, 홀로코스트에 대해 말하고 쓰는 대부분의 학자는 ─ 노골적으로든 아니면 은밀하게든, 의식적으로든 또는 무의식적으로든 ─ 그것의 중요성 외에는 거의 관심을 두지 않았다. 즉 홀로코스트와 현대(성)의 내적 본질 사이에 연결고리가 존재하는지 아니면 부재하는지 하는 문제에 말이다. 그리하여 현대(성)가 자신의 기획의 본성에 대해 만들어낸, 그리고 만약 그러한 기획이 역사적으로 형성되어 지금도 지배하고 있는 형태로 계속 유지되려면 반드시 고수해야만 하는 가장 탐나는 가정의 일부를 구원할 권리 또는 수정할 의무에 대해 말이다.

다시 말해, 내가 10여 년쯤 전에는 완전히 깨닫지 못했지만 이제는 분명해 보이는 것은 침묵들은 목소리들과 협심해 말을 했다는 것이다. 홀로코스트라는 쟁점이 사회과학 담론에서 제기될 때마다 논쟁의 진정한 주제는 ─ 그리고 이것은 분명히 가장 강렬한 감정들을 불러일으키고 가장 강력한 호전성을 불러올 주제였다 ─ 역사에서 무슨 일이 일어났는가보다는 오늘날 우리가 사는 세계의 본성에 관한 것이 되고 있다. 현재 진행 중인 모든 홀로코스트 담론의 숨겨진 의제는 오히려 홀로코스트의 사실들이 오늘날의 삶의 숨겨진 역량들에 대해 무엇을 말해줄 수 있는가 하는 것이다. 일단 홀로코스트 가해자들의 유죄 여부에 관한 문제가 대체로 청산된 이상 그리고 시간이 지나면서 그동안 가졌던 절박함과 실천적 날카로움의 상당 부분이 사라진 지금 우리에게 남아 있는 큰 질문은 나머지 모든 사람의 결백함에 관한 것이다. ─ 특히 우리 자신들의 결백함에 관한 것이다.

유죄와 무죄의 사회적 생산

폭군이 자신의 위대한 영광을 위해 여러 도시를 폐허로 만들고, 노예가 정복자의 전차에 사슬로 비끄러매인 채 축제로 들뜬 시가지 곳곳으로 끌려 다니고, 사로잡힌 적이 운집한 군중 앞에서 맹수에게 내던져지던 고지식한 시대에는 그토록 순진한 범죄 행위 앞에서 양심은 흔들림 없이 확고할 수 있었고 또 판단은 분명할 수 있었다. 그러나 자유의 기치 아래 조성된 노예 수용소, 인간에 대한 사랑 또는 초인의 지향을 내세워 정당화하는 대량학살은 어떤 의미에서 판단력을 마비시키기에 충분하다. 우리 시대 특유의 기이한 전도顚倒 현상으로 인해 범죄가 무죄의 가면을 쓰고 나타나는 날에는 무죄한 쪽이 도리어 자신의 정당성을 증명하라는 다그침을 받는다.1)

1951년, 『예루살렘의 아이히만』이 뉴욕에서 출판되기 전 그리고 이 책의 주인공인 아이히만이 예루살렘에 나타나기 전에 카뮈는 거기까지만 말한다. 범죄가 논리적이고, "살인"이 "합리적 기반을 가질" 가능성은 "우리 세기의 피와 갈등에 의해 우리에게 제기된 질문"이다. 카뮈는 "우리는 심문받고 있다"고 주장했다. 우리는 그러한 질문에 귀를 기울이기를 거부하고, 위험을 각오한 채 어차피 악은 영원하고 살인 또한 영속되어온 것이라고 자위할 수도 있을 것이다. 그리고 우리 인류에 대한 첫 번째이자 우선적인, 즉 가장 내밀한 본질에서의 위험은 우리의 비-동물성, 우리 존재의 윤리성이다.

카뮈는 『폭풍의 언덕』의 히스클리프는 캐시를 소유할 수만 있다면 이 세상 모든 사람을 다 죽이는 것도 마다하지 않으리라는 것을 상기하고

---

1) 알베르 카뮈, 『반항하는 인간』, 김화영역, 책세상, 2003, 16~17페이지.

있다. — "그래도 그는 살인이 합리적이라거나 어떤 체계에 의해 정당화될 수 있는 것이라고 주장할 생각은 못했을 것이다." 히스클리프는 이론가가 될 그릇이 되지 못했다. 그는 이론화하지 않으며, 이론을 필요로 하지 않는다. 그는 캐시를 사랑했고, 그녀를 원했다. 그리고 그것이 살인하기 위해 필요로 했던 유일한 이유였다. 살인 — 만약 히스클리프가 저질렀다면 그것은 **치정범죄**가 되었을 것이며, 정념에서 행동한다는 것은 이성을 잠재운다는 것을 의미한다. 정념은 규정상 비이성이다. 정념이라는 말은 또한 이성의 비존재를 말한다. 정념과 이성이 서로 다투는 것이다. 한쪽이 다른 한쪽이 보는 앞에서 시들어 사라지게 된다.

현대(성)는 정념에 선전포고를 하고, 깃발 위에 대문자로 이성을 써넣었다. *in hoc signo vinces*〔그리스어 *en touto nika*의 라틴어 역으로, 콘스탄티누스가 꿈에서 보고 자신의 군기에 사용했다고 한다. "이 표지에 의하여 그대는 승리를 얻으리라"라는 뜻이다〕. 현대적 정신은 정념을 멀리하고, 폄훼하며 멸시하며, 정념이 드러나는 모든 곳에서 자신의 실패의 증거에 대해 코웃음 친다. 그렇게 함으로써 정념으로 말미암은 범죄들에 대해 책임질 것을 — 너무나 당연하게도 — 거부한다. 사랑이나 증오 때문에 살인을 저지르는 사람은 누구나 현대의 한계를 벗어나는 것이다. 실제로 치정범죄에 대해서는 특별히 현대적이라고 할 만한 것이 없다. 그리고 일부 남녀가 이성의 목소리에 귀 기울이기를 거부하거나 이에 실패하고는 정념의 노예로 남아 있게 되는 것은 거의 현대적 야망의 실패라고 하기는 힘들다. 정념으로 말미암은 범죄에 대해 현대(성)가 사과할 필요는 없다. 만약 사과한다면 게으름이나, 태만, 그리고 현대화 작업을 충분할 정도로 철저히 행하지 않은 일에 대해서나 그럴 수 있을 뿐이다.

범죄를 범죄자들의 정념 탓으로 돌릴 수 있는 한 현대적 삶의 본성에 대한 귀찮은 질문을 제기하지 않고도 범죄를 비난할 수 있을 것이다. 이성은 결국 맹목적 증오와 함께 눈먼 사랑을 일소해버리기 위해 비상한 노력을 기울인다. 우리와 같은 대부분의 사람은 이성에 귀 기울이고, 혐오감과 강한 감정이 행동을 인도하거나 자신의 나쁜 피로 이웃들의 피를 흐르도록 하는 데까지 이르지는 않는다. 하지만 모든 사람이 그런 방식으로 고상해지고, '문명화'된 것은 아니다. 일부 사람들은 계속해서 악행을 저지른다. 현대적 정신은 이들의 악행을 설명해야 하면 흥미롭게도 자신이 전지전능하다고 선언했던 것을 망각한다. 왜 어떤 사람들은 악한 짓을 하는 걸까? 그것은 그들이 악한 사람들이기 때문이다. 왜 그들이 잔인할까? 그것은 그들이 잔인한 사람들이기 때문이다. 왜 그들은 극악무도한 행위를 저지르는 것일까? 그들이 괴물이기 때문이다. 왜 그들 중 일부는 유대인들을 죽였을까? 그들이 살인을 좋아하거나 아니면 유대인들을 미워했기 때문이다. 아니면 양쪽 모두에 해당했기 때문이다. — 그리하여 어쩌다 보니 유대인인 사람들을 죽이는 것이 그들에게 각별한 쾌락을 주었던 것이다.

이것들은 모두 뻔뻔스럽게도 췌언적인 발언들이며, 동어반복은 스스로 천명한 이성의 자기규율과는 아귀가 맞지 않는 조악한 논리의 오류이다. 히틀러의 사형집행인들은 왜 유대인들을 죽였을까? 그들이 반유대주의자들이었기 때문이다. 당신은 그들이 반유대주의자라는 것을 어떻게 아는가? 그들이 유대인들을 죽였기 때문이다(집시 인구의 1/3이 넘는 25만 명 그리고 유대인들을 따라 또는 그들 이전에 가스실과 화장실로 가는 길을 걸었던 36만 명의 정신 지체아나 독일인 '성도착자들'은 잊어라). 이와 같은 문장이 계속 설명으로 제시된다면 과학적 탐구의 논리보다 더 중요한 뭔가 다른 어떤 것이 동기임이 틀림없을 것이다. 이 '뭔가 다른 어떤 것'은 유죄와 무죄의 분배 또는 재분배가 될 것이다. 중요한 것은 가해자들의 죄는 비난하면서 동시에 일반적인 현대의 남녀들의 결백이 그들을 현재의 그들로 만든 것과 같은 종류의 사회와 함께 그들의 명성에 상처를 입거나 오점을 남기지 않은 채 재판정으로부터 출두할 수 있도록 확실히 보장해주는 것이다. 사면은 그러한 동전의 다른 면이다. 그리고 동전의 가치가 평가되고 매혹적이고 매력적인 것이 되는 것은 바로 그러한 다른 면에 의해서이다. 그에 따른 쟁탈전에서 자유의 깃발 아래 세워진 노예수용소와 인류애라는 미명 아래 자행된 학살에 대한 카뮈의 독기 어린 질문들은, 편리하게도, 모두 잊혀진다.

히틀러도 스탈린도 아직 태어나지 않았고, **노동이 자유를 준다**Arbeit macht frei라는 구호가 아직 아우슈비츠 정문 위에 쓰여 있지도 않았으며, 인류에 대한 사랑을 위해 인구의 많은 부분이 도매금으로 살해되지도 않았을 때지만 니체가 우리 문명의 당혹스런 그리고 무시무시한 역설을 이렇게 썼을 때 현대적 삶은 이미 무르익어 있었다.

> 관습, 존경, 습관, 감사에 의해, 그리고 더 나아가서는 상호 의심과 질투에 의해 동료들 사이에서 자신을 엄정하게 유지하는, 그리고 그런 반면 다른 사람들과의 관계에서는 자신을 배려와, 자기절제, 섬세함, 충성심, 자부심, 그리고 우정이 넘치는 모습으로 보여주는 바로 그와 동일한 사람들이, 일단 낯선 것이나, **이방인**이 존재하는 외부로 나가면 영혼이 명랑해지고, 아무런 거리낌 없이, 마치 학생의 장난질 이상의 것이 아닌 듯, 자신들이 시인들에게 많은 노래와 찬양할 거리를 던져주었다는 확신을 가지며, 구역질 나는 살인, 방화, 강간, 고문의 행렬에서 모습을 드러낸다.[2]

이러한 역설이 간단하게 모든 단순한 설명을 무위로 돌려버리는 것만은 아니다. 다시 말하면, 그러한 역설은 무시무시하다. 그가 말하는 상황은 어떤 것일까? 이 맹수들은 문명이라 불리는 비좁고 질식할 듯한 우리에서 벗어나 탈출하는 것을 즐기면서, 니체가 암시하는 듯이 보이는 것

---

[2] Friedrich Nietzsche, *Basic Writings*, ed. Walter Kaffman(New York: Modern Library, 1968), p. 476.

처럼 귀먹을 듯한 안도의 한숨과 함께 진정한 본성에 의지하고 있는 것일까? 아니면 오히려 그들은 한때는 임기응변에 뛰어났으나 이제 불행해진 인간들로, 그들의 환경과 은신처 그리고 지혜로부터 내쫓겨나 관습도 더 이상 아무도 인도해줄 수 없고, 이들이 게임을 하는 규칙들은 공식적으로 무효가 되거나 단순히 더 이상 적용될 수 없다고 선언된 괴상한 세계에 내던져진 것은 아닐까? 두 가지 대답 모두 반증될 수 없는 만큼 타당하며, 이 대답들의 (도구적인 것과는 분명히 구분되는) 실체적 장점에 대해 따지는 것은 무의미하다. 하지만 한 가지 결론은 합리적 의심을 넘어서는 듯하다. 이 결론은 최근 토스카노에 의해 모범적이라고 할 수 있을 정도로 명료하게 제시되었다.[3]

여기서는 개인적 정념, 욕망, 증오, 탐욕에 뿌리를 두고 있는 개인적 폭력을 설명하려는 시도가 우리 노력의 성패를 결정하지 않는다. 그와 반대로 두 가지 종류의 폭력적 행동(개별적 폭력과 집단적 폭력)의 메커니즘들이 다르며 동일한 개인들에게서도 다른 모습으로 드러나며, 개인들은 집단적 폭력 대 개인적 폭력에 의존하는 데서 철저하게 다른 성향을 가질 수 있다는 점이 중요하다.

그리고 토스카노는 무엇이 두 상황을 그리고 각각의 맥락 안에서 일어나지만 오해를 일으킬 정도로 유사한 폭력 행위들을 너무나 근본적으로 다른 것으로 만드는지를 명확히 한다. 그리고 그것들이 완전히 다른 설명을 요구하는 이유도. 개인적 폭력과 달리 "집단적 폭력은 규정상 추상적이다." "현실의 개별적 이웃들이 반드시 사랑받는 것은 아니지만

---

3) Roberto Toscano, "The Face of the Other: Ethics and Intergroup Conflict", in *The Handbook of Interethnic Coexistence*, ed. Eugene Weiner(New York: Continuum, 1998), pp. 63~81.

이들은 추상적인 이유가 아니라 구체적인 이유에 의해 사랑받거나 증오의 대상이 된다. …… 그와 반대로 이웃에 대한 집단적 폭력을 하나의 범주에 속한 것으로 적용하려면 구체적인 개인의 얼굴이 지워져야만 한다. 사람이 하나의 추상물이 되어야 한다."

범주적 살인

실제로 추상화는 현대적 정신의 주요한 힘 중 하나이다. 인간들에게 적용될 때 그러한 힘은 얼굴을 지우는 것을 의미한다. 어떤 표시가 얼굴에 남아 있던 그것은 어떤 집단의 성원이라는 배지, 어떤 범주에 속한다는 표식으로 이용된다. 그리고 얼굴의 소유주에게 주어지는 운명은 그러한 얼굴의 소유주가 단지 하나의 **표본**일 뿐인 어떤 범주에만 해당되는 취급 이상도 이하도 아니다. 그러한 추상화가 가져오는 전반적 결과는 이렇다. 즉 개인들 간의 상호 작용 속에서 통상적으로 따르는 규칙들이, 그것 중 가장 중요한 윤리적 규칙들이 바로 그렇게 분류되었다는 이유로 그러한 범주로 분류되는 모든 존재자를 포함해 어떤 범주를 처리하는 문제가 관련될 때 개입하지 않게 된다.

　나치의 입법, 선전 그리고 사회 배경의 관리는 한 명의 유일한 '추상적 유대인'을 독일인들에게 이웃 또는 직장 동료로 알려진 많은 '구체적 유대인들'로부터 분리시키기 위해, 그리고 배제, 강제 이송, 감금을 통해 모든 '구체적 유대인들'을 추상적인 유대인들의 위치로 집어넣기 위해 많은 신경을 썼다. 유대인들에 대한 인종학살은 그러한 학살의 대상을 위한 **범주**를 갖고 있었다는 점에서 다른 살인들과는 다르다. 오직 추상적 유대인들만이 인종학살 대상이 될 수 있었다. — 바로 나이, 성, 개인적 특성이나 개성의 차이를 모두 염두에 두지 않고 자행되는 종류의 살인 말이다. 인종 대학살이 가능하기 위해서는 먼저 개인적 차이들이 잊혀져야만 하고 얼굴들이 추상적 범주의 단일한 덩어리로 녹아들어 가야만 한다. 『돌격대』의 역시 악명 높은 편집장 슈트라이허는 그의 신문이 위조해 유포시킨 '유대인 그 자체'라는 극히 대중적인 상투형이 독자들이 일상적인 교류로부터 알고 있는 구체적 유대인들에 부합하도록 만들기 위해 많은 공을 들여야 했다. 반면 히틀러는 심지어 본인의 SS 부대의 심복 중 선택되고 시험을 거친 엘리트들조차도 견책할 필요가 있다는 점을 발견했다.

"유대인은 절멸되어야 한다. 그것은 분명하다. 그것은 우리 당의 강령이다. 유대인의 제거, 절멸. 옳다. 우리는 그 일을 할 것이다"고 모든 당원이 말한다. 그런 다음 그들은 8천만 명의 선량한 독일인이 되어 함께 어울리며, 각자는 자신만의 품위 있는 유대인을 갖고 있다. 물론 다른 자들은 돼지들이다. 하지만 이 사람만은 일급 유대인이라는 것이다.4)

점잖은 독일인들은 자신들의 점잖은 유대인을 갖는 것을 금지당했다. — 이들이 점잖은 것은 '그들 자신이 그렇기' **때문으로**, 옆집 이웃들, 친절한 의사들 또는 친근한 가게 주인들이 그러했다. 600만 명에 달하는 유대인들은 그들 중 누가 무엇을 했기 때문이 아니라 그들이 모두 무엇으로 분류되었는가로 인해 대량학살당했다. — 최근에 모든 것을 규정하고, 모든 것을 분류하는 현대적 관료주의의 또 다른 궁극적 승리의 시간에 르완다의 후투족과 투치족 무장 세력들이 단지 **여권의 기재 사항에 따라** 똑같은 생김새와 언어, 종교를 공유한 다른 사람들 — 하지만 이들은 죽임을 당하기보다는 살인에 동원될 예정이었다 — 로부터 희생자들

---

4) 본서의 312페이지를 보라.

을 분리해냈듯이 말이다.

영은 타인들을 '범주화'하려는 경향에 대해 **본질화**essentialization라는 신조어를 만들어냈다. — 이 경향은 아마도 인류라는 종이 지속되는 한 즉흥적인 것일 것이다. 하지만 그것은 이미 짐멜이 지적했듯이 추상화에 대한 현대적 권력들의 재주에 의해 분명히 지원받고 조장될 것이며, 특별한 열의를 갖고 실천되며 현대에 들어와 가장 광범위하게 이용되었다.5) 영은 "본질주의는 배제주의의 가장 중요한 전략이다. 그것은 인간 집단을 문화나 본성이라는 관점에서 구분한다. 그것의 이점들은 인류 역사 내내 항상 존재해왔지만 위의 전략들이 후기 현대에 들어서면서 호소력을 갖게 된 데는 분명한 이유가 있다"고 쓰고 있다. 본질화가 가장 선호되는 현대적 전략이 된 원인으로 영이 꼽는 이유 중에는 그것이 그렇지 않았더라면 절박하게 바랐을 존재론적 안정성을 제공해주고, 그렇지 않다면 보편성과 평등을 약속하는 현대(성)와 마찰을 빚었을 특권과 복종에 대한 정당화를 제공해주고, 어떤 사람이 공언하는 적합함과 점잖음의 기준에 과연 자신이 부합하는가에 대한 내적 두려움과 의구심을 타자에게 투사할 수 있는 능력을 제공하는 것이 있다. 타인들을 개인적 미덕이나 악덕을 부여받은 별개의 존재들로 다루게 되면 이런 목적들을 수행하는 데 실패하게 될 것이다. 본질화가 필수불가결하며, 추상화라는 현대적 힘이 도움이 된다. 추상화하는 힘이 그것 없이는 절묘하게 현대적인 형태의 대량학살인 홀로코스트는 상상도 할 수 없었을 터인 현대(성)의 다른 장비들의 기저를 이루고, 그것을 가득 채우고 있다.

현대를 배경으로 해야만 비로소 가용한 것이 될 수 있는 필요조건 중의 일부는 잘 알려졌으며 반복해서 논의되어 왔다. 대량의 산업생산에

---

5) 다음 장을 보라. "Essentializing the Other: Demonisation and the Creation of Monstrosity", in Jock Young, *The Exclusive Society: Social Exclusion, Crime and Difference in Late Modernity*(London: Sage, 1999).

필수 불가결한 만큼이나 대량학살에도 필수적인 기술적 도구들이 아마 가장 빈번하게 언급된 것이었을 것이다. 관료조직 내에 구현된 과학적 관리 — 수많은 사람의 행동을 조정하고 전반적 결과가 개별적 수행자들의 개별적인 특이한 행동, 신념, 신앙, 그리고 감정 등으로부터 독립적일 수 있도록 해줄 수 있는 능력 — 는 안타깝게도 간발의 차로 두 번째 자리를 차지한다. 현대(성)의 이 두 가지 특성으로 인해 대량학살이 만약 그런 일이 발생한다면 냉정하고 윤리적으로 무관심한 효율성으로, 그리고 홀로코스트를 과거의 다른 모든 대량학살 사례 — 그것이 아무리 잔인하고 유혈이 낭자했더라도 마찬가지이다 — 와 구분시켜주는 규모로 자행되는 것이 **가능하게** 되었다.

하지만 그러한 가능성을 현실성의 수준으로 격상시킬 수 있는 것은 질서-형성이라는 전형적으로 현대적인 열정이다. 지금 존재하는 인간의 현실을 영원히 끝나지 않을 기획으로, 즉 비판적 점검, 지속적 수정과 개선을 요구하는 것으로 만들어버리는 태도가 그것이다. 그런 태도에 직면하면 어떤 것도 단지 우연히 주위에 있게 되었다는 사실만으로는 존재할 권리를 가질 수 없게 된다. 생존권을 인정받으려면 현실의 모든 요소는 그러한 기획에서 구상되고 있는 종류의 질서에서 유용하다는 측면에서 자신을 정당화해야만 한다. 즉 내가 다른 곳에서 제시했듯이6) '원예'라는 은유(잡초들을 뽑아내 유용한 식물들이 자랄 수 있도록 하고 전반적인 정원 설계의 우아함을 보존하는)를 사용해 가장 잘 파악할 수 있는 야망 말이다. 의학(병든 부분을 절단해 생물의 건강을 지킨다)과 건축(설계 때부터 부적절하고 중복되는 요소들을 제거한다)에서도 마찬가지로 유용한 은유를 찾아볼 수 있을 것이다.

---

6) Zygmunt Bauman, *Legislators and Interpreters*(Cambridge: Polity Press, 1987).

질서-구축으로서의 대량학살

이 마지막 사항에 대해서는 현대적 삶과 홀로코스트 유형의 살인 간의 친화성을 숙고할 때 특히 강하게 강조할 필요가 있다. 실제로 현대(성)의 진정한 본성을 이미 구성되어 있거나 투영되거나 윤곽이 어렴풋하게 나마 드러나 있는 사태의 특수한, 구체적인 상태보다는 **존재의 양식**으로 이해하려고 하는 경우 이 점이 핵심적인 의미를 갖는다. 존재의 현대적 양식은 무엇보다 먼저 고유의 미완성성에 의해 특징지어진다. 즉 어떤 사태가 아직 존재하지 않는 상태를 향하는 경향 말이다. 현대는 미완의 기획이라는 말은 동어반복이다. 현대는 규정상 영원히 계속되고 있으며, 항상(그리고 구제 불능으로) 아직 완성되지 않았다*noch nicht geworden*. 어떤 기획이든 거기서 현대적인 것은 정확히 그것이 현실보다 한 발 또는 두 발, 백 발 앞서 있다는 것이다. 현대(성)에서 현대적인 것은 내장된 자기 초월 능력으로, 달리는 과정에서 계속하여 앞으로 밀어버려 도저히 결승선에 이르지 못하도록 하는 것이다.

현대(성)는 세계-내-존재의 내속적으로 위반적인 양식이다. 질서에 대한 전망은 현존하는 사태에 대한 불만으로부터 태어나며, 그러한 전망을 구체화하려는 시도들이 새로운 불만과 새로운, 수정된 — 그리하여 개선된 것처럼 보이는 — 전망을 낳는다. 현대(성)는 최전선을 긋는 행위와 그러한 선을 넘어서려는 결의를 뒤섞어 하나로 말아낸다. 따라서 현대(성)의 방패 아래 구축된 모든 질서는 국소적이고 비록 의도하지 않을 것이기는 하지만 다음번 통지가 있을 때까지 한시적이다. — 완성에 이르기 전에 모양이 바뀔 수밖에 없다. '현대화'는 '현대(성)'라 불리는 역으로 이어진 길이 아니다. 현대화 — 연속적이고, 멈출 수 없으며, 강박적이고, 여러 측면에서 자가-추동적인 현대화 — 는 '현대(성)'라는 개념이 나타내는 매우 인간적인 조건이다. 강박적 현대화가 현대(성)이다. 현대화하는 추동력이 삐걱거리는 소리를 내며 멈추어선다면 그것은 현대(성)의 완성보다는 사망 또는 파산의 징조일 가능성이 더 많다. 벡Ulich Beck은 우리 시대를 영속적인 '현대(성)의 현대화' 또는 '현대(성)의 합리화' 과정으로 그려내는 가운데 그러한 사태를 빼어나게 포착한 바 있다.7)

모든 부분적이고, 국소적이며, 일시적인 질서-형성 노력의 병적으로 조숙하고 위태위태한 본성에 대해 언급하면서 벡은 이제는 널리 알려진 또 다른 용어, 즉 위험사회Risikogesellshaft라는 용어를 도입했다. 우리가 사는 사회에서는 질서를 형성하려는 충동이 일련의 새로운 무질서를 낳는 결과로 귀결되어 질서를 형성하려는 모든 노력을 확률이라는 측면에서는 아마 대략적인 계산이 가능할지 몰라도 결코 피하는 것이 불가능한 위험들로 가득 채우게 된다. 우리 주제와 특히 관련된 것은 위험사회Risikogesellshaft에 사는 것은 위험한 삶Risikoleben이며, 그럴 수밖에 없다는 것이다. 위험으로 가득 찬 삶으로, 미래가 과연 무엇을 갖고 올지에 대한 아무런 믿을 만한 지식도 없는, 그리고 자기 자신의 행동의 결과를 통제할 수 있는 어떤 가능성도 없는 (모든 합리적 선택의 condition sine qua non [필수불가결한 선결 조건]) 규제불능일 정도로 위험한 삶이 자신을 잃게 하고, 혼란스럽게 하며, 불안을 초래하는 조건이다. 아마 현대적 삶은 프로이트 말대로 상당히 큰 개인적 자유를 포기하고 그것을 집단으로 보장된 안전과 교환하면서 시작되었을 것이다. 하지만 오늘날의 단계에서 개인적 안전의 사회적 보장물을 제공해주는 일은 철회되거나 더 이상 믿을 수 없게 되어버렸다. 이러한 사태가 불안과 번민으로 이루어진 삶을 만들어내는 원인이 되었다. 안전하게 지나가기에는 너무나 복잡한

---

7) 예컨대 울리히 벡, 「탈근대(성) 이후에는 무엇이 오는가?」, 『적이 사라진 민주주의』, 정일준역, 새물결, pp. 55~75.

세계를 크게 단순화시켜 주리라는 — 진짜이거나 또는 확실치 않은, 그러나 믿을 만해 보이는 — 약속을 필사적으로 찾아 나서는 것 또한 이 때문이다.

따라서 현대적인 질서-형성 충동은 자기-영속적이며 자가-추진적이라고 말할 수 있을 것이다. 질서 있게 정돈해야 하는 상태는 일반적으로 과거의 분주한 질서 짓기의 찌꺼기(쓰레기, 예상치 못하고 원치 않은 결과)이다. 현대(성)는 **강박적 현대화**로 규정할 수 있다. 그리고 이것은 사회를 가득 채우고 있는 긴장에는 끝이 없으며, 그리하여 그것을 해소하기 위해 필사적으로 노력하고 그것을 해소하기 위한 출구를 찾는다는 것을 의미한다. 현재의 상태, 즉 우리의 포스트모던 또는 후기 현대적인 시기에 보자면 과거 현대(성)의 전성기에 그랬던 것처럼 여전히 지역적인 것으로 남아 있는 정치권력들이 점증하는 불확실성과 불안의 본질적으로 지구적인 원인들에 대해 어떻게 해볼 수 있는 일은 거의 없다. 우리 시대의 사사화私事化된 개인들을 괴롭히는 그러한 **불안**Unsicherheit의 세 가지 차원 중 정치적 국가들이 단호한 태도를 보일 수 있고, 동원할 수 있는 자원이 풍부하며, 적극적으로 유용한 것으로 입증될 수 있으며 선거에서 지지를 구하고 획득할 수 있는 영역은 단 하나뿐이게 되었다. 즉 안전(신체적 안전과 신체의 연장인 개인 재산, 주택, 거리, 이웃, 환경 안전 등의 안전)이 그것이다. 따라서 끊임없이 다시 채워지는 불안의 공급과 그것이 생성해내는 숨 막히는 공격성은 '법과 질서'에 대한 관심으로 연결된다. 즉 범죄와의 전쟁이나 범죄자 일제 소탕으로 또는 수상하고, 믿을 수 없으며, 그로 인해 두려움을 일으키는 분자들에 대한 통제로. — 그러한 분자들은 대부분 외국인, 즉 관습과 생활방식이 다르거나 모호한 사람들로 지금 그들은 과거의 '위험한 계급들' 또는 '오염시키는 인종들'이 빠져나간 자리들을 채우고 있다. 이동성이 빠르게 계층화, 특권, 차별의 주요한 요소로 바뀌는 시대에 법과 질서에 대한 관심의 점점 더 많은 부분이 부랑아, 밀렵꾼, 여행자, 이주자 등의 형상들에 집중되고 있다. — 점점 더 이질적이고, 불안정하며, 산만해지는 환경*Umwelt*에 대한 널리 만연한 두려움이 이들에게 수렴되고 있다. 그리고 강력한 경찰력, 장기형의 선고, 경비가 엄중한 교도소와 사형 선고에. 그와 더불어 '위험인물들'의 격리와 추방에. — 이것들과 공간의 유동성에 대한 새롭고, 당혹스러우며, 불쾌한 경험을 처리하기 위한 다른 처방들에.

안전에 대한 현대의 집착에는 많은 정치 자본이 들어가 있다. 그리고 권력 게임에서 그러한 자본을 사용하기를 열망하는 정치적 행위자들은 결코 모자라지 않는다. 확실히 상호 상쇄적인 권위들의 후기 현대적 과잉 덕분에 그리고 정치적 민주주의 및 국가 권력의 장악력 약화와 함께 오는 되돌릴 수 없는 다성성多聲性 때문에 그러한 행위자들이 주도권을 잡고 홀로코스트 유형의 '해결책'을 추진하기 위해 국가의 절대적인 권력을 휘두를 기회는 희박하고 요원한 것이 되었다. 하지만 **최종해결책 유형**의 행동을 열망하는 세력들, 그리고 그런 식으로 행동하는 사람들을 위한 필수적인 또는 충분한 조건이 더 이상 존재하지 않는다고 어느 정도 자기 확신을 갖고 말하는 것 또한 마찬가지로 조급하며 경솔한 일이 될 것이다.

홀로코스트의 기억과 함께 살기

반세기도 더 전이라면 홀로코스트는 상상할 수도 없는 일이었다. 반세기 전이라도 여전히 대부분의 사람에게 믿을 수 없는 일이었다. 오늘날 누구도 '홀로코스트'가 불가능한 세계를 상상하지 못한다. 그리고 만일 그처럼 극히 간단하고 안전한 세상에 대한 비전이 그려진다고 해도 그러한 그림을 — 아무런 망설임 없이 — 믿으려고 들지는 않을 것이다.

결국 지금은 모든 사람이 당혹스런 문제들에는 '최종해결책들'이 있을 것이며, 사람들을 분리시키고, 일제 단속하고 추방하거나 또는 신체적으로 파괴하는 등의 방식으로 영토 전체에서 대량의 사람들을 '청소'하는 것은 혼란스럽고 엉망진창인 현실이 질서 잡힌 세계, '꼭 그래야만 하는' 세계의 이미지와 충돌할 때마다 동원할 수 있는 선택지 중의 하나라는 것을 알고 있다. 그리고 ― 만일 단지 손을 제대로 놀리기만 하면(그리고 더 좋게는 만일 다음 행위자의 손보다 더 강력한 손을 잡는 데 성공한다면) ― 그것은 상당히 매력적인 선택이 될 것이다. 그러한 일이 끝날 때까지 그것을 교묘히 모면하고, 그리고 강함을 유지할 수 있는 한 그런 후에도 영원히 패배를 피하고, 그리하여 승리자들에 의한 심판을 피할 수 있다는 점을 고려해볼 때 말이다. 이제 우리는 모두 그러한 세계에는 어딘가에 바로 이 순간 또 다른 대량학살을 고려하고 있는 사람이 있을 수 있다고 추측해볼 수 있을 것이다. ― 그리고 그러한 세계는 살기에 안전한 곳이 될 수 없다. 홀로코스트의 심원하고 항구적인 ― 사회적, 정치적, 문화적, 심리적 ― 의미는 바로 이처럼 놀라운 전환 속에 간결한 형태로 존재한다.

스타이너George Steiner는 언젠가 볼테르나 아놀드Matthew Arnold의 특권은 우리가 알고 또 결코 망각할 수 없는 것에 대한 무지라고 언급한 바 있다. 위대한 현대적 모험의 숨겨진 잠재력과 사후적 영향에 대한 무지 말이다. 홀로코스트와 굴락 이후 우리는 더 이상 무지를 주장할 수 없다. 무지가 구원의 은총을 베풀어주던 시기의 순진함 뒤에 숨을 수 없게 된 것이다. 하지만 무지를 잃어버리자 대신 얻게 된 지식의 내용에 대해도 확신할 수 없게 되었다. 내용은 논란의 여지가 많고 뜨거운 논쟁을 낳는 문제가 되었다. 하지만 홀로코스트 자체와 같이 그것이 기억되는 방법은 사느냐 죽느냐 하는 문제이다.

사후적 삶과 비교해 홀로코스트의 현실은 뒤돌아 볼 때 단순하고 명쾌한 것처럼 보인다. 즉 어떤 사람들이 어떤 다른 사람들이 이미 절멸을 위한 표식을 찍어둔 어떤 다른 사람들을 계통적이고 체계적으로 살해했으며 그러는 동안 또 다른 사람들은 — 절망 속에서든, 무관심으로든 또는 거의 기쁨을 숨기지 못한 채 — 지켜보면서 살인을 막기 위해 거의 또는 전혀 아무것도 하지 않았다. 사악한 살인자들, 죄 없는 희생자들, 그리고 사악함과 결백함에서 정도가 모두 다른 방관자들이 있었다. '수정주의 역사가들' 중 광적인 극단론자들과 나치 추종자들을 제외하고는 아우슈비츠에서 누가 누구였고 누가 무엇을 했는지에 대한 폭넓은 합의에 도달했다. 하지만 오늘날 현상들은 훨씬 더 혼란스러워 보인다. 이 모든 것 중 가장 혼란스러운 것은 홀로코스트로부터 무엇을 배울 것인가, 누가 그것을 배우고, 어떤 효과를 얻을 것인가 하는 것이다. 오늘날 무죄로부터 유죄를, 합당한 이유로부터 죄를, 더러운 양심으로부터 깨끗한 양심을 나누는 선들은 결코 직선이 아니며, 이론의 여지가 없는 것이 아니다.

홀로코스트는 도저히 상상조차 불가능하고 등골을 오싹하게 하는 문제이기 때문에 우리는 기껏 시체의 수를 계산하고 재의 무게를 달아봄으로써만 극악무도함의 규모를 재볼 수 있었다. 하지만 가스실이나 화장장에 대한 기억으로 인해 가해지는 피해는 어떻게 가늠할 수 있을까? 반세기 뒤에 그러한 기억은 살아있는 사람들의 세계를 오염시키고, 서서히 퍼지는 독소들의 목록은 결코 완전할 수가 없다. 우리는 모두 어느 정도 그러한 기억에 사로잡혀 있다. 비록 우리 중 홀로코스트의 주요 표적이었던 유대인들이 당연히 대부분의 사람보다 훨씬 더 그렇겠지만 말이다. 무엇보다 먼저 유대인들 사이에서는 홀로코스트의 가능성으로 오염된 세상에서 사는 데 대한 두려움과 공포가 몇 번이고 되살아난다. 많은 유대인에게 세계는 핵심에 이르기까지 의심스러운 것처럼 보인다. 어떤 세속적 사건도 진정 중립적이지 않다. — 모든 사건에는 불길한 저류底流가 깔려있으며, 각각의 사건은 특히 유대인들을 겨냥한 불길한 메시지를 포함하고 있는데 이를 간과하거나 경시하면 유대인들이 위험에 처할 수 있다. 작고한 사오랑의 말을 빌리자면

> 두려워한다는 것은 자신에 대해 끊임없이 생각하는 것으로, 사건들의 객관적 경로를 상상할 수 없게 될 것이다. 무시무시한 일이 벌어질지 모른다는 느낌, 모든 일이 당신에 **맞서** 일어나고 있다는 느낌이 상상하는 세계 속의 위험은 어느 것 하나 그와 **무관하지 않다**. 그러다 겁먹은 사람 — 과장된 자기중심성의 희생자 — 은 자기 자신이 나머지 다른 사람보다 훨씬 더 적대적 사건들의 목표가 된다고 믿는다. …… 그는 스스로 미쳐버린 의식의 극단성을 획득하고, 모든 것이 자신에 맞서 음모를 꾸민다.[8]

자기방어 본능이 희생자로 하여금 역사의 교훈을 배우도록 촉구한다. 그것을 배우려면 먼저 그러한 교훈이 무엇인지를 결정할 필요가 있지만 말이다. 살아남는 것이 유일하게 중요한 것으로, 그것이 다른 모든 가치를 압도하는 지고의 가치라는 수칙이 그러한 교훈에 대한 가장 유혹적이고, 가장 흔한 해석 중의 하나이다. 희생자들의 직접적 경험이 흐릿하고 희미해져 감에 따라 홀로코스트에 대한 기억도 희석되어 살아남아야 한다는 단순한 수칙으로 응축된다. 생명은 생존에 관한 것이고, 삶에서 성공하는 것은 타인들보다 더 오래 사는 것이다. 생존하는 자가 이기는 것이다.

홀로코스트의 교훈에 대한 이러한 독법은 최근 — 세계적 찬사와 함께 엄청난 흥행에 성공한 — 이제는 거의 정전에 가까운 것이 된 스필버그의 홀로코스트 묘사에서 드러났다. 『쉰들러 리스트』판 홀로코스트

---

[8] E. M. Cioran, *A Short History of Decay*, trans. Richard Howard(London: Quartet Books, 1990), p. 71.

경험에 따르면 비극을 떠받치는 유일한 지주는 오직 살아남는 것이다. ― 반면 생명의 고귀함, 특히 **존엄성과 윤리적 가치**는 기껏해야 이차적 중요성이 있거나, 무엇보다 별로 중요하지 않다. 주요한 목적을 방해하는 것은 결코 허용되지 않는다. 살아남는다는 목표가 윤리적인 고민을 처리해버리고, 소화할 수 없는 도덕적 관심사들을 별것 아닌 것처럼 만들어 시야 밖으로 밀어내 버렸다. 결국 중요한 것은 **타인들보다 오래 아남는 것**이었다. ― 비록 죽음을 피하려면 특권을 부여받은 자들의 별도의, 비할 바 없는 명단에 이름을 올리라고 요구했지만 말이다(쉰들러가 거부하는 '그의 유대인 여자들' 대신 비르케나우 사령관이 제시한 특권적 명단에 말이다. 중요한 것은 생명을 구하는 것이 아니라 특별하게 선택된 생명을 구하는 일이었다). 살아남는 것의 가치는 운이 나빴던 다른 사람들은 절멸 수용소로 떠났다는 사실에 의해 감소되지 않았다. <쉰들러 리스트>의 관람객들은 트레블링카행 기차에서 아슬아슬하게 때를 맞추어 ― 쉰들러 홀로 보고 있는 가운데 ― 쉰들러가 대가 다운 솜씨로 미리 손을 써놓은 사람들이 기차에서 내리는 것을 보고 환호작약하지 않을 수 없게 된다. 탈무드의 가르침을 일부러 희화화하기라도 하듯 스필버그의 이 영화는 인류 구원의 문제를 누가 살고 누가 죽을 것인가에 관한 결정으로 바꾸어버렸다.9)

생존을 지고의, 어쩌면 유일한 가치로 격상시킨 것은 스필버그의 발명품이 아니다. 또 홀로코스트 경험에 대한 예술적 재현에만 국한된 현상

---

9) 고결한 철학자이자 유대학자인 고(故) 로즈Gillian Rose는 *Modernity, Culture and the Jew*, edited by Brian Cheyette and Laura Marcus(Cambridge: Polity Press, 1998)에 수록된 마지막 공개 강연에서 이렇게 지적하고 있다. "『탈무드』는 아이러니하다. ― 세계문학에서 가장 아이러니한 신성한 말씀일 것이다. 왜냐하면 어떤 인간도 세상을 구원할 수 없기 때문이다." 로즈는 "한 사람 또는 천 명의 목숨을 구하는 일의 무자비함"을 지적하면서 키닐리Keneally의 원저 『쉰들러의 방주Schindler's Ark』는 "이러한 맥락에서 사람을 구하는 일이 냉혹하고 비도덕적인가를 분명히 했음"에도 불구하고 스필버그 감독의 영화 『쉰들러 리스트』는 이를 "치하할만한 일로 확신했다"고 언급했다.

도 아니다. 종전 직후에 정신과의사들은 '생존자의 죄책감'이라는 개념을 만들어냈다. — 너무나 가깝고 그렇게나 소중한 사람들은 수없이 사라졌는데 왜 나는 살아남았는지에 대해 생존자들이 자문하게 하는 복합적인 정신적 질환이 그것이었다. 그러한 해석에 따르면 죽음을 피했다는 기쁨에도 불구하고 생존자들은 지옥의 바다에서 안전하게 항해해 나오는 것이 타당한 것인지에 대한 불확실성에 영구적으로 그리고 치유 불가능하게 시달린다는 것이다. — 그리고 생존자들에게는 어떻게 해서든 살아남고, 구조받은 이후에는 삶에서 성공하려는 의지라는 재앙적 결과를 가져온다는 것이다. 많은 개업의가 그렇게 해석된 '생존자 증후군'을 치료해 명성과 부를 얻었다. 과연 그러한 병명이 적절할 것이었는지, 정신과적 치료는 제대로 목표를 겨냥했는지는 아마 논쟁의 소지가 있을 것이다. 하지만 상당히 분명한 것은 시간이 지남에 따라 원래의 진단에서 너무나 확실히 드러났던 '죄책감'의 측면은 '생존 콤플렉스'에서 점차 지워지고, 순수하고 꾸밈이 없으며, 모호하지 않으며 더 이상 이의가 제기되지 않는 자기보존을 위한 자기 보존에 대한 인정만 남게 되었다는 것이다. 이제는 그러한 '증후'가 지속되는 이유는 단지 살아남기 위해 요구되었던 고통이 남겨놓은 잊혀지지 않는 고통 때문인 것으로 간주되고 있다.

그러한 전환은 우리를 카네티가 그리고 있는 등골이 오싹한 생존자 이미지 — '가장 기초적이고 명백한 형태의 성공은 살아남는 것'인 개인 — 에 위험스러울 정도로 가까이 데려간다. 카네티의 생존자에게 생존은 — 단순한 자기보존과 달리 — 자신이 아니라 타인을 표적으로 한다. "이들은 동시대인들보다 더 오래 살아남기를 원한다. 이들은 많은 사람이 일찍 죽게 될 것을 알며, 자신들은 그들과는 다른 운명을 원한다." 그러한 집착의 저 끝에서 카네티의 생존자는 타인들보다 오래 살기 위해 다른 사람들을 죽이길 원한다. 그는 자신이 살아남아서 타인들이 자신보다 오래 살지 못하도록 하기를 원하는 것이다. …… 이 생존자의 가장 멋진 승리는 바로 우리 시대에 벌어졌다. 인간성 개념에 대한 거대한 저장고를 설치한 사람들 사이에서 말이다. …… 이 생존자는 인류의 가장 심각한 악이며, 저주이자, 어쩌면 인류의 파멸일지도 모른다.10)

생존에 대한 숭배에서 오는 보다 폭넓은 반향에는 잠재적으로 가공할 정도의 위험이 들어 있다. 여기저기서 몇 번이나 되풀이되면서 홀로코스트의 교훈은 "먼저 공격하는 자가 살아남는다" 또는 심지어 훨씬 더 간단한 "더 강한 자가 살아남는다"는 단순한 공식으로 축소되어 대중적으로 소비된 홀로코스트의 무시무시한 양면적 유산은 이렇다. 즉 한편으로 생존을 유일한 또는 어쨌든 지고의 가치이자 삶의 목적으로 간주하는 경향이 있다. 다른 한편으로는 생존 문제를 희소자원에 대한 경쟁 문제로 상정해 생존 그 자체의 문제를 양립 가능한 이해관계들 사이의 갈등의 장소 — 즉 생존을 위한 경주에서 일부의 성공은 다른 사람들의 패배에 의존하게 되는 그런 종류의 갈등 — 로 만드는 것이 그것이다.
우연히도, 하지만 그에 못지않게 불길하게도 홀로코스트의 교훈에 대한 그러한 해석은 오늘날 전 세계적으로 정기적으로 되풀이되는 새로운 대량학살의 정당화에서 휘둘러지고 있는, 가장 널리 퍼져있는 간악한 주장들과 보조를 맞추며 완곡하게 지지를 보태고 있다. 즉 과거의 잔혹함에 복수하기 위해서뿐만 아니라 또한 과거의 박해의 희생자들을 고통의 재발로부터 지켜내기 위해 다시 한번 누군가를 희생양으로 만들어야 한다는 것이다. '과거를 자극하는 정치세력들'이 열광적으로 호소하고

---

10) Elias Canetti, *Crowds and Power*, trans. Carol Stewart(Harmondsworth: Penguin, 1973), pp. 290~293, 544.

있는 새로운 대량학살 시도들에 대한 이런 유의 정당화의 이면에서 작동하고 있는 추론 방식은 최근 볼탄스키Luc Boltanski에 의해 아래와 같은 방식으로 명료하게 설명된 바 있다. "고통의 기억, **과거의 희생자들의 불행과 희생에 기댐으로써** 〔그들은〕 사람들, 계급들 그리고 국가들의 정체성에 대한 호소를 정당화한다."11) 볼탄스키의 말에 따르면 종종 그러한 '역사의 교훈'은 "현재의 고통은 무시하면서 미래를 차지하기 위해 과거의 희생자들을 악용하는 권력자들"의 무기가 된다.

하지만 '희생자 대리인'이 주장하는 또 다른 특징이 있다. — 독보적인 '피해자 자격을 가진 특권 계층'에 속하는 것이 그것이다(다시 말해 고난받은 사람들에게 돌아가야 할 동정과 윤리적 관용에 대한 상속권을 갖고 있다는 것이다). 그러한 지위는 중세의 면죄부*indulgentsia* 또는 현대의 '백지 수표'와 동등한 것으로 휘둘러질 수 있으며, 종종 그렇게 휘둘러지고 있다. 그것이 사전에 이미 사인이 된 도덕적 정당성에 대한 보증서가 되는 것이다. 희생자들의 상속자들이 무엇을 하든 그러한 행위가 이들의 조상을 엄습했던 운명의 재발을 방지하기 위해 한 것이리라는 사실이 입증되는 한 도덕적인 것(또는 적어도 윤리적으로 올바른 것)임을 보장받게 된다. 또는 유전된 트라우마라는 점에서 심리적으로 이해 가능한, 심지어 '정상적인 것'임을 입증할 수 있는 한에서 말이다. 새로운 희생자 삼기의 위협에 대해 피해자임을 유전적으로 안고 살아가는 사람들은 극도로 취약하다는 점을 고려해 말이다.

이들의 조상은 마치 양처럼 도살장으로 끌려들어 간 것에 대해 동정과 동시에 비난을 받는다. 따라서 이들의 후손들이 공격적인 것처럼 보이는 모든 거리나 건물에서 미래의 도살장 냄새를 맡는 것을 어떻게 비난할 수 있겠는가? 그보다 훨씬 더 중요하게는, 잠재적인 도살자들을 무

---

11) Luc Bolstanski, *Distant Suffering*(Cambridge: Cambridge Press, 1999), p. 192.

력화시키기 위한 예방조치를 취하는 것에 대해 비난할 수 있겠는가? 그렇게 무력화될 필요가 있는 사람들은 홀로코스트의 가해자들과 아무런 관계가 없을 수도 있고, 법적으로나 윤리적으로 상식적인 측면에서 자신의 조상의 재앙적 행위에 관해 책임을 물을 수 없는 사람들일 수 있다 (결국 연관성을 만들고 실증적인 인과 고리를 지탱하는 것은 추정된 가해자들의 연속성이 아니라 '유전적 희생자들'의 유전인 셈이다). 하지만 홀로코스트의 기억이 출몰하는 세계에서 그러한 사람들은 이미 유죄가 된다. 즉 기회가 주어진다면 또 다른 대량학살의 가해자들이 될 성향이나 능력이 있는 **것처럼 보인**다는 이유로 말이다. 카프카의 『심판』의 불길한 메시지대로 고발당하고 있다거나 아니면 단지 **미심쩍다**는 것만으로도 이들은 이미 범죄를 저지른 죄인이 되며, 그러한 범죄 아닌 범죄만으로도 이들을 범죄자로 분류하고 이들에게 가해질 가혹한 징벌적 조치들을 정당화하기에 충분하게 된다. 유전적 피해자임이라는 윤리는 법의 논리를 뒤집는다. 고발당한 자는 무죄가 확정될 때까지는 범죄자로 남는 것이다. 그리고 공판을 진행하고 기소 내용의 타당성을 결정하는 것은 고발자들과 검사들 자신들이기 때문에 피고의 주장이 판사들에 의해 받아들여질 가능성은 희박한 반면 이들은 무슨 짓을 했든 앞으로 오랜 시간 동안 유죄로 남게 될 가능성은 아주 많다.

피해자임의 자기재생산

따라서 유전적 피해자라는 지위는 새로운 희생자 만들기에서 도덕적 이의제기를 제거해버릴 수 있다. — 이번에는 유전적 취약성을 제거한다는 핑계로 그런 일을 자행하는 것이다. 폭력은 더 많은 폭력을 낳는다는 것은 진부한 진실이다. 충분히 반복되지 않았기 때문에 그보다 진부함이 조금은 덜한 진실은 희생자 만들기는 더 많은 희생자 만들기를 낳는다는 것이다. 희생자들이 가해자들보다 도덕적으로 더 우월할 수 있는 권리를 보장받은 것은 아니며, 희생자 만들기로부터 도덕적으로 고귀함이 나타나는 경우는 거의 없다.

수난 — 현실 속에서 겪었든 아니면 가상현실 속에서 겪었든 — 이 성스러움을 보장해주는 것은 아니다. 고통을 기억한다고 해서 그것이 그가 비인간성, 잔혹성, 고통을 가하는 것에 맞서 평생 싸우리라는 것을 보장해주는 것은 아니다. 그러한 일이 어디서 일어나고 가해자가 누구건 말이다. 수난으로부터는 그에 따른 결과로 그와 정반대되는 교훈을 끌어낼 성향이 나타날 개연성 또한 그와 마찬가지로 크다. 즉 인류는 희생자들과 가해자들로 나뉘며, 따라서 희생자라면(또는 그럴 것이 예상된다면) 판을 뒤집어엎는 것이 의무이다. 우리는 몇 번이고 되풀이해서 그처럼 도착적인 논리와 부딪힌다. 우리는 오늘날 르완다에서의 폭력의 널뛰기에서 그러한 논리를 볼 수 있다(악순환을 끊어내기 위해 기의 또는 아무런 노력도 하지 않은 채 말이다). 그리고 최근까지 유고슬라비아라는 이름 아래 알려졌던 유럽의 어떤 부분 전역에서, 또한 수단, 콩고, 소말리아, 앙골라, 스리랑카, 아프가니스탄, 그리고 셀 수 없이 많은 다른 곳에서. 홀로코스트의 유령이 많은 사람의 귀에 속삭이고 있는 것은 바로 이 교훈이다. 이스라엘의 일부 정치 지도자들은 그러한 교훈을 국가의 공식 정책이자 국가 외교의 최고의 논거의 반열로 격상시켰다. 그리고 이런 이유로 우리는 홀로코스트의 지속적인 유산이 많은 사람이 희망하고 일부 사람들이 예상했던 것과는 정반대 것이지 않았는지를 확신하고 있지 못하다. 즉 세계 전체 또는 세계의 일부가 도덕적으로 재각성하거나 윤리적으로 정화될 수 있으리라는 믿음 말이다.

홀로코스트의 치명적인 유산은 오늘날의 가해자들은 어제의 고통에 복수하면서 내일의 고통을 예방하고 있다는 확신 하에, 다시 말해 윤리가 자신들 편에 있다는 확신 하에 행동하면서 새로운 고통을 가하고 똑같은 짓을 할 기회를 열렬히 기다리는 새로운 희생자 세대를 만들어낼 수 있다는 것이다. 아마 이것이 홀로코스트의 저주와 히틀러의 사후 승리 중 가장 큰 것일지도 모른다. 점령지 헤브론에서 무슬림 예배자들을 학살한 골드스타인[의사로, 예배당에서 기도 중인 팔레스타인인 30여명을 무차별 살해했다]에게 찬사를 보냈으며, 그의 장례식에 몰려들었으며 자신들의 정치적이고 종교적인 깃발에 그의 이름을 계속 써넣고 있는 군중들이 그러한 저주에 의해 가장 치명적으로 들 쓰인 사람들이지만 유일한 사람들은 아니다. 이들은 지배적인 정치 세력들로부터의 암묵적이고, 때때로 상당히 떠들썩한 동정심에 기댈 수도 있다. 그런 세력들은 현실을 유전적 피해자임이라는 환상에 맞는 것으로 만들려고 하며, 현실이 그것에 맞도록 최선을 다한다. 또 다른 폭탄, 또 다른 인티파다[봉기]의 발발은 그러한 목적에 딱 들어맞는다. 하지만 얼마간 희석되었지만 여전히 악성인 형태로 이 저주는 널리 퍼져 자라면서 포위된 요새 속에 살고 있다고 믿게 된 이스라엘 인구의 상당 부분에 영향을 미치고 있다.

  브라우닝Christopher R. Browning은 101 예비경찰대 소속의 평범한 사람들이 어떠한 열정을 갖고 살인 명령을 완수했는지에 대한 선구자적 연구의 말미에서 혼잣말처럼 이렇게 말하고 있다. 즉 만약 101대대 사람들이 살인자들이 될 수 있다면 어떤 인간 집단이 그러지 않을 수 있을까? 이후 그의 박사과정 학생이 된 골드하겐Daniel Jonah Goldhagen과 달리 그는 우리 같은 나머지 평범한 사람들도 제대로 된 조건만 주어진다면 살인자들로 돌변할 수 있다는 사실에 당혹하고, 공포감에 빠졌다. 브라우닝은 그러한 종류의 기적적인 분신에 대한 특권을 가진 것은 반유대주의자들이며, 따라서 반유대주의에서 자유롭게 되는 것이 범주적 범죄에 참여하는 것에 대한 명백한 치료법이라는 생각에서 위로를 찾으려 하지 않았다.

이미 유독한 기운이 퍼져 있는 홀로코스트의 후속사에 대해 숙고하면서 이스라엘의 두 학자 아줄라이와 오피르는 오늘날 이스라엘 정치에서 사용되는 '우리'라는 말이 무엇을 의미하는지에 대해 이렇게 말한다.

'우리'는 유럽에서 나치적 과거가 여전히 이득이 되는 마지막 장소이다. 왜냐하면 국가가 유럽의 유대 민족의 파괴를 국가적 자산으로, 상징자본으로 전환시켰기 때문이다. …… '우리'는 악의 보편성 ─ 보편성의 원리는 유럽의 유산이자 더 이상 존재하지 않는 유럽으로부터 수입된 악을 생산하기 위한 실천들이다 ─ 을 시험하는 실험장이다. "그것은 모든 사람에게 일어날 수 있다"는 가정은 확증되지 않았다(아직 반박되지 않았다). 어제의 희생자들은 언제나 오늘의 가해자들이 될 수 있다는 가설도 마찬가지다. 모든 개인은 '타자'에 대한 증오에, 모욕에, 억압에, 이웃들과 도시들에 대한 인종 차별에, 인종 청소에 자신이 가담하고 있는 것을 발견할 수 있다. 모든 사람이 결국 악을 체계적으로 생산하고 퍼뜨리는 체제에 협력하게 될 수도 있다는 것이다.[12]

'유전적 피해자임'은 악의 체계적 생산과 분배에 사용되는 주요한 사회심리적 도구이다. 유전적 피해자임이라는 현상과 유전적 혈족관계 또는 교육 환경에 대한 부모의 영향을 통해 유지되는 가족 전통을 혼동하게 되는 것에 주의해야 한다. 이 경우의 유전은 주로 상상에 근거한 것으로, 기억의 집단적 생산과 자기등록과 자기동일시의 개별적 행위들을 통해 작동한다. 따라서 '홀로코스트의 자식들', 즉 유전적 희생자라는 지위는 부모가 '전쟁 중에 무엇을 하고 있었던' 또는 전쟁 동안 부모에게 어떤 일이 가해졌는지와 관계없이 모든 유대인에게 열려있다.

---

12) Ariella Azoulay & Adi Ofir, "100 years of Zionism; 50 years of Jewish State", *Tikkun*, 2(1998), pp. 68~71.

정신과 의사들은 집단수용소 수감자들과 게토 거주자들의 생물학적 후손들(그리고/또는 교육 대상들)에 대한 광범위한 연구를 수행해왔다. 하지만 이 두 희생자 어느 쪽의 후손들도 아닌 '홀로코스트의 아들과 딸들'은 숫자가 엄청나게 불어나고 있음에도 불구하고 여전히 포괄적인 연구가 수행되기를 기다리고 있다. 하지만 그러한 연구가 어떤 결과를 드러낼지에 대한 많은 단서가 있다. 그러한 '상상된 자식들', 즉 자기지명을-통한-후손들(그리고 같은 이유로, '불완전한*manqués* 후손들')에게 지워지는 콤플렉스는 이제까지 정신과 의사들이 묘사해온 것 못지않게 심하고 포악하며, 아마 훨씬 더 끔찍한 결과로 점철될 가능성이 높다. 이렇게 말할 수도 있을 것이다. 당연하다고(홀로코스트의 기억에 사로잡혀 있는 우리 세계에서 '당연'이 무엇을 의미하던). 불완전한 후손들에게서 이 세계에서 그들이 차지하고 있는 장소 — 이들은 그곳으로부터 세상을 바라보면 거기서 세계에 의해 바라보여지기를 바란다 — 는 수난의 장소다. 하지만 그들은 개인적으로는 어떤 사람의 분노와 만행의 대상이 되거나 되어 본 적이 없는 것이 사실이다. 세계는 이들에게 위해를 가하거나 이들이 고통받도록 하기를 꺼리는 듯하며, 이런 사정으로 인해 그러한 세계는 믿어지지 않을 정도로 너무나 좋은 것이다. — 왜냐하면 해악이 없는 세상이라는 현실은 세상에 가해질 해악과 앞으로 가해진 해악에서 의미를 끌어내는 삶은 비현실적이라는 것을 의미하기 때문이다.

쾌적하고 편안한 세상에 사는 것은 차치하고서라도 적대적이지도 않고 해악도 없는 세상에서 사는 것은 의미를 부여해주는 가족의 내력을 배신하는 것을 의미한다. 완벽함에 도달하고, 운명을 완수하고, 현 상태의 결함을 제거하며, '불완전한'이라는 자격을 자손과 후계자 신분에서 없애버리려면 이들은 피해자임이라는 자신의 상상적 연속성을 '저기 바깥에 있는 세상'에서의 희생자 만들기라는 현실적 연속성으로 재구성해내야 할 필요가 있다. 그것은 오직 현재 그들이 세계 속에서 차지하고 있는 장소가 실제로 그리고 진실로 희생자들의 장소인 **것처럼** 행동하는 것을 통해서만 이루어질 수 있다. 오직 세상 사람들을 희생자로 만드는 데서만 합리적일 수 있는 전략을 고수하는 것을 통해서 말이다. 불완전한 후손들은 그들이 사는 세계가 적대성을 드러내고, 그들에 대해 음모를 꾸미지 않으면 완전해질 수 없다. — 그리고 실로 또 다른 홀로코스트의 가능성을 내포하고 있어야 한다.

끔찍한 진실은 말하고 바란다고 생각하는 것과는 반대로 불완전한 후손들은 그러한 가능성에서 자유로운 세계 안에서 사는데 적합하지 않으며, 위화감을 느낀다는 것이다. 이들은 그처럼 다른 세계와 보다 유사한 세계 안에서 사는 것을 훨씬 더 편안하게 느낄 것이다. 만약 피에 젖은 손이 구속받지 않는다면 이들 불완전한 후손들을 희생자들 안에 포함시키기를 주저하지 않을 유대인-혐오적인 살인자들로 가득 차 있을 세계 말이다. 이들은 자신들을 향한 모든 적대성의 징후들로부터 의미를 부여하는 확신을 끌어낸다. 그리고 주변의 모든 움직임을 그리한 적대성의 노골직인 또는 잠재적인 표현으로 해석하는 데 열중한다(미국에서 반유대주의가 소멸되었음을 보고하는 최근의 한 연구서에 대해 미국의 격월간 유대계 잡지『티쿤Tikkun』은 이 모든 것을 말해주는 사려 깊은 제목 아래 서평을 실었다. — "유대인들은 과연 그런 말을 받아들일 수 있을까?"). 유전적 희생자가 되는 것의 소름 끼치는 역설은 세계의 적대성에, 세계의 적대성을 촉진시키는 데 그리고 세계를 적대적으로 유지하는 데 대해 계속 기득권을 발전시켜 나가는 데 있다. 인내심의 한계까지 떠밀려진 희생자들에 의해 새로운 테러용 폭탄이 설치될 때마다 거의 모든 나라의 일부 정치 지도자들, 그리고 이들에게 투표한 수많은 남녀가 내뱉는 안도의 한숨을 들을 수 있을 정도이다.

수난을 당한 사람들의 불완전한 후손들은 집에서 살지 않는다. 그들은 요새 안에서 산다. 그리고 집을 요새로 만들기 위해 집이 포위되고 공격

받도록 할 필요가 있다. 과연 굶주리고, 궁핍하며, 낙심에 빠져있으며, 절박하고, 저주를 퍼붓고 돌을 던지는 팔레스타인 사람들 가운데 있는 것보다 더 어디서 그러한 꿈에 가까이 다가갈 수 있겠는가 ……. 이곳의 편안하고 공간이 넉넉하며, 모든 것이 완비된 집은 불완전한 후손들이 버린 집들과는 다르다. — 저기, 즉 퀴퀴하고 따분하며, 편안함을 느끼기에는 너무 안전한 미국의 도시들 — 이곳에서 이들 후손은 그들의 처지와 마찬가지로 불완전한 상태로 머무를 수밖에 없다 — 에 있는 편안하고 넉넉한 공간에, 모든 것이 완비된 집들 말이다. 이곳에서는 집을 철조망으로 단단하게 두를 수 있으며, 집의 모든 귀퉁이에 감시탑을 세울 수 있으며, 한 집에서 다른 집으로 걸어가며 어깨에 둘러멘 총을 자랑스럽게 매만질 수도 있다. 적대적인, 즉 유대인을 조직적으로 박해하는 세계는 한때 유대인들을 게토로 밀어 넣기도 했다. 집을 게토와 비슷하게 만듦으로써(그러나 이번에는 중무장된 게토 둘레에) 세계를 다시 한번 보다 적대적이고 유대인을 조직적으로 박해하는 것처럼 보이게 할 수 있었다. 그처럼 전적으로 그리고 진실로 불완전한 세계에서 후손들은 오랜 세월 끝에 마침내 더 이상 불완전하지 않게 될 것이다. 이 세대가 놓쳐버린 수난의 가능성은 이들의 선택된 대표자들에 의해 재소유될 텐데, 이들은 또한 이들 세대의 대변인으로 간주되기를 원한다.

어떤 식으로 바라보던 홀로코스트라는 유령은 자기-영속적이며, 자기-생산적인 것으로 나타난다. 이 유령은 너무나 많은 사람에게 자신을 필수불가결한 것으로 만들어 쉽게 퇴치할 수 없게 되었다. 유령이 출몰하는 집들은 추가된 가치를 획득했고, 이 유령에 들리는 것은 많은 사람에게 가치 있고, 의미를 부여하는 삶의 공식으로 바뀌었다. 바로 여기서 **최종해결책의 설계자들의** 가장 위대한 사후적 승리를 엿볼 수 있다. 히틀러와 그의 추종자들이 생전에 성취하는 데 실패한 것을 그들은 사후에라도 달성하기 바랄 것이다. 그들은 세계가 유대인들에게 적대적으로 돌아서게 하지는 못했지만 무덤 속에서나마 여전히 유대인들이 세계에 돌아서게 해 이런저런 방법으로 유대인들 세계와 화해하는 것을, 평화롭게 공존하는 것을 완전히 불가능하게까지는 아닐지라도 훨씬 더 어렵게 만드는 것을 꿈꿀 수 있을 것이다. 홀로코스트에 대한 예언들은 그다지 예언대로 성취되지 않았지만 그런 예언이 초래하고 퍼트릴 수밖에 없는 온갖 유해하고 재앙적인 심리적, 문화적 그리고 정치적 결과들과 함께 홀로코스트가 끊임없이 예언되는 세계에 대한 전망은 충족시켜줄 것이다.

일차원적 세계에서 살기

사르트르는 [집합 명사로서의] 유대인이란 타인들이 한 명의 유대인으로 정의하는 사람이라는 의견을 제시했다. 그런 말을 통해 사르트르가 의미하려고 했던 것은 그렇게 규정을 내리는 행위 또한 환원수의적인 선택성의 행위라는 것이다. 즉 그것을 통해 되돌이킬 수 없을 정도로 다면적인 개인의 여러 특징 중 하나가 우위를 점해 다른 모든 특징을 부차적이고, 파생적이거나 또는 무관계한 것으로 만들어버린다는 것이다. 앞의 유령에 사로잡힌 사람들의 실천에서 사르트르적 절차는 다시 한번, 이번에는 정반대 방향으로 실행된다. 타자들, 즉 비-유대인들은 모든 측면에서 유대인이 그들을 혐오하는 사람들의 환상에서 나타나는 것만큼이나 일차원적인 모습으로 출현한다. 타인들은 점잖거나 아니면 잔혹한 가부장*patri familiae*, 정이 많거나 아니면 이기적인 남편들, 자애롭거나 아니면 악독한 상사들, 좋거나 아니면 사악한 시민들, 평화롭거나 아니면 싸움을 좋아하는 이웃들, 억압자들 아니면 억압을 받는 사람들, 불의의 대상 아니면 악당들, 고통을 당하거나 아니면 고통을 가하는 사람들, 특권을 누리거나 아니면 모든 권리를 박탈당한 사람들, 위협하거나 아니면 위협당하는 사람들이 아니다. 보다 정확하게 말하자면, 이들은 이 모든 것일 수 있지만 그들이 이 모든 것 또는 그것 이상이라는 사실은 단지 이차적이거나 사소한 중요성을 가질 뿐 그리 중요하지 않다. 정말 중요한 것 — 어쩌면 유일하게 중요한 것 — 은 유대인들에 대한 이들의 태도이다. 그리고 **또한** 우연히 한 사람의 유대인이 된 모든 개인에 대해 취하는 자세는 유대인들 자체에 대해 취하는 자세의 표현, 그것에서 파생되는 것으로 판독할 수 있다. 유전적인 피해자임과 마찬가지로 세계관의 일차원성 또한 자기-영속적인 경향성을 띤다.

히틀러의 반유대인 전쟁 과정에서 반유대주의자임을 선언한 많은 사람이 단호하게 홀로코스트의 가해자들과 협력하기를 거부한 사실을 일차원적 세계관과 일치시키기는 극히 어렵다. 그에 반해 사형 집행인 대오가 유대인 일반에 대한 모든 특수한 혐오감으로부터 자유롭고, 특히 자신들이 총살하거나 가스실로 집어넣은 구체적인 유대인들에 대한 어떠한 원한도 갖지 않은 법을 준수하는 시민과 훈련된 공무원들로 가득했다는 사실과 일치시키는 것도 마찬가지다(비인간적 조건들 속에 내던져진 '보통 사람들'에 대한 끈질기며 놀라울 정도로 민감한 관찰자인 테크는 이렇게 보고하고 있다. 즉 한 집단 처형 목격자에 따르면 13명의 경찰관 중 한 명이 짐승 같은 잔인성으로 두드러졌으며, 세 사람은 유대인 작전에 가담하지 않았으며, 나머지는 그러한 작전을 '더러운' 것으로 보고 그에 대해 말하기를 거부했다). '유대인 이송'(유럽 유대인들의 절멸은 이렇게 공식적으로 규정되었다)은 나치의 생각 속에서는 대규모 재정착*Umsiedlung* — 이 계획은 유럽 대륙의 모습을 거의 모든 사람을 현재의 임시적인 장소로부터 이들이 있도록 이성이 명령하는 장소로 이동시키는[13] (그리고 홀로코스

---

[13] Nechama Tec, *When Light Pierced the Darkness*(Oxford: Oxford University Press, 1986).

트가 진행됨에 따라 심지어 유대인 묘지들까지도 부적절한 것으로 선언되고 굴뚝 연기로 교체되었기 때문에 아무런 결과도 이끌어내지 못했던) 것으로 그리고 있었다 ─ 이라는 포괄적이고 과감한 계획으로부터 의미를 끌어왔다는 사실을 이해하기도 그와 비슷하게 어렵다. 또는 유대인 절멸이 그처럼 총체적인 계획을 능히 감당할 수 있고 또 강력한 반대에 부딪힐 두려움 없이 집행할 수 있을 만큼 충분히 강력하고, 모든 반대로부터 충분할 만큼 보호되고 면역된 국가에 의해 총체적인 '청소 작전'(이것은 또한 정신 지체아나 신체장애인, 사상적으로 불순한 자들이나 성적으로 정상이 아닌 것으로 간주된 사람들도 포함시켰다)의 틀 내에서 착상되었다는 것을 이해하기도 쉽지가 않다. 마지막으로 홀로코스트의 배후에 있던 나치 당원들 또한 상황이 달랐다면 어떤 짐승들이 되었을지와는 상관없이 또한 시민*Bürger*, 즉 그때나 지금이나, 그리고 거기에서만큼이나 여기에서도 정말 '해결하고' 싶은 '문제'를 고민하는 일반 시민이었다는 사실을 이해하기도 어렵기는 마찬가지다.14)

따라서 지금까지 말해온 모든 것은 또 다른 홀로코스트의 가능성에 대한 경고들이 완전히 사실무근이며, 지금 우리가 사는 세계는 오늘날의 세계를 홀로코스트로부터는 완전히 면제된 세계로 만들어줄 수 있을 정도로 홀로코스트 세계와는 다르다는 것을 암시하기 위한 것은 아니다. 그와 반대로 우리가 진짜로 하고 싶은 이야기는 이렇다. 즉 아직 일어나지는 않았지만 그러한 홀로코스트들의 위협은 너무나 자주 가볍게 무시되고 잘못된 장소들에서 찾아지고 있다는 것이다. 홀로코스트가 일어난 가능성에 대한 감시의 시선은 **진정한 위협들**이 뿌리내리고 있는 토대에서 벗어난 다른 곳으로 향하고 있다. 일차원적 세계관의 해로운 특징은 우리 주의를 한쪽에 집중시키며 실제적인 위험들의 다면적 본질에는 눈

---

14) Frank Chalk & Kurt Jonassohn, *The History and Sociology of Genocide: Analysis and Case Studies*(New Haven: Yale University Press, 1990), p. 23.

을 감는 데 있다.

홀로코스트는 주로 유대인을 증오하는 히틀러의 조력자들의 자발적인 행동의 이야기라는 골드하겐 판의 홀로코스트 서술에 주어진 찬사는 그런 위험들을 가중시킨다. 골드하겐의 명제, 그리고 수많은 집단에서 그의 책을 받아들일 때 보여준 거의 감추지 않고 드러낸 만족감은 위에서 요약해본 맥락 안에서만 이해될 수 있을 것이다. 일차원적 세계관과 뒤얽혀 있는 유전적인 (하지만 불완전한) 피해자 임의 현상을 주요한 성분으로 수반하고 있는 맥락 말이다.

나의 이러한 견해는 실제로는 골드하겐 본인 그리고 그의 예찬자들과 옹호론자들 중 가장 열성적인 사람들에 의해서도 공유되고 있는 듯하다. 번과 핑켈스타인이 자료를 일방적으로 이용했다면 통렬한 비판을 가하자15) 비판 대상이 된 골드하겐은 실수를 인정하거나 사실들에 대한 본인의 해석을 옹호하기보다는 자신의 비판자들을 흉측한 정치적 의도가 있다고 비난하며 대인對人 논증〔상대의 감정이나 성격, 지위, 처지 따위에 호소하는 논증으로 상대방의 말을 논거로 이용하는 토론을 말한다〕에 의존해 두 사람을 '반-시온주의 십자군들'로 몰아붙였다. 마찬가지로 그는 은근슬쩍 ― 표면상으로는 자신의 홀로코스트 기술에 대한 ― 이 논쟁이 최소한 궁극적으로는 어떤 상당히 현대적인 정치적 대의들 문제임을 인정했다. 골드하겐을 구하기 위해 달려온 다른 사람들은 이보다 훨씬 더 대담한 주장들을 펼쳤다. 예를 들어 폭스Abraham Fox는 반-명예훼손 연맹 캐나다 지부를 대표해 이 문제는 골드하겐의 명제가 정당화될 수 있는가 아닌가를 확인하는 것이 아니라 그에게 적용된 비판이 '합법적인' 것인가 그리고 허용될 수 있는 것의 경계를 넘지 않았는가의 문제라고 선언했다.16)

---

15) Norman Finkelstein & Ruth Bertina Birn, *A Nation on Trial: The Goldhagen Thesis and Historical Truth*(New York: Henry Holt, 1998).

골드하겐의 선언에 대한 그런 식의 인식은 정당화되고도 남음이 있었다. 이 책의 메시지는 결국(『히틀러의 자발적인 사형집행인들』, 1996년 판에 들어 있는 골드하겐 본인의 말을 빌리자면) 상당히 직설적이다. "홀로코스트의 동기가 된 원인과 관련해 대다수 가해자에게서는 단일 원인적인 설명으로 충분하다." — '악마 숭배적 반유대주의'가 그것이라는 것이다. 골드하겐의 견해로는 홀로코스트의 메커니즘의 보다 복잡한 측면들을 인식하려고 했던 역사가들은 오판한 것이다. 독일인들(적어도 히틀러가 집권하고 있던 독일의 독일인들)은 "얼추 우리와 비슷했으며", "그들의 감수성은 약간 우리 자신의 감수성을 닮았다"는 생각을 폐기해야만 한다.17) 그의 책의 독자는 쉽게 홀로코스트가 일어난 것은 다름 아니라 독일인들이 '얼추 우리와 비슷하지' **않았기** 때문이라는 결론을 내릴 수 있을 것이다. 그리고 '비슷하지 않음'이 대칭적인 관계이므로 인해 다음번 결론 또한 그와 마찬가지로 쉬운 것이 된다. 즉 나머지 우리가 모두 '얼추 독일인들과 비슷하지' 않기 때문에 홀로코스트-형태의 대량학살과 '약간 닮은' 아무것도 다른 누구에 의해, 다른 어느 곳에서도 저질러질 수 없다는 결론 말이다. 홀로코스트는 과거에도, 현재도, 미래에도 독일 문제로 남을 것이다. 따라서 나머지 세계는 두려워할 것이 아무것도 없으며, 이 문제에서 양심을 내려놓고 당혹스러운 정신적 자학을 그만둘 수 있다. 다시 말해서 '홀로코스트'라고 불리는 사건에서 혹시 배울 수 있는 것 중 우리 자신에 대해, 우리가 사는 세계에 대한, 또는 다른 어떤 것에 대해 가르쳐줄 수 있는 것은 아무것도 없다는 것이다. — 그것은 독일의 죄라는 것을 제외하고 말이다. 증명 종료 Quod erat demonstrandum.

이스라엘의 일간지 『하레츠Haaretz』의 세게브Tom Segev는 문제를 정확

---

16) 『뉴욕타임스』, 1998년 1월 10일 자에서 재인용.
17) Daniel Goldhagen, *Hitler's Willing Executioners*(New York: Knopf, 1996), pp. 416, 279, 269.

히 짚어서 현재 진행 중인 논쟁의 의미를 이렇게 요약하고 있다. "유대인 주류 사회는 골드하겐을 마치 그가 미스터 홀로코스트인 양 감쌌다. 이것은 말도 안 되는 일인데, 왜냐하면 골드하겐에 대해 제기된 비판들은 근거가 탄탄하기 때문이다 ······."18) 세게브의 설명에 따르면 그럼에도 그것은 이해할만한데, 왜냐하면 문제의 소지가 있는 것은 골드하겐의 명제의 '시온주의적 성격'이기 때문이다. 정말 중요한 것은 결국

단지 독일인만이 아니라 유대인들을 미워하는 모든 비유대인들이다. 따라서 유대인들의 단결과 연대가 필요하다는 것이다. 따라서 또한 반유대적 증오에 대한 더 많은 책이 필요하며, 그러한 책들은 모든 것을 단순화한 피상적인 것일수록 그만큼 더 좋다는 것이다.

브라우닝은 골드하겐을 이렇게 비난하는데, 골드하겐은 브라우닝의 괄목할 만한 발견들은 단지 자신의 평결들을 지탱하기 위해 왜곡하고 견강부회하기 위해서나 인용할 뿐이다.

[골드하겐은] 도덕적 판단을 허용하는 이른바 '내부적' 요인들에 의해 동기가 부여된 행동들(즉 골드하겐이 사실상 반유대주의적 또는 인종주의적인 확신에 국한시키는 신념들과 가치들)과 강요되기 때문에 선택을 포함해 도덕적 차원을 결여한 '외부적'이라고 부르는 요소들에 의해 '강제된' 행동들이라는 인위적 이분법을 고안해내고 있다. 물론 현실에는 인종주의적인 것 말고도 권위, 의무, 합법성에 대한 지각 그리고 전시에 자신의 부대와 조국에 대한 충성처럼 사람들의 행동에 동기를 부여하는 수많은 '가치와 신념들'이 있다. 그리고 야망, 탐욕, 동정심의 결여 등 사람들을 개인적

---

18) *Haaretz*, 15 May 1998. Dominique Vidal, "Nouvelles polémiques autour d'un livre sur la Shoah", *Le Monde Diplomatique*, Aug. 1998, p. 58을 보라.

책임에 대해 면제시켜주지 않으면서도 사람들의 행위를 형성하는 다른 인격적 특징들도 존재한다.19)

바로 이것이 중요하다. 몇몇 살인 행위와 다른 잔학 행위를 도덕적 판단으로부터 면제시켜주고, 그리하여 가해자들 눈에 '도덕적으로 중립적'인 것으로 보이도록 해주며, 살인을 위해 광범위한 범위의 인간적 '가치들과 신념들'을 동원하기 위해서는 적지 않은 무시무시한 현대적 발명품들이 요구되었는데, 그중 특히 '합리적 관료주의'가 두드러졌다. 그러나 아무리 골드하겐의 책을 뒤져보아도 저자가 이를 알고 있으며 극히 조야한 이분법을 넘어 도덕적 인간이 처한 현대적 궁지의 복잡성을 이해할 준비가 되어 있다는 어떤 징후도 찾아볼 수 없을 것이다.

대량학살에 가담한 자 중 일부는 가학적 성향 때문에 또는 유대인들에 대한 증오 때문에 또는 동시에 두 가지 이유에서 범죄에 참여했다는 사실은 물론 골드하겐의 공상이 아니다. 하지만 그러한 사실을 홀로코스트에 대한 설명으로, 홀로코스트의 핵심적 측면 또는 가장 심오한 의미로 받아들이는 것은 홀로코스트에 대한 기억이 현대에 들어와 정치적으로 어떻게 이용되고 있는지에 대해 많은 것을 이야기해준다. 즉 그러한 대량학살의 가장 끔찍한 진실과 홀로코스트의 유령이 출몰하고 있는 우리 세계가 홀로코스트를 주요한 사건으로 포함하고 있는 최근의 역사로부터 배울 수 있는, 배워야 하는, 배워야 하는 도덕적 의무가 있는 가장 유익한 교훈으로부터 우리의 시선을 돌리도록 한 채 말이다.

19) Christopher R. Browning, "Victims' Testimony", *Tikkun*(Jan.-Feb. 1999).

살인자들의 사회적 생산

우리가 여기서 기억해야 할 점은 골드하겐의 책에 나오는 모든 악당, 쾌락과 열정을 갖고 희생자들을 죽인 모든 독일인과 비독일인이 보기에 희생자들에 대해, 그리고 본인들이 연루된 행위의 성격에 대해 위와 같은 두 가지 감정 중 어느 것도 느끼지 않고도 그들 못지않게 효율적으로 대량학살에 기여한 독일인과 비독일인은 무수히 많았다는 사실이다. 그리고 중요한 사실은 편견이 인간성을 위협한다는 사실을 상당히 잘 알고, 심지어 편견으로 얼룩진 사람들의 잘못된 의도들을 어떻게 물리치고 제한할 것인지에 대해 어느 정도 알고 있기까지 하지만 우리는 질서 정연한 사회의 판에 박히고 감정이 개입되지 않은 기능으로 위장한 살인의 위협을 어떻게 쫓아버릴 것인가에 대해서라면 그에 비근한 것조차도 알지 못하는 것이다. 이와 동시에 다른 종류의 지식 — '합법적 살인'에 이용되는 어떠한 살인적 충동으로부터도 자유로운 가운데 사람들을 그리고 그러한 지식을 실천 속에 적용하는 데 필요한 기교와 기술을 자유롭게 사용하기 위한 기술 — 이 지금 심리학자들과 기술자들 그리고 과학적 관리 전문가들의 단결된 노력 덕분에 무시 못할 수준에 이르렀으며 지속적으로 증가 중이다.

존슨은 사형을 좋아하기로 악명 높은 미국의 형벌제도 내의 사형수 수감동의 따분한 기계적 일상에 대한 꼼꼼하고, 세심하며, 상상력 풍부한 심층 연구서를 내놓았다. 즉 사형수 수감동의 가사(假死) 상태, 사형 집행일의 축제 같은 일과, 그리고 양측의 주요 행위자들의 생각과 감정들에 대해 말이다. 존슨이 찾아내 한곳으로 모아놓은 방대한 분량의 자료는 위대한 노르웨이 범죄학자 크리스티가 선구적인 연구서 『산업으로서의 범죄 통제』에서 제시한 통찰들에 대한 풍부한 경험적 증거로 이용될 수 있을 것이다.[20] 크리스티의 모든 주요한 통찰은 존슨의 보고에서 풍부한 경험적 확증을 얻는다. 사형 집행 절차의 격식화, 일의 관료제적 분화와 집단적 실행에 관여하는 모든 개인의 '대리인적 상태', 과정 전체에서의 철저한 '감정 버리기', 윤리적 관심과 도덕적 양심의 가책의 무효화, 희생자들의 비인격화……. 엘리아스의 유명한 견해에 따르면 '문명화 과정'은 우리 모두(또는 적어도 우리들 대부분)가 폭력을 혐오하고 피하게 하였다. 하지만 현대 문명은 또한 폭력적 행위의 자행에서의 공모가 문제가 되는 경우 — 특히 그러한 행위가 문명화된 가치들의 이름으로 자행될 때 폭력에 대한 그러한 회피와 혐오를 중요치 않은 것으로 만들 수단들을 고안해냈다.

"공모는 사형수 수감동 간수들이 죄수들을 사형 집행을 목적으로 확실히 붙잡고 있는 것에서 명백히 드러난다"고 존슨은 지적한다. 존슨이 인터뷰한 간수들은 그것을 인식하고 있었고 그 때문에 속이 상하지 않을 수 없다. "마지막 가족 면회의 현실을 보고 속이 정말 상했죠…… 거기 있는 게 싫었죠"라고 그들 중의 한 명은 털어놓고 있다(주지할 것: 사형수 수감동의 간수들은 홀로코스트 집행자들이 누린 사치를 누리지 못했다. — 그들에게는 죄수와 개인적 관계를 발전시키기에 충분한 시간이 있다. 그리고 사형이 확정된 자들은 얼굴을 갖고 있다). 하지만 바로 그는 마침 뒤에 생각이 난 듯 이렇게 덧붙인다. "뭐 제 일이 원래 그런 거죠. 의사나 뭐 그런 것처럼요. 환자를 잃게 되는 그런 거죠. 하지만 그렇게 쉽지는 않죠. 절대 이런 일은 잊을 수가 없죠. 하지만 그냥 뒤에 남겨둘 수는 있죠." 그리고 그들 '뒤에' 그와 그의 동료는 그것을 남겨두는 것이다. 그들 중 대부분은 그리고 대부분의 시간에는. 어떻게 이런 묘기를 성공적으로 부릴 수 있을까?

무엇보다 먼저 도덕적 고려들은 한쪽으로 제쳐놓고 윤리적 척도를 아

---

20) Robert Johnson, *Death Work: A Study of the Modern Execution Process*(Belmont: Wadsworth, 1998); Nils Christie, *Crime Control as Industry*(London: Routledge, 1993).

무런 감정도 불러일으키지 않으며 도덕적인 개인의 신념들과는 관련이 없는 기술적인 척도로 대체한 다음 책임자들이 계속 그들에게 말해주는 것과 주위의 모든 사람이 그들을 따라 계속 반복하는 것을 반복함으로써. "그건 내가 좋아하거나 싫어할 일이 아니죠. 나는 모든 일을 최대한 전문적으로 해나가려고 노력합니다. 만일 사형 집행을 중지한다면 그건 뭐 내 문제가 아니죠. 내일 10차례 사형 집행이 있다고 해도 뭐 문제 될 건 없죠"라고 교도소장 중의 하나는 말한다. 또 다른 소장은 이렇게 덧붙이고 있다. "그것은 전문적으로 실시됩니다. 장난이 아니라는 말이죠. 모든 것이 문서화된 규정에 따라 처리됩니다. 정시에, 규정에 정해진 그대로 말이죠."

두 번째로, 이 모든 사람이 살인 행위에 참가한다. 하지만 누구도 살인자가 아니다(또는 오히려 그렇게 느낄 필요가 없다). 어떤 단계에서도 한 손가락으로 당겨야 하는 방아쇠가 하나만 있지 않다. 존슨은 이렇게 말하고 있다. "사형감시팀의 성원들은 자신을 …… 그저 '팀'이라고 부른다." '팀' 내부에서 일하는 것은 유익하다. 일원 중 누구도 살인자로 만들지 않으며 사람을 죽이는 것은 팀이기 때문이다. 존슨은 한 교도소장의 말을 인용한다. "우리는 정말 우리가 그런 일을 하지 않았다고 말할 수 있습니다." 아렌트가 지적하듯이 책임은 유동적으로 된다. 그리고 유동적인 책임은 누구의 책임도 아니다.

세 번째로, 사형감시팀의 누구도 죽이는 것을 좋아해 또는 심지어 사형에 대한 열정에서 그러한 직무를 수행하는 것이 아니다. 동기 또는 동기의 부재는 현재 진행되는 일과는 아무런 상관이 없다. "사형감시팀의 구성원 중 단지 일부만이 드러내 놓고, 거리낌 없이 사형을 지지한다"고 존슨은 지적한다. 공석을 채울 때 교도소장들은 사디스트나 '법과 질서'에 중독된 자들, 민병대원이나 자경단원을 구한다고 광고를 내지 않는다. 어떤 종류든 강한 감정은 오히려 관료제적 절차의 원활한 진행을 방해한다. 감정은 무시하는 것이 훨씬 더 안전하며, 무엇보다 훨씬 더 효율적이다. 감정이 진정되지 않았다면 너무나 많은 것이 변덕스럽고 관료제적으로 통제 불가능한 감정의 변화에 의존하게 될 것이다. 모든 것이 '규정에 따라 집행될 때 훨씬 더 효율적이다. 사형 집행 산업의 관료 조직 안에서는 다른 모든 관료 조직에서와 마찬가지로 개인적 동정심이나 반감은 출근 카드를 찍기 전에 휴대품 보관소에 놓고 오는 편이 낫다.

감독관 직위에 있는 일부 사려 깊은 사람들은 한 걸음 더 나아간다. 이들은 원활한 수행 **자체**가 아니라 그러한 일이 좋아서 이처럼 **특수한** 종류의 일을 수행하는 것에 대한 특별한 성향을 드러내는 사람을 고용하는 것에 분명하고 단호하게 **반대한다**.

나는 누구라도 그러한 일을 좋아할 사람을 원하지 않습니다. …… 그리고 만일 팀원 중 누군가가 정말로 그러한 일을 즐기고 있다는 의혹이 생기거나 그렇다는 생각이 든다면 쫓아낼 겁니다. …… 나는 팀에 소속된 모든 사람이 …… 공무 집행으로 그러한 일을 하고 있다고 생각하고 싶습니다.

이 특수한 감독관의 생각은 현대적 정신에 충실하다. 이동학살분대의 징집병들이 점령된 소비에트 영토에서 발견되는 볼셰비키들과 유대인들을 일제 소탕해 즉결 처형하라는 명령을 받았을 때 소문으로는 광적인 반유대주의와 가학적인 성향이 있는 자들은 제외하기 위한 예방 조치들이 취해졌다. 현대적인 방법과 수단의 힘은 정확하게 어떤 기획의 성공을 헌신의 유무와는 **독립적인** 것으로 만드는 데 있다.

현대(성)는 인간의 정념들처럼 우발적이고, 변덕스러운, 즉 철저히 비현대적인 것들에 의존했다면 현재 도달해있는 지점에 이를 수 없었을 것이다. 대신 현대(성)는 분업, 과학, 기술, 과학적 관리와 비용과 효과를 합리적으로 계산할 수 있는 힘에 의존했다. ― 모두 철저하게 감정을 배제하는 것이다. 트롬블리의 주목할 만한 연구21)는 알리와 하임이 나치의 살해 기획에 대해 한 것을 '처형 산업'을 대상으로 수행한 것이다. 이 연구는 현대 사회 내에서 대량 또는 정기적 살인을 가능하게 만드는 환경은 대량생산과 멈추는 것이 불가능한 기술적 합리화를 가능케 하는 환경과 구분이 불가능하다는 것을 합리적 의심을 넘어서 입증해보였다. 알리와 하임은 수천 명의 일류 전문가들 ― 엔지니어들, 건축가, 건설가, 의사, 심리학자 그리고 셀 수 없이 많은 다른 사람들 ― 이 전대미문의 규모로 대량학살을 가능하게 하는 데서 수행한 핵심적 역할을 문서화했다.22) 그리고 우리는 트롬블리가 수많은 문헌을 뒤져가며 철저하게 연구한 전기의자형의 역사로부터 (1890년 8월 6일, 뉴욕의 어번 주립 교도소에서 케믈러William Kemmler를 대상으로 행해진) 최초의 전기의자형이 "의학계의 큰 관심을 불러일으켰으며, 케믈러가 전기에 의해 죽는 것을 지켜본 25인의 목격자 중 14명이 의사"였음을 알 수 있다. 또한 전기의자형의 발명이 교류 전기와 직류 전기 각각의 장점에 대한 철저한 과학적 논쟁의 유발로 이어졌고, 에디슨과 웨스팅스George Westings 같은 현대 기술의 최고의 유명인사들 간의 뜨거운 공개 논쟁을 촉발했음도 알 수 있다. 이에 덧붙여 적절한 사형 방법을 찾을 것을 위임받은 힐 주지사의 위원회에 속한 저명한 위원들이 과학과 진보의 권위를 지닌 주장들에 매료되었음도 알 수 있다. 즉 그들은 "보이지 않고 불완전하게 이해된 형태의 에너지인 전기는 본질적으로 현대적이라는 주장"을 확신하게 되었다. 또한 전기는 깨끗하고 저렴해질 전망이 있었다. ― 이 위원회의 구성원들이 그런 인상을 받은 것은 당연했다.

21) Stephen Trombley, *The Execution Protocol: Inside America's Capital Punishment Industry*(New York: Anchor, 1993).
22) Götz Aly & Susanne Heim, *Vordenker der Vernichtung: Auschwitz und die deutsche Pläne für eine neue europaischer Ordnung*(Hamburg: Hoffmann & Campe, 1991).

존슨과 트롬블리 두 사람의 연구는 값을 매길 수 없다. 그것의 가치는 두 사람의 연구가 제공하는 정보 — 그리고 어쩌면 그것보다 훨씬 더 — 현대의 인간 행위와 현대 사회의 작동 방식에 대한 이해 방식에 있을 것이다. 그러한 방식은 윤리적 고려들과 도덕적 충동들을 전반적으로 불필요한 것으로 만드는데, 검토된 연구서들은 왜 그것이 불필요한지를 상세히 기록하면서 그것이 어떻게 달성되고, 일상적으로 그리고 실로 판에 박힌 듯이 재생산되는지를 보여주고 있다. 그러한 연구서들은 또한 그러한 불필요성으로부터 파생되는 이득들을 목록화하고 있다. 즉 수익과 자원의 유익한 이용이라는 직접적인 의미에서의 이득뿐만 아니라 또한 인간적인 동기와 충동들에 의존했다면 생각할 수도 없었을 시도에 타당성과 실행 가능성을 부여해주는 식으로 즉각 알아차릴 수는 없는 의미에서의 이익을 말이다. 살해 작업의 참여자들 그리고 이들에게 살인 무기를 제공하고 효율적 작업을 위한 절차들을 만들어내는 작업을 수행한 수많은 과학자와 공학자는 악인이 아니다. 악인은 악한 짓을 쉬지 않고 저지른다. 그러나 그들은 드물고, 우발적이며, 현대적인 이성의 기준들로 보면 '미친' 자들이다. 보통 사람들, '그저 착한 일꾼들'이 살해 행위에 일조하도록 했던 것은 어쩌면 현대 문명의 독특한 성취였을 것이다. — 그리고 그러한 살해 행위를 보다 포괄적이고, 철저하며, 보다 깨끗하고, 이전 어느 때보다 더 도덕적으로 청결하며 효율적으로 만든 것 또한 마찬가지이다.

호모 사케르에 반하는 현대(성)

트라베르소가 최근 프랑스와 관련해 잘 보여준 대로 일반적으로 홀로코스트의 원인, 그리고 프랑스 유대인들의 대량학살을 둘러싼 '무관심의 벽'의 원인은 사르트르처럼 '유대인 문제'나 심지어 대량학살 자체의 상황들에서 찾아야 하는 것이 아니라 비시 정권 이전의 프랑스 사회에서 찾아야 한다.23) 어떤 사회 안에든 원치 않는 이방인들이 있으며, 어떤 사회 안에든 그런 이방인들이 없기를 바라는 사람들이 일부 있다. 하지만 모든 사회에서 원치 않는 이방인들에 대한 대량학살이 일어날 수는 없다. 다수의 유대인 혐오자들이 존재한다는 것은 그러한 대량학살이 가능하기 위해서 충족되어야 하는 유일한, 심지어 필요적인, 그리고 분명히 충분한 조건은 아니다.

아렌트는 오래전에 홀로코스트라는 현상에서 반유대주의는 기껏해야 희생자들의 선택을 설명할 수 있을 뿐 그러한 범죄의 본질은 설명할 수 없음을 지적한 바 있다. 이후 아렌트의 평결을 무효화하는 어떤 일도 일어나지 않았으며, 그동안에 이루어진 몇 개의 획기적인 작업만 언급하자면 레비의 기념비적 회고록들과 힐버그의 기념비적인 역사 연구 그리고 란츠만의 기념비적 다큐멘터리가 아렌트의 평결을 확인하고 강화하는 데 큰 공헌을 했다.

얼마 전 대량학살의 미스터리를 파고들려는 우리의 시도들에는 다른 중요한 목소리 — 이탈리아 철학자 아감벤의 목소리24)가 더해졌다. 아감벤은 고대 로마법에서 만들어진 호모 사케르라는 법적 개념을 소환해 냈다. 죽여도 처벌을 받지 않지만 동시에 — 완전한 타자이며, 이질적이며, 실로 비인간이어서 — 의례적인 종교 희생 제물로도 쓸 수 없는 종류의 인간 존재라는 개념이 그것이다. 즉 그에 대한 살인은 종교적 중요성을 갖지 않는다. 호모 사케르는 전적으로 '쓸모없는' 인간으로, 완전히 인간 사회 외부에 있고, 다른 인간에게는 그들이 인간이기 때문에 지워지는 모든 의무와 다른 고려들로부터 완전히 면제되어 있다. 호모 사

---

23) Enzo Traverso, *L'Histoire déchirée*(Paris: Cerf, 1996).
24) 조르조 아감벤, 『호모 사케르: 주권 권력과 벌거벗은 생명』, 박진우역, 새물결출판사.

케르의 생명은 '벌거벗은' 것이다. — 즉 모든 사회적 특징과 정치적 권리를 박탈당하며, 그 자체로서는 보호받지 못하며, 좌절한 모든 사디스트나 살인자들에게 손쉬운 표적이 될 뿐만 아니라 심지어 시민적 의무에 따르거나 행사하기를 갈구하는 모든 사람에게 권장되는 목표가 된다.

호모 사케르는 **법적** 구성물이었다. 법적 구성물로서 호모 사케르는 법을 준수하는 주체들의 신념이나 정서가 아니라 충성심과 **규율을 겨냥한 것**이었다. 모든 법적 구성물과 마찬가지로 그것은 도덕적 감정뿐만 아니라 감정과 개인적 신념들을 우회하거나 정지시키고, 요구되는 행동이 관련되는 한 그러한 것을 전혀 무관한 것으로 내던져버린다. 법과 관련해 이것은 다음과 같은 것을 의미한다. 즉 법을 준수하는 사람이 **좋아하건 싫어하건** 또는 그에 대해 어떤 감정이 있건 없던 그것은 준수될 것으로 기대된다는 것이다. 호모 사케르라는 특수한 법적 구성물은 로마의 법적 실천에서 예외적이고, 주변적이며, 거의 비어 있는 범주였다. 아감벤이 지적하는 대로 그것은 현대 국가에서는 다르다.

그렇다, 호모 사케르라는 개념은 현대 법에서는 부재하며, 대부분은 잊혀진 것이 사실이다. 하지만 또한 살 권리를 부여하거나 거부할 수 있는 수단과 특권뿐만 아니라 강제집행과 폭력 수단을, 고통을 가할 수 있는 권리를 포함해 주체〔신민〕의 신체를 통제할 권리를 독점한 국가는 이전에는 예외적이었던 범주를 주체〔신민〕의 실존적 지위의 잠재적으로는 보편적 측면으로 확대시켰다. 그리하여 국가는 이제는 상투적인 특권이 되어버린 것을 지탱하기 위해 특수한, 예외적 범주에 의존할 필요가 없게 되었다. 또한 현대 세계의 소름 끼치는 발명품인 집단수용소는 국가 영역의 다른 부분들에서는 잠재적인 것일 뿐인 것이 규범과 실천 규칙으로 만들어지는 공간이었다.

현대 국가의 잠재적 가능성 — 일단 '조건만 맞아떨어지면' 현실이 될 수 있는 잠재적 가능성 — 으로서의 호모 사케르의 보이지 않는 현존은 홀로코스트 경험 중 가장 무시무시하고, 여전히 가장 관심의 초점이 되고 있는 측면을 다시 한번 부각시킨다. 즉 우리의 현대 사회에서 도덕적으로 타락하지도 또 편견도 없는 사람들이 또한 얼마든지 목표가 된 범주의 인간 존재의 파괴에 정력적이고 헌신적으로 참여할 수 있다는 것, 그리고 이들의 참여는 도덕적이거나 또는 그 밖의 다른 어떤 신념의 동원을 요구하는 것과는 거리가 멀며 그와 정반대로 그러한 신념들의 정지와 망각 그리고 무관심을 요구한다는 것을 말이다.

   이것이 지금까지 홀로코스트가 주는 가장 중요한 교훈으로 우리는 이를 배우고 기억해야 할 필요가 있다. 만일 과거를 지배하는 자가 미래를 지배한다는 오웰의 말이 맞는다면 그러한 미래를 위해 현재를 지배하는 자들이 과거를 조작해 미래를 인류에 적대적이며, 살 수 없는 곳으로 만들지 못하도록 할 것이 긴급하게 요청되고 있다.

바우만

옮긴이 후기

현대(성)는, 그것을 자본주의와 신자유주의로 파악하건, 아니면 소비문화와 자유로운 여행으로 인식하건, 어쨌든 살만한 곳이다. 그리고 홀로코스트는 과거의 어느 한 시기에 유대인이라는 인간 집단이 겪은 끔찍한 대량학살 사건이었다. 이 둘 사이에 도대체 어떤 관련이 있단 말인가?

바우만은 홀로코스트를 직접적으로 현대(성)와 대면시킨다. 현대성이 홀로코스트를 낳았다! 나아가 현대(성)는, 기회만 주어지면, 같은 짓을 반복할 수 있다. 홀로코스트는 과거의 사건이 아니다. 그것은 현재 진행형인 메커니즘이다. 지구 상의 어느 곳에서건 적당한 조건만 갖춰지면 무한 반복될 수 있다. '인종학살', '인종청소'는 최근까지도 낯설지 않은 국제뉴스였다. 따라서 홀로코스트를 이해하는 일은 과거를 기억하는 행위가 아니라 현재를 직시하는 깨어있음이다.

바우만은 홀로코스트의 현재적 의미는 인류 전체에 대해 그것이 가진 교훈이라고 본다. 홀로코스트는 실제로 유대인의 비극이었다. 그렇다 하더라도 홀로코스트는 단순히 '유대인 문제'가 아니었다. 유대인 역사에만 고유한 사건도 아니었다. 홀로코스트는 우리의 합리적인 현대 사회에서, 우리 문명이 고도로 발전한 단계에서, 그리고 인류의 문화적 성취가 최고조에 달했을 때 태동해 실행되었다. 바로 이러한 이유 때문에 홀로코스트는 현대 사회와 현대 문명과 현대 문화의 문제인 것이다.

홀로코스트를 상상할 수 있게 만든 것은 현대 문명의 합리적 세계였다. 유럽의 유대인에 대한 나치의 집단학살은 산업사회의 기술적 성취였을 뿐만 아니라 관료제 사회의 조직적 업적이기도 했다. 현대 사회 구성원의 의식에서 일어나고 있는 역사적 기억의 자기치유는 바로 이러한 이유에서 인종학살의 희생자에 대한 무관심보다 더 나쁘다. 바우만에 의하면 홀로코스트를 망각하는 것은 위험할 뿐만 아니라 잠재적으로 자멸적인 맹목성의 징후이다.

물론 바우만의 논의에도 비약은 있다. 과연 전시戰時라는 예외상태가 아니었어도 홀로코스트가 가능했을까? 또한 사회학자 리처가 『맥도날드와 맥도날드화』라는 저작에서 홀로코스트를 다룬 것처럼, 홀로코스트는 현대성의 하나의 삽화에 불과할지도 모른다.

여기서 바우만의 논의를 반복하거나 요약할 필요는 없을 것이다. 『쓰레기가 되는 삶들』, 『리퀴드 러브』, 『유동하는 공포』, 『액체근대』, 『자유』, 『지구화』, 『모두스 비벤디』, 『고독을 잃어버린 시간』 등의 바우만 저작들이 한국어로 번역되었다. 바우만은 우리에게 포스트모던 사상가 또는 '리퀴드' 세상사들에 대한 저자로 알려져 있다. 그가 홀로코스트라는 묵직한 주제에 대한 저작을 남겼다는 것은 약간 의외로 느껴질지도 모르겠다. 사실 바우만은 이 저작을 통해 세계 학계에서 명성을 얻었다. 그리고 여러 선행 저작에도 불구하고 『감시와 처벌』이 푸코에게 학자로서의 입지를 마련해준 것처럼, 학계에서 바우만의 입지가 탄탄해진 것 또한 본서를 통해서였다. 번역이 늦은 감이 있다.

이 책을 읽다 보면 한국 정부 수립기의 제주 4·3사건을 비롯해 6·25 한국전쟁 당시의 보도연맹 사건, 1980년의 광주학살에 이르기까지 한국 현대사의 숱한 사건들이 겹쳐 든다. 민주화 이후 한국 사회에서도 과거의 대량학살과 인권유린에 대한 과거사 청산 시도가 있었다. 국정원, 경찰청, 국방부도 민간위원이 참여하는 과거사 진상규명위원회 활동을 통해 과거사를 바로잡으려는 움직임을 보인 바 있다. 노무현 정부 때인 2005년 12월에는 '진실·화해를 위한 과거사정리위원회'가 발족해 2010년까지 활동했다. 우리는 틈만 나면 일본에 대해 과거 식민지배를 사죄하라고 다그친다. 그렇지만 한국의 국가 건설기와 한국전쟁기에 벌어진 민간인학살에 대해서는 상대적으로 무관심하다. 아니, 당시나 지금이나 '빨갱이'를 죽였을 뿐인데 뭐가 문제냐는 격앙된 반응도 심심치 않게 접한다.

유럽의 홀로코스트를 대입해 한국의 민간인 학살을 이해하는 작업은 간단치 않다. 홀로코스트 연구가 원인과 가해자에 초점이 맞춰져 있는데 비해 한국의 경우는 국가폭력보다 피해자의 명예회복과 보상에 주로 관심이 많다. 홀로코스트는 본래 평범하고 통상적인 요인들 사이의 특유한 조우가 초래한 산물이었다. 그런데 그러한 조우 가능성은 국가가 폭력 수단을 독점하고 대담한 공학적 야심을 보유한 상태로 사회 통제를 벗어난 것이 원인이었다. 한국의 1980년 광주학살은, 규모에서 홀로코스트와 비교할 수는 없지만, 한국 사회에 엄청난 충격을 안겨주었다. 지금까지도 트라우마가 가시지 않고 있다. 당시 시위진압에 투입된 공수부대원들은 '단지 자기 임무를 다했을 뿐'인데, 무고한 많은 인명이 학살당했다. 불과 수년 전에는 서울 한복판에서 '맡겨진 임무에 충실한 경찰에 의해 '용산참사'가 벌어졌다.

이 책은 바우만의 *Modernity and the Holocaust*(Polity, 1989)를 완역한 것이다. 1990년 아말피 상 수상 강연과 2000년 판 후기가 포함된 2003년 판을 번역했다.

2005년 처음 이 책을 번역할 때는 참조할 수 없던, 본서에서 인용되고 있는 홀로코스트 관련 저서가 여러 권 한국어로 번역되었다. 『홀로코스트: 유럽 유대인의 파괴』(라울 힐버그 지음/김학이 옮김), 『권위에 대한 복종』(스탠리 밀그램 지음/정태연 옮김), 『아주 평범한 사람들: 101 예비경찰대대와 유대인 학살』(크리스토퍼 R. 브라우닝 지음/이진모 옮김), 『예루살렘의 아이히만: 악의 평범성에 대한 보고서』(한나 아렌트 지음/김선욱 옮김), 『전체주의의 기원』(한나 아렌트 지음/이진우·박미애 옮김) 등이 그 책들이다. 함께 읽으면 홀로코스트의 현재적 의미뿐만 아니라 홀로코스트 자체에 대한 심층적 이해를 도모할 수 있다.

이 책을 번역한 목적은, 바우만이 이 책을 집필한 문제의식처럼, 홀로코스트에 대한 전문 지식을 추가하기 위한 것이 아니다. 홀로코스트를 현대성과 연관시켜 이해함으로써 학살이라는 주제를 현재의 주변적 지위로부터 사회 이론과 사회학적 실천의 중심 영역으로 격상시키고 싶어서이다. 한국 사회에서는 '먹고 사는 문제'가 여전히 중요하지만 '잘 먹고 잘사는 문제'를 고민하는 사람들도 있다. 그렇지만 '죽고 사는 문제'도 여전히 우리 곁을 맴돌고 있다. 적당한 조건만 주어진다면 우리도 누구나 학살자가 될 수 있다. 홀로코스트를 저지른 '그들'도 우리처럼 평범한 사람들이었다.

이 책을 사실상의 공역자인 故강동일 학형께 바치고자 한다. 평생을 선하고 성실하게 살다 가신 분이다. 너무나 갑작스러운 죽음이 지금도 믿기지 않는다. 평소 소화불량이라는 말씀을 자주 하셨다. 병원에 가보라고 수차례 권고했다. 그때마다 약국에 들르는 것으로 대신하셨다. 병원에 갔을 때는 너무 늦었다.

  전반부 초역을 진즉 넘겨주었음에도 지금까지 마무리 짓지 못한 것은 전적으로 역자의 게으름 탓이다. 하늘나라에서 편히 쉬시라!

2013년 7월
옮긴이 識

New Directions 총서를 발간하며

"세계는 더 이상 존재하지 않는다. 이제 내가 너를 짊어져야 한다."
세느 강에 몸을 던지기 전에 파울 첼란이 이 세상에 남긴 마지막 말은 마치 궁핍한 우리 시대를 예언한 듯하다. 사방에서 겨우겨우 세상을 짊어지고 있거나 아니면 그 무게에 깔리거나 치인 사람들, 아니 이 세상에서 축출되고 배제된 사람들의 행렬이 수두룩하지 않은가? '힐링'이나 '멘토'의 열풍은 우리가 단지 바깥 세계뿐만 아니라 마음속 세계까지 함께 짊어져야 하는 이중의 교착 상태에 빠져 있음을 암시한다. 어떤 낭만성도 주체성도 찾아볼 수 없으며, 어떠한 열의와 인간성도 또 어떤 연대도 구할 수 없으며, 모든 것이 근거 없는 불안과 막연한 공포 속을 떠도는 '슬로우 제노사이드slow genocide'의 새 시대가 열리고 장기 지속되는 느낌이다.

자신이 시를 쓰는 언어를 만든 민족이 자기 민족을 불태우는 것을 목도한 첼란이 무로부터 새로이 세계를 만들어내는 꿈을 꾸었다면, 미국이라는 안전한 땅에서 '레지스탕스'를 위해 고향으로 달려오던 베유는 "인간이 모든 것을 잃어버린 이 시대보다 더 나은 시대에 태어날 수는 없으리라"라는 말을 남겼다. 그리고 인간을 하염없이 밑으로 끌어내리는 '중력'에 맞서 온몸을 불사르며 '은총'을 통한 인간의 구원을 궁극까지 구했다. 우리는 그녀가 은총을 구한 방식이 스페인 내전 참여와 공장 노동과 레지스탕스였음을 알고 있다.

이처럼 우리는 어느 때보다 중력이 전대미문의 위력을 발휘하는 이 '근본적 악'의 시대에 '지상의 척도'로 맞서야 할 궁지에 몰려 있다. 그리고 위의 양 극단 속에서 기우뚱한 역설의 균형을 유지하면서 새로운 희망을 찾아가야 하리라.

스피노자의 말대로 죽음이 아니라 삶에 대해 숙고하는 삶이 행복한 삶이라면, 우리는 '포스트모더니즘' 이후 줄곧 불행한 삶을 살아온 셈이다. 이제 이러한 죽음의 문화를 넘어 희망의 방향들을 미세하게나마 모색하는 것은 이제 우리 모두의 삶의 일부가 되고 있다. 벤야민은 반세기 전에 난마처럼 뒤엉킨 자본주의의 미로 속에서 역설적으로 '일방통행로'를 따라 출구를 찾아보려 했다. 사방으로 '끝없이 두 갈래로 갈라지는 길들이 있는' 이 방향 표시들 또한 부디 그러한 길이 되길.

— 김재민, 박진우